민족민주통일운동가

이기홍 평전

민족민주통일운동가

이기홍 평전

초판 1쇄 발행 2019년 10월 31일

지은이 ㅣ 김 명 기
펴낸이 ㅣ 윤 관 백
펴낸곳 ㅣ 도서출판선인

등 록 ㅣ 제5-77호(1998.11.4)
주 소 ㅣ 서울시 마포구 마포대로 4다길 4 곳마루 B/D 1층
전 화 ㅣ 02)718-6252/6257   팩스 ㅣ 02)718-6253
E-mail ㅣ sunin72@chol.com
홈페이지ㅣ suninbook.com

ISBN 979-11-6068-307-3 93900

정가 25,000원

민족·민주·통일운동가

이기홍
평전

김명기

▌머리말

가끔은 예전에 전혀 몰랐던 새로운 인물이 정신세계에 큰 충격을 준다. 4년 전 늦가을, 낯선 인물의 선집 발간을 위한 출판 의뢰가 들어왔다. 우리 근현대사를 수놓은 주요 인사들의 이름 정도는 알고 있다고 생각했던 나로서도 처음 접하는 인물이었다. 문제는 원고지 기준으로 4천 매가 훌쩍 넘는 방대한 분량인데다, 넘겨보니 원고 상태는 발간을 얘기할 단계가 아닐 정도였고 출판 일정은 다음해 5월까지로 촉박하게 잡혀 있어 정상적으로는 일의 진행이 불가능했다.

어렵다는 얘기를 하기 위해 만난 분이 처음 선집 출판을 의뢰하신 안종철 박사였다. 마포의 노변 술집에서 출판사의 윤관백 사장과 셋이서 만나면서 여러 사정들을 들을 수 있었다. 이때 처음 이기홍 선생에 대한 얘기를 들었다. 독립운동부터 사회주의운동, 민주화운동, 통일운동에 이르기까지 한국 현대사의 전 과정을 몸으로 체험하신 분이고, 지금은 돌아가신 지 이십 년이 되었다는 것도 알았다.

노년에 실명이 된 상태에서도 구술을 통해 당신의 삶과 사상에 대해 기록해 놓은 자료들을 출간할 기회를 여러 사정으로 놓쳐 이십 년이 흘렀고, 후배들과 유족이 이번을 놓치면 귀중한 기록이 영영 사라져버릴 것이라는 절박함이 있다고 했다. 백발의 후배들이 아직까지도 그분의 사상과 삶을 기리고 있다는 점에 나는 깊은 흥미를 느껴 원고를 찬찬히 들여다보기 시작했다.

흔히 독립운동을 하시던 옛 사람들이 남긴 자료에 대한 선입견과는 달리 이분의 글에서는 신선하면서도 다른 에너지를 느낄 수 있었다. 다루는 분야도 방대하였다. 우리 근대사의 여러 사건들에 대한 독자적 해석, 세계 각 나라의 민족에 대한 인류학적 접근, 베트남의 역사, 마르크스주의 철학, 불교 및 기독교 등의 종교론 등에 대한 자신만의 뚜렷한 관점을 지닌 서술이 놀라웠다. 지금 현직에 있는 뛰어난 젊은 전문 학자가 썼다고 해도 전혀 손색이 없을 만큼 논지는 단단하고 주장은 단호했다. 거기에 우리 민족에 대한 끝없는 애정, 친일세력에 대한 분노, 민주주의와 통일에 대한 열망이 행간에 늘 담겨 있었다.

이런 분이 여태껏 전혀 알려지지 않았다는 사실이 믿기지 않았다. 나는 이분에게서 우리 민족의 아픈 비명이 곳곳에서 흘러나오고 있음을 느꼈다. 결국 선집 출간 작업에 착수하기로 마음먹었다. 산재해 있는 글들을 골라 주제별로 분류하여 묶고, 완성되지 않은 문장들은 맥락을 잃지 않도록 최소한의 손질만 하여 다듬고, 눈에 띄는 오류들은 시간이 닿는 한 수정하였다. 안종철 선생과는 수시로 책의 방향에 대해 의견을 나누었다. 그리고 각 주제별로 모인 글의 세부 목차를 잡으면서 간신히 두 권의 이기홍 선집을 만들어낼 수 있었다.

약 6개월여에 걸쳐 휴일도 없고 밤낮도 없이 강행된 고된 작업이었지만, 사라져버릴 우리 역사의 한 조각들을 복원하는 작업에 동참하고 있다는 책임감과 의무감이 힘을 내게 하였다. 여러 권의 책 출판 작업에 참여한 적이 있었지만 가장 보람 있는 작업을 했다는 기쁨이 컸다. 선집이 나온 후 광주 지역의 원로 어른들이 무척 만족한다는 소식에 그간의 고생이 보상받는 느낌이었다.

그러나 출간 일정에 쫓겨 바로잡지 못한 부분도 꽤 있었고, 여러 주제들이 혼재되다보니 그분의 삶을 중심으로 읽어내기 어렵다는 한계는 피할 수 없었다. 아쉬움은 남았지만 후일 다른 학자나 저술가가 나서 줄 것을 기약하고 나의 역할은 이것으로 다했다고 생각했다.

그러다가 2017년 말경 안종철 선생이 찾아와 유족인 이경순 교수의 생각이라며 이기홍의 생애를 누구라도 쉽게 읽을 수 있도록 평전을 맡아달라는 의뢰를 받았다. 물론 여러 차례 사양했다. 적임자가 아니라고 생각했기 때문이다. 최소한 한국 근현대사에 대해 정통한 학자 분이 맡기를 바랐다.

떠밀리듯 일에 착수하고 보니 평전 작업은 당초 예상과는 전혀 다른 일이었다. 가장 어려운 점은 선집의 자료 중에서 이기홍 개인사에 관한 서술은 6·25까지의 기간에 거의 집중되어 있고, 5·16 이후의 시기에 대한 것은 아주 빈약하거나 거의 없는 경우도 적지 않았다. 또 개인에 대한 이야기에서도 아버지 이사열과 당숙 이현열에 대한 비중이 상당히 많았다. 결국 기존 선집에 있던 자료만 활용하면 시대별로 균형이 심하게 맞지 않는 문제가 생길 수밖에 없었다. 이런 이유로 작업 자체가 중단되기도 하고 심하게 지체되었다.

먼저 결정할 것은 이사열, 이현열 두 분에 대한 것이었다. 이분들은 이기홍의 젊은 시절 사상을 형성하는 데 있어 아주 중요한 분들이었다. 민족주의자인 아버지 이사열과 사회주의자인 이현열은 모두 이기홍의 사상에 결정적인 영향을 미쳤다. 때문에 평전은 이기홍 개인뿐만 아니라 집안의 항일운동이라는 측면에서 접근해야 한다는 입장을 세웠다. 그래서 두 분에 대해 최대한 상세한 내용을 담으려 했다.

더 큰 문제였던 후반부의 행적에 관한 자료 부족에 대해서는 안종철 선생께 수차례 하소연도 하고 답답함도 토로하였다. 이기홍은 중앙 무대를 중심으로 활동한 명망가도 아니었고, 광주·전남권이라는 지방을 중심으로 활동하며 늘 경찰에 쫓기는 지하생활을 하던 분이라 흔적이 별로 남아있지 않았다. 이를테면 도서관의 책이나 신문, 인터넷 검색 등으로는 최소한의 실마리도 입수하기 어려웠다.

안종철 선생은 이런 고민을 필자와 함께 나누며 서울에 올 때마다 중요한 자료들을 제공해주셨다. 예를 들어 이기홍이 남긴 다른 버전의 초기 구술집에는 선집에 담기지 않은 내용들도 일부 있어 눈이 번쩍 뜨였다. 이기홍이 전남운동협의회 사건으로 옥고를 치른 이후 서울에 올라가 만해 한용운 선생을 만난 짧은 장면이 그렇고, 5·18과 관련하여 시민역량의 중요성을 특히 강조한 이기홍 특유의 비유적 표현과 경찰이 시민의 편에 서있었기 때문에 희생이 최소화되었다는 대목이 그렇다.

또 60년대 이후 시기와 관련해서는 김세원 선생의 절판된 도서가 앞뒤 맥락을 이해하는 데 큰 도움이 되었다. 그밖에 판결문 자료와 김시현 선생의 구술집 등도 이기홍의 생애를 재현하기 위한 귀중한 소재가 되었다. 기존의 선집과 위의 내용들은 이 책에서 요긴하게 활용되었고, 안종철 선생이 아니었다면 이 책은 나오기 어려웠을 것이라는 점을 감히 말씀드리고 감사드린다.

책은 1부, "식민지 청년 눈을 뜨다", 2부, "청년 독립운동가로", 3부, "이념이냐 민족이냐", 4부, "분단시대 극복을 위하여"로 구성되었다. 일제 강점기가 시작되는 시기부터 독립운동, 사회주의운동, 이승만과 박정희 정권에 이르는 반독재 민주화운동 및 5·18 광주항쟁까지 한 청년이 노년에 이르는 동안 마주하며 실천했던 한국현대사의 주요 장면들이 담겼다. 마지막으로는 사회주의권 붕괴 이후 이기홍이 평생 진리로 여겼던 사회주의 사상을 비판적으로 재점검하는 정직하고 용기 있는 자기성찰, 그리고 실명이 된 후에도 멈추지 않고 역사의 증언자로서 매진했던 치열한 구술 작업까지를 다뤘다.

돌아보면 일제 강점기 이래 한국 근현대사의 굴곡진 역사는 많은 인물들을 산하의 자락에 품고 키웠다. 그중에는 일찍이 이름이 알려져 대중의 평가를 받은 인물이 있는가 하면, 짧은 생을 마감하여 더 험한 세상의 파도를 운 좋게 피할 수 있었던 분도 있었고, 오래 살아 변절하여 씻지 못할 오점을 남기는 인사들도 많았다. 이기홍은 비록 명망가는 아니었지만 오래 살면서 엄혹한 시대에 숱한 시련을 겪는 가운데도 민족, 민주, 통일운동가로 올곧게 한 길을 걸으며 한국현대사의 증인이 되었다. 또 몸으로 싸운 것에 그치지 않고 많은 사상적 통찰을 기록으로 남겼다. 이런 분은 그 예를 찾기가 매우 힘들 정도가 아닌가 생각된다.

이기홍은 사회주의 계열의 독립운동과 사회운동을 했던 동지들이 일제 식민지 이래 독재정권을 거치는 근 백년 가까운 세월 동안, 피어린 행적조차 인정받지 못하고 조국이 이들을 외면하는 비감한 현실을 죽는 날까지도 안타까워했다. 그들의 자손들은 거의 예외 없이 비참한 삶을 살거나 정상적인 활동을 한다 해도 연좌제 등으로 억울한 고통을 받았다. 그 동지들의 이름 하나라도 남기기 위해 보이지 않는 눈으로 기록을 구술하던 장면을 상상하면 엄숙한 외경심이 든다.

책을 마무리하고 보니 여러 아쉬움이 남는다. 다루지 못하거나 너무 간소하게 넘어간 대목들, 그리고 이기홍 선생의 여러 분야에 걸친 사상적 편력을 제대로 포함시키지 못했다는 미련이 사라지지 않는다. 필자의 역부족을 탓하는 한편으로 생애 중심의 서술이라 어쩔 수 없었다고 스스로를 위로해 본다.

평전이 나오기까지 광주에서 수시로 만남을 가지며 논의했던 네 분인 이홍길 선생, 전홍준 선생, 안종철 선생, 이경순 선생의 노고에 이

책이 작은 보답이 되었길 진심으로 바란다. 또 느리게 완성되어가는 원고의 마지막 부분까지 채근하며 오류를 수정하고 내용을 보완해주신 박석무 선생과 전홍준 선생, 추천의 글을 보내주신 한홍구 교수님과 박찬승 교수님께도 특별히 감사의 말씀을 드린다.

아울러 이 책의 간행을 추진하신 이홍길 선생과 김시현 선생을 비롯한 백여 명의 간행위원들은 이기홍 선생과는 최소 30년 이상의 나이차가 나는 먼 후배들임에도 자신들의 일처럼 여기며 이 책의 발간을 응원해주셨다. 이기홍과 험난한 시대를 살았던 동지들이 보내는 혈육 이상의 깊은 우정이라 생각하여 절로 고개가 숙여진다.

2019년 10월 21일
김명기

▌차례

제2부 청년 독립운동가로

제1부

식민지 소년 눈을 뜨다

아버지의 좌절과 희망

망국의 분노와 낙향

1910년 일제의 조선 강제 병합은 분기점이 되었다. 나라의 명운이 갈렸고 그 강토 안에서 살고 있던 모든 사람들의 삶이 달라졌다. 기존의 가치관들은 재정립되어야 했다. 대의는 뒤집혔고 출세의 의미도 반전되었다. 가족들의 삶도 일그러졌다. 이기홍을 이야기하기에 앞서 그의 아버지가 겪었던 고심어린 행적을 먼저 살펴보아야 할 이유다.

이기홍과 그의 아버지 이사열은 육친이라는 일반적인 부자관계로 간단히 설명할 수 없는 특별한 관계였다. 이기홍에게 이사열은 "나를 낳으신 아버지인 동시에 내가 일찍이 민족의식을 각성하고 청춘을 고스란히 독립운동에 바치게 한 직접적인 계기가 되게 한 분"이었다. 그래서 독립운동에 몸담게 하는 지도와 조언을 끝까지 계속해 주는 지도자 중의 한 사람이었고 스승이자 존경하는 민족주의자였다. 또한 이사열이 살았던 시대는 이기홍의 전 세대, 즉 한일 강제 병합을 전후한 시기부터 1920년대까지 조선의 실정과 이기홍이 성장하던 배경을 설명해주는 데도 매우 중요하다.

이사열은 완도군 고금면 청룡리에서 태어나 어릴 때 한문을 수학하다가 상경하여 1908년 서울에 있는 3년제 한성 외국어학교 일어과에 입학했다. 한성 외국어학교는 조선의 문호 개방 이후 외국과의 통상 개시로 외국어 능력자 수요가 절실함에 따라 1895년 국립으로 설립되었다. 주로 외교 관계에 필요한 각국 언어와 문건의 번역 및 통역 요원을 양성하기 위한 교육기관이었다. 일본어 외에도 영어, 불어, 독일어, 러시아어, 중국어과가 있었는데, 1905년 소위 '을사조약'으로 통감부가 설치된 이후에는 일어과의 중요성이 현저히 높아졌다. 1910년 강제 병합이 되자 일어과 졸업생은 각급 기관에서 최고의 대우를 보장하며 데려가던 인력이었다.

이사열이 졸업반이던 3학년 때인 1910년 8월 경술국치를 맞았다. 경성 시내는 물 끓듯이 소란해졌다. 무장한 일군 군인들의 군홧발 소리가 사방에서 울리고 대포 소리도 간간히 터져 나왔다. 시내 곳곳에는 합방 반대와 이완용을 비롯한 '을사 5적'을 규탄하는 전단이 수없이 나붙었다. 이런 가운데 송병준과 이용구가 설립한 친일단체인 일진회(一進會)에서는 5적을 옹호하는 전단을 붙였다. 양쪽 사이에서는 서로의 전단을 떼어내고 붙이는 실랑이가 벌어졌다.

이사열의 고민은 깊어졌다. 출세하는 것도 좋지만 나라를 잃어버린 마당에 그 무슨 의미가 있을까. 이사열을 더욱 좌절하고 격분케 했던 것은 기다렸다는 듯 준동하여 일제를 찬양하는 일진회를 중심으로 한 친일파들의 행태였다. 그때 붙었던 일진회 전단 내용의 요점을 이사열은 꼼꼼이 기록해 두었고, 훗날 청년이 된 이기홍에게 그 내용을 설명해주었다.

전단의 요점은 "일본이 아니었으면 국력이 쇠약한 우리나라는 머리털이 노랗고 눈빛이 새파란, 우리와 거리가 먼 서양 오랑캐들이 삼켜 우리 민족은 짐승과 같은 취급을 당했을 것. 같은 동양인인 일본인이 우리나라와 합방하여 실력으로 서양 오랑캐를 막아 준 것을 다행으로 생각하고 우리는 여기에 적극 지지해야 한다"는 것이었다.

서양의 강도를 대신해 들어온 이웃 일본이라는 강도를 환영하자는 게 나라를 잃은 사람들의 입에서 나올 수 있는 가당키나 한 논리던가. 젊은 이사열은 끓어오르는 분노를 견딜 수 없었다.

더욱 가관은 유림 양반들의 처세였다. 총독부가 설치되어 대한제국이 주권을 잃자, 유림 양반과 그 자제들은 앞을 다투어 총독부 각급 기관 앞에 나아가 무릎을 꿇고 벼슬을 구했다. 이기홍이 기억하는 아버지 얘기 중에 "군수 한 자리에 400원이라는 기사도 보았다"는 내용도 있었다. 군수라면 조선시대의 현감이나 현령에 해당하는 지방 방백인데, 그것을 사기 위해 양반들이 돈을 들고 개미떼처럼 달려들었다는 것이다. 이런 내용들은 일제의 강점을 기꺼이 수용하는 과거 조선인 지배층들의 모습을 알리고자 거의 매일 신문에 보도되어 조금이라도 애국심이 남아 있는 조선 사람들의 증오심을 불러일으켰다.

유림이라면 최소한 충신불사이군(忠臣不事二君)의 지조는 생명과도 바꾸며 끝까지 지켜야 할 가치관이자 윤리 규범이었다. 매천 황현 같은 유림은 경술국치를 맞아 절명시를 남기고 자결했지만 그것은 극히 예외적인 일이었다. 대부분의 유림은 권력이 바뀌자 지켜야 할 지조를 하루아침에 헌신짝처럼 내팽개치고 조금의 가책도 부끄러움도 없이 새로운 군주를 모시고자 혈안이 되었다. 일제 총독의 충복이 될 것을 맹세하며 벼슬을 구걸하는 광경은 환멸을 넘어 좌절감을 주기에 충분했다.

이사열은 이처럼 아수라장이 펼쳐지는 경성의 생활을 견디며 한성 외국어학교를 졸업하고 지인들과 진로를 고민했다. 민족의 일원이라면 눈뜨고 볼 수 없는 망국의 비참함과 일진회 및 유림을 주축으로 한 친일 세력의 더러운 모습은 견디려야 견딜 수 없었다. 나라에 도움이 될 인재가 되고자 한 공부였지만 지금으로서는 아무런 소용이 없는 것이었다.

당시 이사열은 한성 외국어학교에 다니면서 각별하게 지내던 6명의 동지가 있었다. 이들은 각각 함흥, 개성, 평양과 춘천, 대구 등지에서 올라온 친구들이었다. 그 외에 교수 한 분이 있었다. 망국의 아픔을 나누던 이들은 자주 만나 무엇을 해야 할지를 심각하게 고민하며 대화를 나누었다. 아주 많은 진지한 얘기들이 오갔지만, 결론은 각자의 고향으로 내려가 "아직 더럽혀지지 않은 순진한 농민과 청소년들의 애국심을 심어주어 민족에 등을 돌리지 않도록 하는 것"이 유일한 임무라는 것이었다.

그렇게 이들은 각자의 고향으로 향하였다. 이사열도 졸업 후인 1911년 음력 설날을 맞을 무렵 고금도에 내려왔다. 한성 외국어학교는 식민지 교육을 위한 일제의 '조선교육령'이 발동되면서 1911년 폐교 조치되었다. 일본어 교육은 총독부가 정하는 정식 교과 과정을 통해 자신들이 원하는 방식으로 마음껏 가르칠 수 있었기 때문이었다.

친일 유림의 온상인 향교 출입을 거부

이사열이 낙향하여 고금도로 돌아왔을 때 경주 이씨 문중의 실망은 이만저만 큰 것이 아니었다. 이사열은 지역에서 대표적인 개화된 지식인으로 기대를 한 몸에 받았고 문중에서 위상도 높았다. 그런 그가 한성 외국어학교 졸업생이라는 보증된 미래를 외면하고 돌연 낙향해 버렸으니 이에 대한 실망과 궁금증이 뒤따르지 않을 수 없었다. 그에게 집안 어른들은 향교 출입을 권유했다.

향교는 1894년 과거제 폐지 이후 지방 교육기관으로서의 의미는 사라졌고 공자와 성현에 대한 제사를 봉행(奉行)하는 장소로 그 역할이 축소되었다. 하지만 오백 년 유교 질서의 뿌리를 반영하듯 지방민에게 정신적 영향력을 갖는 지방권력의 의미는 여전히 사라지지 않았다. 때문에 각 문중에서 사회적 위치와 명예를 드러내는 징표 가운데 하나가 향교의 각급 직책에 선임되어 향교에 출입하는 것이었다. 완도 향교와 경주 이씨 문중은 이사열 같은 인재가 향교에 이름을 올려놓기를 바랐다.

하지만 이사열은 향교 출입을 거절하고 단 한 번도 거기에 나가보지도 않았다. 어른들의 강력한 권유에도 그가 단호한 태도를 유지한 데에는 이유가 있었다. 경성에 있으면서 망국의 전후를 똑똑히 지켜본 그에게 유림의 행태는 실망 그 자체였고, 유림의 지역적 뿌리인 향교는 혐오의 대상이었다.

일제가 우리 주권을 강탈한 합방 이후 총독부 통치가 시작되면서 식민지 통치의 안정과 영구화를 위해 제일 먼저 제기된 문제는 조선 민족의 세력화를 막고 이를 분산, 약화시키는 문제였다. 식민지 지배 경험이 없었던 일제는 이 문제에 대해 각계의 지혜와 지식을 총동원하여 연구하였다.

일제는 "조선의 유림세력 내에 뿌리 깊게 존재하고 있던 민족 분열적 특성을 발견하고 이를 지원 육성하는 것이 조선 민족의 분열을 이끌어낼 가장 큰 관건"임을 찾아냈다. 사회적 신분에 따라 차별적인 조선의 위계질서에서 그 상위에 있던 집단이 바로 유림세력이었고, 유림의 활용은 조선 민족 내에 이이제이(以夷制夷)의 수단으로 적격이었다.

'한일합방'을 전후하여 최고 권력이 교체되며 하부 권력의 공백이 생기자 유림세력은 권력의 마지막 자락을 붙잡기 위해 총력을 다했다. 그들이 자신들의 영화를 위해 그 대가로 얻은 것은 실속 없는 작위나 지방 관헌이라는 출세의 혜택이었고, 잃은 것은 민족의 분열의 출발점인 친일세력의 탄생이었다. 유림 양반세력이 자진하여 자기 민족을 분열시키면서 총독부에 영합하는 것을 본 일제가 반색했던 것은 당연했다.

일제는 유림 양반 세력이 향교를 중심으로 결속하여 조선 민족의 절대다수 생산계급인 농민, 어민, 상공인을 상놈 취급하고 또 서자까지 찾아내어 자기 민족을 양반과 상놈의 사회신분으로 구별하여 민족 분열에 앞장서고 있는 세력임을 간파했다. 이완용과 같은 인물도 유림 양반세력으로 장기간 향교를 중심으로 세력을 키워온 자였다.

"봉건 군주제도가 시작되면서 만들어진 사회제도의 기본은 다수의 일반 대중을 소수의 양반계급에 경제적·신분적으로 철저하게 예속시켜 억압, 착취하는 것"이었다. 조선왕조의 역사 또한 이러한 토대 위에서 이어져 내려왔다. 그런데 문제는 조선왕조가 붕괴되어 나라의 주권이 상실되었음에도 여전히 지배세력이라고 자부하고 싶었던 유림세력은 망국 후에도 계급적 특권 유지에 연연하였다. 총독부 각급 기관 앞에 무릎을 꿇고 친일 반민족세력이 되기를 맹세하며 조선 민족 내부에서 그들의 지속적인 특권 유지와 보장을 위해 일제에 구걸했다. 일제에 저항하는 지조 있는 양반 세력은 소수에 불과했다.

일제의 입장에서 볼 때 이들의 변심은 식민지 지배에 크게 도움이 되었기에 실권도 없는 작위를 수여하며 명예직의 유지와 보장을 기꺼이 받아들여 민족 분열에 활용했음은 당연했다. 1907년에는 이토 히로부미로부터 자금을 받은 이완용이 친일 유림단체인 대동학회(大東學會)를 설립했고, 병합 이후에도 일제는 동사문회(東斯文會), 유도진

홍회(儒道振興會), 조선유도연합회(朝鮮儒道聯合會) 등의 친일 유림 조직을 설립·지원하여 유교 조직을 친일 세력으로 순화시키는 데 활용했다.

1911년에는 조선 유학의 진흥을 위한다는 명목으로 성균관을 경학원으로 개칭, 설립하였는데 이는 조선의 유림들을 친일 세력화하고 총독부의 통치에 필요한 교화 도구로 이용하자는 것이었다. 지방 유림의 근거지인 향교는 경성의 성균관(경학원)을 통해 동향이 파악되고 관리되었다. 일제는 유교의 기본 바탕인 충과 효를 일본제국에 대한 충과 천황에 대한 효로 대치시키는 이데올로기로 활용하였고, 친일 유림은 그 전파자가 되었다.

당시 이사열이 일제와 유림 사이에 진행되고 있는 모종의 술수에 대해 전반적으로 파악하지는 못했을 것이다. 그러나 자신이 직접 체험한 조선 유림의 한심한 모습만으로도 그 핵심은 똑똑히 보고 있었다. 그래서 지방 유림의 근거지인 향교를 민족을 분열시키는 뿌리 깊은 온상이라고 보았고 그 출입 자체를 거절했던 것이다. 사실 조선의 유림은 초기 의병 시대를 제외하면 이미 철저히 친일 세력이 되었다. 나라를 팔아먹은 을사오적의 면면은 하나 같이 유림세력을 대표하는 자들이었다. 또한 1919년 전 민족이 각 분야에서 들고 일어난 3·1운동 당시 민족 대표 33인 가운데 유림 세력을 대표하는 인물이 단 하나도 없다는 것은 그러한 반증이라 하겠다.

의병 토벌에 앞장선 지방 유림, 헌병 보조원

이사열이 유림 세력을 배격했던 중요한 이유 가운데 하나는 그들이 의병들의 투쟁을 앞장서 저지하던 세력이기 때문이었다. 한말(韓末), 즉 조선말 의병은 단발령에 반발하여 일어난 1895년의 을미의병, 을사늑약 후 벌어진 1905년의 을사의병, 헤이그 밀사 파견 후 고종의 폐위와 특히 군대해산을 계기로 폭발한 1907년의 정미의병으로 구분된다. 그 가운데 '상투'와 '단발'의 충돌로 상징되는 을미의병이 양반 유림 중심으로 전개되었던 것을 제외하면, 반일·반제국주의 성격이 강해지는 중·후기 의병은 평민 의병장 중심의 봉기로 전환되었다.

전국 각지에서 일어났던 의병들의 의진(義陳)이 일제의 강력한 토벌로 붕괴되면서 일부는 그 활동 무대를 두만강 너머로 이동하여 해외에서 장기 항전의 태세를 갖추었다. 유인석 의병이 대표적이다. 한일 병합을 목전에 둔 시기에 조선 땅에서 잔존하여 투쟁 중인 의병은 호남 일대의 의진들이었고, 일제는 이들의 씨를 말려버리고자 1909년부터 1910년에 걸쳐 소위 '남한 대토벌 작전'을 전개했다. 배후 저항 세력의 심각한 위협이 거의 제거되었다고 판단된 1910년 8월에 일제의 조선 강제병합은 완결되었다.

총독부 통치가 시작되면서 육군 대장 출신으로 3대 통감을 지내던 데라우치가 부임하여 국내 치안을 경찰 대신 헌병대에 맡겨 전국 주요 지역에 경찰서 대신 헌병대를 두었다. 그 산하에는 각 지방에 분견대를 설치하여 잔존 항일 세력인 의병 토벌에 주력하였다. 헌병의 주된 임무는 의병과 이를 지원하고 있는 조선 민간인에 대한 색출과 토벌이었다.

국권이 기울어진 시기가 되자 지역의 양반 유림 세력들은 일제에 협력하는 것으로 처신의 방향을 잡았다. 유림 중 극소수를 제외하고는 의병 토벌을 국가와 민족을 위한 것으로 합리화시키면서 자신들의 영향력 아래 놓여있는 소작인을 비롯한 노비 등 상민계급의 자제들에게 의병 토벌에 적극 협력하도록 강력히 지시했다.

유림들은 각 면마다 자위대를 조직하여 각 부락의 청년들을 가입시켰다. 자위대의 임무는 의병이 나타나면 즉각 헌병대에 연락하는 일, 그리고 헌병의 위세를 등에 업고 마을 사람들로 하여금 의병에게 음식과 양곡, 의복 및 잠자리와 기타 금품 지원을 절대 못하도록 협박하는 일이었다. 자위대원 가운데 일본말을 다소 알고 있는 청년들은 헌병보조원으로 들어가도록 주선하여 의병 토벌에 앞장서게 했다. 이 헌병보조원들은 금품을 강요하고, 부녀자들을 능욕하는 한편 체포된 의병을 처형할 때 불리한 통역을 했기 때문에 지역민들의 원성이 하늘을 찔렀다.

일제는 조선에 주둔하는 헌병 병력이 부족하다고 판단하여 1907년부터 조선인 헌병보조원 제도를 도입하였다. 이에 따라 1907년에 4,300여 명, 1909년에 4392명의 헌병보조원을 채용했는데, 이들은 주로 일본 헌병을 도와 각 지역의 의병 토벌에 이용되었다. 각 지역의 헌병분견대 밑에는 헌병보조원이 채용 배치되었고 이들에게는 초보적인 일본어 교육과 훈련을 시켜 작전에 투입했다.

조선인 헌병보조원은 주로 최하층 상민 계급의 자제들이었다. 그들은 지금까지 권력이라는 것과는 거리가 멀었고 평등한 대접도 받아본 적이 없었다. 신분적 멸시와 우마 같은 천대 및 착취를 당하며 유림 양반들의 수중에 생사여탈까지 놓여있던 사람들이었다. 사회의 가장 밑바닥에서 할 말도 못하고 가축 이하의 취급을 받았던 이들에게 헌병보조원이라는 자리는 그동안 상상하지 못한 엄청난 권력이었다.

일제의 헌병은 조선인 헌병보조원에게 제한된 범위지만 민간인을 체포하고 가택을 수색하는 권한을 주었다. 헌병보조원들로서는 생전에 꿈에서도 생각할 수 없는 막강한 권력이었다. 처음 쥐어보는 권력의 맛을 알자 이들은 헌병의 지시 범위를 넘어 자의적으로 각종 만행을 저질렀다. 이들은 자신들의 행위가 일제의 수족이 되어 민족을 반역하는 용서할 수 없는 행위라는 것을 의식하지도 못하고, 마치 양반이 지배하는 신분 속박으로부터 해방되었다는 착각에 빠졌다.

그 결과 헌병보조원들의 행동은 동족에게 상상 이상의 큰 아픔과 피해를 안겨주었다. 일례로 의병과 항일 운동가들이 체포되면 헌병보조원이 통역을 하게 되는데, 가족들은 일차적으로 헌병보조원을 통해 구명 활동을 하지 않을 수 없었으므로 이들에게 뇌물을 주고 부탁하였다. 이들이 뇌물에 만족하면 유리하게 통역하고, 뇌물이 부족하다 여겨 더 요구했는데도 나오는 게 없으면 불리하게 통역하여 총살까지 당하게 된 예도 적지 않았다. 더구나 이들은 제대로 통역할 실력도 갖춰지지 않은 사람들이었다.

그들이 쥐꼬리만 한 권력을 멋대로 행사할 때마다 동족들의 피눈물이 더해졌다. 동족을 동족의 손으로 처치하고 서로를 증오하게 유도하는 일제의 술책에 이용당한 헌병보조원은 가해자인 동시에 가장 일그러진 피해자이기도 했다. 이 모든 것이 국권을 상실한 우리 민족이 겪는 참담한 현실이었다. 이사열이 고향에 내려와 보고 들은 유림과 헌병보조원들의 행태는 그러한 절망감의 확인이었다.

의병이 죽거나 말거나, 헌병이 죽거나 말거나

항일 의병 활동은 일제의 전면적인 토벌이 진행되면서 점점 위축되어 궁지에 몰렸다. 의병 초기에는 비교적 경제적 여유가 있는 유림 출신의 의병대장이 중심이 되어 재정을 조달했고, 지역의 뜻 있는 인사들을 통해 상당한 지원을 받을 수 있었다. 지역민들의 호응과 협조도 무척 컸다. 그러나 의기 있는 소수의 유림 의병대장이 거의 전사하거나 몰락하고 평민 출신 의병장들이 대세를 이루는 때가 되면 상황이 크게 달라졌다. 대부분의 유림 세력들은 이미 친일화 되어 의병을 돕기는커녕 탄압에 앞장서고 밀고하는 존재로 전락하였다.

몇 백, 혹은 몇 천의 의병이 움직이려면 막대한 재정과 생활물자의 보급이 필요했지만 이를 자체적으로 혹은 지역 내에서 해결하는 것이 불가능하게 되었다. 여의치 않은 사정 때문에 의진(義陣)을 떠나 낯선 마을에 들러 한동안 머슴살이를 하다가 다시 의진에 복귀하는 의병들의 경우는 차라리 나았다. 일제에 투항하는 일은 죽기보다도 싫었고, 굶주림을 견디다 못한 의병들은 지역의 민중들에게 보급을 강요하는 일이 생겨났다.

이기홍이 훗날 들었던 어머니의 처녀 시절 겪었던 이야기도 그러한 연장선에 있었다. 캄캄한 밤에 부락에 몰려온 의병들이 칼처럼 보이도록 은빛 갈치를 허리에 차고 보급을 강요하는 일도 있었다. 숙식을 요구하거나 고기를 내놓으라고 위협하는 것은 물론, 부녀자들이 귀중하게 여기던 은반지를 탈취하여 새끼손가락에 끼고 돌아가기도 했다. 의병들에게 절박한 보급 문제를 강제적인 수단으로 해결할 수밖에 없었던 당시의 상황을 이해하더라도, 이러한 일들이 자주 벌어지면 의병들에 대해 민중들은 어떠한 생각을 갖게 될까.

사태가 악화되면서 의병의 영향권 내에 있는 지역민들의 피해의식은 높아졌고 점점 의병을 외면하기 시작했다. 지역민들은 모든 수단을 다해 의병의 보급 요청을 거부했다. 의병이 고기라면 지역 민중은 고기가 살 수 있는 물이 되어야 하는데, 물이 점점 말라갔던 것이다. 이들은 서로의 적이 되어가고 있었다.

이런 상황을 놓칠세라 의병에 대해 민간인을 약탈하는 도둑떼로 모는 일제의 여론몰이가 드세졌다. 직접 피해를 당하는 사람이 늘어나자 의병에 대한 공감과 후원을 보냈던 민중들의 시선은 싸늘하게 식어갔다. 다른 한편으로, 의병 입장에서도 목숨을 부지하기 위해 마을 사람들에게 피해를 끼치고 있는 자신들의 비참한 모습에 좌절했다. 정말 피하고 싶던 결말이 머지않았다. 의병이 소멸하는 시점이 시시각각 다가오고 있었다. 순박했던 사람들을 서로 원수가 되게 만드는 우리 역사의 비운의 장면이 여기에서도 재현되고 있었다.

의병이 최악의 궁지에 몰리던 시점인 강제 병합 전후 민중의 피해의식을 고스란히 드러낸 망국적인 넋두리가 전국적으로 유행했다. 그것은 "의병이 죽거나 말거나, 헌병이 죽거나 말거나, 나와 무슨 상관이냐"라는 내용이었다. 모두가 다 내 삶을 힘들게 만들고 있다는 고백이자 하소연이었을까. 다들 지쳐버렸다. 이러한 냉소적이고 자포자기적인 분위기 속에서 조선은 무너졌고 국권은 상실되었다. 그리고 긴 식민지 시절이 시작되었다.

일가족의 목숨이 걸린 통역

이사열이 경성에서 낙향했을 때 집안과 동네 어른들이 보인 실망감을 일거에 반전시킨 사건이 있었다. 그가 내려온 지 얼마 안 된 1911년의 설(1월 30일) 무렵, 이웃 동네 유지 몇 분이 "억울한 사람들 죽게 생겼다"며 도와달라고 이사열의 집을 찾아왔다. 집안 어른을 보러 온 것이 아니라 경성에서 내려왔다는 이사열을 만나러 온 것이었다.

사연을 들어보니 의병을 숨겨주었다는 누명을 쓰고 헌병대에 끌려간 7식구가 사형 처분을 받게 되었다는 것이었다. 당시는 일제가 의병의 마지막 잔여 세력들을 소탕하기 위해 총력을 기울이던 때로 의병을 돕는 사람들에게는 헌병의 즉결처분권이 무차별적으로 남발되던 험악한 때였다.

문제의 최명삼 씨는 이사열의 집이 있는 청룡리에서 3킬로 떨어진 고개 너머 장터 근처에 살고 있던 부농이었다. 논 20두락과 상당한 평수의 밭을 갖고 있었다. 매년 머슴을 고용하여 농사를 짓던 중 1909년 초에 마을을 찾아온 청년 하나를 고용하였다. 노동 경험이 없어보이던 이 청년은 아버지가 남의 빚보증을 잘못 서서 집안이 망하여 섬에 온 것이라며 사정을 하기에 별다른 의심 없이 일꾼으로 받아들였다. 청년은 일 년 동안 성실하게 일해서 최명삼 씨는 다음해에도 계속 있기를 원했는데, 설을 쇠러 고향 집에 다녀온 뒤 다른 사정이 생겼다며 자기 소지품을 들고 떠나버렸다. 할 수 없이 최명삼 씨는 1910년에는 다른 머슴을 구하여 농사를 지었다.

그렇게 그 청년에 대해서는 잊고 있었는데 그해 음력 12월 초순, 그러니까 1911년 초에 갑자기 날벼락 같은 일이 벌어졌다. 당시 강진군 대구면 마량항에 있던 헌병대가 고금도에 있는 최명삼 씨 집을 급습하여 식구들을 모조리 체포하였다. 최명삼 씨 내외와 그들의 5남 3녀 중 18세 이상의 자녀 4명과 자부(며느리) 등 7명이 끌려갔다. 며느리는 만삭이었으니 생명으로 말하자면 8명이었다.

추정해 볼 때 그 청년이 자기 고향에 돌아간 뒤 의병 활동 경력을 알고 있던 누군가의 밀고로 벌어진 일이었다. 헌병대의 결론은 최명삼 씨와 그 가족이 그 청년이 의병임을 알고도 1년간 숨겨주었고, 가지고 왔던 총도 숨겨주었으며 도피하는 여비까지도 도와주었다는 것이었다. 최명삼 씨는 자신은 전혀 모르는 일이라고 극구 부인했지만,

헌병보조원의 통역만을 믿은 헌병대장은 받아들이지 않았다.

이즈음에 한성 외국어학교를 졸업하고 일본어에 능통한 이사열이 고향에 내려왔다는 소식을 접한 동네 유지들과 최명삼 씨 친척들이 찾아와 그 가족들을 구출할 사람은 자네뿐이라며 매달린 것이었다. 헌병에게 사실 관계를 정확히 일본어로 전달할 사람이 동네에는 없었기 때문이다.

아무 죄 없는 최명삼의 가족이 헌병보조원의 농간으로 총살당할 처지에 있다는 것을 알고 의분을 느낀 이사열은 정확한 상황 전달만 되면 무죄로 나오게 할 수 있다는 생각에 한시 급히 헌병대로 떠나려고 했다. 하지만 아버지가 쓸 데 없는 일이라며 극구 말렸다.

"헌병대에 잡혀가서 사형 언도까지 받았으면 살아남지 못한다. 모든 것을 저들 맘대로 결정하는 세상이 아니더냐. 만일 헌병대에서 최명삼의 가족을 구출하려는 너까지 불순한 자라고 생각하여 한데 엮어 버리면 어찌 하겠느냐. 네가 죽는 길일 수도 있다. 최명삼의 가족도 중요하지만 내 아들의 목숨이 더 중요하다."

그러자 이를 듣고 있던 이사열의 어머니가 정색하며 말했다.

"우리 내외가 손톱발톱 다 닳아지도록 일을 하고 전답을 팔아서 높은 학교 교육을 시킨 것은 좋은 일과 큰일을 하라고 한 것이 아니냐. 죄도 없이 죽게 된 최명삼의 가족을 구하는 것보다 지금 더 큰일이 어디 있느냐. 네가 가서 이 사람들을 꼭 살려내야 한다!"

무식한 촌부였지만 이사열 어머니의 뜻은 분명하고 완고했다. 어머니는 아버지를 다그쳐 앞장세우고 헌병분견대가 있는 마량으로 건너가는 나루터인 가마구이(現 가교리)로 데리고 나갔다. 최명삼 씨 일가와 동네 유지들을 포함하여 20여 명이 함께 따라갔다. 말이 통할 사람과 대동하여 가니 모두 한 가닥의 희망을 품었다. 이사열의 어머니가 이때 보인 단호한 태도와 용단은 훗날 동네 사람들로부터 '여장부'라는 칭송을 받았고, 경주 이씨 어른들 사이에는 종종 회자되는 이야기가 되었다.

가교리 나루터에서 마량항까지는 건너편 언덕의 나무 한 그루도 눈앞에서 보듯 자세히 보일 정도로 지척의 거리였다. 고금도에서 가장 가까운 육지가 바로 마량이었다. 마량은 행정구역상으로 강진군 대구면에 속하는데 오늘날에는 760미터 길이의 고금대교가 건설되어 고금도와 연결되어 있다. 당시에는 나룻배를 이용하여 두 지역 사람들이 왕래하던 곳이었다.

헌병대를 찾아가는 내내 이사열의 머릿속은 복잡했다. 자신 있게 길은 나섰지만 어떻게 해야 성공할 수 있을지 속단하기는 어려웠다. "반드시 살려서 돌아오라"는 어머니의 말씀이 귓전에 맴돌았다. 이사열은 이들을 살리려면 모든 수단을 다해야 하며, 본의가 아니더라도 총독 통치와 헌병대를 칭찬하는 것도 마다하지 않겠다고 결심했다. 목적을 달성하기 위해서는 그것만이 유일한 방법이었다.

마량에 도착하여 헌병대를 찾아가 헌병대장에게 면회를 요청했다. 헌병대장의 계급은 일본군 하사관인 군조(일등상사)였다. 동행했던 동네 유지들은 모두 건물 밖에서 기다리고 이사열 혼자서 들어갔다. 면회가 허락되어 대장과 면담이 시작되었다. 헌병대장은 내키지 않는 표정으로 거만하게 자리에 앉았다. 옆에는 총을 멘 일본 헌병이 차렷 자세로 자리를 주시했다. 이사열은 헌병대장에게 깍듯이 인사를 올리고 치안 유지에 노고가 많으시다는 치하와 함께 또렷한 일본어로 찾아온 목적을 이야기했다.

"제가 대장님을 만나러 온 일차 목적은 고향 사람인 최명삼 씨 가족의 억울한 사정을 소명하기 위한 것입니다. 하지만 더 큰 목적은 이번 기회에 조선총독부의 정책과 헌병대의 치안에 도움을 주기 위해서입니다."

예상 밖의 말이 나오자 헌병대장은 깜짝 놀라 자세를 바로 하더니 어떻게 도움을 주겠다는 것이냐며 자세히 설명해 보라고 했다. 일단 그의 관심을 끌었다는 점에서 좋은 출발이었다. 당시 일본군 하사관들의 학력은 예외 없이 초등학교 졸업 정도였다. 헌병대장 역시 하사관이니 학력 수준은 형편없이 낮았다. 조선인과 제대로 된 일본어로 대화를 나누는 것도 처음 있는 일이었다.

이사열은 먼저 말씀드릴 게 있다며 "중국 성현의 교훈에 의하면 죄인 100명을 살려주는 것은 선정(善政)이지만 죄 없는 사람 하나를 처벌하는 것은 악정(惡政)이라고 합니다. 혹시 죄 없는 최명삼의 가족에게 억울한 총살형을 결정한 것은 아닌지요?"라고 물었다. 헌병대장은 단호한 표정으로 "충분한 조사와 적법한 절차에 따라 결정한 것"이라고 짧게 답했다. "물론 그러시겠지요"라며 동의를 표한 뒤 이사열은 긴 이야기를 시작했다.

"최명삼이 도피 의병을 도왔다면 처벌받아야 마땅합니다. 그러나 그는 직접 의병에 참여한 일도 없고 총독부 정책에 어떤 것 하나 거스른 적이 없는 사람입니다. 이것은 고금도에 모든 사람들이 알고 있는 명명백백한 사실입니다. 그가 자신도 모르는 가운데 의병을 머슴으로 데리고 있던 것이 다소의 죄가 될지도 모릅니다. 하지만 그것은 그 사람의 미련함을 꾸짖어야 할 일이지 엄중한 벌로 다스릴 일은 아니라고 생각합니다.

최명삼은 부농으로 완도와 강진 일대에 친척과 친지들이 많은 사람입니다. 또 8명의 자녀를 거느리고 있는 한 집안의 어른입니다. 그에게 작은 잘못이 있다 하더라도 대장님께서 정상을 참작하여 용서해주신다면, 그를 알고 있는 수많은 사람은 물론이고 이 사실이 알려지면 일본의 총독 통치는 조선 민족을 무조건 탄압하는 것이 아니라는 소문이 널리 퍼지고 치안 안정에도 크게 도움이 될 겁니다. 이것은 총독부가 원하는 바일 것입니다.

반면 뚜렷한 죄도 없는 최명삼을 끝내 처형한다면, 조선인들은 작은 죄도 절대 용서하지 않고 불확실한 죄까지도 뒤집어씌워 총살을 시키는 일본과는 함께 살 수 없다는 적대의식이 더욱 커질 것입니다. 그런 소식이 널리 퍼지면 다른 조선인들도 총독부에 비협조적이 되며 치안도 불안해질 것입니다. 그 책임이 누구에게 있는지 알려진다면 데라우치 총독께서도 크게 질책하실 일이 아닐까요."

총독의 질책이라는 얘기가 나오자 헌병대장은 눈빛이 흔들리며 자리를 고쳐 앉고는 다시 더욱 진지하게 이사열의 얘기를 들었다.

"지금까지 조선 민족에 대한 헌병의 치안 조치는 총살 일변도입니다. 사람들은 공포에 떨고 있고 일본과 일본 헌병에 대한 적개심이 가득합니다. 그러니 비록 최명삼의 사소한 잘못이 있다 하더라도 이를 공정하게 조사하여 처리한다면 사람들은 치안을 유지하는 헌병 본연의 임무에 수긍하고 협조적이 되리라 확신합니다.

합방 당시 천황폐하는 조선 민족에 대해 일시동인(一視同仁)을 내세웠습니다. 이는 모든 사람을 하나로 보아 똑같이 사랑한다는 뜻으로 조선인에 대한 민족 차별 없이 일본인과 동등한 정책을 시행한다는 의지의 표명이었던 것으로 압니다. 최명삼에게도 일본인 피의자와 똑같이 사실 관계를 철저히 규명하여 죄가 없다면 그에 합당한 조치를 취하는 것이 옳다고 봅니다. 이 문제는 천황폐하가 선포한 일시동인이 진실이냐 거짓이냐를 가늠하는 증거가 될 것입니다."

의병 잡아넣는 일을 자신의 의무이자 명예로 알고 전념을 다했던 헌병대장은 이 사건과 아무런 관련도 없는 총독과 천황까지 거론되니 적지 아니 당황하지 않을 수 없었다. 또 총독부의 통치 이념에 따라 치안을 맡고 있는 군인의 입장에서 생각해 봐도 이사열의 얘기는 틀린 대목이 하나도 없었다. 그에게는 짧지만 놀라운 경험이었다.

이사열의 조리 있는 이야기가 끝나자 헌병대장은 놀란 표정을 감추지 않으면서 붉어진 얼굴로 "당신은 오늘 나에게 조선에 대한 총독부 통치 정책과 헌병대의 임무가 무엇인가를 가르쳐준 선생"이라고 화답했다. 그의 입에서 나온 '센세이(先生)'라는 표현이 많은 것을 함축하고 있었다.

기회를 포착했다고 판단한 이사열은 "당시 통역을 맡았던 헌병보조원을 불러 총살형을 언도받은 최명삼의 가족을 만나 직접 대면하여 얘기를 들어볼 수 있겠냐"고 물었다. 헌병대장은 "마땅히, 반드시 그래야 한다"고 대답했다. 그 역시 이번 일은 미심쩍은 구석이 있었다고 속으로 느끼고 있었던 게 분명했다. 내내 긴장했던 이사열은 비로소 안도의 한숨을 내쉬며 손바닥에 흐르는 땀을 두루마기에 닦아냈다. 이렇게 최명삼 가족 구명에 서광이 비치기 시작했다.

지옥에서 돌아온 최명삼 일가

이사열과 헌병대장 일행은 최명삼 가족이 묶여 있는 곳으로 향했다. 당시 취조를 맡았던 일본 헌병과 통역을 맡았던 조선 헌병보조원은 당연히 불려나와 동행하였다. 잠시 언덕길을 오르니 마량항에서 3백여 미터 떨어진 좌측 바닷가에 그 가족 7명이 결박된 채 앉아 있었다. 그곳을 무장 헌병 두 명이 지키고 있었다.

시간은 정오가 갓 지난 때였는데 보조원 하나가 최명삼 가족들에게 "이 세상에서 먹는 마지막 밥"이라며 점심을 갖다 놓았다. 마지막 밥이라는 말이 떨어지자, 마침내 이승과 작별할 때가 되었음을 직감한 이 가족들은 점심을 한술도 들지 못하고 서로 얼굴을 바라보며 하염없이 눈물만 흘렸다.

그때 이사열이 헌병대장과 함께 나타나자 최명삼 씨는 "사열이! 나 좀 살려 주소! 나를 살려줄 사람은 자네 밖에 없네!"하며 울음을 터뜨렸다. 체포되어 있던 열흘 넘게 취조만 받다가 처음으로 자신의 편이 되어줄 얼굴을 만났으니 그 감회가 어떠했을지 짐작되었다.

본의 아니게 이사열과 헌병대장이 참관하는 가운데 문제의 당사자인 최명삼, 취조를 담당했던 일본 헌병, 통역을 맡은 헌병보조원이 삼자대면을 하는 상황이 벌어졌다.

먼저 이사열이 최명삼에게 그간 벌어진 정황을 물어보았다. 최명삼은 "아무 영문도 모른 채 끌려와 보니 이런 저런 범죄 사실이 기록되어 있었고, 취조를 받으면서 단 한 가지도 내가 하지도 않았고 모르는 일이라고 부인했지만, 헌병보조원의 통역만 믿고 내가 죽일 놈이 되어버린 것이니 이 점을 잘 좀 말하여 나의 무죄를 밝혀 달라"고 울먹이며 하소연하는 것이었다. 이사열은 최명삼이 하는 이 말을 헌병대장과 취조 담당자인 헌병에게 하나도 빠뜨림 없이 일본어로 통역해 주었다.

이번에는 헌병보조원에게 당신은 무슨 근거로 최명삼이 인정하지도 않은 내용을 통역해서 전달했냐고 물었다. 얼굴이 벌겋게 상기된 그 헌병보조원은 더듬거리면서 "저는 그들이 하는 말을 그대로 옮겨 통역했을 뿐인데, 아마도 취조를 담당하는 헌병이 잘못 알아듣고 조서를 작성한 것 같다"며 얼버무렸다. 이사열은 그 말에 대해 재차 확인한 뒤 역시 일본어로 또박또박 옮겨주었다.

이 말을 듣자 취조 담당 헌병이 화를 벌컥 내고 일어서며 "이놈이 뭐가 어째? 내가 잘못 기록했어?"하며 헌병보조원을 발로 걷어찼다. 상황이 이상하게 흘러가고 있었다. 이사열은 "조서 내용의 하나하나를 최명삼에게 직접 물어보고 확인하면 좋겠는데, 허락해 주겠냐"고 헌병대장의 의사를 물었다. 헌병대장은 사태의 흐름을 파악한 듯 그렇게 하자고 승낙했다.

상당한 시간을 들여 조서의 항목들을 이사열의 통역을 거쳐 일일이 확인한 결과 누가 보더라도 최명삼의 가족은 죄가 없다는 결론이 나왔다. 최명삼의 취조를 담당했던 일본 헌병은 화를 참지 못해 숨을 씩씩대며 일어나 헌병보조원의 따귀를 힘껏 때리고는 당장 옷을 벗으라고 소리 질렀다. 이제 일은 막바지를 향해 가고 있었다.

헌병대장은 헌병보조원에게 전에 작성한 조서와 언도서를 가져오고 다른 보조원에게는 책상을 갖다 놓으라고 지시했다. 헌병대장은 종전의 조서와 언도서는 파기하고 최명삼 씨 가족의 진술에 따라 조서를 다시 작성한 뒤 판결문을 바꾸어 쓴 다음 책상에 앉아 최명삼의 가족에 대해 정식으로 무죄를 선고했다. 헌병이 재판권을 갖고 있던 당시에나 가능한 기적 같은 일이 벌어진 것이다.

번복된 선고가 내려지자 곧바로 최명삼 씨 가족의 포박을 풀어주었다. 가족들은 이사열에게 달려들어 큰 소리로 울음을 터뜨리며 고맙다는 인사를 연발했다. 특히 만삭이었던 며느리는 통곡을 하며 눈물을 그치지 못했다. 이렇게 최명삼 일가는 지옥의 문턱을 넘었다가 극적으로 생환하였다.

안에서 이런 일이 진행되고 있는 동안 헌병대 마당에는 대구면 면장과 유지들이 초조하게 결과를 기다리고 있었다. 판결 번복 소식이 알려지자 이들은 이사열과 헌병대장을 칭송하며 자신들이 점심을 내겠다고 했다. 이사열은 헌병대에서 주는 점심을 먹었다며 사양했다. 대신 마량 근처에서 나는 고급 생선을 헌병대장에게 선물하시는 게 좋겠다고 했다. 그 사이 헌병대에서 최명삼 가족에게도 점심을 차려왔다. 그제야 이들은 밥숟가락을 들며 현실이 믿기지 않는 듯 환하게 웃었다.

대구면에서 온 유지 하나가 언제 준비했는지 막걸리 한 말과 푸짐한 안주를 내왔다. 헌병대 마당에서는 간단한 술자리가 열렸다. 헌병대장을 포함하여 술을 한잔씩 나누며 건배를 했다. 술자리를 파하고 떠나려 하자 헌병대장은 잠시 기다리라고 하더니 대장실에 들어가 은단(銀丹) 한 홉 이상을 봉지에 담아서 이들에게 주었다. 이사열에게는 오늘 일에 대해 특별히 감사를 표하면서 앞으로 자주 찾아와달라며 악수를 청했다.

이사열과 최명삼 씨 가족, 그리고 함께 왔던 고금면의 유지들은 한껏 고무된 기분으로 나룻배에 올라 마량항을 떠나 고금도로 향했다. 마량항에는 주민들 몇 십 명이 부두에 나와 살아서 돌아가는 이들을 손을 흔들며 환송했다. 고금면의 가교리 부두에도 역시 많은 지역민들이 나와 시체를 싣고 오는지 산 사람을 싣고 오는지 조바심을 내며 건너편에서 오는 나룻배를 주시하고 있었다. 배 안에서 최명삼 씨 가족들이 손을 흔드는 것을 보고서야 "살아 왔다!"는 함성이 터져 나왔다. 나루터에 도착하자 10여 일이나 심한 조사를 받아 금방 죽을 것처럼 쇠약했던 최명삼 씨는 언제 그랬냐는 듯 기력이 충만했다. 그는 지역민들을 집에 불러 큰 잔치를 베풀었다.

이 거짓말 같은 이야기는 고금면을 비롯한 완도와 마량을 중심으로 한 강진 및 장흥 일대에게까지 미담으로 전해졌다. 이기홍이 태어나기 한 해 전에 벌어진 이 일은 그가 성장한 뒤 부모님과 조부모님은 물론 친척과 이웃을 통해 들었고, 최명삼 씨의 가족으로부터도 여러 번 들었다. 그런 얘기를 들을 때마다 뿌듯했지만, 한편으로 이 사례는 그즈음 전국 도처에서 벌어지고 있던 의병 탄압과 헌병보조원이 벌인 악행의 한 단면을 보여주는 어두운 이야기이기도 했다.

'최명삼 일가 구출 사건'을 마무리하면서 의병 토벌과 관련하여 현장 조사와 통역을 담당하던 헌병보조원들이 얼마나 서투른 일본어를 구사했는지 마을 사람들이 비아냥거리며 흉내 내던 대목이 있어 소개한다. 이 내용은 훗날 이기홍이 놀라운 기억력으로 재생한 것인데 소절마다 국적불명의 단어 조합들은 헛웃음을 나오게 한다.

> 기해이(의병)주 니산(10명) 나니나니 마무주 ??마을(어떠어떤 마을로) 캄캄요루 하이리(캄캄한 밤에 들어와) 매시다배(밥 먹고) 모찌다배(떡 먹고) 니화도리(닭과) 부다다배(돼지 먹고) 사케다배(술 먹고) 내무리(잠자고) 캄캄아사(캄캄새벽에) 매시고매(쌀) 가네(가네) 다꾸산(많이) 도로보(강탈하여) 외까래 호이(도망쳤다) 호고꾸 오꾸래 도조상(보고를 늦게 한 동장) 기사이오(귀딱지를) 이리다다끼 저리다다끼(이쪽 저쪽 뺨을 때리고) 산변시헨 다다끼 마시다(서너댓 개 때렸습니다)

이처럼 단어의 파편을 조합한 미숙한 일본어를 사용하며 뇌물에 따라 제멋대로 전달된 헌병보조원의 통역은 의병을 비롯한 항일 독립운동가들과 그 지원 인사들에게 엄청난 피해를 주었다. 얼마나 많은 무고한 사람들이 이 엉터리 '인간 번역기'의 희생양이 되었는지 족히 짐작할 만하다. 민족 내부의 구성원을 서로 원수로 만들어 진흙탕 싸움을 벌이게 한 이와 같은 참담한 현상은 빼앗긴 나라에서 살아가던 우리 이웃들이 불과 100년 전에 겪었던 실제 현실이었다.

거주지를 전전하다 얻은 아들, 이기홍

이사열의 통역 덕분에 귀중한 여덟 명의 생명을 구한 기쁨은 잠시였다. 얼마 지나지 않아 그것은 부메랑이 되어 돌아왔다. 몇 달 후 헌병대장은 자신의 관내에서 의병으로 의심되는 조선인들을 체포하자 이사열에게 통역을 부탁하며 도움을 청했다. 최명삼 가족 사건으로 그의 도움을 받은 일도 있고 하니 마냥 거절하기도 어려웠다.

당시 강진군 칠량면과 장흥군 사이에는 첩첩산중의 울창한 수목 사이의 계곡 주위에 분토(分土)라는 불리는 50~60호의 산중 마을이 있었다. 몇 가구씩 모여 살던 주민들은 밭농사와 함께 임산물 채취와 땔감으로 쓰는 화목(火木)을 팔아 생계를 유지하고 있었다. 산이 깊다 보니 도피 의병 중에 낮에는 산속에 있다가 밤이면 민가에 내려와 숙식을 청하는 경우가 간간이 있었다. 이들이 지금 의병 혐의로 잡혀온 것이었다.

이사열은 분토 마을 사람들의 얘기를 통역하여 헌병대장에게 전해주었다. 이들이 대대로 오랫동안 그 계곡 주위에 살아왔고 이런저런 방식으로 생계유지를 하고 있었으며, 밤중에 닥쳐온 의병들에게 협박받아 식량과 귀중품을 강제로 빼앗겼다는 사실을 전달하였다. 또 이들에 도움이 되도록 총독 통치를 찬양하는 말도 섞으며 헌병대장의 마음을 얻고자 최선을 다했다. 이사열은 마음에도 없는 말을 해야 하는 자신을 보면서 다시는 이러한 일에 개입되어서는 안 되겠다고 생각했다. 통역을 끝내고 헌병대장과 인사를 나누면서도 "수고하셨다"는 사의를 들었지만 전과 같은 호의적인 표정이 아니라는 것을 느낄수 있었다.

이대로 가면 머지않아 자신에게 피치 못할 어려운 일이 생길 것 같은 예감이 들었다. 특히 의병들의 총살을 결정할 의례적인 조서 꾸미기 절차에 통역으로 참여하게 되는 일만은 어떻게 하든 피하고 싶었다. 이사열은 고향을 다시 떠나야 할지 말아야 할지 깊은 고민에 빠졌다. 사실 이러한 고민은 부모님도 마찬가지였다.

집안 어른들은 이사열을 일단 혼인시킨 뒤 타지로 떠나보내는 게좋겠다고 결정했다. 지인들을 통해 서둘러 신붓감을 구한 끝에 강진에 사는 이대금(李大今)이 적당한 처자로 정해졌고, 그해(1911년) 가을 급히 혼사를 올렸다. 일단 청룡리에서 신방을 꾸몄지만 그것은 임시 장소였다. 부모님은 일부 자금을 마련하여 이사열에게 건네주었다. 이사열은 틈틈이 시간을 내어 남의 눈에 띄지 않을 외진 곳들을물색했다.

새해 설날을 앞두고 이사열 내외는 강진의 처갓집으로 가서 며칠을보냈다. 처갓집을 나오면서는 신접살이를 하고 있는 청룡리로 돌아간다는 말을 남겼다. 하지만 부부가 향한 곳은 신혼집이 있는 청룡리가아니었다. 그들이 누구에게도 말하지 않고 향한 곳은 해남군의 사람들 왕래가 매우 드문 해안의 봉천 마을이었다. 해남군 북평면의 좌일장터가 있는 좌일리에서 5킬로 정도 떨어진 해안가였다.

거기에서 이사열 부부는 방 한 칸을 얻어 생활했다. 얼마 후 생활비를 얻으러 청룡리의 본가에 갔을 때도 지금 강진읍에서 살고 있다고말해두었다. 친가든 처가든 부부가 살고 있는 곳이 어디인지 아예 모르는 편이 낫다는 게 이사열의 판단이었다. 이런 식으로 자신의 거처가 드러나지 않도록 몇 차례나 이사를 하며 조심했다.

이사열은 낮이면 집에서 주로 독서를 하고 때때로 바닷가에 나가 낚시질도 했다. 봉천마을 앞에는 수십 만 평의 광활한 갯벌이 펼쳐져 있었다. 썰물이 되면 펄이 드러나 지천으로 깔린 다양한 조개와 토실한 낙지를 손만 넣으면 건져낼 수 있었다. 갯바위에는 굴과 홍합이 가득 붙어있었고, 통발을 물속에 던져 놓으면 어느새 큼직한 문어도 들어앉아 있었다. 아내인 이대금은 매일 갯벌에 나가 어패류와 해조류를 채취하여 음식으로 해먹고, 남은 것은 좌일 장터에 나가 팔아 생활에 보태기도 했다.

찾아올 사람이 없으니 헌병대에 불려가 난감한 일에 휘말릴 일이 없는 조용한 시간이었다. 동네 사람들 몇 명과도 친분이 생겼다. 해남 대흥사 의병들이 참패한 이후의 소식을 들은 것도 이곳에서였다. 의병의 마지막 세력을 없애려는 남한대토벌 작전 이후 해남 두륜산의 대흥사 일대로 후퇴했던 의병들은 공식적으로는 1909년 7월 대흥사 심적암에서 최종 소탕된 것으로 알려져 있었다. 하지만 광활한 산림이 우거져 있는 대흥사 계곡 주위에는 10여 개가 넘는 암자들이 여기저기 비밀스레 분산되어 있었고, 가까운 거리에 민가도 있어서 토벌 작전에서 살아남은 소수의 의병들이 종종 나타나곤 했다.

해남과 강진 일대의 숲속에서는 극소수의 의병들이 간신히 목숨을 부지하며 견디고 있었다. 헌병부대가 마지막 의병 하나까지도 씨를 말리겠다고 눈을 붉히던 이유도 그것이었다. 그러나 일제의 병합 이후 시간이 경과하면서 조선의 의병은 일제에 미미한 타격을 줄 공격 능력조차 잃어버렸다. 의병이 어디에서 전투를 한다는 소식은 끊긴 지 오래였다. 단지 의병에게 물품을 빼앗겼다는 민간인의 신고만이 간간이 들려오고 있는 정도였다. 병합된 지 일 년이 훌쩍 지났고 세상은 잠잠해져 가고 있었다.

그즈음 청룡리의 아버지가 낯선 우편물 하나를 들고 이사열을 찾아왔다. 봉투를 열어보니 대구 복심법원(覆審法院)의 서기로 임명한다는 임명장이었다. 복심법원이라면 일제강점기에 지방법원의 재판에 대한 항고를 맡는 곳으로, 고등법원보다는 아래, 지방법원보다는 위에 있는 재판소로서 서울, 평양, 대구 등 세 군데에 설치되어 있었다. 일제가 통치한 지 얼마 되지 않은 시기였기 때문에 법원에서도 사건을 처리하기 위한 일본어 번역과 통역의 필요성이 급증해서 한성 외국어학교 출신은 중용되었다. 보통의 시절이라면 남들이 부러워 할 안정적인 직장을 얻었으니 기뻐할 만도 했지만 이사열의 마음은 착잡하기만 했다.

바깥세상 소식도 궁금하고 이 문제에 대한 자문도 얻을 겸, 이사열은 낙향 후 처음으로 한성 외국어학교 시절의 옛 동지들을 만나기 위해 경성과 지방 도시 몇 군데를 다녀왔다. 동지들과 상의해 본 결과 일신의 영달에는 도움이 되겠지만 결국은 일제에 협력하는 일이라는 결론이었다. 이사열은 미련 없이 임명장을 반송해버렸다.

전국을 주유하고 돌아온 그 방문 직후 이사열은 마을 사람들에게 강진으로 다시 돌아간다며 갑자기 이삿짐을 쌌다. 그렇게 이주한 곳이 완도군 군외면 영풍리의 해변에 있는 마을이었다.

이사열이 돌연 영풍리를 거주지로 택한 것은 함께 마음을 나누며 수준 있는 이야기를 나눌 사람이 그리웠기 때문이었던 것 같다. 그간 너무 고립된 생활에 젖어 있었다는 생각도 들었다. 영풍리에는 경성의 한성 사범학교를 졸업한 뒤 고향에 돌아와 완도 보통학교의 훈도(교사)로 재직하고 있던 오석균의 친가가 있었다. 두 사람은 연배도 비슷했고 전부터 잘 알고 있던 사이였다.

오석균은 완도읍에서 살고 있었지만 자신의 고향이자 부모형제가 살고 있는 영풍리에 일요일이면 꼭 찾아왔다. 완도읍에서는 10여 킬로미터 떨어져 있으니 두어 시간이면 올 수 있는 거리였다. 이사열을 만나 이야기를 나누는 것이 오석균의 낙이었다. 이사열 역시 마찬가지였다. 두 사람은 서로가 가뭄에 비를 기다리듯 일요일을 기다렸다. 이사열은 영풍리에 있는 동안 오석균을 통해 아사히신문(朝日新聞)을 구독했다. 책 없이는 하루도 살지 못하는 이사열에게 새로운 책과 신문, 잡지를 구할 수 있는 것은 커다란 즐거움이었다.

이사열의 영풍리 생활은 3년 가까이 이어졌다. 그 사이에 장남인 이기홍이 태어났다. 1912년 8월 31일(음력 7월 18일)이었다. 완도군 군외면 영풍리, 이곳이 이기홍이 처음 세상을 만난 곳이었다. 여기에서 이기홍은 세 살까지 자랐다. 한편 이사열의 절친 오석균도 결혼 후 영풍리에서 첫 아이를 낳게 되는데, 이기홍보다 2년 늦게 태어난 오석균의 장녀 오수덕은 훗날 이기홍의 배필이 된다.

은자의 생활을 접고 민중 속으로

영풍리 거주 3년차를 맞던 1914년, 이사열은 자신의 삶을 재정립할 필요를 절실히 느꼈다. 돌아보면 청룡리를 떠나 전전했던 처음 일 년 여 동안은 하고 싶지 않은 통역을 회피하기 위한 일종의 도피 생활이었다. 그럴 수밖에 없었다. 그 뒤의 시간은 유유자적한 은자의 생활이나 다름없었다. 그 사이 일제의 식민 통치는 그물망처럼 촘촘하게 펼쳐져 조선 민중의 생활을 재편해나갔다. 조선 반도는 아무런 반항의 기미도 없는 공포 속의 무력한 적막강산이 되었다.

마을의 유지들은 이 나라가 원래부터 일본의 일부이기라도 했던 것처럼 행정의 말단까지 열심히 협조하며 자신들의 일상을 빠르게 되찾아갔다. 그 어른들 아래 살고 있는 아이들 역시 일본어가 모국어였던 것처럼 일본 순사들의 상소리 일본말을 따라 하며 킬킬거렸다. 이 아이들이 살아갈 십년 후, 이십 년 후의 조선 땅이 어떠할지 생각하니 소름이 돋았다.

그동안 너무 안일한 시간을 보냈다는 자책이 들었다. 대구 복심법원 서기직을 포기한 것도 사실 속세의 때를 묻히기 싫어하는 자신의 결벽증적 항의 표시였을 뿐, 어딘가를 향해 한 발짝이라도 나아가려는 의미를 담고 있지는 않은 것이었다. 부평초처럼 떠다니면서 오늘 그리고 내일 또 별 의미 없는 하루를 보내던 생활이었다. 어디엔가 뿌리를 내리지 않으면 안 된다고 생각한 이사열은 농사를 짓고 있는 부모님이 계신 고금도로 다시 돌아가기로 결심했다.

큰 아들인 이사열 부부가 돌아오자 부모님은 마음이 놓였다. 배울만큼 배운 자식이 외지에서 성공하지 못하고 농사를 지으러 왔다는 아쉬움은 없었다. 그분들은 지금 이 시대에 성공이 무엇을 의미하는지 잘 알고 있었다. 자식에게 험한 일이 반복되지 않기만을 바랄 뿐이었다. 소식을 모르는 먼 곳에 있기 보다는 가까이서 지켜볼 수 있는 것만으로도 다행이었다.

이사열은 사랑채의 큰 방에 자리를 잡았다. 농사일을 하고 난 뒤에는 종종 집에 찾아온 동네 아이들과 청년들에게 자신이 겪었던 경험과 바깥세상 이야기를 들려주었다. 이들이 돌아가는 뒷모습을 보면서 혼자 생각하곤 했다. "이들보다 내가 나은 것은 과연 무엇일까? 조금 더 배웠다는 것, 일본어를 읽고 쓰고 말할 수 있다는 것, 그것이 전부일까? 어쩌면 열혈 청년의 시기에 망국을 겪으며 느꼈던 피 끓는 울분을 지금까지 뼛속 깊이 기억하고 있다는 점은 아닐까?" 앞으로 이 땅에서 오래 살아갈 아이들에게 정말 필요한 것들을 전해주고 알려주고 싶었다. 그런 생각에 빠질 때마다 잠자리를 뒤척였다.

본래부터 지적 호기심이 남달랐던 그는 가능한 많은 정보를 얻으려고 노력했다. 그러나 한계가 많았다. 가장 손쉬운 정보 습득 수단인 신문조차 없던 때였다. 조선인이 발행하는 신문은 1910년 합방과 함께 모두 폐간되었다. 한글로 된 유일한 신문은 총독부 기관지인 '매일신문'이었으나 이것은 읽을 가치가 없었다. 무단통치가 행해지는 일제 강점기 첫 십년간 조선은 신문 자체가 없는 신문의 암흑기였다. 이는 3·1운동 후 소위 문화통치로 전환하면서 1920년에 동아일보, 조선일보가 설립될 때까지 계속되었다.

때문에 오석균을 통해 처음 입수하게 된 아사히신문은 매우 중요한 정보의 보고였다. 일본 신문이기 때문에 국내 소식이 많이 나오지는 않았지만 행간을 잘 읽으면 최소한 식민지 정책의 향배와 추세 등에 대한 판단을 할 수 있었다. 더 중요한 것은 국제 뉴스들이었다. 덕분에 세계가 돌아가는 형국을 폭넓게 파악할 수 있었다. 1914년 7월 제1차 세계대전이 발발하면서 국제면은 그가 가장 흥미진진하게 촉각을 세우며 읽던 지면이었다. 이밖에 일본의 시사 월간지도 입수하여 읽었고, 농업이나 원예에 관한 각종 월간지와 책자도 구입했다. 이것들은 우리보다 발전한 일본의 농업 관련 기술들을 습득하여 농민들에게 전해주려는 용도였다.

당시 청룡리의 집은 부모님이 계시는 본채 외에 큰 사랑채가 있었는데, 이사열 가족이 살던 방 외에도 손님방과 머슴방이 따로 나뉘어 있었다. 큰 마루에는 20명이 족히 앉을 수 있었다. 아이들은 일부러 소집하지 않아도 자연스럽게 찾아왔다. 처음에는 주로 친척인 경주 이씨의 자제들이 많아서 출입에 딱히 경계가 있는 것은 아니었다. 그 부모들 역시 "이사열에게 가면 뭐라도 하나 듣고 배울 게 있다"며 오히려 권장하기까지 했다.

그때 집에 오던 일행 중에 유독 눈에 띄는 아이는 이사열의 사촌 동생인 이현열이었다. 1914년 당시 15살이었던 이현열은 무리 중에서도 유독 의협심도 강하고 질문도 많았다. 이현열을 포함하여 대체로 10대 중반의 청소년들은 그 나이에 걸맞는 호기심이 있었다. 때문에 어떤 질문에도 대답해주는 이사열에게 끌려들어갔다.

이사열은 자신이 경성에서 직접 보고 느꼈던 망국 전후의 여러 상황들, 일진회의 야비하고 부끄러운 매국 행위들, 유림 양반들의 의병 탄압 실태들을 사실감 있게 이야기해 주었다. 간간이 아사히신문의 조선 통치에 관한 기사를 골라 읽어주며 비판적 시각에서 균형 잡힌 해설을 해주기도 했다. 제1차 세계대전이 터진 이후에는 참전 각국에 대한 역사와 전쟁의 전망 같은 이야기도 들려주었다. 하나 같이 다른 어디에서도 들을 수 없는 귀한 내용들이었다. 이런 시간들을 통해 아이들은 우리 민족의 현실이 무엇인지, 어떻게 살아야 하는지 등에 대해 각자의 수준에서 고민과 숙제들을 가슴속에 새겨갔다.

아이들에게 이처럼 시간을 쏟았던 반면, 이사열은 유지나 기관 사람들과의 관계는 가능한 한 멀리하였다. 당시 유지라면 각 지방의 면민 중에서 면사무소, 주재소, 금융조합 등에 자주 출입하며 면장, 주재소 수석, 금융조합 이사 등과 교제하는 사람들이었다. 이들은 자신들을 면민 중에서는 상위층이며 면민의 대표로 자처하고 행세하던 사람들이었다. 이사열은 면내 유지들로부터 기관 출입을 종용받았으나 불가피한 경우가 아니면 일선의 기관과 연결을 갖지 않으려 했다.

이사열은 "일선 행정기관이란 총독부 식민지 통치를 우리 민족의 생활과 말단까지 직접 연결시켜 식민지 정책을 구체화시키는 식민지 지배의 모세관과 같은 기관이므로 유지 행세를 하면서 여기에 자주 출입하고 그 기관장들과 만나는 것은 결과적으로 식민지 통치를 측면에서 도와주며 합리화시켜주는 것"이라 생각했다.

따라서 그들과 대립을 피하기 위해 꼭 필요할 때와 회의에 초청될 경우 외에는 가급적 출입을 하지 않았다. 이렇게 거리를 두자 임기가 긴 면장 외에는, 자주 바뀌는 주재소 수석과 기관장들에게 이사열의 존재는 차차 망각되어갔다. 차라리 잘 된 일이었고, 이것은 이사열이 바라던 바였다.

희망이 되어가는 청년들

마을의 청소년들은 특별히 때를 가리지 않고 이사열의 집을 찾았다. 저녁 시간을 거기에서 지내고 오면 이들은 한 뼘쯤 성장한 것 같은 기분이 들었다. 이사열의 어머니는 사랑채에서 뭔가를 진지하게 얘기하는 아들과 그것을 열심히 듣고 있던 아이들이 모인 날이면 계절에 따라 감자나 옥수수나 고구마를 손수 삶아 가져다주었다. 젊은 이들이 모인 섬마을의 이 저녁은 마치 도회지에서 온 젊은 선생님이 운영하는 농촌 야학의 풍경 한 자락과도 같았다. 예전까지 이 마을에서 한 번도 볼 수 없던 모습이었다.

어른들 사이에는 동네 청소년들을 잘 선도하는 일이라는 좋은 평판도 있었지만 우려의 시선도 없지 않았다. 그래서 친지 중 한 분은 이사열에게 "자네 이러다 경찰 눈 밖에 나는 건 아닌가?"하며 걱정해 주기도 했다. 사실 그런 움직임들이 경찰의 눈을 피해나갈 수는 없었다.

마을마다 경찰이 심어놓은 정보원들이 하나씩은 있던 때이니 이런 특이사항이 보고되지 않을 리 만무했다.

경찰로서는 경성에서 최고의 공부를 한 사람이 낙향하여 집에 박혀 있다는 사실 자체가 거슬렸다. 더구나 그 주위로 젊은이들이 모여든다는 것은 몹시 신경 쓰이는 일이었다. 특별히 불법적인 일을 하는 정황은 없었지만 제동을 걸어둘 필요가 있었다.

그러던 어느 날 이사열은 고금면 주재소로 소환되었다. 그 자리에는 완도 경찰서의 고등계 형사가 직접 나와 있었다. 형사가 심문하는 요지는, 집에서 청년들을 모아 반일 교육을 하고 있다는 소문이 자자하다는 것, 뒤의 배후조직이 의심된다는 것이었다. 이사열은 이에 대해 적극적으로 해명해 둘 필요가 있었다.

"집에 찾아오는 아이들은 주로 내 사촌이나 오촌 동생들이오. 경성에서 공부하다 온 사람이 마을에 나 하나뿐이니 호기심으로 물어보는 것들이 많아 그 애들에게 유익한 이야기를 해주는 것뿐이오."

"동네의 다른 청년들이 나를 찾아오는 것은 일본의 선진 농사 정보를 얻어가기 위한 것이오. 나는 그동안 일본에서 발행한 각종 농업 관련 월간지와 책자들을 구입해서 읽어오고 있었소. 심어지 일본인들이 많이 좋아하는 분재(盆栽)에 관한 월간지도 받아보고 있소. 마을 청년들에게 조금이라도 도움이 될까 싶어서 그랬던 것이오. 의심이 든다면 우리 집에 가서 책들을 직접 확인해 보면 될 일이요."

형사는 고개를 끄덕이면서도 이사열이 수그러진 태도로 대답하길 바랐다. 최소한 그런 모임을 자제하여 오해를 사지 않도록 하겠다는 약속이라도 받고 싶었다. 이사열은 좀 더 단호하게 선을 그어야겠다고 생각했다. 사실, 경찰이 엮어서 잡아넣을 일이라면 직접 집에 와서 체포할 일이지 당사자에게 주재소로 나와 달라고 요청할 일은 아니었다. 특히 '반일 교육'이나 '조직' 운운하는 대목에서는 의도가 감지되었기 때문에 조금이라도 수긍하는 태도를 보인다면 앞으로의 처신이 무척 어려울 것이라 생각되었다.

"반일 교육이라니 터무니없는 말이오. 당신들이 알다시피 나는 일본어에 능숙한 사람이고 아사히신문을 구독하고 있는 사람이오. 마을 청년들이 내가 보는 신문 내용을 궁금해 하기에 그 기사들을 해석하여 읽어줬던 것이오. 그게 무슨 문제가 되겠소. 지금 조선에는 일본 신문을 구독해서 읽는 이들이 완도군에도 여러 명이고 전국적으로는 수천 명이 넘을 텐데, 그것을 읽고 이웃에게 얘기해주면 다 반일 교육을 하는 것이요? 또 당신네 일본 사람들이 경찰서나 관청에서 매일 일본 신문을 읽는 것도 다 반일 교양을 하기 위한 것이오?"

이사열의 강한 부인과 반격에 형사는 더 이상 심하게 추궁해 들어가지는 않았다. 물론 이사열의 말에 동의한다거나 설득되었다는 의미는 아니었다. 다만 치안을 위협할 모의 같은 것은 없었으니 애초부터 자백 같은 것을 받아낼 목적은 아니었다. 이사열을 압박하여 청년들과 거리를 두게 만들자는 것이 진짜 의도였다.

"각별히 조심하는 것이 당신 신상에 좋을 것이니 명심하시오!"

형사의 정중한 충고를 뒤로 하고 이사열은 주재소를 나왔다. 그가 완강한 태도를 보였던 것은 최소한 아이들과 틈틈이 만나는 자리 자체가 원천 봉쇄당하는 일은 막고 싶었기 때문이었다. 앞으로 조심은 해야 하겠지만 모임이 불법 행위로 낙인찍히는 일만은 일단 저지했다고 생각되었다.

이후에도 완도 경찰서에서는 이사열을 요주의 인물로 관찰하면서 일 년에 한두 번씩은 주기적으로 소환하여 근황을 묻고 동태를 주시했다. 그때마다 비슷한 해명과 공방과 암묵적 위협이 반복되었고 경고도 받았다. 이사열도 심적 부담을 느끼지 않을 수 없었지만 청년들과의 만남은 횟수를 최대한 줄이되 그대로 유지해나갔다. 다만 함께 나눈 얘기들을 밖에서 함부로 흘리지 말도록 각별한 보안을 당부했다. 청년들도 그 뜻을 충분히 이해하였다.

해가 거듭되면서 세상을 바라보는 아이들의 의식 수준은 많이 높아졌다. 습득력이 가장 왕성한 시기에 이사열이라는 비옥한 지적 세계를 만나 거기에 뿌리를 내린 청소년들은 4월의 나무처럼 왕성하게 자신들만의 잎사귀를 피워내고 있었다.

처음 만났을 때보다 4,5살씩 나이가 더 먹은 아이들은 마을에서 듬직한 건장한 청년으로 자라나고 있었다. 종종 찾아오던 경찰들 탓인지, 이사열의 안위를 먼저 걱정하는 모습에서는 은근히 동지적 연대감도 느껴졌다. 이사열과의 만남을 통해 각성된 이들의 민족의식은 식민지 국민으로 살아갈 자신들의 삶에서 중대한 선택의 순간이 올 때마다 무언의 길잡이 역할을 해줄 것이었다.

후일 고금면 만세운동을 주도하는 정학균, 이현열, 이수열, 홍철수 김천영, 배금순 등 6인은 예외 없이 이사열의 지도를 받으며 성장했던 젊은이들이었다. 세속의 보장된 길을 버리고 섬마을의 고립을 택한 이사열의 지난 세월은 젊은이들의 새로운 성장을 위한 밑거름으로 작용하며 그 역할을 했던 것이다.

기미년 전야의 대내외 사정

일제의 식민 통치는 처음부터 무력적이고 강압적이었다. 위협이 될 만한 저항 세력인 의병은 강제 병합 이전에 총칼로 쓸어버려 그 싹을 철저히 잘라버렸다. 군대가 경찰을 대신하는 헌병경찰제를 도입하여 공포감을 조성하였고, 언론·출판·집회·결사 등의 시민적 자유는 원천적으로 봉쇄되었다. 일찌감치 자신들의 충성을 바칠 주군을 일황으로 바꿔 총독부의 권력체계 안으로 순조롭게 안착한 양반 유림 세력 중심의 친일파를 제외하면, 조선의 뜻 있는 지성들의 대다수는 일제의 총독부 통치를 전혀 인정하지 않고 있었다.

생산을 담당하는 농민들의 불만은 더욱 컸다. 토지의 소유 관계를 명확히 하여 근대적인 행정의 기초를 마련한다며 실시한 토지조사사업은 총독부의 토지 독점과 자영농의 몰락을 가져왔다. 총독부는 소유 관계가 불확실한 토지를 모두 국유화하였고, 지적(地籍)에 대한 서류상의 근거 없이 관례적으로 농사를 지어오던 자영농들은 하루아침에 땅을 빼앗겼다. 총독부는 조선 전체 토지의 40%를 차지하였고 동양척식주식회사가 대부분의 땅에 대한 처분과 운영을 맡았다. 수백만 명의 자영농들은 소작농으로 전락하였다.

조선 민중의 분노는 계층을 가리지 않고 누적되고 있었지만 일제의 엄혹한 총칼의 위협이 이를 억누르고 있었다. 국경 너머에는 장기 항전을 위해 넘어간 잔여 의병 세력과 이주민들이 만주와 연해주를 중심으로 독립군을 형성하여 준비했지만 나라 안쪽에 큰 영향을 미칠 정도는 아니었다.

조선 내부에서 자생적인 변화를 이끌어낼 수 없는 무력한 상황이 이어지던 중 발발한 세계대전은 새로운 변수가 될 소지가 많았다. 이사열은 신문을 통해 전쟁 소식을 알게 된 뒤 이 사건이 조선에 미칠 영향을 주시했다. 제1차 세계대전은 영국을 중심으로 한 선발 제국주의 국가와 독일을 중심으로 한 후발 제국주의 국가 간의 충돌에서 비롯되어 수십 개 나라들이 얽혀 들어간 국제전이었다. 국제전은 거의 예외 없이 주변 약소국의 운명에 큰 영향을 미친다.

이를 주목했던 이사열은 "이 전쟁은 반드시 현 세계질서에 큰 변동을 가져올 것이며 세계 인구의 반 이상인 식민지 민족의 미래에도 변화가 생길 것이므로 우리 민족에게도 반드시 긍정적인 영향을 줄 것"이라는 희망을 품게 되었다.

개전 직후 일본은 영일동맹을 표면상의 이유로 내세워 곧장 독일에 선전포고를 하고 독일의 조차(租借) 지역이었던 중국의 칭다오(靑島)를 점령했다. 하지만 속내는 유럽의 전선에서 전쟁에 휘말린 강대국들이 신경을 쓸 틈이 없는 상황을 이용하여 중국 진출의 교두보를 마련하는 것이었다. 조선의 식민지화를 완성한 이후 일본이 겨냥한 곳은 중국이었다. 서유럽에서 독일에 밀리던 영국의 지원 요청도 거절한 일본의 궁극적 목표는 동아시아의 패권 장악이었다. 1917년 러시아혁명 후 시베리아 연해주에 출병한 것도 마찬가지 의도의 연장선이었다.

이사열은 일본의 칭다오 점령이 중국의 거센 반발을 일으킬 촉매가 될 것이라는 기대를 갖고 있었지만 중국인은 아무런 일도 없었다는 듯 조용했다. 중국은 이미 이빨 빠진 호랑이였다. 청나라는 거대한 몰락의 막바지에 있었고, 변방 지역인 쓰촨성의 폭동을 계기로 무한(武漢)에서 시작된 신해혁명(1911)은 여전히 진행 중이어서 중국의 정치 집단 어디에서도 외세의 침입에 대응할 형편이 전혀 아니었다.

한편 전선이 확대되어 혼전을 거듭하던 세계대전은 중반 이후 미국의 참전을 계기로 급속히 연합국 편으로 승세가 넘어왔다. 연합국의 편에 섰으면서도 실질적인 전쟁 참여를 하지 않아 피해가 없었던 일본으로서는 최상의 결과였다. 이를 보면서 이사열은 "대전이 끝난 후 전후 처리는 일본의 현 식민지를 비롯한 이권을 더욱 확대시켜 일본이 열강의 대열에 들어가는 길을 열어줄 것이 우려된다. 일본의 세력 강화와 국제적 지위 상승으로 우리 민족에 대한 지배는 더욱 강화될 것"이라 보고 크게 낙망했다.

전쟁은 막바지로 향하였다. 미국은 전쟁 초기 2년여 간 중립을 지키면서 양 진영에 무기와 생필품을 비롯한 전쟁 물자를 공급하며 엄청난 수익을 올려 세계 최고의 부국으로 발돋움했다. 또 판세를 좌우하는 중대한 시점에서 참전을 결행하여 전쟁의 향방을 결정적으로 바꿈으로써 일약 세계의 지도국이 되었다.

전쟁의 결말이 연합국의 승리로 기정사실화된 가운데 예상치 못한 놀라운 소식 하나가 세계에 엄청난 파장을 일으켰다. 전쟁 종결 직전인 1918년 1월 미국 대통령 윌슨은 전후 문제 처리를 위한 원칙으로 14개조를 발표했는데, 여기에 그 유명한 민족자결 원칙이 들어 있었다. 이 원칙은 "피지배 민족에게 자유롭고 공평하고 동등하게 자신의 정치적 미래를 결정할 수 있는 자결권을 인정해야 한다"는 것이었다. 이는 식민지의 독립을 지지한다는 의미였다. 세계 최강국 대통령의 선언은 그 자체가 중대한 가이드라인이었다.

강대국에 속박되어 있던 세계 각 식민지의 약소민족에게는 복음의 메시지였다. 윌슨의 민족 자결주의 원칙이 천명되자 국내외 독립운동가들은 크게 고무되었다. 그간의 긴 침묵을 깨고 대응 준비를 서두르며 곧 닥쳐올 독립을 맞을 희망에 부풀었다. 국내는 물론 상해를 중심으로 한 민족운동가 세력들도 이번을 절호의 기회로 여겼다.

이사열 역시 식민지에서 벗어날 때가 왔다는 확신을 가지며 기뻐했고, 청년들과도 이 소식을 공유했다. 청년들은 주야를 가리지 않고 틈만 나면 모여 이사열의 들뜬 설명을 열심히 들었다. 이사열이 고금도에 내려온 이래 가장 열정적인 태도를 보인 것이 그때였다.

한편 일제는 민족 자결주의 원칙이 억눌려있던 조선 민중을 자극하여 대대적인 운동으로 전개될 것을 우려하여 잔뜩 긴장했다. 승전국의 일원으로 기세등등하게 나아가는 길에 어떤 걸림돌도 없도록 조선 내의 치안 유지와 요주의 인물 관리에 각별히 유념하였다.

이즈음부터 경찰이 이사열의 집에 찾아오는 빈도도 잦아졌다. 전과는 다른 분위기를 감지할 수 있었다. 이사열은 마을 청년들에게 여러 사람이 한꺼번에 오지 말고 반드시 대표자 격인 한 사람만 와서 들으라고 단단히 당부했다.

3·1운동 전야 국내의 독립 운동가들은 민족 자결주의의 거대한 물꼬가 트인 만큼 전후에는 독립을 이룰 수 있다는 낙관론을 갖고 있었다. 우리 민족의 독립 의사를 세계에 분명히 표시하면, 미국이 막강한 군사력과 경제력으로 일본의 퇴각을 강요할 것이라는 기대가 3·1운동을 준비한 지도자들의 지배적인 견해였다. 다수의 인사들이 미국의 조야(朝野)에서 두루 독립 청원을 했던 것도 그런 배경이었다. 그러나 역사는 그러한 순박한 기대대로 진행되지 않았음을 우리는 잘 안다.

민족 자결주의는 당초부터 그 적용 대상이 패전국인 독일 제국, 오스트리아-헝가리 제국, 오스만투르크 제국, 그리고 전쟁 중에 혁명이 발생한 러시아 제국 안에 있는 약소민족들이었다. 이들이 향후에 다시 강성해져 패권에 도전하지 못하도록 산하의 약소민족들을 독립시켜 그 힘을 분산시키겠다는 것이 승전국들의 전략이었다. 보편적 인류애를 표방하는 명분을 내세웠지만 거기에는 국제정치의 냉정한 득실 계산이 자리 잡고 있었다.

따라서 미국이 승전국의 편에 서있던 일본을 압박하여 조선 민족에게 독립을 선사할 것이라는 기대는 헛된 희망이었다. 3·1운동으로 전 국토에 걸쳐 조선인의 독립 의지를 만방에 과시했지만 그 결과는 일제의 참혹한 살육과 탄압이었다. 미국은 조선 민족이 당한 비극에 대해 어떠한 제동도 걸지 않았다. 민족운동 지도자들은 비로소 미국이 표방한 민족 자결주의가 우리 민족의 미래와는 아무런 관련이 없다는 것, 즉 민족 자결주의의 허상과 미국의 실체에 대해 파악하며 실망과 분노를 느끼지 않을 수 없었다.

1918년 이후 서로를 자주 찾아 정세를 논의했던 이사열과 6명의 동지들은 뉴스의 표면만을 보고 흥분하여 세계정세의 저류에 흐르는 핵심을 놓쳤다는 뒤늦은 자각을 하였다. 조선의 독립은 외부로부터 주어지는 행운이 아니라 우리 스스로의 자력으로 쟁취해야 하는 지난한 과제임을 절감했다. 따라서 만세운동은 험난하고 긴 여정의 또 다른 시작이었다. 더 많은 조선 민중이 자각하고 독립의 의지를 굽히지 않기 위해 피해 갈 수 없는 과제였다.

고금도의 만세운동

아주 특별한 하루

3·1 만세운동 소식은 각지에 퍼져나갔다. 서른세 명의 지도자들이 조선의 독립을 선언하고 경찰에 잡혀갔으며, 독립 만세를 외치던 수많은 사람들이 무참히 살육되었다는 소문이 돌았다. 그러나 한반도 끝자락의 바다 너머 완도에는 그 소식이 너무 늦게 전해졌다. 내륙 곳곳의 항쟁은 처참하게 진압된 뒤였고, 만세운동이 없었던 곳에도 경찰의 삼엄한 경비가 펼쳐졌다.

1919년 그해는 그렇게 지나가고 있었다. 이사열의 집을 찾아오던 동네 청년들은 그해의 전국적인 만세운동에 참여하지 못한 것에 매우 분한 마음을 가지고 있었다. 그리고 그해 연말 무렵부터 청년들끼리 어떤 모의를 시작하였다. 일을 주도적으로 이끌어간 사람은 이현열과 정학균이었다.[1]

1920년 1월 22일, 고금면 청룡리의 경주 이씨 종갓집에 여러 사람들이 모여들었다. 그날은 명절도 아니고 집안의 대사가 있는 날도 아니

---

1) 박찬승, 「일제하 고금도의 항일 민족운동」 참조. 이기홍 선집 작업 시 이기홍의 기억이 판결문 등과 다른 부분이 있어 이 책에서는 운동 발생 연도를 1920년으로 수정하였다. 주동자에 관해서는 판결문에서 정학균이 주도한 것으로 되어 있지만, 이현열이 세 살 위이고, 이현열의 집에서 모든 준비가 이루어졌으며 격문도 작성한 것으로 보아 이현열을 주도 인물로 보았다.

었는데 동네 청년들은 물론 집안의 아이들까지도 불러들였다. 이곳은 종갓집의 장손인 이현열의 집이었다.

이현열은 오촌 조카인 이기홍과 사촌동생인 이종운을 따로 불러 읍내에 나가 창호지 묶음, 그리고 붉은 색과 파란 색 물감을 조금씩 사오라고 했다. 한 상점에서 한꺼번에 사지 말고 여러 번 나누어 사야 한다는 당부의 말을 잊지 않았다. 두 아이(이기홍 8살, 이종운 12살)는 뛰다시피 길을 나섰다. 당시 고금면에는 면사무소 소재지와 장터거리 그리고 학교 앞에 상점이 각각 하나씩 있었다. 두 아이가 심부름을 마치고 돌아왔을 때 아직 해는 남아 있었다.

그 사이 집안에는 동네 어른 여럿이 와 있었다. 종갓집에는 본채와 사랑채가 있고, 사랑채에 큰 방이 둘 있었는데 어른들이 방을 가득 채우고 있었다. 이현열은 두 아이와 함께 사촌 동생인 이정재 그리고 사촌 누이 등 어린 아이들에게도 들어오라고 불렀다. 어른들의 일에 끼어주는 것만으로도 뿌듯한 일이었다. 방안의 어른들은 무엇인가를 만들고 있었다.

누군가가 사각형의 두터운 장판지에 태극 문양의 윗부분과 아랫부분 모양을 조심스레 오려냈다. 태극의 모서리 사방에는 팔괘(八卦)를 상징하는 몇 가지의 직사각형을 잘라내 구멍을 내고 있었다. 청색과 홍색의 물감, 그리고 검은 먹물이 담긴 그릇도 옆에 놓여 있었다. 아이들은 무슨 일이 진행되고 있는지 유심히 지켜보았다.

그렇게 구멍 뚫린 장판지 밑에 아까 사온 창호지를 대고 태극의 윗부분에는 홍색 물감을 아랫부분에는 청색 물감을 구둣솔로 조심스레 칠하고, 사방의 팔괘에는 먹물을 칠했다. 장판지를 들어내자 하얀 창호지 아래 처음 보는 문양의 그림이 드러났다. 아이들의 눈이 반짝거렸다. 바로 태극기였다.

그런 작업이 계속 이어졌다. 이현열과 홍철수는 창호지를 잘라 물감을 칠했고, 그 곁에서 이수열과 김천영이 번진 색깔들을 붓으로 깨끗이 다듬는 마무리 작업을 했다. 공들여 하나하나 완성된 태극기를 어린 이기홍과 누이동생 이기초가 뒤뜰로 가져가 멍석 위에 널어 건조시켰다.

뒷마루에는 이기홍의 고모인 이정열과 누이 한 분, 그리고 사촌 형인 이기동이 앉아 가느다란 여죽(女竹)의 깃대에 태극기를 풀로 꼼꼼히 말아 붙여 멍석 위에 널었다. 이 날 종갓집에 모인 사람마다 사전에 각각의 역할 분담이 세심하게 되어 있었던 것이 분명했다. 작업은 신속하게 진행되어 순식간에 수백 개의 태극기가 만들어졌다.

뒷마당의 여러 개 멍석에 널려있는 태극기가 바람에 너울대며 몸을 말리고 있는 사이 해가 지고 있었다. 날이 어두워지자 이현열은 조카인 이동수를 대문 앞으로 내보내 바깥의 동정을 엿보고 오라 했다. 아무도 다니는 사람이 없다고 하자 안심한 이현열은 어른들을 시켜 잘 건조된 태극기를 서른 개씩 백지에 말아, 노끈을 대신하여 사용하던 왕골속으로 묶어 포장하였다. 그런 뒤 어른 몇 명이 그것들을 나누어 각자의 품에 넣고 어딘가로 가지고 갔다.

이기홍은 그 어른들이 조심스레 주위를 둘러보며 어둠속으로 사라져가던 모습을 지켜보았다. 그날 낮부터 밤까지 촘촘히 이어진 시간들은 어린 이기홍이 처음 겪는 장면들이었다. 어른들은 왜 저토록 조심스레 주위를 경계하며 그것들을 만들었는지, 아이들의 손까지 빌려 그 작업에 참여시켰는지, 그리고 그것으로 무엇을 하려는 것인지, 온통 궁금했다. 아주 특별한 하루가 그렇게 지나갔다.

덕암산에 울려 퍼진 함성

다음날이었다. 고모 이정열이 이기홍을 부르더니 보통학교에 놀러 가자고 했다. 고금 보통학교는 집에서 3km 정도 떨어진 곳에 있어 한참을 걸어가야 했다. 보통학교 근처에 다다르자 분위기가 평소와는 조금 달랐다. 주재소의 일본인 순사부장과 조선인 순사 2명, 그리고 의용소방대원 두세 명이 학교 앞을 지나는 사람들을 검문하는 모습이 보였다. 일일이 어디 가는지 물어보고 짐도 풀어 확인하기도 했다.

고모는 여자라서 그런지 그냥 보내줬다. 고모가 이기홍의 손을 이끌고 학교 뒤편의 경사진 길을 따라 올라간 곳은 보리밭이었다. 사방이 트인 곳이었다. 어린 보리 싹이 듬성듬성 올라오고 있었다. 뒤쪽으로는 덕암산의 정상이 멀리 보였고 눈앞에는 완도의 모습과 먼 곳의 바다도 아스라이 눈에 들어왔다.

시간은 11시가 조금 넘었다. 고모는 연신 산자락을 살펴보았다. 울창한 숲 사이로 멀리서 언뜻언뜻 몇 사람들의 모습이 보였다가 사라지곤 했다. 그러고는 얼마 후 산 정상 부근에서 하얀 무리의 사람들이 보이더니 무언가를 외치는 소리가 들려왔다. 아래에서도 생생히 들릴 만큼 작지 않은 소리였다. 대한독립 만세를 외치는 소리였다.

이기홍은 소리가 나는 산 정상에서 눈을 떼지 못하고 외침에 귀를 기울였다. 족히 백 명은 넘는 사람들이 외쳐대는 소리라 짐작되었다. 덕암산은 고금도에서 가장 높은 봉우리에 속하지만 해발 193미터에 불과했으니, 거기에서 지르는 소리는 산 아래 곳곳까지 울려 퍼지기에 부족함이 없었다. 덕암산 정상에서 벌어진 소동에 읍내의 사람들은 모두 산을 바라보았다.

이내 학교 앞 네거리에는 소란스런 분위기가 감돌았다. 사태를 파악한 경찰들은 확성기를 들고 산 위에서 외치는 사람들에게 내려오라는 경고를 외쳐댔다. 그러나 정상 주위의 여기저기서 만세 소리가 계속 이어지자, 칼을 찬 순사 2명과 측근들 몇 명이 다급하게 고함을 질러대며 산을 향해 뛰어 올라갔다. 만세 소리는 순사들 일행이 헉헉대며 산 중턱을 넘어설 때까지 계속되었다. 이들이 정상에 올라섰을 때 거기에는 아무도 없었다.

순사들이 올라오는 것을 위에서 내려다보던 사람들은 그 사이 다른 길로 내려와 읍내로 향했다. 경찰을 따돌리고 내려오는 동안 읍내에는 더 많은 사람들이 모여 들였다. 돌연 벌어진 상황을 내내 주시하며 발길을 떼지 못하던 면민들 앞에 태극기를 들고 산에서 내려온 사람들이 땀을 흘리며 모여들었다. 이들이 합류하자 미리 준비하고 있던 또 다른 여러 사람들이 품에서 태극기를 꺼내들었다.

그러자 정학균과 이현열이 잇달아 나서 일본을 규탄하는 짧은 연설을 마친 뒤, 태극기를 높이 들고 대한독립 만세를 선창하였다. 모인 사람들 모두가 선창에 맞추어 목이 터져라 대한독립 만세를 외쳤다.

산 위에서 나던 만세 소리가 이번에는 읍내의 한가운데서 더욱 크게 울리자 순사들과 그 일행들은 당황하여 덕암산 정상에서 길을 돌이켜 허둥지둥 아래로 달음질쳐 내려왔다. 이들이 허겁지겁 읍내로 내려왔을 때 만세 소리는 이미 조용해져 있었다. 군중들은 어디론가 다 사라져버리고 한 사람도 남아 있지 않았다. 그 자리에는 종이로 만든 태극기 하나도 떨어져 있지 않았다. 순사들은 분을 못 이겨 씩씩대다가 이내 서로 바라보며 쓴웃음을 지었다.

이기홍은 고모의 손을 잡고 서둘러 집으로 줄달음쳤다. 순식간에 벌어진 놀라운 일에 가슴은 두려움과 묘한 흥분으로 고동쳤다. 이것이 그가 아홉 살 때 목격한 만세운동의 현장이었다.

치밀했던 사전 준비

당시에는 몰랐지만 그날의 장면은 이기홍의 인생에 깊은 각인으로 남아 있었다. 종갓집에 모여 태극기를 만들고 어둠 속으로 사라지던 어른들의 긴장된 표정, 그림처럼 연출된 덕암산의 만세 현장, 순사들의 허탈한 표정들, 그리고 이현열이 왜 자신에게 창호지와 물감을 사 오라고 시켰던가 하는 일까지 모두 우연이 아니라고 생각되었다.

고금도의 만세운동은 갑자기 벌어진 일이 아니었다. 주도자들이 앞으로 진행할 일의 동선과 대중 동원 및 보안과 사후 처리에 대해 치밀한 계획을 세워 실행에 옮긴 것이었다. 이사열의 지도로 국내외 정세 파악을 하고 있던 청년들은 1919년 만세운동에서 고금도가 빠졌다는 사실에 매우 분하게 여기고 있었다. 그러던 1월 초 정학균과 이현열이 의기투합하여 운동을 일으키기로 하고 고종 황제의 승하 1주기가 되는 1월 22일을 거사일로 잡았다. 격문 작성은 이현열이 맡았다.[2]

주동자인 두 사람과 청년들은 각 마을에서 가장 믿을만한 사람을 책임자로 한 명씩 선정하고, 이들 밑에 친척 또는 친분 관계를 중심으로 각각 10여 명 내외의 사람들을 각각 동원시켰다. 무작위적인 동원이 아니라 세밀한 실사를 통해 적절한 인물들을 동원하는 것이 비밀을 지켜내는 최우선의 지침이었다. 주재소와 연결고리를 갖고 있는 각 마을 정보원들의 눈에 띠지 않는 것 또한 절대적으로 중요했다.

청룡리에 살던 홍철수와 김천영, 그리고 이기홍의 숙부인 이수열과 농상리에 살던 배금순이 주요한 책임들을 맡았다. 접촉 대상이 된 대중들에게는 3·1 만세운동을 화두로 삼아 전국 각지에서 국민들이 일

---

2) 재판기록에 의하면 이현열 등이 격문 7통을 만들어 1월 21일 밤 보통학교 기숙사에 보관한 것으로 되어 있다. 격문의 내용은 현재 전해지지 않는다.

어났는데 이번에는 우리 면도 그냥 있을 수 없지 않느냐는 얘기로 공감대를 형성하며 은밀히 조직화 작업을 진행했다. 다만 날짜에 대해서는 최후까지도 알려주지 않았다.

거사 날짜를 정하고 태극기를 다 완성한 그날 밤에야 각 부락 책임자들에게 태극기를 배분하였다. 특히 책임자들에게는 각자 맡은 인원들에게 만세 운동 시간을 당일 아침에 알려줄 것, 태극기는 반드시 현장에서 나누어 줄 것, 그리고 만세를 부르고 난 뒤에는 태극기를 책임자에게 반드시 반환하라고 단단히 일어두었다. 이런 사전 조치가 있었기에 만세운동이 끝난 뒤 단 한 사람도 현장에 남아있지 않았고 태극기 한 장도 없었던 것이었다.

만세운동에 사용된 태극기는 배금순이 마을별 책임자들을 통해 일괄적으로 수거하여 보따리에 넣어 마을과 멀리 떨어진 덕암산 뒤편의 보리밭에서 태웠다. 주동자 색출과 증거물 수집에 혈안이 된 경찰들이 애를 먹을 수밖에 없었던 이유였다. 이렇게 시골 섬마을에서 벌어진 만세운동은 처음부터 계획과 동원 단계는 물론 태극기 제작과 분배 및 회수와 소각에 이르는 사후 조치까지 조직을 통해 빈틈없이 이루어졌고 무엇보다 철저한 보안이 지켜졌다.

수천 명의 인구에 지나지 않는 섬 단위의 작은 지역에서 수백 명이 참여한 운동이 일어났다는 것은 완도는 물론, 전국에서도 유례를 찾기 힘든 일이었다. 이것은 운동을 이끄는 확고한 지도부의 존재와 실행 전략, 생활권 내에서 밀착된 조직화와 동원, 그리고 철저한 보안과 사후 피해를 최소화할 수 있는 조치 등이 결합될 때, 대중운동이 효과적인 결과를 낼 수 있다는 실증적 경험이었다. 이기홍이 후일 독립운동과 사회운동을 전개하면서 반추하게 되는 원초적 교훈은 이때의 만세운동 경험과 무관치 않았다.

쑥대밭이 된 마을에서 찾은 희망

 십 년 가까이 이 땅에서 금기(禁忌) 되었던 독립만세를 마음껏 외쳤
으니 억눌렸던 가슴은 시원하게 뚫렸다. 하지만 기쁨은 잠시였다. 앞
으로 벌어질 일들에 마을 사람들의 표정은 무거웠다. 만세운동 지도
부가 아무리 치밀하게 작전을 전개하고 증거 인멸까지 마쳤다 하더라
도 후폭풍을 피해갈 수는 없었다. 그것은 처음부터 각오했던 바였다.
기습적인 만세운동으로 뒤통수를 세게 맞은 경찰은 면 주재소에 즉각
수사본부를 설치하고 주동자 검거에 착수했다. 당시 고금도의 각 부
락에는 주재소가 일상적으로 관리하고 있던 유급(有給) 정보원들이
한 명씩 배치되어 있었다. 이들을 불러 모아 정보를 취합하면 전모를
밝히는 일은 시간문제였다. 각 부락의 규모가 대개는 몇 십 호에 불과
했으니 이런 대범한 일을 저지를 주동자급의 인사와 가담자들을 추려
내는 일이 크게 어렵지 않았다.
 그러나 일경이 예상하던 만큼의 순조로운 진행은 이루어지지 않았
다. 정보원이라고는 하지만 이들은 일제에 충성심으로 똘똘 뭉친 전
문 요원이 아니었다. 얼마간의 푼돈을 받으면서 마을에서 일어나는
특이한 동향 정도를 알려주는 자들이었다. 손가락질을 받긴 했지만
마을 사람들과 원수질 일도 없었고, 무엇보다 마을에서 함께 사는 이
웃들이었다. 이들 중에는 준비의 낌새를 눈치 채고 있었으나 애써 모
른 체 했던 이들도 있었을 것이다. 앞으로도 동네에서 살아갈 것을 감
안하면 대중들의 눈과 압박감을 외면하면서 밀고자의 낙인이 찍히는
것도 두려웠을 것이다. 이런저런 이유로 정보원들은 자신이 아는 것
을 속속들이 불지는 못하여 내놓는 정보는 기대에 미치지 못했다.
 경찰이 그간 오래 축적해왔던 동향 파악과 요주의 인물의 리스트를

중심으로 체포할 자들의 범위가 좁혀졌다. 문제는 일반 가담자들이었다. 경찰 눈으로 직접 목격한 것이 수백 명이었다. 경찰은 덕암산의 아래위로 자신들을 뛰게 하여 농락당한 것에 더욱 화가 나서 주동자는 물론 참가자 모두를 발본색원하려 했지만 최종 추려낸 인원은 80여 명이었다. 이들을 제외한 대부분의 만세운동 가담자가 일단 검거의 화를 면할 수 있었던 것이다.

검거 열풍이 불면서 경찰들이 마을을 들쑤시고 다니자 주동자들 대부분은 일단 몸을 피신하였다. 그중 이현열만은 자택에 그대로 머물러 있었다. 그를 검거하려는 경찰이 마을 입구에 모습을 드러내자 사태를 직감한 사람들이 몰려가 피하라고 했지만, 이현열은 "내가 무엇을 잘못 했느냐. 무슨 죄가 있기에 피한단 말이냐. 나는 가장 옳고 정의로운 일을 했기 때문에 죄가 없다"며 꼿꼿이 버텼다.

마침내 경찰들이 집안에 들이닥쳤다. 담 너머에서는 수십 명의 부락민들이 걱정스런 눈으로 지켜보았다. 경찰 하나가 나서 "순순히 나오라!"고 소리 질렀다. 방안에서는 아무런 응답이 없었다. "빠가야로!" 이를 가는 욕설과 함께 경찰은 구두를 신은 채 방에 들어가 이현열의 멱살을 잡고 나와 마루 끝에 앉히더니 구둣발로 세차게 등을 걷어찼다. 이현열은 굴러 떨어져 토방의 모서리 돌에 부딪쳤고 순간 귀 뒷부분에서 선혈이 낭자하게 흘렀다. 마당에 누운 채 일어서지 않는 그 주위로 경찰들이 몰려와 얼굴을 짓이기자 코피가 터져 나왔다. 이현열의 어머니가 울면서 달려가 아들의 얼굴을 감싸자, 경찰은 어머니마저 발길질로 옆구리를 차버렸다. "어이쿠" 소리와 함께 어머니도 고꾸라졌다. 이 광경을 주민들이 모두 눈앞에서 보고 있었다.

"똑바로 일어나 무릎 꿇어!" 피투성이가 된 이현열을 경찰이 무섭게 노려보며 소리 질렀다. 이현열은 누워 꼼짝하지 않았다. 하얀 이빨 사이로 흘러내리는 핏물을 다시며 묘한 웃음으로 경찰들을 올려 보았다. 이윽고 경찰 두 놈이 달려들어 양 어깨 아래에 손을 넣고 끌어올려서는 이현열을 질질 끌고 갔다. 동네 사람들이 울면서 그 뒤를 따랐다. 사람들이 계속 따라가자 경찰들은 대나무를 후려갈기며 이들을 쫓아냈다. 이기홍도 그렇게 개처럼 질질 끌려가는 이현열의 뒷모습을 울먹이며 보고 있었다.

며칠이 지나지 않아 결국 이현열을 비롯하여 지도자급인 정학균, 홍철수, 김천영, 이수열, 배금순이 모두 검거되었다. 부락 단위의 책임자들과 단순 가담자들까지 포함하여 80여 명이 붙잡혀 주재소로 끌려갔다. 경찰은 이들 중 단순 참가자 65명에게는 경고만 내린 뒤 바로 석방하고, 주동자 6명을 포함한 15명에 대해서는 배에 태워 완도 경찰서로 연행해 갔다.

15명 중에는 이기홍의 아버지인 이사열, 고모인 이정열, 종형인 이기동과 이동운, 그리고 주동자인 당숙 이현열, 숙부 이수열 등 6명이 포함되어 있었다. 경주 이씨 집안의 대들보인 남자들이 모조리 끌려갔으니 집안 전체가 쑥대밭이 되었다. 그래서 당시 고금면 사람들 사이에는 "청룡리 경주 이씨들이 완도 경찰서 유치장에서 문중회의를 하고 있다"는 우스갯소리도 떠돌았다고 한다.

검거 10여 일 후 주동자 6인은 광주 지방법원 장흥지청 검사국으로 송치되었다. 이기홍의 아버지 이사열을 포함한 나머지 사람들은 모두 석방되어 나왔다. 남겨진 6인은 완도 경찰서 유치장에 갇혀 겨울을 보냈다. 1920년 2월 10일에 열린 공판에서 보안법 위반 혐의가 적용되어 정학균 징역 4월, 이현열 징역 3월 10일, 그리고 홍철수, 이수열, 김천영, 배명순은 태형 90대를 각각 선고받았다. 정학균과 이현열은 목포 형무소로 보내져 복역하였고, 나머지 4인은 태형을 받고 석방되었다. 곤장을 맞은 후 풀려난 이들은 차가운 유치장에서 발에 심한 동상에 걸려 있었다. 이들이 석방되었을 때 발이 퉁퉁 붓고 검붉게 변해버린 흉한 상태를 직접 목격했다고 이기홍은 회고하였다.

만세운동으로 많은 사람들이 타격을 입었지만 얻은 효과도 적지 않았다. 수많은 면민들이 참여하거나 지켜보는 가운데 감행된 만세운동은 쥐죽은 듯 억눌려 살았던 사람들의 가슴에 '독립'이라는 단어의 뜨거움과 애국심을 되살려주었다. 직접 참여한 사람은 물론, 현장에서 목격했거나 얘기만 전해 들었던 사람들에게 감동을 주었고, 나아가 운동에 주저했던 사람 혹은 주재소의 정보원으로 있던 사람들에게도 민족적 양심의 가책이라는 엄한 질책을 남겼다. 어린아이들의 가슴에 새겨진 영향도 적지 않았다.

이기홍은 이 만세운동을 통해 사람들이 함께 겪은 공동의 체험이 면민들의 의식과 생활에 알게 모르게 크게 반영되었다고 보았다. 즉 "독립운동이 얼마나 정당하고 의로운 것이며, 조선 민족이라면 누구든 여기에 직접이든 간접이든 참여해야 한다는 민족사적 본보기"가 되었다고 평가했다. 아울러 이러한 거대한 '사건'을 현실의 일로 만들어낸 지도자의 중요성을 특히 강조하였다.

> 한 지역에서 열성적이고 민족의식이 투철한 지도자가 나오면 반드시 그 지역은 독립운동의 중심지가 되고, 그 지도자가 타개한 후에도 사람들 사이에 내려오는 당시 사실에 대한 전승과 더불어 그 전통이 이어져 확대 강화된다는 것이 교훈적인 사실이다. 이는 일제 강점기에 우리나라 전국 방방곡곡에서 있었던 일이고 증명된 사실이다. 지도자의 투철한 민족의식과 생활화된 독립운동은 모범적인 민족 지도자상을 만들어내기 마련이며, 이 교훈적인 원칙은 앞으로 우리 민족이 완전한 민족독립을 달성할 때까지 지침이 될 것이다.

이러한 언급은 이기홍 자신이 그 사건을 겪으며 어른들, 즉 지도자라고 여겨지는 인물들로부터 받았던 영향에 대한 고백이자, 훗날 자신이 독립운동과 사회운동에서 중추적 역할을 맡아나가면서 스스로 상기하던 의무의 다짐 같은 것이기도 했다.

조선의 독립운동은 이제 시작에 불과했다. 목표가 이루어질 때까지 운동은 계속되어야 하고 그것을 추동하는 힘은 사람에게서 나온다. 먼저 솔선하여 앞으로 나아가는 사람이 있을 때 그 뒤를 잇는 사람도 나타난다. 그렇게 역사는 전진하는 것이다. 마을 사람들이 겪은 고초에도 불구하고 작은 섬에서 벌어진 만세운동은 '독립'을 꿈꾸고 실행할 후대의 씨를 뿌렸다는 점에서 또 다른 희망의 점화였다.

그를 일깨운 사람들

고금도의 만세운동 과정을 보며 드는 의문 하나를 해명해두고 나갈 필요가 있다. 거사의 음모가 밖으로 누설되는 것을 치밀하게 차단했다고 하더라도 과연 집안 내부에서는 아무런 반발이 없었을까? 태극기를 만드는 그날의 상황만 보아도, 집안 식구들은 물론 외부의 청년들까지 모여들어 사랑채를 차지하고 저녁까지 여러 시간을 보냈는데 이를 두고 안에서의 갈등은 없었다. 결과가 뻔히 보이는 위험한 일을 저지르고 있는 젊은이들에 대해 집안의 어른들은 모르고 있었던 것일까, 아니면 묵인해 주었던 것일까?

당연히 그런 중대사를 모를 수도 없었고 단순한 묵인에 그치지도 않았다. 오히려 조언과 지원을 아끼지 않았다. 뜻있는 어른들은 이 일이 가져올 파장이 어떠하다는 것을 누구보다도 잘 알고 있었지만 시대적 책무를 외면할 수는 없었다. 식민지 조선인으로서 수난의 과정에 어떤 식으로든 참여하는 것이 피할 수 없는 운명이라고 보았기 때문이다. 그래서 이 만세운동은 집안 전체가 뜻을 모아 실행한 거사였고, 나아가 고금 면민은 물론 조선 민중 전체의 집단적 항거를 상징하는 사건의 하나로 이해되어야 한다.

그러한 관점에서 이 책에서는 이기홍 개인에만 초점을 맞추기보다는 가족들은 물론 그와 함께 동시대를 살아갔던 사람들을 가능한 한 다룰 것이다. 그것이 우리 역사에서 사라진 '무명의 애국자'들을 안타까워하며 그들이 남긴 족적을 드러내고자 했던 이기홍 생전의 뜻이자 그의 삶이 원했던 방향이라고 믿는다.

특히 이기홍과 인연을 맺은 수많은 사람 중에서도 그의 사회의식 형성기에 막대한 영향을 주며 청장년 시기 격동의 역사를 함께한 두 사람은 각별한 의미가 있다. 바로 아버지 이사열과 당숙 이현열이다.

아버지 이사열은 고금도 만세운동에서 구체적인 역할을 하지 않았다. 만세운동의 현장에 나타나지도 않았다. 일찍부터 일본 경찰들에게 요주의 인물로 관찰되어 오던 터였기 때문에 매사에 조심하며 빌미가 될 행동은 하지 않았다. 만세운동 직후 일순위로 체포되었지만 10여 일 만에 석방된 것도 구체적인 연루 혐의나 물증들이 없었기 때문이었다. 일을 주도하고 진행한 것은 청년들의 몫이었다. 분명한 것은 이사열의 영향 아래 각성된 젊은이들이 이 역사적 사건의 중심으로 등장했다는 사실이다.

반면 만세운동 당시 아홉 살이었던 이기홍의 눈에 강렬한 영향을 남긴 사람은 열두 살 위의 청년 이현열이었다. 태극기 제작 과정은 물론 일경에 체포되어 비참하게 끌려가던 마지막 모습을 생생하게 기억하던 소년 이기홍에게 이현열은 비극적 영웅이었다.

고금면의 만세운동으로 복역한 뒤 이듬해 봄 목포 형무소에서 출옥한 이현열의 집에는 거의 매일 인근의 청년들이 서너 명씩 찾아왔다. 이현열에 대한 이야기는 고금도는 물론 완도에까지 이미 온 소문이 퍼져있어 의기 있는 청년들에게는 꼭 만나보고 싶어 하던 사람이 되어 있었다. 일제가 주시하고 있던 인물 주위로 조선 청년들이 자주 들락거리자 고금면의 주재소 경찰과 완도 경찰서 고등계 형사가 이현열의 집을 매일 교대로 감시했다.

이현열에게는 숨 막히는 일이었다. 빈틈없는 감시 속에서 아무것도 할 수 없었다. 이런 상태로는 도저히 살아갈 수 없다고 판단한 이현열은 그해 가을 어느 날 밤 홀연 자취를 감추고 마을에서 사라졌다. 그 뒤로 이현열에 대한 소식은 없었다. 소문들만 무성했다. 매일 찾아오던 경찰들도 몇 달이 지나자 띄엄띄엄 오며 이현열은 잊혀진 존재가 되었다. 어린 이기홍에게 짧고 강렬한 봄날의 기억을 남겨줬던 이현열과의 인연은 일단 거기에서 멈춰버렸다.

후일 이기홍이 성장한 뒤 사람들에게 들은 바를 종합하면 다음과 같다. 이현열은 그해 1920년 가을 집을 떠나 부산을 거쳐 일본에 밀항했고 일본에서 낮에는 노동판에서 일하며 돈을 모으고 밤에는 야간 중학교에 다니며 주경야독하여 과정을 마쳤다. 그 후 동경에 있는 일본대학 경제학과에 입학하여 졸업했는데, 대학에 다니는 동안 일본에서 독립운동을 하는 조선인 인사들과 만나 사회주의자가 되었다.

1920년대 당시 코민테른의 테제, 즉 민족에 관계없이 자신이 거주하는 나라의 당에 입당해야 한다는 원칙에 따라 일본 공산당에 입당하였다. 동경부 성서지구당에 가입하여 줄곧 활동한 이현열은 해박한 이론을 장착하고 열렬한 실천 활동을 겸비하여 '구축함'이라는 별명을 얻기도 했다. 구축함이란 어뢰로 대함(大艦)을 공격하는 선봉에 서는 함선인 만큼 적에게 아픈 타격을 주던 자라는 의미의 별명이었다.

활동이 극렬했던 이현열에 대해 동경 경시청은 일본 내에 놔둬서는 안 될 문제 인물로 보고, 1929년 11월 그를 강제로 체포하여 부산에 송환한 뒤 완도 경찰서에 인계했다. 근 10년 만에 고향에 돌아온 이현열은 사회주의 이론 무장과 함께 다년간의 실천적 조직 활동을 경험한 특별한 인물이 되어 있었다.

이기홍의 삶에서 이사열과 이현열은 자신들이 앞서 알고 깨달은 것을 전해준 스승이기도 했다. 두 사람을 통해 이기홍이 받아들인 것은 역사와 민족 앞에서 무엇을 어떻게 해야 하는가에 대한 모범과 실천적 지침들이었다. 독립운동에 있어 비타협적 민족주의 계열인 이사열과 사회주의 계열인 이현열 사이에는 공통점과 차이점이 함께 있었다. 이기홍은 이현열의 사회주의적 세계관을 중심으로 받아들여 성장하지만 동시에 아버지 이사열의 고집스런 민족주의 노선에 대해서도 늘 비판적 수용의 자세를 가지려고 했다.

섬마을의 잊지 못할 스승들

문화통치 시기의 교육현장

3·1 만세운동 이후 일제는 총칼의 위협만으로는 조선을 장기적으로 지배하는 데 한계가 있다고 보고, 소위 무단통치(武斷統治)에서 유화적인 문화통치(文化統治)로 전환하였다. 조선 민족의 문화와 관습을 최대한 중시하는 모습을 보임으로써 민중의 극단적인 반발을 무마하고, 조선 내에 일제에 우호적인 세력을 더욱 확대하여 식민 지배를 영구화하겠다는 전략이었다.

이에 따라 눈에 보이는 변화들이 있었다. 헌병경찰제가 보통경찰제로 바뀌었고 신문사 설립도 허가되었다. 교육 현장에서도 변화가 있었다. 교사들이 칼을 차고 수업에 들어가는 위협적인 모습이 사라진 것도 확연히 달라진 풍경이었다. 조선인의 저항의식을 일부러 자극할 소지를 피해나가자는 것이었다. 이기홍이 고금 보통학교에 입학하던 1922년은 이러한 달라진 분위기를 배경으로 하고 있었다.

학교에 입학하기 전까지 그는 청룡리에 하나 있는 서당에서 8살이던 1919년부터 약 3년간 천자문을 비롯한 한문을 배웠다. 이 서당은 쇠락하는 재래식 서당의 마지막 흔적이었다. 나이 든 훈장 선생님은 농사를 주업으로 하며 부수적으로 몇 안 되는 학동(學童)들을 가르쳤다. 그것마저 농번기를 피해 열리는 계절 학기와 같은 것이었다. 추수가 끝난 뒤 겨울 무렵에야 문을 열어 겨우내 운영되다가, 춘분이 지나 4월경이 되어 농사철이 시작되면 폐쇄되었다. 동리 서당의 길고 길었던 빈 시간들과 따분한 글공부는 지적 호기심이 많았던 이기홍에게 답답한 곳이었다.

고금면에는 1911년 지역 유지가 세운 보통학교가 1919년에 공립으로 인가받아 고금 공립보통학교가 설립되었다. 이기홍이 고금 보통학교에 입학한 1922년의 학교 분위기는 종전의 살벌함보다는 조금 유연해져 있었다. 그에게 새로 들어간 학교는 신선한 자극이 있는 설레는 곳이었다. 새로운 것을 배우는 일, 그리고 무엇보다도 그때 만난 선생님들을 통해 얻은 정신의 자양분들이 컸다.

보통학교에는 일본인 교사가 최소한 한두 명은 반드시 있었고, 교장의 경우는 대개 일본인 차지였다. 이기홍이 고금 보통학교를 다니던 동안 졸업할 때까지 다행히도 학교에 일본인 교사는 한 명도 없었다. 모두 조선인 교사들이었다. 고금도가 중앙에서 멀리 떨어져 있는 섬 지역이라는 특수성도 작용했겠지만, 감시자 역할을 하는 일본인 교사 한 명도 없는 학교에 다닌다는 것은 이례적이자 당시의 학생들로서는 큰 행운이었다.

종전에 있던 일본인 교장도 그가 입학하던 해 다른 곳으로 전근되어 그 자리에 조선 사람인 제주도 출신의 조태연 교장이 부임했다. 조태연 교장 선생님은 노골적으로 민족의식을 드러내는 발언은 하지 않았지만, 의식 있는 젊은 교사들의 행동을 암묵적으로 후원하는 든든한 울타리가 되어주었고, 이에 힘입어 교사들은 각자의 방식으로 재량껏 아이들의 정신적 성장을 이끌었다. 조태연 교장 선생님은 이기홍이 보통학교에서 졸업할 때까지 내내 그 자리를 지키셨다.

나라도 없는 이 불쌍한 놈들아

이기홍에게 보통학교 시절 가장 기억에 남는 선생은 제주 출신으로 1학년과 3학년 때 담임을 맡았던 김지호 선생님이었다. 김지호 선생은 학교에서 소문난 무서운 분이었다. 공부를 하지 않는 아이들에 대해서는 용서가 없었다. 게으르거나 꾀를 부리는 아이들에게는 더욱 엄격했다. 그날 가르친 내용을 잘 이해하지 못하는 아이들은 방과 후 따로 모아놓고 밤이 늦도록 석유 등불에 불을 켜놓고 가르쳤다. 따라오지 못하는 아이들에게는 매질도 서슴지 않아 학생들 사이에서는 뚝보(폭력교사)라고 불리던 악명 높은 분이었다.

선생님이 매일 내주는 숙제를 하지 못한 아이들은 매 맞을 일이 두려워 등교하지 못하는 경우도 종종 있었다. 그렇다고 그냥 넘어갈 분이 아니었다. 그럴 때면 선생님은 첫 수업 시작 후 아이들에게 자습을 시킨 다음 자전거를 타고 7,8킬로미터를 달려 집에 찾아가 그 아이를 기어코 끌고 왔다. 아이에게는 그물망에 걸린 고기처럼 몸부림쳐도 빠져나올 수 없는 악몽과도 같았다.

그러나 김지호 선생님이 본래 성격적으로 포악한 분이라서 그런 것은 아니었다. 그분의 진심은 오랜 시간이 지나지 않아서 알게 된다. 간혹 고금면이나 완도군에서 교육자들의 회의가 있는 날이면 선생님은 연회가 끝난 후 남는 음식을 모조리 보자기에 싸왔다. 다음 날이면 점심시간에 굶는 아이들을 숙직실로 불러 그 음식을 함께 나누어 먹었다. 또 바리깡을 직접 마련해 놓고 돈이 없어 이발소에 가지 못해 더부룩해진 학생들의 머리를 방과 후 손수 깎아주기도 했다. 학생들 중에서도 유독 가난한 아이에게는 돼지새끼 한 마리씩을 사준 뒤 집에서 키우도록 하고 다음에 새끼를 낳으면 그중 한 마리만 가져오라고 했다. 아이의 자존심을 배려하면서도 실질적인 도움을 주려는 따뜻한 마음의 소유자였다. 그리고 열정적인 교육자였다.

어느 날 김지호 선생님이 학생들을 꾸짖으며 남긴 말을 이기홍은 생생히 기억하며 오랜 동안 잊지 못하고 있었다.

"나라조차 잃어버린 이 불쌍한 놈들아. 너희들에게 힘이 되고 앞으로 믿을 수 있는 것은 글을 배워 아는 것뿐인데 무엇을 믿고 공부를 하지 않느냐!"

그 선생님은 겉으로는 가장 무서운 호랑이 선생이었지만, 나라 없이 살아갈 아이들의 장래를 걱정하고 아파하며 스스로 힘을 키울 것을 늘 강조하던 여린 분이기도 했다. 그래서 "너희들이 앞으로 사는 데 힘이 되는 것은 배우는 것뿐이다. 그것 이외에 너희들에게 힘이 되는 것은 하나도 없다"면서 아이들이 부단히 힘을 키워 나라를 되찾아야 한다는 민족의식을 함양시켰다. 이러한 교육이 평소의 학교생활에서 되풀이되면서 어린 아이들의 의식은 부지불식간에 깨어나고, 나라를 잃은 민족의 일원인 자신에 대해서도 깊이 성찰하는 계기를 만들어주었던 것은 분명하다.

또 한 분의 잊지 못할 선생님은 이기홍이 4학년과 5학년 때 담임을 맡은 김성함 선생님이었다. 제주도 출신으로 광주 사범학교를 갓 졸업하고 부임한 김성함 선생님은 앞의 김지호 선생님 못지않게 민족의식이 투철한 분이었다. 당시 조선에는 서울, 평양, 대구에 5년제 사범학교가 있었고, 그 외에는 3년제 도립 사범학교였는데 사범학교 출신이라면 다들 내로라하는 엘리트들이었다. 광주 사범학교는 1923년에 교원 양성 학교로 설립되었다가 1929년 재학생들이 광주학생독립운동에 참여한 것을 빌미로 폐교되는 수난을 겪은 학교이기도 하다.

김성함 선생은 앞의 김지호 선생님의 다소 우직한 방식과는 달리 여러 가지 사건들을 재미있고 자세히 알려주며 민족의식을 은근히 자극하시는 분이었다. 선생님의 입을 통해 조선이 망국에 이르는 과정과 3·1운동 이후 계속된 전국 각지의 항일운동은 물론 중국 땅 상해에 우리의 임시정부가 설립되어 활동하고 있다는 얘기를 들으면 학생들의 눈은 반짝거렸다. 때로는 뉴스처럼 때로는 이야기처럼 들려주는 선생님의 자상하고 세련된 화법은 아이들의 주목을 끌기에 충분했다.

선생님은 또 우리 민족이 역사상 겪던 위기마다 등장했던 선인들의 애국심이 담긴 문장들을 몇 구절씩 흑판에 써서 읽어주며 설명해주기도 했다. 1910년 경술국치를 당하고 나라를 잃은 후 통분한 매천(梅泉) 황현 선생이 자결하면서 남긴 유서의 한 대목을 읽어줄 때는 아이들 모두가 숙연해졌다.

> 日吾無可死之義, 但國家養士五百年, 亡國之日, 無一人死難者, 寧不痛哉
> "내가 죽어야 할 의리는 없다/ 다만 나라에서 선비를 양성한 지 500년
> 인데/ 나라가 망하는 날에/ 한 사람도 나라를 위해 죽어가는 사람이
> 없다면/ 어찌 통탄스럽지 않으랴"

선생님은 틈틈이 선열들이 남긴 이런 구절들을 소개하며 해석해주었지만 공책에는 절대로 기록하지 못하게 했다. "밖에 나가서 얘기하면 안 되는 것 알지?"하고 동의를 구하면 아이들은 조용히 고개를 끄덕였다. 그게 무엇을 의미하는지 아는 아이들은 선생님으로부터 들은 새로운 소식과 얘기들에 내심 흥분하면서도 자신들이 마치 비밀결사의 일원이라도 된 듯 침묵의 약조를 지켰다.

김성함 선생님이 반복하여 강조한 것은 나라가 망국에 이르게 된 원인에 대한 것이었다. 선생님은 우리 민족이 단결하지 못하여 나라

를 잃게 되었다는 것을 다른 나라의 역사와 사례들을 들거나 비유를 통해 거듭 설명해 주었다. 을사오적이나 일제의 작위를 받고 위세를 떨치던 친일파들의 이야기를 들으면 아이들의 주먹이 불끈 쥐어졌다. 선생님이 말하는 요지는 민족이 단결해야 하고, 우리의 힘을 길러야 하고, 지금은 공부를 열심히 해야 한다는 것이었다. 선생님의 얘기를 반복하여 접하다 보면 공부를 하지 않는 것은 마치 매국노와 한 편이 되는 것 같아 불편한 기분이 들었다.

6학년 때의 담임 선생님도 잊을 수 없는 분이었다. 그분은 함경북도 갑산 출신으로 함경북도 경성의 고등보통학교를 졸업하고, 경성 사범학교 연습과 1년을 수료한 뒤 고급 보통학교에 부임했다. 보통학교 교사는 훈도(訓導)라고 불리며 일종, 이종, 삼종으로 구별되어 있었는데, 반도 북쪽의 고향에서 어찌 이 멀리까지 왔는지 알 수 없었지만 선생님은 이종 훈도로 부임한 해 졸업반인 6학년을 맡았다.

선생님은 자신의 성장 배경 지역인 한반도 북단에서 벌어진 일제와의 싸움에 관한 얘기들을 자주 들려주었다. 두만강 너머로 들어갔던 유인석 의병이 서울 진공작전을 벌이며 도강하여 일제의 경찰들을 혼내주다가 끝내 패퇴한 일을 자신의 일처럼 안타깝게 얘기해 주었고, 안중근 의사의 거사를 도운 배후에는 수만 명의 애국적인 재러 한인들이 있다고도 했다. 두만강 국경을 넘나드는 독립군과 만주에서 싸우는 독립군의 생활과 활동에 대한 이야기들을 할 때는 흥이 넘쳤다. 근년의 일로서는 만주에서 전설처럼 내려오는 김좌진과 이청천 같은 분들의 전투와 승전의 이야기를 실감나게 해주었다.

선생님이 들려주는 전투 이야기는 흥미진진했다. 금방이라도 세상이 바뀔 것 같은 착각이 들기도 했다. 하지만 이야기는 이야기일 뿐 현실은 그대로였다. 청산리 대첩 이후 일제에 타격을 입히는 승전보는 들려오지 않았고 상해 임시정부의 활동도 내부의 분열로 뚜렷한 성과를 내지 못했다. 국내에는 독립이 요원하다는 무력감과 좌절감이 널리 퍼졌다.

언제가 될지 모를 미래에도 일제와 싸워야 할 운명이라는 자각은 두렵고 슬프기까지 했다. 물론 선생님의 이야기는 어려운 여건에서도 국경 밖의 조선인들이 끊임없이 투쟁하고 있으니, 편하고 안전하게 있는 너희들은 공부에 전념하라는 뜻이었다.

고금 보통학교에 다니던 동안 접한 선생님들은 교육자로서나 민족 의식을 고양하는 지도자로서나 모두 훌륭한 분이셨다. 아이들 내면의 동기를 유발시켜 격분시키는 묘한 힘을 발휘하신 분들이었다. 이기홍이 졸업하던 해, 섬마을의 그 학교에서는 그전까지 꿈에도 생각하지 못했던 광주고보, 경성 제1고보, 제2고보, 중앙고보 등 명문학교에 10여 명의 합격자를 냈다. 선생님들이 제자들에게 가르친 다양한 방식의 공부는 일신의 영달을 위한 것이 아니라, 좀 더 훌륭한 인재로 성장하여 나라를 되찾는 일꾼이 되라는 격려였고, 아이들은 어쨌든 그 바람들을 따라주었다.

그 시절 그 선생님들을 추억하며 오늘날의 교육 현실을 안타까워하던 노년의 이기홍은 훗날 이렇게 회고한다.

"교육자들이 지닌 애국심 유무가 제자들의 애국정신 계몽에 큰 영향을 주고 그 인생을 바꿔놓는다. 특히 의식 형성기인 청소년 시절에 민족의식을 깨닫게 하는 교육자의 영향은 결정적인 역할을 한다."

아이들은 선생님의 뒷모습을 보고 자란다. 선생님의 말 한마디, 표정 하나, 간절한 눈빛 하나가 던진 기억을 상기하며 선생님의 생각을 닮아간다. 아이들이 독립된 나라의 당당한 일원이 되어 살아가길 염원했던 선생님의 뜻은 제자들이 선택하는 인생 진로에 무의식적인 길잡이가 된다.

이기홍의 고금 보통학교 동창생 중에 유독 독립운동에 투신한 친구들이 많았다는 사실은 그것을 입증해준다. 완도군 지도자인 최창규와 이기홍 외에 2명, 고금면 지도자가 된 박노호, 김진호, 황인철, 송기체, 4인 부락 지도자인 박병률, 신병희와 1년 후배인 오오석, 오창석 외 23인이 그들이었다. 이 많은 이들의 어깨 위에는 그 시절 선생님들의 그림자가 어른거리고 있었다.

선생님들이 남긴 정신적 유산이 이들의 삶에 무슨 큰 득이 되고 덕이 되었는지는 모르겠다. 도리어 고초의 가시밭길을 열어준 것이기도 하기 때문이다. 하지만 편한 길을 선택하려 할 때마다 그들의 눈앞에는 선생님의 무서운 질책이 걸림돌처럼 떠올랐을 것이다. 그래서 어렵고 힘들지만 떳떳하고 바른 길을 선택하려 했다. 일제와 싸워 독립된 나라를 만드는 일에 어떤 식으로든 참여하는 것은 외면할 수 없는 시대적 과제이자 그들 내면의 양심이 요구하는 바였다.

섬소년들의 불발된 6 · 10 만세운동

1926년, 이기홍이 고금 보통학교 5학년 때였다. 고금면 만세운동을 어린 시절에 목격한 지도 7년이 흘렀고, 학교에 다니면서 선생님들을 통해 나라가 처한 실정에 대해 조금은 알게 된 나이였다. 그리고 이 해는 6 · 10 만세운동이라는 또 하나의 역사적 사건이 벌어진 해였다.

3 · 1운동을 폭력적으로 진압한 후 일제는 표면적으로는 여러 유화

책들을 내놓았다. 그러나 내부적으로는 좀 더 정교한 통치술을 통해 영구적인 조선 지배의 책략을 강화하였다. 일례로 헌병경찰제를 보통경찰제로 전환하면서 총검의 위세를 평시에 드러내던 경찰의 모습은 사라졌지만, 경찰의 수를 이전보다 2배나 늘리면서 더욱 촘촘한 치안 유지에 힘을 쏟았다.

일제의 실질적인 감시는 더욱 삼엄해졌고 강점 기간이 길어지면서 국내외의 독립운동도 침체의 늪에 빠져 들어갔다. 그렇게 독립투쟁의 분위기가 가라앉던 1926년, 대한제국의 마지막 황제인 순종의 죽음을 계기로 그 인산일(因山日), 즉 장례식에 맞추어 3·1 만세운동을 다시 재현하기 위한 각계의 움직임이 일었다. 대규모 군중이 모일 수밖에 없는 행사였기에 이번에는 예정된 충돌이 불가피했다.

고금도에서도 이에 맞추어 모의를 진행하는 청년들이 있었다. 1919년 고금도 만세운동의 주동자 중 하나로 투옥된 바 있는 정학균, 그리고 이현열의 매부인 황동연이 나서서 보통학교 학생들에게 만세운동을 일으킬 계획을 세웠다. 동원 예정 인원은 6학년과 5학년 약 120여 명이이었다.

5,6학년 책임자급 10여 명의 아이들이 연락을 받고 비밀리에 학교 뒤편 덕암산 자락의 집결지로 모였다. 이기홍도 6학년 선배를 통해 전갈을 받아 자리에 합류했다. 아이들이 도착하자 정학균과 황동연은 미리 만들어놓은 태극기와 죽봉(竹棒)을 꺼내더니 아이들에게 분배해주었다. 두 분은 신신당부하기를 다음 날 새벽에 잊지 말고 학교 근처로 태극기를 옮겨둘 것, 그리고 5,6학년 다른 학생들에게 태극기를 나누어준 뒤 정오를 기하여 독립만세를 부르라며 진지한 눈빛으로 지시한 뒤 사라졌다.

다음날이 되었다. 6학년 대표 학생들이 전날 받은 지시에 따라 5,6

학년 학생들에게 막 태극기를 나누어주던 순간이었다. 아침 10시 30분이 조금 넘던 시간이었다. 그런데 갑자기 아이 중의 누군가가 달려오더니 "일본 순사들이 배를 타고 오고 있다!"고 소리쳤다. 평소 동네 사람들이 대부분이던 배에 검은 제복의 순사들이 10여 명씩이나 타고 들어오는 모습이 보였으니 보통 일이 아니었다. 아이들 사이에는 소동이 일었다. 그 배에 타고 있던 순사들은 아이들의 만세운동을 막기 위해 완도 경찰서에서 투입된 순사들이었다.

사태를 직감한 아이들은 재빨리 태극기를 회수했다. 태극기를 들고 준비하던 이기홍도 머뭇거리며 순간 어찌할 바를 몰랐다. 순사들이 오고 있다는 말에 얼른 태극기를 바지 안으로 숨겼다. 이것을 본 6학년생 누군가가 그것을 바지에 숨기면 안 된다고 소리쳤다. 이기홍은 얼른 태극기를 들고 뛰어 근처의 보리밭 멀리에 던졌다. 다른 친구들도 자신들의 몸에는 태극기를 두지 않고 후미진 곳에 묻어버리거나 눈에 띄지 않을 곳에 멀찌감치 던져버렸다. 그러고는 다들 숨을 몰아쉬며 황급히 학교로 돌아왔다.

몇 분도 지나지 않아 마침내 순사들이 선착장에 도착했다. 학교에 올라온 순사들은 교사들에게 학생들을 교실로 데려가라고 지시한 뒤, 가방과 책보를 들고 빠짐없이 전 학년 학생들을 운동장에 모이게 했다. 우두머리로 보이는 순사가 조사를 하겠다는 간단한 훈시를 마친 다음 각 학년별로 줄지어 세우고는 샅샅이 소지품 검사를 했다. 그 사이 순사 몇 명은 교실로 올라가 숨겨 놓은 것들이 있는지 살펴보았다. 다행히 아이들의 소지품에서도 교실에서도 태극기는 하나도 나오지 않았다. 별다른 성과가 없자 순사들은 덩치가 있어 보이는 아이 중 15명가량의 학생들을 임의로 골라서 잡아갔다. 끌려가는 아이들의 겁먹은 표정과 지켜보는 아이들의 안타까운 표정이 교차했다.

어제와 오늘 아침 모였던 아이들은 하나같이 이 일이 어떻게 해서 알려져 순사들이 왔는지 어안이 벙벙하여 서로 얼굴을 바라볼 뿐이었다. 나중에 알려진 바에 의하면, 비밀 누설의 전말은 의외로 허무한 것이었다. 전날 밤 모인 6학년 생 가운데 주재소 부근에 살던 한 학생이 내일 아침의 계획에 대해 동네 친구와 무심코 얘기하는 것을 우연히 들은 어떤 밀고자가 그 내용을 일본 경찰에 알렸던 것이다.

한편, 주재소로 끌려간 아이들은 "똑바로 말하지 않으면 부모님까지도 부르겠다"는 순사의 위협에도 억울한 표정만 지을 뿐 아무 것도 털어놓지 않았다. 사실 그들 중의 대다수는 이번 일에 대해 전혀 모르고 있던 아이들이었다. 한참의 취조 끝에 별 사건이 아니었다고 판단한 순사들은 아이들을 모두 풀어주었다. 후일 들린 얘기는, 처음 고발의 빌미가 되었던 학생만 나중에 따로 불려가서 거짓말을 했다며 순사들에게 실컷 두들겨 맞았다고 한다.

사실 이 사건에 대한 첩보를 접한 순사들도 처음부터 그다지 신빙성이 있는 제보는 아니라고 생각했다. 전문대생도 아니고 고보생도 아닌, 어린 보통학교 학생들이 만세운동을 계획한다는 게 선뜻 믿기 어려웠기 때문이다. 다만 시국이 시국인 만큼, 그리고 어쨌든 첩보를 접한 만큼 출동은 하되 요식적인 절차를 마치고 이번 기회에 면민들에게 위압적인 모습을 보이고 끝내려 했던 것이었다. 물증이 될 만한 어떤 것도 나오지 않았으니 굳이 이 사건을 확대시킬 필요도 없었다. 아이들을 잡아간 것도 위협을 주어 나중에 혹시 모를 모의를 미연에 방지하기 위한 수작이었다.

이렇게 고금면 보통학교의 만세운동은 미수에 그치고 불발되었다. 하지만 그 과정에 참여했던 아이들의 긴장감과 공포감, 그리고 아쉬움은 오래도록 남았다. 자신들이 왜 가슴 조이며 이런 일을 해야 하는

지, 왜 마음껏 하지는 못하는지 모든 의문들은 성장 과정을 통해 다시 반추되며 가슴속에 새겨지게 된다.

이기홍에게도 이 사건은 내면의 사회의식이 더욱 자라나는 계기가 되었다. 직접 보고 참여한 사소한 항일운동의 작은 경험들의 누적은 후일 광주학생독립운동과 그 이후의 사회운동에서 더욱 뚜렷한 자기만의 의식을 갖고 행동하는 요인으로 작용했다. 이기홍은 후일, 6·10만세운동이 벌어지던 시기에 대한 평가를 이렇게 했다.

> 1926년 당시 각계에서 벌어졌던 6·10 만세운동은 3·1 운동 이후 침체된 민족운동에 새로운 활기를 불어넣었을 뿐만 아니라, 그 후 1929년의 광주학생독립운동으로 이어지는 교량적인 역할을 하며 민족독립운동사에 있어 중요한 사건으로 남게 되었다. 시골 섬마을에서 벌어진 불발된 만세운동이지만, 이런 작은 저항의 움직임들이 서로 연계를 갖지 않더라도 조선반도 곳곳에서 자발적으로 전개된 것은 당시 민중들이 갖고 있던 강력한 염원의 표출이었다.

아이들이 참여한 만세운동 미수 사건을 되돌아볼 때 생각을 멈추게 하는 장면이 있다. 지도자인 청년 둘이서 아이들을 모아 놓고 만세운동을 지시했을 때, 그 누구도 이를 의심하거나 거부하지 않고 묵묵히 따랐다. 그 배경은 무엇일까. 아마도 아이들의 무의식 속에서 "이 일은 그냥 해야 되는 일이야, 이것은 우리의 의무야!"하는 목소리가 들려왔을 것이다. 그들이 뭘 얼마나 알기에, 고사리 같은 손으로 태극기를 들고 나서는 게 당연한 일이라고 여겼을까. 나라 잃은 아이들이 앞으로 겪을 잔인한 시대를 그들 역시 마음속에서 준비하고 있었으리라. 청년이 될 그 아이들은 담대하게 민족과 더불어 고난의 대열로 기꺼이 들어서고 있었다.

광주학생독립운동을 거치며

광주고보에 합격하다

보통학교 졸업을 눈앞에 둔 1928년 3월, 이기홍은 가족과 친구들은 물론 학교 선생님들의 응원까지 받으며 광주고보(오늘날 광주일고)에 응시하러 광주로 향하였다. 1학년 때부터 이기홍을 눈여겨보았던 조태연 교장 선생님은 합격하면 꼭 전보를 치라고 특별히 당부하셨다. 어깨에 부담을 가뜩 안았지만 난생 처음 고금도를 떠나 완도를 거쳐 육지를 밟는다는 기분은 한껏 좋았고, 시골구석을 벗어나 대처(大處)로 나가는 것만으로도 친구들에게 자랑거리가 될 것 같았다.

그러나 떨어질지도 모를 시험에 처음 응하는 기분이 편치만은 않았다. 먼지를 풀풀 날리는 신작로를 따라 달리던 버스를 몇 번이나 갈아탔다. 차창 밖으로는 봄기운이 오는 듯 옅은 아지랑이가 남도의 황토밭 위로 나직하게 깔렸다. 야산에는 노란 산수유 꽃이 점점이 박혀있었고 길섶에는 푸른 냉이들이 가느다란 몸집을 키워가고 있었다. 그 곁의 잡초들도 고개를 내밀며 서로서로 올라오고 있었다. 긴 겨울을 이겨내고 기어코 올라온 풀들을 보니 마음이 조금은 편해졌다.

동행했던 아버지 이사열은 아들의 복잡한 심경을 아는지 모르는지 가끔 곁눈질을 하며 표정을 살피고는 무심한 듯 눈을 감곤 했다. 저녁 무렵이 되어서야 광주에 도착해 지인의 집으로 향하였다. 긴 하루가 지나고 있었다. 사방을 둘러보니 어스름 무렵, 듬직한 어깨와 같은 무등산이 묵직하고 너른 품으로 어둠을 품고 있었다. 속내를 알 수 없는 저 큰 산이 무섭다고 느껴졌다.

시험 날이 되었다. 광주고보 교문 앞에는 전남북과 제주를 비롯한 각지에서 온 수험생들의 부모와 친지와 친구들까지 수백 명이 운집하여 저마다의 기원들을 하고 있었다. 몇 대 일이 되는지 모를 경쟁이었다. 예나 지금이나 조선 사람들의 교육열은 대단하여 입시에 목을 매는 것은 백 년 전인 그때도 달라지지 않은 풍경이었다. 1920년 중후반 당시 몇 년 동안의 신문들을 보면 각급 학교의 당락이 결정되는 3월 말경, 전문학교 입시 낙방에 상심하여 스스로 목숨을 끊었다는 얘기, 심지어 고보에 불합격하여 자살했다는 신문 기사가 심심치 않게 올라오곤 했다.

그도 그럴 수밖에 없는 것이 일제는 조선인들이 높은 수준의 교육을 받는 것을 철저히 억제하여 고보(고등보통학교)의 신설을 최대한 막았다. 그 결과 보통학교를 마친 조선인들이 상급학교인 고보에 입학하는 것은 하늘의 별따기처럼 어려웠다. 일본의 대학에 들어가는 것보다 조선의 고보에 들어가는 것이 열 배는 어렵다는 말이 우스갯소리가 아니었다. 당시 광주, 전남과 제주를 통틀어 유일한 남자 고보가 광주고보였다.

아버지는 "끝까지 최선을 다하라"며 아들의 손을 꼭 잡고 믿음의 눈빛을 보내주었다. 시험을 마친 후, 나름 할 만큼 하긴 했지만 결과를 모를 불안한 며칠이 지나서 마침내 발표 날이 되었다. 사람의 손이 닿지 않을 높이의 받침대 위에 세워진 널빤지에는 하얀 종이에 합격자의 이름을 적은 검은 글씨가 적혀 있었다. 명단을 서둘러 확인한 아버지는 이기홍의 이름을 발견하고는 환호했다. 요 몇 년간 아버지의 표정이 이렇게 밝았던 적이 없었다. 아버지가 이토록 온화한 표정을 가졌던 사람이었던지 의심될 정도였다. 과묵하고 늘 어두웠던 아버지에게 기쁨을 선사한 것이 너무 좋았다.

두 사람은 곧장 우체국으로 달려가 조태연 교장 선생님께 "합격입니다. 선생님 덕분입니다. 빨리 내려가겠습니다"라는 전보를 자랑스럽게 쳤다. 동네에서는 경사가 났다. 이틀 후 서둘러 고향에 내려가 친구들의 얘기를 들어보니, 교장 선생님은 조회 시에 학생들 앞에서 그 전보를 몇 번이나 계속 읽으며, "이기홍이가 오면 내가 업고 운동장을 한 바퀴 돌겠다"고까지 말씀하셨다고 한다.

그 조태연 교장 선생님은 그해 겨울 급성 폐렴으로 타계하여 고향인 제주에서 장례를 치렀다. 친자식 못지않게 애정을 주셨던 선생님이 이기홍의 후일을 지켜보지 못하고 일찍 세상을 뜬 것은 무척이나 아쉬운 일이었다.

광주고보 대맹휴(大盟休)

험난한 경쟁을 뚫고 광주고보에 입학한 이기홍은 꿈에 부풀어 있었다. 입학 자체가 몹시 어려웠던 시절이라 다들 마을의 수재라고 불리던 뛰어난 학생들과 친구가 되어 고보 생활을 하게 된다는 것은 긴장되며 설레는 일이었다. 그러나 새로운 마음으로 학업에 열중하겠다는 각오와는 달리 입학한 4월부터 학내 분위기는 좀 어수선했다. 상급생들이 나누는 대화 속에는 학업과는 전혀 관계없는 얘기들이 많았다. 최근에는 광주 시내를 발칵 뒤집어 놓은 불온 벽보 사건으로 경찰들에게 비상이 걸렸다는 소문도 떠돌았다.

사회적 문제에 대한 얘기들이 오고가는 것을 보면서, 전에 살던 세계와는 전혀 다른 새로운 세계로 들어와 있다는 긴장감이 느껴지기 시작했다. 이런 분위기에서 그는 마음에 맞는 새로운 친구들을 사귀기 시작했다. 황남옥, 김홍남, 정석규 등 고향 동년배들뿐만 아니라 동급생인 이형우, 조계현, 오문현, 김만섭 등과 자주 어울렸다. 김만섭의 형인 김보섭을 통해서는 독립과 항일에 대한 얘기를 많이 접했다. 이 때 형성된 교우들과의 만남이 학생 조직에 가담하게 되는 출발점이 되었다. 특히 자주 만나 대화를 나눴던 김보섭은 이기홍에 호감을 갖고 있었다. 이런 인연으로 이기홍은 독서회 회원으로 발탁된다.

학교생활이 겨우 두 달 지난 1928년 6월 마침내 큰 사건이 터졌다. 소위 '이경채(李景采) 사건'에 이은 '대맹휴 사건'이었다. 당시 광주고보 5학년생이던 이경채는 그해 4월경, 친구인 박병하(朴邴夏)와 함께 일본 제국주의 타도, 무산계급의 단결과 조선의 독립을 주장하는 내용을 담은 '조선독립선언문'을 광주 지역 각지에 붙였다. 광주역 앞의 경찰관 파출소 게시판은 물론 사람들의 왕래가 잦은 송정리역과 인근의 전신주, 그리고 광주고보를 비롯한 전남의 각 학교와 경찰서에도 이를 발송했다. 특히 천황제를 비판하며 "일제의 횡포도 무산계급의 신사회를 만들어야 파괴된다"는 불경한 내용은 일경의 분노를 자극하였다. 평소 요시찰 대상이던 광주 시내의 사회운동가들이 이유도 모른 채 무차별적으로 체포되었다.

이경채는 6월이 되어서야 검거되었는데, 이때 광주고보 교장인 시라이(白井)는 재판도 받지 않은 이경채를 퇴학 처분하였다. 이 일이 광주고보생들을 들끓어 오르게 했다. 학생 대표들은 학교 측에 이경채의 퇴학 이유를 밝히고 이의 철회를 요구하는 한편, 마침 학교에서 열리던 학부형회에 진정서를 올렸다. 맹휴 학생 대표자들은 학부형들에게 밝힌 호소문에 식민지 노예 교육에 유린당하고 있는 현실을 비판하고 학교의 배후에 도 당국과 경찰 등 절대권력이 도사리고 있다는 사실을 지적하며 끝까지 학생들의 편에 서서 용기를 북돋워 주고 문제 해결에 힘써줄 것을 호소했다.

그러나 학교 측의 회유를 받은 학부형회는 관망 자세를 취했고, 학교 측은 학생 대표 11명에 대해 근신 처분을 내렸다. 이것이 학생들을 더욱 격앙시켰고 마침내 6월 26일부로 1학년생을 제외한 전교생이 동맹휴학(同盟休學)에 돌입했다. 학생 대표단은 나아가 교장의 반성과 11명에 대한 근신 처분의 철회는 물론 조선인 본위의 교육 실현 등의 확대된 요구를 하였다. 이경채 퇴학 철회에서 시작된 동맹휴학 문제는 일제 식민지 체제 비판의 문제로 비화되었다.

학교 측은 학생들의 이러한 요구에 물러서지 않고 동맹휴학 주동자 27명을 퇴학시키고 학생의 대부분이라 할 281명에 대해 무기정학 처분을 내렸다. 특별한 활동 참여도 없었던 이기홍도 무기정학자 명단에 올랐다. 이렇게 무차별적인 징계가 진행되자 그동안 유보적이었던 학부모들과 동문들까지 격분하였고, 학생 대표인 광주고보맹휴단 명의로 학부형과 학생들에게 다음과 같은 격문을 배포하였다.

"한일합방 이래 18년, 우리 민족은 일제의 말발굽(馬蹄) 아래 극도로 유린되고 가혹한 경제적 착취와 악독한 정치적 폭압을 당해왔으며, 그들은 이를 은폐하고 미화포장(美粧)하기 위해 문화적 기반을 농(弄)하고 있다. 現下 조선 교육은 그들의 기만적 정책의 노골적인 표본이며 광주고보 白井 교장은 그 실천가로서 우리들의 원수가 되는 적(讐敵)이라 아니할 수 없다. 우리들의 혈관에 뜨거운 피가 흐르고 있는 이상 그와 같은 자를 교장으로 받들고 배울 수 있는가? 학부형 제위여! 우리는 노예교육에서 벗어나려 하고 있으며 요구가 관철되지 않는 이상 우리는 노예양성소에는 입장할 수 없다."

  사태가 걷잡을 수 없어 확산되자 도 학무 당국과 학교 측은 학부형들에게 학생들을 설득하도록 종용하여 무기정학을 받은 학생들의 등교를 허용하되, 동시에 재발 방지를 약속하는 서약서를 제출하도록 하는 협상을 진행했다. 이 과정이 길어지면서 학교가 정상화된 것은 그해 11월이 되어서였다. 결국 이 동맹휴교 투쟁은 15명의 학생이 실형을 받고 39명의 퇴학생 그리고 300명 가까운 무기정학자를 낸 뒤 5개월 만에 종식되었다. 대맹휴 사건은 표면적으로 종식되었지만 꺼질 수 없는 불씨가 여전히 남아 있었다. 그 불씨는 일 년 후인 1929년 11월의 광주학생독립운동이라는 거대한 불길로 살아난다.

  한편, 이경채는 치안유지법 위반 등의 혐의로 1년 6개월 형을 선고받아 개성 소년형무소에 투옥된 뒤 1929년 10월 20일 출옥하였고, 그 후 중국으로 건너가 상해임시정부에서 독립운동을 이어갔다.

  대맹휴 사건의 기폭제가 된 인물인 이경채는 자신이 광주고보 3학년 때 벌어진 1926년의 6·10 만세운동을 계기로 사회주의에 관심을 갖기 시작하여 그 후 학내에서 독서회 활동을 통해 이념을 무장하며 항일의식을 키웠다. 이경채와 그 주위 인물들의 사상적 지향점으로 주목되는 것은 당시 학생 집단 내부에 독립운동의 이념적 수단으로서 사회주의가 은밀하지만 광범위하게 받아들여지고 있었다는 사실이다. 한국 독립운동사의 저변에 흐르는 사회주의 계열의 부상은 시대적 흐름이 되었고, 이기홍의 학내 생활과 그 후 삶의 방향을 결정하는 것도 바로 그러한 것이었다.

성진회 이후 재건된 비밀 학생조직

대맹휴 사건을 거치면서 이기홍의 의식은 부쩍 성장했다. 비록 고보 1학년의 새내기에 불과했지만 학교생활 내내 장기간에 걸쳐 점점 고조되던 격렬한 항일운동의 여파는 내면에 잠재되어 있던 뜨거운 무엇을 깨우기 시작했다. 고금도에서 겪었던 어린 시절의 사건들도 비로소 하나로 이어지며 이해되었다.

이러한 정서적인 격동을 차분한 이성적인 시각으로 전환시켜 사회와 역사에 대한 전망을 재구성하는 힘은 독서와 토론을 통해 이루어진다. 그래서 고보 시절의 독서회 활동은 이기홍에게 매우 중요한 인식의 전환점이 되었다.

이기홍이 2학년이 되던 해인 1929년 6월 광주 시내에 각 학교별, 학년별로 독서회가 조직적으로 구성되기 시작했다. 광주고보와 광주사범학교, 광주농업학교에 독서회가 조직되었고 각 학교별 대표 중심으로 독서회 중앙지도부가 결성되었다. 이렇게 각 학교별로 독서회가 구성되었다는 것은 조직적인 학생운동 단위가 하부에 구축되었다는 것을 의미하며, 이는 대중운동 측면에서 평상시에 동원 가능한 세력이 확보되었다는 점에서 중요하다.

따라서 이기홍 개인의 독서회 활동을 언급하기에 앞서, 당시 광주 시내 각 학교를 연결하는 독서회 중앙지도부 결성에 관한 이야기를 언급해 두는 게 의미가 있겠다. 아래의 내용은 이기홍이 후일에 기억하고 이해한 내용을 정리한 것이기 때문에, 독서 서클의 비밀스런 모임의 성격상 누락되었거나 파악되지 않는 부분이 있을 수 있다. 그래도 전체를 재구성하는 데 있어 필요한 주요한 줄기와 조각이 담겨 있다고 할 수 있다.

광주 시내에서 독서회 중앙지도부가 결성되기까지 핵심적인 역할을 한 조직은 성진회(醒進會)였다. 성진회는 1926년 11월 3일 불로정(不老町, 현 불노동)에 있는 최규창의 하숙집에서 왕재일, 장재성, 김기권 등의 열성적인 노력으로 16명의 동지들을 규합하여 조직되었다. 이 모임이 후일 독서회의 모체가 되었다. 1926년 11월 3일 결성된 성진회는 제3차 조선공산당 즉, ML당 Y부(학생지도부)의 강해석으로부터 지도를 받고 있었다. 성진회의 각 학교 대표로는 광주고보의 장재성, 광주농업학교의 문승수, 광주사범학교의 임종근이 각각 맡아 활동했다. 이러한 구체적 내용을 이기홍이 알게 된 것은 훗날이었다.

성진회의 활동은 오래 가지 못하고 두세 달 남짓이 지난 1927년 2월에 해체되었다. 성진회 회원 중 한 사람의 매부가 일제 고등계 형사인 사실이 확인되면서 위험을 피하기 위해 조직을 해체한 것이었다. 사실 워낙 짧은 기간이었기에 성진회 자체에서 큰 활동을 한 것은 아니지만 각 독서회의 모체가 되었다는 점에서 의미가 있었다.

성진회 해체 이후 1927년에는 상급생이었던 회원들 대부분이 졸업을 했으니 학내에서 활동하는 학생들은 거의 없었다. 광주고보 학생이었던 장재성도 고보를 졸업하고 일본으로 유학을 간 상태였다. 1927년의 새 학기가 시작될 무렵에 성진회라는 학생조직은 실질적으로 와해된 상태였다.

이후 4월경부터 학교별 조직이 만들어져 새로운 활동이 재개되었다. 이 모임은 성진회 해체 이후 재학생들 중심으로 학교별로 조직되어 독서 토론을 하는 정도였다가 훗날 독서회로 발전되었다. 이렇게 확장된 독서회 조직은 1929년 5월까지 강해석이 지도하다가 Y부(학생지도부)에 지용수가 보강되었다. 지용수의 증언에 의하면 제1차 조공(조선공산당)이 해체되고 1926년에 재조직된 제2차 조공은 6·10 만세운동을 배후 조종하다가 학생들 110여 명이 검거되어 이들 중 11명이 형을 받았고, 2차 조공 당원들 167명과 천도교 관련자들 30여 명이 함께 형을 받았다. 그것으로 제2차 조공은 해체되고 그 해 11월경 제3차 조공인 ML당, 즉 제3차 조공이 조직되었다.

그러나 직후인 1928년 2월 제3차 조선공산당이 발각, 검거됨으로써 학생조직의 지도부가 와해되었다. 다행히 비밀 유지에 힘쓴 결과 후보당원들인 장석천, 박오봉 등은 드러나지 않았다. 이들은 당이 와해되었음에도 불구하고 적극적으로 나서 학생조직을 재정비하고 지도하기로 의견을 모았다. 이들은 여러 차례 역에서 벌어진 일본인 학생들과의 충돌과 싸움이 그 자체로만 끝나버렸던 점에 대해 학생 조직이 학교별 분산 조직에 불과하다는 한계를 지적하고 학생 조직의 재정비 필요성을 역설했다. 즉 개별적으로 분산된 학생조직을 통일시켜 투쟁조직으로 개편시켜야 한다는 생각이었다.

그리하여 1928년 3월경 곧바로 학생지도부 Y부를 조직하고 책임자 장석천을 중심으로 박오봉, 국채진, 강석원, 나승규 등이 조직을 재정비했고 일본으로 유학 갔던 장재성을 소환하여 학생운동을 지도하도록 했다. 그동안 규율이나 모든 면에서 엄밀한 심사를 거쳐 학생들을 끌어들였는데 이를 더욱 발전시켜 개별 조직을 통일 조직으로 강화시키자는 합의 아래 독서회를 조직하게 되었다. 마침내 1929년 6월 독서회에 중앙지도부를 두고 각 학교별 모임을 직접적으로 지도하자는 방침을 세워졌고 일은 순조롭게 진행되었다.

이처럼 독서회의 모체였던 성진회가 1927년 2월 해체되고 난 후 다시 복원된 형태의 독서회 중앙지도부가 등장한 것이 1929년 6월이었다. 그러한 공백기에 광주 시내를 들끓게 했던 1928년의 대맹휴 사건이 있었다는 점을 감안할 때 독서회중앙회 복원은 의미가 있다. 조직화된 투쟁 세력의 존재가 필수적이라고 판단한 조선공산당 청년 조직의 잔여 인력들이 독서회 구성에 총력을 다한 것을 알 수 있다.

독서회와 학생소비조합

1929년 6월 어느 날이었다. 친구였던 이형우와 강문영이 이기홍을 부르더니 무등산에 가야 한다고 했다. 무슨 일이냐고 물으니 아주 중요한 선배를 만난다는 것이었다. 산길을 한참 올라 계곡 옆의 그늘진 곳에 이르니 벌써 여러 명이 와 있었다.

거기에는 성진회의 광주고보 대표로 활동하다가 졸업 후 일본에 간 뒤 다시 돌아온 장재성과 상급생으로는 김상환이 있었다. 이기홍의 동급생, 즉 고보 2학생으로는 이형우와 강문영을 포함하여 조계현, 최규문, 김홍남, 황남옥, 김만섭, 정석규 등 9명이 참석했다. 이 아홉 명이 광주고보 2학년 독서회의 최초 정예 멤버였다.

독서회 모임이 공식 출범하는 이 자리에서 장재성은 정세 전반에 대한 간단한 분석과 모임의 취지에 대해 설명한 뒤, 참석자들을 하나씩 앞으로 나오게 해 강연과 선동 연습을 시켰다. 그는 짧지만 확신에 찬 목소리로 자신감에 있게 말해야 한다는 것을 강조하고 후배들을 일일이 격려했다. 무등산을 내려오는 길, 이기홍은 정말로 비밀결사의 일원으로 받아들여진 것 같은 기분이 들었다.

이렇게 출발한 광주고보 2학년생 독서회는 정기적인 모임을 가지며 결속을 다져나갔다. 독서회 지도는 4학년생 김상환이 맡았다. 김상환 선배는 토론할 교재를 선정해 절 단위로 책의 분량을 나눈 다음 매월 두 차례의 모임에서 각자가 맡은 부분을 발표하도록 했다.

모임은 하숙집 등을 이용하다가
9월부터는 장재성이 운영하는 빵집
2층을 이용했고, 간간히 신혼부부의
방이나 상가에 딸린 골방을 전전하
기도 했다. 책을 읽고 각자 맡은 부
분에 대한 발제를 마친 다음에는 반
드시 오늘날의 현실과 결부시켜 비
판과 토론을 이어갔다. 결론이 미흡
한 내용은 다음에 철저히 공부하고
생각해 올 것을 지시받았고, 그런

광주고보 1년 독서회 활동 시절

내용들은 대개 다음 모임에서 결론에 이르렀다.

이들은 각자 알게 된 모든 것을 함께 공유했고, 배운다는 자세로 서
로 존중하며 비판과 토론을 계속했기 때문에 사상적인 견해차가 발생
하는 일은 거의 없었다. 몇 명만 모이면 금방 분열하여 분파가 이뤄지
던 후대의 좌파 조직 양상과는 전혀 달랐다. 이들은 아직 어리고 순수
한 청소년들이었다.

독서회에서 처음 읽어나가던 대표적인 지정 교재는 『자본주의 기
교』라는 책이었다. 책은 김상환으로부터 소개받아 구입했다. 이 책은
유물사관에 입각한 사회주의 입문 서적과 같은 것으로 내용은 유물론
을 평이하게 핵심적으로 정리한 책이었다. 그 밖에도 일본의 사카이
도시히코(堺利彦), 야마카와 히토시(山川均), 오스기 사카에(大杉榮)
등이 쓴 마르크스주의 관련 서적들이 교재였다. 이들은 그 무렵 일본
에서 무정부주의적 사조에 맞서 마르크시즘의 입장에서 사회주의 운
동을 전개한 대표적 이론가이자 지도자들이었다.

독서회의 목적은 회원들이 심오한 책을 읽어 교양을 넓히거나 사회

주의 이론가가 되는 데 있지 않았다. 독서는 더 큰일을 위해 소양을 갖추는 수단이었고, 가장 중요한 목적은 민족을 위해 일할 수 있는 많은 간부 후보생을 양성하고 항일투사를 길러내는 데 있었다. 따라서 기존 회원의 역량 강화와 함께 새로운 회원을 충원하여 조직을 확장하는 일도 긴요했다.

신규 회원을 받아들이는 작업은 비밀스런 모임의 성격상 상당히 엄격하고 신중했다. 무작정 숫자를 늘리는 것보다는 평소 언행으로 보아 자질과 자세가 되어 있어 보이는 아이를 주목한 뒤 조심스럽게 접근했다. 예를 들면, 9명의 2학년 기존 회원들이 교실의 책상 한 줄에 한 명꼴로 잠재적 학생을 일차 선정하여 보고하면, 선배들이 다시 그 학생을 직접 만나보고 회원으로 결정하는 방식이었다. 아버지의 직업이 경찰 관련 일일 경우 일차적으로 배제시켰다. 보안상의 문제가 있기 때문이었다. 이렇게 독서회 조직 구성원이 충원되면서 점차 확대된 형태의 학생 조직이 갖춰지기 시작했다.

독서회 활동을 열심히 하던 무렵 이기홍이 기억하는 흥미로운 일 가운데 하나가 1929년 9월 독서회 중앙지도부의 방침에 따라 결성된 학생소비조합이었다. 최초의 취지는 당시 광주에 일본인이 운영하는 가게가 많았던 만큼 가능하면 조선인 상점의 상품을 이용하자는 것, 즉 작은 일에서부터 민족에 이로운 일을 실천적으로 담보하자는 결의 사항에 의한 것이었다.

이는 일견 1920년대 초반 조만식 등 우파 민족주의자들이 벌인 '조선물산장려운동'의 경제적 민족주의 운동과 그 맥이 닿아있었다. 물론 물산장려운동이 토산품 애용, 금주 금연 운동과 같은 개인적 결단에 치우치는 한계가 있었고, 애국운동으로 번지는 것을 우려한 일제의 방해공작으로 유야무야된 것을 알고 있는 만큼, 철이 지난 과거의 운동을 계승하자는 계획은 전혀 아니었다. 다만 자신들이 당장 실현 가능한 소박한 범위 내에서 순환적인 소비를 하는 한편, 향후에 조직 활동에 도움이 되는 거점을 활용하자는 의도가 컸다.

즉 학생소비조합은 독서회 내부 회원의 출자를 통해 학생들이 주로 소비하는 업종을 자체적으로 운영하여 재정적 기반을 마련하기 위한 목적으로 설립되었다. 출자는 광주고보 대맹휴 사건의 주역으로 퇴학 처분 받은 상태에 있던 김기권이 500원, 영암의 2천석 지주의 아들이 30원, 그 밖의 여러 명이 참여했다. 세부적인 인물들의 출자 규모는 불분명하다. 그리고 어린 학생들도 적게나마 참여하라는 권고에 따라 2학년 회원 중 이기홍을 비롯한 8명이 각각 2원씩 16원을 출자했다. 학생소비조합의 운영은 출자금의 대부분을 책임졌던 김기권이 맡는 것으로 하였다.

이렇게 만들어진 학생소비조합의 출자금으로 구 한국은행 자리(현 광주광역시 동구 충장로 3가)에 있는 이층 건물을 독채로 빌렸다. 이 건물 1층의 한쪽에는 장재성이 운영하는 빵집이, 다른 한쪽에는 김기권의 문방구가 들어섰다. 2층은 숙식의 장소이자 낮에는 주로 독서회의 회합 장소로 이용되었다. 당시의 동지들은 이 장소를 주로 '장재성 빵집'이라고 불렀다.

그러나 독서회 멤버들의 비밀 활동에서 요긴한 기반이 되었던 소비조합은 오래 유지되지 못하고 광주학생독립운동이 발발한 11월 3일 이후 시위 참가자들에 대한 일제의 대대적인 탄압과 검거가 진행되면서 그 활동도 중지된다.

더욱이 광주학생독립운동 수사 과정에서 비밀 결사인 '독서회'의 존재가 드러나면서 1930년에 '독서회 사건'이라는 별도의 사건으로 수사가 진행되어 회원 다수가 체포되었다. 이 사건으로 광주고보, 광주사범, 광주농업학교의 독서회 관련자들 약 70여 명이 재판에 회부되었다. 학생소비조합의 운영을 맡았던 김기권은 1930년 10월 광주지방법원에서 2년 6개월의 징역형을 선고받고 항소해 1931년 6월 대구복심법원에서 1년의 징역형이 확정되어 옥고를 치렀다.

돌아보면 성진회의 결성과 해산, 그리고 광주 시내 주요 학교의 비밀결사인 독서회의 재결성과 독서회 중앙지도부의 구성에 이르는 일련의 활동은 학생운동의 조직화를 위한 조직 재건의 일환이었다. 대중적 조직이 갖춰지지 않은 운동은 일회성으로 소멸되고 만다는 것이 모든 대중운동의 기본적 진실이다.

또 각 학교의 학년별 독서회 세미나를 통한 이론 무장은 학생운동 조직의 중간 간부 육성을 위한 필수적인 절차였다. 이기홍은 독서회 활동에 참여하는 동안 조선의 현실에 대한 이해와 사회주의 이론의 기초를 습득했고, 선배 및 동료들과의 토론을 통해 항일운동에 투신하지 않을 수 없는 자신의 운명을 점점 체감해간다.

11월 3일 오전, 메이지절의 충돌

광주 지역의 학생들은 1929년 이전에도 여러 차례 민족 차별과 식민지 교육에 반발하여 동맹휴학을 결행하며 일제에 대한 저항을 행동으로 표출한 전력이 있었다. 전년의 대맹휴 사건이 남긴 후유증도 여전히 해소되지 않은 상태였다. 따라서 사소한 계기만 생긴다면 폭발적으로 터질 수 있는 분노가 응축되어 있는 분위기였다.

가장 민감하게 부딪칠 소지가 많았던 부분은 조선인 학생들과 일본인 학생들과의 충돌이었다. 당시 조선에 있던 중학교(中學校)는 일본인 자제를 위한 상급학교를 지칭하는데, 광주에서는 광주중학교(오늘날의 광주중학교와는 다름)가 바로 그 일본인 학생들이 다니는 학교였다.

조선인이 다니는 고등보통학교와 같은 연령대의 학생들이 다니는 학교였지만 일본 학생이 다니는 광주중학교는 시설은 물론 교과과정도 크게 달랐다. 시내에서나 통학 기차 안에서나 일본인 학생들은 점령자의 기세를 등에 업고 조선인 학생들을 깔보았고, 반면 조선인 학생들은 속으로 이들을 멸시하고 증오했다. 또래 연령대의 경쟁의식이 민족의식과 결합되면서 이들이 스쳐가는 자리에는 크고 작은 마찰이 빚어졌다.

1929년 6월 26일 첫 충돌이 운암역(후에 북광주역인데 지금은 없어졌음)에서 벌어졌다. 통학생들이 탄 열차가 운암역을 지날 때 부근에서 개를 잡아 그슬리던 모습을 본 일본인 학생이 "조센징은 야만인이다"라고 조롱하자, 광주고보생들은 민족 전체에 대한 모욕이라고 분노하여 일본인 학생들과 난투극을 벌였다. 이후 광주-나주 노선의 통학생 사이에는 긴장감이 고조되어 있었다.

그러다가 1929년 10월 30일 광주를 떠난 열차가 나주역에 도착했을 때, 광주중학교 3학년인 일본인 학생들이 광주여고보 박기옥을 비롯한 여학생을 희롱하는 장면을 목격한 박기옥의 사촌 남동생인 광주고보 2학년 박준채가 항의하자, 곧 50여 명의 일본인 학생과 30여 명의 한국인 학생 사이에 집단 패싸움이 벌어졌다. 해산에 나선 일본 경찰은 일방적으로 조선 학생들을 진압했고, 그 후 며칠 동안 학생들 사이의 충돌이 산발적으로 벌어지며 광주에는 불안한 기운이 높아졌다. 결국 이 사건이 도화선이 되어 들끓던 학생들의 분노는 11월 3일의 대폭발로 이어졌다.

11월 3일은 일본 메이지 천황의 생일을 기리는 명치절(明治節)이었다. 학생들은 이 날이 일요일이었음도 불구하고 명치절 행사를 위해 강제로 등교했다. 메이지 천황이 누구인가. 1876년 강화도조약부터 1905년의 을사늑약, 그리고 1910년의 한일 강제병합까지 조선인에게는 나라를 빼앗은 원흉인 일본 왕이었다. 더구나 이 날은 음력 10월 3일로 우리 민족에게는 1909년부터 제정된 개천절이기도 했다. 학생들의 비통한 마음은 말로 표현하기 어려웠다.

행사가 시작되기 전부터 학생들은 수군거렸다. 조선인에겐 원수이자 죽은 지 이십 년이 다 되어가는 일본 왕의 생일 축하를 위해 일요일에 동원된 사실에 속은 부글부글 끓었다. 일본 국가(國歌)인 기미가요를 제창하는 순서가 되자 교직원들과 극소수의 학생들만 따라 불렀을 뿐, 대부분의 학생들은 침묵을 지키며 묵언의 불만을 노골적으로 표시했다. 시라이 교장의 표정은 심하게 일그러졌고 교사들은 안절부절못했다. 내내 불안했던 행사가 끝나자 학생들은 당초 예정되어 있던 신사참배도 거부하고 바로 귀가했다. 이기홍은 친구들과 헤어져 숙소인 기숙사로 향했다.

기숙사에 돌아와 교복을 갈아입고 난 지 얼마 지나지 않아서였다. 밖에서 누군가가 "광주고보생이 역전에서 광주중학생에게 다 맞아죽는다!"고 소리쳤다. 창밖을 내다보니 자전거를 타고 달려온 학생 하나가 기숙사를 향해 외쳐대는 것이었다. 그러자 곧 기숙사에 있던 선배 중 하나가 "다들 나가 싸우자!"는 외침과 함께 학생들이 일제히 야구방망이 등을 들고 뛰어나갔다. 이기홍도 급하게 몽둥이를 하나 찾아들고 역전을 향해 달렸다.

사건의 발단은 이날 오전 11시경 일본 학생인 광주중학생들이 신사참배를 마치고 돌아오던 중 우편국 앞에서 귀가하던 광주고보생들과 마주치며 벌어졌다. 일본 학생 패거리의 하나가 광주고보생 최쌍현의 얼굴에 칼을 휘둘러 부상을 입혔고 이를 목격한 광주고보생들이 이들을 추격하여 격투가 벌어지며 광주역(현 동부소방서 자리)까지 쫓아가 큰 싸움이 벌어졌다. 일본 학생들이 두들겨 맞으면서 경찰이 출동하였고 급박한 사태를 전해들은 광주중학교 기숙사생 백여 명이 유도 교사를 필두로 목검과 야구 방망이 등으로 무장하여 현장에 몰려들었다. 그 사이에 연락을 받은 광주고보 기숙사 학생들과 광주농고 학생들도 광주역을 향해 몰려갔다. 경찰과 소방대원, 말 탄 헌병까지 합류하여 이들을 제지하고 갈라놓으면서 양측은 동문다리(현재의 대인시장 입구 부근, 지금은 복개되어 없음) 근처로 물러나 대치하였다.

동문다리는 시내를 가로지르는 광주천의 지류에 놓인 작은 다리로, 이기홍이 도착했을 때 양쪽 학생들은 다리를 사이에 두고 서로 욕설을 내지르며 금방이라도 다시 맞붙을 태세였고, 경찰과 소방대원들은 우마차들이 지나다니도록 학생들을 통제하고 있었다. 두 학교의 선생들도 여럿이 나와서 각자 학교의 학생들을 막아 세우는 한편, 사태를 종결시킬 이야기를 나누며 협상에 들어갔다.

얼마 후 광주고보의 지리 선생인 후쿠나카(福中) 선생이 대치하고 있던 양쪽 학생들을 향해 해산하라고 소리쳤다. "광주중학교 우향 우!" "광주고보생 좌향 좌!", 지리 선생님이 구령을 붙이자 광주중학교의 일본인 학생들은 기다렸다는 듯 발길을 돌렸다. 광주고보 학생들은 분을 삭이지 못해 씩씩거리며 자리를 뜨지 않았다. 여기까지가 11월 3일 오전까지의 충돌 상황인데, 이미 양쪽 학교 학생들을 포함하여 20여 명이 크고 작은 부상을 입은 상태였다.

이렇게 종결될 듯 보였던 상황은 광주고보생들 앞에 선배인 장재성이 나타나 학생들에게 일단 학교로 다시 돌아가 앞으로의 행동 방향을 논의하자고 하면서 새로운 국면으로 전환되었다. 우발적 충돌이었던 11월 3일 오전의 시위가 이 시점부터는 다른 양상을 띠게 된다. 청년 사회운동가들이 본격적으로 개입하여 앞으로의 투쟁을 조직적으로 지도하며 전개하고자 했기 때문이었다.

11월 3일 오후, 항일 시위 양상의 전환

광주 정세가 심상치 않게 돌아가던 10월 말부터 광주의 청년 운동가들은 촉각을 곤두세우며 상황을 주시하고 있었다. 성진회와 독서회 중앙본부 결성을 주도했던 인물들인 이들은 주로 흥학관에서 만나 대책을 숙의했다. 흥학관(구 시청 건물 사거리에 위치)은 광주청년동맹, 신간회 광주지회 등 여러 사회단체가 입주해 있던 건물로 당시 광주 청년운동을 이끌어가던 산실과 같은 곳이었다. 이날 오전의 충돌 소식이 전해짐과 동시에 흥학관에서는 주요 멤버들이 모인 긴급 비상 회의를 열어 이번 기회를 지속적인 항일투쟁으로 이어가자는 결의를 하였다. 이에 따라 전체 지도는 장석천이, 현장 지휘는 장재성이, 그리고 중간 연락은 오쾌일이 맡게 되었다.

장석천은 장재성에게 광주고보 학생총회를 열어 오후에도 시위를 이어가라는 지시와 함께, 특히 독서회 핵심 조직이 드러나지 않도록 학생총회의 사회를 맡을 의장은 5학년 급장을, 부의장은 4학년 급장을 내세우도록 했다. 급장들을 전면에 내세우도록 한 것은 이들이 학교 측과 평소 원만한 관계를 갖고 있는 것으로 인식되고 있었던 만큼, 외부의 개입 인상을 주지 않고 학생들의 자연발생적 결론을 이끌어내는 데 적합하다고 봤기 때문이었다.

광주고보 강당에는 전교생의 대다수가 모였고, 계획대로 5학년 급장을 맡고 있는 노병주가 사회를 맡아 진행을 하였다. 자유발언에 나선 학생이 "지금 당장 광주중학교를 습격하자!"고 주장하자 학생들의 열띤 호응과 박수가 터져 나왔다. 선배 자격으로 참석했던 장재성은 이에 "우리의 적은 일본인 중학생이 아니라, 일제의 식민지 정책과 노예교육"이라는 점을 강조하며 흥분을 가라앉히려 했지만 학생들의 아우성에 묻혔다. 그러는 사이 학생총회를 참관하고 있던 와다나베 교감은 "너희들이 먼저 일본인 학생들에게 손을 대서는 절대 안 된다. 흥분하지 말고 한 대라도 먼저 맞고 싸워야 정당방위가 된다"면서 학생들의 과격 행동으로 벌어질 사태를 우려했다. 그러나 몇 학생들의 발언이 이어지는 가운데 이미 격앙되어 있는 학생들의 행동을 가로막기는 불가능했다.

학생총회의 결론은 예상한대로 가두시위를 결행하는 것이었다. 상급반인 5학년 학생들의 지휘 아래 목봉과 검도 도구 등으로 무장하고 대오를 정비하여 오후 2시경 300여 명의 학생들이 교문을 박차고 나섰다. 시가전을 각오한 출정이었다. 교문 앞에서 기다리던 일부 광주농업학교 학생들도 합류했다.

가두로 나온 학생들은 "식민지 통치 반대!" "노예교육 반대" 등의 구호를 외치며 시내로 나아갔다. 대열의 선두에는 김향남·김보섭·김상섭·강윤석·김무삼 등 강단 있는 선배들이 앞장섰는데 그중의 상당수는 독서회 선배 회원들이었다. 이기홍과 친구들도 대열에 합류하여 목이 터져라 구호를 외치며 뒤를 따랐다.

당초 시위대는 광주고보를 나와 충장로를 거쳐 광주역을 돌아 광주중학교를 습격할 계획이었으나 경찰이 소방대까지 동원하여 필사적인 방어를 하여 제동이 걸렸다. 일본인소학교(지금의 중앙초등학교)를 돌아 광주중학교로 우회하여 진공하려는 시도도 경찰에 가로막혀 실패하였다. 시위대가 방향을 틀어 우체국을 거쳐 도청 쪽으로 향했을 때 부근에 있던 광주 사범학교 기숙사의 학생들이 100여 명 합류했고, 광주 여고보 학생들도 일부 가담했다.

시간이 갈수록 대열의 숫자는 늘었고 함성과 구호를 외치는 소리도 커졌다. 연도의 시민들도 지지의 박수를 보내며 구호를 따라해 주었다. 겁에 질린 일본인 상인들은 모두 가게를 닫고 숨었다.

시위대가 도립병원 앞쪽으로 나아갔을 때, 말을 탄 경찰 간부들이 나타나 "해산!" "해산!"을 외치며 시위대 사이를 갈랐고 경찰들이 대거 투입되었다. 본격적인 해산 작전이 시작되었다. 경찰들과 엉겨 붙어 밀고 당기는 혼전 중에 시위대는 광주천변 쪽으로 밀려났다. 경찰들이 학생들을 천변으로 밀쳐낸 뒤 잠시 소강상태가 이어졌다.

그때 시위대 학생 중의 하나가 교복의 등을 살펴보라고 소리쳤다. 앞뒤 학생들의 등을 보고서야 미처 보지 못한 하얀 백묵(분필) 자국이 눈에 들어왔다. 시위대 학생들은 대부분 검은색 교복 차림이었는데, 경찰들이 접전 중에 이들의 등에 쉽게 눈에 띄도록 백묵으로 하얀 표시를 해놓은 것이었다. 나중에라도 시위 참가자들을 식별하여 잡아들이기 위한 표식이었다. 학생들은 땅바닥에 앉아 교복을 벗어 백묵을 깨끗이 털어냈다. 이미 날은 저물고 있었다.

선배 몇 명이 이야기를 나누더니 "학교로 돌아간다!"는 신호와 함께 시위대는 광주고보로 돌아왔다. 광주농고와 광주 사범학교 학생들은 교문에서 해산했고, 광주고보 학생들은 다시 강당에 집결하였다. 김향남·오쾌일·정명섭 등 상급생들이 잇달아 나서 오늘 두 차례 시위에 대한 격려, 부상자들에 대한 걱정, 그리고 학교가 폐쇄될 경우 향후의 연락 방법 등에 대해 이야기한 뒤 모임을 마쳤다.

길고도 힘들었던 하루였다. 목이 쉬도록 외쳐 대서 울분은 해소했지만 많은 학우들이 다쳤고, 무엇보다 내일 이후에는 무슨 일이 벌어질지 걱정이었다. 이기홍은 가까운 친구와 선배들의 안위를 확인한 뒤 기숙사로 돌아왔다.

휴교 조치와 제2차 시위 계획

청년동맹 지도부는 이날 저녁 흥학관에 다시 모여 비상회의를 열었다. 오늘 하루를 평가하고 새로운 전략을 짜기 위함이었다. 우발적인 충돌이었던 명치절 오전의 시위를 단발로 끝내지 않고 불씨를 되살려 오후에 계획적인 가두투쟁으로 전환시킨 점은 매우 고무적이었다. 학생들의 격렬한 활동과 시민들의 호응을 확인한 만큼 투쟁 열기를 지속하도록 제2차 시위를 계획하였고, 아울러 광주 지역의 학생 시위를 전국 단위로 확대하자는 결의를 하였다.

이러한 방침이 세워짐에 따라 추진 조직의 확대와 역할 분담이 불가피했다. 이에 총 책임자로 장석천, 전국 연락책 겸 재정 담당에 강석원, 도내 연락책 국채진, 노동자 책임자 박오봉, 학생 책임자 장재성 등으로 역할을 새로 분담하였다. 나승규는 조직 발각 시 사후 수습을 위한 책임자로 지정해 정식 직책을 부여하지는 않았다. 각 영역별 책임자가 정해진 뒤 장석천은 광주고보의 김향남을 비롯하여 광주농고와 광주 사범학교 학생 1명씩을 각 학교별 동원 책임자로 지정했다.

11월 3일의 시위가 이루어진 그날 밤 급히 지도부가 더욱 과감한 전략과 조직 재편을 했던 배경에는 오후 시위를 통해 얻은 가능성과 자신감이 자리 잡고 있었다. 특히 이 지역 청년 사회운동의 대부인 장석천이 전면에 나서면서 다음의 거사는 건곤일척의 큰 싸움을 예고하는 것이었다. 장석천은 당시 광주 청년동맹의 위원장이자 신간회 광주지회 상임간사를 맡고 있어, 좌우 진영을 망라하여 청년 독립운동가들의 역량을 집결시킬 위치에 있었다.

이렇게 시위의 재생산이 논의되고 있는 가운데 11월 6일 동아일보에서 광주고보 학생과 일본인 학생들의 충돌 소식이 전해지면서 전국적인 주목의 대상이 되었다. 기사는 며칠 동안 이어졌고, 학생들의 부상 소식과 일본인 유도 사범까지 나섰다는 보도는 조선인들을 격분시켰다. 광주는 점점 항일운동의 새로운 소식을 기다리던 인사들의 뜨거운 관심사가 되고 있었다.

한편 11월 3일의 시위, 특히 오후의 시위는 일본 경찰들에게도 심각한 고민을 안겨주었다. 조선 학생들과 일본 학생들의 패싸움 정도로 끝났던 종전까지의 충돌과 달리 일회성으로 끝나지 않고 다시 불붙었다는 점, 학생들의 조직화 양상이 드러났고 시민들의 호응으로 더욱 크게 번질 우려가 있음을 확인한 때문이었다.

사태의 확산을 차단하기 위해서는 일단 학생들이 한자리에 모이는 상황을 막아야 했다. 이에 학교 측은 사흘간의 임시 휴교를 한 번 더 연장하는 휴교 조치를 내렸다. 경찰은 그날 시위 이후 40명을 폭행범으로 몰아 검거하여 구치시켰다. 일본인 학생들은 잡아들인 뒤 곧 훈방 조치했고, 조선인 학생들에 대해서는 취조 끝에 주도적 혐의가 없다고 판단된 학생들만 풀어주었다. 독서회 회원들은 이번 사건으로 비밀결사의 실체가 드러날까 우려했지만, 잡혀간 회원들이 철저히 비밀을 엄수한 결과 조직은 발각되지 않아 일차 위험을 넘겼다.

사건 이후 일제의 감시가 삼엄해지면서 지도부는 흥학관에서 모임을 갖는 것이 위험하다고 판단하여, 비상 모임을 수기옥정(須奇玉町, 현재 동구 수기동)에 있는 조진만의 집에서 가졌다. 제2차 시위의 날짜는 당초 일주일 후인 11월 10일로 잡았다가, 준비가 필요한 관계로 최종 11월 12일로 정해졌다. 이번에는 전단을 미리 준비하여 시민들에게 살포하겠다는 계획도 잡혔다.

며칠 후 전단의 문안을 작성해 오라는 지시가 내려왔다. 회원들은 머리를 맞대고 고민하며 각자의 문안을 작성했고, 그것들이 채택되었다고 했다. 그런데 나중에 알려진 바로는 장석천과 장재성이 협의하여 이미 원문을 작성했고, 이것을 마치 다른 회원이 써온 것처럼 위장하려던 것이었다. 2차 시위의 격문에 담겨야 할 핵심 내용은 담아야 하고 독서회 조직의 상부는 드러내지 않도록 하기 위한 고육지책이었다. 지도부에서는 검거 이후를 생각해야 하는 만큼 매사가 그렇게 철저하지 않으면 안 되었다.

전단 하나에는 "조선인 본위의 교육 제도 확립, 식민지 노예교육 철폐, 사회과학 연구의 자유"와 같은 학내 교육 문제 개선에 초점을 맞추었고, 다른 전단에는 "조선 민중의 궐기, 일본 제국주의 타도, 피압박 민족 해방, 죽음을 초월한 투쟁"과 같은 보다 근본적인 내용이 담겨 있었다.

전단의 등사(謄寫) 작업은 오쾌일이 책임지고 금동에서 이루어졌다. 독서회 중앙지도부의 한 사람이었던 광주고보의 김홍남과 광주사범학교의 황상남, 광주농업학교의 강달모 등이 이 작업을 함께 했다. 전단은 약 1,000장이 만들어졌다.

청년아, 죽음을 초월하고 싸우자!

마침내 11월 12일이 되었다. 이기홍은 일찌감치 기숙사에서 나와 학교 부근의 농방에 거추장스런 가방을 맡겨놓았다. 오전 9시 수업 시작을 알리는 종이 울린 것을 신호로 광주고보 학생들은 말리는 교직원들의 저지를 뚫고 일제히 교문을 뛰쳐나왔다. 독서회 회원들이 전단 배포를 맡았다. 이기홍은 분배받은 전단을 들고 가두의 요소요소에 뿌렸다. 뒤에서는 시위 학생들이 구호를 외치면서 나아갔다. 격정적이었던 11월 3일의 시위에 비해 차분했지만 결연하고 정돈된 대오였다.

시위대는 선창자의 구호에 맞춰 전단지에 있는 격문의 구호를 소리 높여 외쳤다. "조선 민중아 궐기하자! 청년 대중아 죽음을 초월하고 싸우자! 검거자를 즉시 석방하라! 일본 제국주의를 타도하자! 피압박 민족해방 만세!"

시위대가 우체국을 거쳐 장동으로 들어가 광주 여고보(전남여고 전신) 앞에 이르러 함성을 높여 학생들의 참여를 독려했으나 이들은 학교 측에 의해 교문 밖 진출이 차단당해 있었다. 이때 광주농고생 이백 여 명이 소리를 지르며 뒤에서 합류하여 시위대의 기세는 한껏 올랐다. 시위대는 개울을 지나 광주 사범학교 앞으로 진출했다. 이들 역시 학교 측의 통제로 밖으로 나오지 못한 채 꼼짝 못하고 있었다.

당시 그 부근은 시내 외곽의 과수원이 있는 구릉지대였는데, 탱자나무 울타리가 가로막고 있었다. 시위대가 앞으로 나아가지 못하고 있는 사이 뒤에서 호각 소리가 들리며 경찰들이 치고 들어왔다. 11월 3일과는 비교할 수 없이 많은 경찰들이 줄줄이 밀려들어와 양쪽 옆길을 차단하고 포위망을 좁혔다. 300명 가까운 광주고보 학생들은 과수원 앞에 갇혔다. 격렬한 항의와 외침이 뒤섞여 아수라장이 되었지만 겹겹이 에워싼 경찰에 대항하기에는 중과부적이었다. 뒤따랐던 광주 농고생들도 현재의 누문 파출소 앞까지 왔다가 포위되었다. 결국 시위에 참가한 대부분의 학생들이 체포되었다.

11월 3일 시위운동이 발발한 후 전남 경찰은 이미 전체 비상이 걸려 2차 시위를 대비해 광주에 집결하여 만반의 준비를 한 상태였다. 그런 상황에서 이 날 시위가 발생하자, 한 놈도 놓치지 말고 모조리 잡아들이라는 상부의 지시에 따라 가차 없이 학생들을 잡아들였다. 학생들은 머리에 두 손을 올린 채 경찰의 경계를 받으며 끌려갔다. 중간에 구호를 외치는 학생에게는 어김없이 곤봉 세례가 쏟아졌다. 이기홍도 억울함에 울먹이며 끌려갔다. 가도에서 지켜보던 시민들은 어린 학생들의 애처로운 모습에 눈물을 글썽이며 탄식하였다.

이날 광주고보생 250여 명, 광주농고생 150여 명이 붙들렸고 이들 모두는 경찰들의 무술 단련 장소로 사용하던 무덕전(武德殿, 옛 도청 앞, 현 상무관 자리)으로 이송되었다. 워낙 많은 학생들을 체포해 유치할 곳이 부족하자 이들 중 일부는 경찰서에 가두고, 나머지는 광주 형무소(현 동명동)에 가두었다. 이기홍은 형무소로 붙잡혀 갔다.

형무소에서 이틀이 지난 뒤 시위 체포자 중 2학년 이하의 저학년생 30명 정도를 따로 골라 경찰서로 데리고 갔다. 경찰은 미리 작성된 시말서(始末書)를 가져와 각자의 이름에 지장을 찍게 한 뒤 석방시켰다. 어린 저학년생이라 사건을 주도할 위치는 아니라고 보았고 무엇보다 앞으로 채워 넣어야 할 인사들의 수용 공간이 절대 부족했던 점이 감안된 조치였다.

제2차 시위가 있은 뒤 광주의 모든 학교에는 휴교령이 내려졌고 시내에는 검거 선풍이 몰아쳤다. 시위 학생들은 이미 당일 300여 명이 체포되었고, 각종 사회단체 회원 중 미처 피하지 못한 인사들은 걸리는 대로 잡혀들어 160여 명이 검거되었다. 경찰서 유치장은 물론 형무소까지도 모자라자 무덕전도 이들의 수용 장소가 되었다.

이기홍이 경찰서에서 풀려나왔을 때는 이미 학교에 무기한 휴교 조치가 내려져 있었다. 학교 측은 광주 시내에 남아 있는 지방 학생들에게 서둘러 고향으로 돌아갈 것을 종용했다. 사건이 사건이었던 만큼 학교가 조기에 정상화될 것을 기대하기는 어려웠다. 이기홍도 잡혀 들어가 있는 선배들 걱정, 그리고 벌어질 상황이 다 궁금했지만 집으로 내려가지 않을 수 없었다.

1차 시위 이후 며칠 신문 지상을 장식했던 광주 상황도 지면에서 사라졌다. 11월 12일의 2차 시위 이후 총독부 경무국은 모든 신문에 보도금지령을 내렸다. 운동의 전국적 확대를 막기 위한 보도 금지는 그해 12월 28일까지 계속되었다.

광주의 상황은 진정되었고, 이때부터는 경찰 고등과의 수사와 취조가 진행되었다. 조사 강도가 높아지면서 시위 배후에 대한 의심이 점점 높아졌다. 석방자들 중 다시 불려가는 사람들이 생겼다. 독서회를 지도했던 강해석과 지용수가 일경에 붙잡혀 들어갔고 독서회원 상당수가 잡혀 들어갔다. 그러나 당사자들이 시위 사건 참여만을 일관되게 주장하고 배후에 대해 함구하여 이번 사건에 관여한 학생 조직의 구체적인 내용은 드러나지 않았다. 다만 그 후 경찰의 지속적인 수사가 진행되면서 이듬해에 '독서회 사건'이라는 별도의 사건으로 70여 명이 기소된다.

이렇게 광주의 학생 시위는 수백 명의 검거자를 내고 진압되었지만 이때 피워진 불씨는 서울을 거쳐 전국을 향하게 된다. 광주학생독립운동은 아직 끝나지 않은 항일운동의 또 다른 시작이자 여전히 진행 중인 사건이었다.

백지동맹 주도로 퇴학 처분, 낙향

고향에 돌아온 이기홍은 시위 사건을 돌아보며 울분의 시간을 보냈다. 광주 소식이 궁금했지만 구체적인 내용은 알 도리가 없었다. 단지 어른들이 여러 경로로 수집한 정보를 통해 서울에서 고보와 전문대학, 그리고 일반인들까지 가세한 거센 항일운동이 이 겨울에 벌어지고 있다는 것을 알았다. 수백 명의 선배들이 여전히 차가운 감방에 들어가 있는데 한가하게 집에서 겨울을 보내고 있다고 생각하니 마음은 늘 무거웠다.

그렇게 고보 2학년 겨울을 고향에서 보낸 이기홍은 이듬해인 1930년 1월 4일경 광주로 올라왔다. 개학일인 1월 7일에 맞춘 것이었다. 학교에서는 전년도의 휴교 조치로 인해 치르지 못한 2학기 시험을 1월 8일에 진행한다는 계획이었다. 당시 교육 일정은 일 년에 3학기로 운영되었는데, 2학기 시험을 끝내지 않고는 3학기로 들어갈 수 없었다. 3학기를 마쳐야 4월부터 새로운 학년이 시작되는 시스템이었다.

1월 7일 등교한 학생들은 개학식만 마치고 바로 하교했다. 다음 날은 시험 날이었다. 이기홍은 시험 날인 1월 8일 아침, 30분 정도 일찍 학교에 등교했다. 57명이었던 을조의 반장을 맡고 있었으므로 조금 서둘러 학교에 나온 것이었다.

무척 추운 날이었다. 이기홍이 막 학교로 들어가려는 순간 모자를 깊게 눌러쓰고 마스크를 한 청년이 불러 세우더니, "자네가 급장이지?"하며 물었다. 그렇다고 대답하자 그 청년은 사람 왕래가 없는 한쪽으로 이기홍을 데려갔다. 처음 보는 얼굴이었지만 독서회 조직 관계자라는 직감이 들었다. 청년은 진지한 눈빛으로 말했다. "200명 가까운 학우들이 잡혀있으니 시험을 거부하고 그들이 석방될 때까지 투쟁을 벌이라!"는 짧은 지시였다.

갑작스런 지시에 순간 혼란스러웠다. "아, 이게 백지동맹을 주도하라"는 뜻이구나 하는 생각이 들자 온몸에 전율이 스쳐갔다. 하지만 이내 자신의 내면에서 원하고 있는 것이 무엇인지를 알아차렸다. 고개를 끄덕이는 이기홍의 눈빛을 보고 안심한 듯 청년은 주먹을 불끈 쥐어 보이며 곧바로 사라졌다.

사실 이기홍은 학교 선배들의 교실이 텅 빈 이런 상황에서 상급학년으로 넘어가기 위한 시험을 서둘러 치른다는 게 몹시 내키지 않았다. 무력감과 미안함과 불편함이 복잡하게 얽혀 마음 한구석이 무거웠던 터에, 자신을 묶은 줄이 저절로 풀려진 듯 "차라리 잘되었다"는 안도의 한숨이 새어나왔다. 해방감이 느껴졌다.

이기홍은 서둘러 교실로 올라가 모여 있는 친구들에게 오늘 시험을 거부하자는 계획을 밝혔다. 시험지를 백지로 내고 우리의 항의를 당당히 표시하자는 것이었다. 친구들의 마음도 그의 마음과 거의 다르지 않았다. 얘기를 들은 친구들의 얼굴이 환하게 바뀌는 것을 보며 자신의 결정이 옳았음을 확신할 수 있었다. 몇몇 아이들은 몹시 난처한 표정을 지으며 울상이 되었지만, 대놓고 반대할 분위기가 아니었다. 아이들이 삼삼오오 모여 웅성거리고 있는 사이 시험 시작을 알리는 종이 울렸다.

을조의 담임은 오가모트(岡本) 선생님이었다. 선생님이 시험지를 다 나누어 주고 교탁 앞에 섰을 때 이기홍이 벌떡 일어나 급우들을 향해 말했다.

"학우들이여! 함께 공부하던 우리 애국학생 200여 명이 잡혀가 지금도 풀려나지 않고 있습니다. 우리가 구속된 학우들을 외면한 채 자신만의 출세를 위해 시험을 본다면 부끄러운 일 아닙니까. 우리는 항의

해야 합니다. 구속된 학우들이 석방될 때까지 모두 시험에 불응하고 교실에서 나갑시다!"

말을 마치자 친구들이 와~ 하는 아우성을 질러대며 가방을 싸서 교실에서 나왔다. 망설이던 몇 친구들도 이내 뒤를 따랐다. 그렇게 대부분의 친구들이 시험지를 놔두고 나왔지만, 끝내 8명은 고개를 푹 숙인 채 답안지를 붙들고 있었다. 급우들이 이들에게 욕설을 퍼붓고 발길질을 하며 손을 끌고 함께 나가자고 외쳐도 이들은 얼굴을 붉힌 채 자리를 고수했다. 아주 오랜 세월이 흐른 뒤 이기홍은 "이들은 모두 나중에 잘 되어 사회의 고위직에 앉게 되었다"고 씁쓸하게 회고했다.

백지동맹을 결행한 3일 후 이기홍은 하숙집으로 날라 온 퇴학 처분 통지서를 받았다. 당시 이기홍은 기숙사를 나와 성진회 멤버 중의 하나였던 유치오 선배 집에서 하숙을 막 시작했던 때였다. 며칠 뒤 경찰이 하숙집에 찾아와 3일 안에 고향으로 돌아가지 않으면 검속하겠다고 협박했다. 검속이란 경찰서로 잡아가겠다는 뜻이다.

각오했던 일이긴 했지만 퇴학이 막상 현실이 되니 눈앞이 캄캄했다. 고향에 돌아가면 무슨 말을 해야 할지, 아버지의 어두운 얼굴과 동네 어른들의 실망한 표정이 어른거렸다. 하지만 다른 선택지가 없었다. 이기홍은 울분과 걱정을 함께 안은 채 짐을 챙겼다.

부푼 희망으로 시작하여 열정으로 타올랐던 2년의 짧은 광주고보 생활은 이렇듯 아쉬움을 남기고 허무하게 막을 내렸다. 고금도로 돌아가는 길, 마음은 겨울 날씨보다 더 추웠다. 가고 싶지 않은 길을 나선 듯 그 길은 멀게만 느껴졌다. 그러나 부끄럽지는 않았다. 가야만 하는 길을 갔을 뿐이었다. 후회는 없었다. 그것만이 우울한 귀향길에 나선 이기홍의 마음에 위안이 되었다.

광주학생독립운동에 대한 바른 인식

그해 11월 광주의 학생 항일투쟁은 시위자들이 모조리 잡혀 들어가면서 표면상 소멸되었다. 그러나 그해 겨울을 살아남은 이들은 앞선 이들의 뒤를 이었다. 개학 후 이기홍의 백지동맹 투쟁뿐만 아니라 광주 지역의 다른 고보생들도 학교마다 맹휴를 이어갔다. 광주의 청년들은 일제의 탄압에 그대로 무릎을 꿇을 마음의 준비가 전혀 되어 있지 않았다.

더 중요한 일은 광주에서 터진 학생 독립운동이 계기가 되어 서울과 한반도 전체를 휩쓰는 항일운동이 벌어졌다는 점이다. 일제의 철저한 보도 금지 조치에도 불구하고 남녘의 외로운 투쟁 소식은 서울의 고보와 전문대생들에게 전해져 억눌려있던 가슴에 격분의 촉매가 되었다. 6·10 만세운동 전후 조직적 투쟁의 필요성을 절감하면서 독립운동의 좌우합작을 추진하여 설립된 신간회(新幹會)의 지도부 인사들은 가뭄의 단비 같이 전해진 광주 학생들의 투쟁 열기를 학생은 물론 일반 사회단체에까지 본격적으로 확산시키고자 총력을 다했다.

그 결과 1929년 겨울부터 이듬해 봄까지 전국적으로 항일운동을 벌인 학교 320개, 참가 학생 수 5만 4,000명, 퇴학 처분자 582명, 무기정학 2,330명, 피검자 1,624명을 기록하며 3·1운동 이후 최대의 대일 민족항쟁이 되었다. 광주학생독립운동은 시간적으로 어느 특정 시점의 한 사건이 아니라 1929년 11월부터 1930년 봄까지 수개월 지속된 민족운동이며, 지역적으로도 광주에 국한된 것이 아니라 전국적인 항일 민족운동으로 보아야 한다.

이기홍은 "저학년인 고보 2학년생이었기 때문에 운동 전체를 총괄적으로 알 위치에 있지 않았다"고 고백했지만, 독서회 활동과 학생 시위, 그 후 백지동맹 주도로 인한 퇴학에 이르기까지 일제 치하를 살아가는 그 또래 어린 학생이 감당할 책임을 누구 못지않게 묵묵히 다한 사람이다. 아울러 그는 사회주의 운동가들이 만든 각 학교의 독서회라는 조직이 없었다면 광주학생독립운동은 일회적으로 끝나고 전국적인 확대도 어려웠을 것이며, 이 점에 대한 우리 사회의 평가가 미미하다는 점을 안타깝게 생각했다. 노년이 된 후 그는 역사적 맥락에서 광주학생독립운동을 전체적으로 조망하는 글을 남겼는데, 이 운동의 역사적 의미와 이기홍의 사상을 파악하는 데 요긴하다고 보아 아래에서 그 내용을 그대로 인용한다.

"오늘에 와서 당시를 회상해보니 광주학생독립운동에 대한 표면적인 투쟁과 주동자에 대한 내용에 대해서는 세상이 다 알 정도로 여러 번 반복되어 소개되었다. 따라서 이를 되풀이할 생각은 없고, 다만 그 운동의 역사적 배경과 의의를 민족사적 측면에서 고찰해보고자 한다. 아울러 이 운동에 대해 왜곡되어 잘못 알려진 점에 대해서도 알아보고자 한다.

우리가 역사를 배우는 것은 앞으로의 역사를 올바르게 창조하기 위함이고 무엇보다 부끄럼 없는 현재를 살아가기 위함이다. 따라서 역사는 역사적 사실을 근거로 하여 정확하게 다루어야 하며 주관적인 견해나 편견은 금물이다. 그런데 이 나라의 역사 기술은 그렇지 않았다는 게 내 생각이다.

우리 민족의 2대 항일 독립운동인 3·1 운동과 광주학생독립운동은 그 역사적 배경과 양상이 많이 달랐다. 3·1 독립만세운동 당시에는 미국 윌슨 대통령이 제창한 민족자결주의가 전 세계에 선풍적인 파문을 일으켜 식민지 약소민족의 해방운동에 고무적이고 희망적인 국제

정세를 조성하고 있었고, 일본 제국주의는 아직 자본주의 발전의 초창기에 있으면서 한반도를 강점한 것도 10년 미만에 지나지 않아 식민지 지배 체제를 완비하지 못한 때였다. 그때 우리 민족의 독립에 대한 열망과 항일 감정이 일시에 폭발하여 민족이 궐기한 민족독립운동이 3·1 운동이었다. 이후 일제는 3·1 운동을 거울삼아 문화통치를 운운하면서 표면적으로는 유화책을 내세우면서도 안으로는 물샐 틈 없는 식민지 통치체제의 강화를 진행시켜 조선 민중에 대한 착취와 압박을 날로 강화시켜 나갔다.

그 후 1920년대 후반에 들어선 국제정세는 전 세계를 휩쓸고 있던 사상 최악의 경제공황으로 인해 식민지를 보유하고 있던 열강들은 이 경제공황의 피해를 식민지 민족의 착취를 통해 보충하기 위해 식민지에 대한 탄압과 수탈을 유례가 없이 강화하였고, 열강 각국은 서로 협조하면서 식민지 해방운동을 무자비하게 탄압하고 있을 때였다. 광주학생독립운동이 일어날 즈음의 일본은 비약적인 발전을 이루어 세계 5대 강국이자 3대 해운대국의 대열에 올라가 있었고 한반도를 발판으로 하여 만주대륙 침략을 준비하고 있었다. 일제의 대륙 침략을 위한 병참기지로서 조선반도는 이중의 탄압이 강화되고 있어 대규모의 항일투쟁은 표면화되기 어려운 시기였다.

간악한 일본은 세계를 향해 그들은 조선에서 식민지 통치가 아니라 민족융합 정책으로 내선일체(內鮮一體), 일시동인(一視同仁)의 선정(善政)을 펼쳐 조선 민족은 불평 없이 잘 살며 감사하고 있다는 허위선전을 늘어놓고 있었다. 따라서 세계 각 국민의 머릿속에 우리 민족의 존재마저 점점 사라지고 있었으며 이러한 가혹한 현실에서 우리 민족의 대부분, 특히 서민층은 독립에 대한 희망과 의욕을 상실하고 실의와 절망 상태에 놓여 우리 민족 수난사상 가장 간고하고 숨 막히는 최악의 시기를 보내고 있었던 것이다.

이 때 일제의 폭압을 더 이상 참을 수 없었던 학생들이 분연히 일어선 광주학생독립운동에서 청년 학도들은 애국의 피로 일제히 독립 구호를 외치며 일어났고, 그 후 1930년 4월까지 반 년 간에 걸쳐 전국적인 투쟁이 이어졌다. 세계의 언론들이 이를 보도하게 되자 일제의 허위는 벗겨졌고 식민지 통치에 자신만만했던 일본 제국주의의 콧대가 꺾여버리고 말았다.

동시에 이 운동은 우리 민족에 대한 세계 각 국민의 인식을 새롭게 해 주었고 세계 식민지 약소민족의 해방운동에도 일대 충격과 고무적인 영향을 준 세계사적 의의를 가진 운동이었다. 조선에서 학생운동이 거세게 계속되자 당시 중국의 상해에 있는 임시정부에 대한 중국인들의 인식은 놀랄 만큼 변화되었고 임시정부에 대한 이들의 협조도 전과는 다른 협조의 계기가 마련되었다고 한다. 이 위대한 독립운동이 박정희 정권에 들어서 그 기념일 행사마저 없애버렸지만 우리 민족이 존속하는 한 3·1 운동과 더불어 영원히 기념해야 할 역사적 운동이라는 점은 절대 잊어서는 안 된다.

아울러 광주학생독립운동에 대한 인식이 여러 가지 점에서 잘못 인식되고 왜곡되고 있다는 사실을 지적하지 않을 수 없다. 나는 내가 알고 있는 사실과 그 후의 조사를 거쳐 알게 된 사료를 근거로 이 대목을 설명하려고 한다.

우선 이 운동의 원인과 투쟁 대상에 대해 알아야 한다. 세간에서는 이 운동의 원인이 광주-나주 간 통학열차 안에서 일본 학생의 한국여학생에 대한 희롱을 그의 사촌 동생이 항의 제지하자 열차 내의 한일 통학생 간의 집단 충돌로 번졌고, 그 후 광주 역전과 나주 역전 등의 시내에서 광주고보와 광주 일본인중학교 학생 간의 일대 유혈 충돌로 확대되어 시위운동으로 비화된 것으로 알려져 있다.

그러나 이러한 해석은 부분적인 진실을 담고 있는 것은 사실이지만, 사건의 본질을 청년들의 의협심 차원으로 격하시켜 버림으로써 오히려 본질을 왜곡하고 축소할 소지가 많다. 통학열차 내의 희롱과 충돌은 우발적인 계기는 될 수 있다. 우발적 사건이라면 며칠 내에 마무리되는 사건으로 끝나고 말지, 일제가 보도통제를 하면서까지 조선인들에게 사건을 알리지 않기 위해 갖은 노력을 했음에도 결국은 전국의 학생들에게 알려져 6개월 넘는 항일투쟁의 동력이 되지는 못했을 것이다. 즉, 광주학생독립운동의 원인은 일제의 지배와 압력에서 해방, 독립하려는 열망에 가득 차 있던 우리 민족, 우리 학생들의 애국 독립 의지에서 찾아야 한다.

열차 안의 충돌이 없었더라도 다른 동기에 의해 필연적으로 일어날 수밖에 없는 운동이며 당시 충돌의 대상은 일본인 중학생이었지만 그후의 전국적 시위 양상으로 볼 때 광주학생독립운동은 조선총독부의 식민지 정책에 반대한 조직적인 항일운동으로 보아야 마땅하다. 일개 몇몇 일본인 중학생들을 대상으로 한 응징 정도로 사건을 좁혀서 보려하는 일부 역사학자나 언론의 시각에 숨어있는 고도의 계산들이 과연 누구를 위한 것인지 드러내는 것도 우리 민족사의 진실을 위해 반드시 필요한 일이다. 이것은 매우 중요한 점이라는 것을 지적해 둔다.

다음으로는 이 운동의 범위에 대한 내용이다. 흔히 '광주'라는 지역적 제한성 때문에 오로지 광주 지방만의 운동으로 인식시키려는 사람들의 의도 역시 앞에서 얘기한 그 연장선상에서 보아야 한다. 감출 수 없는 역사적 사실을 버리지는 않는 대신 그 사실의 연관성 있는 의미를 축소시키려는 의도이기 때문이다. 이 운동은 광주의 학생들이 먼저 투쟁의 봉화를 올렸지만 항일투쟁의 돌파구를 찾고 있던 서울, 평양 등 전국 각지의 학생들이 이에 호응하여 일제히 궐기한 전국적 범위의 학생독립운동이다. 여기에 겁을 먹은 총독부는 헌병, 재향군인, 소방대, 심지어는 순사 교습생까지 동원하여 진압에 나섰고 용산의 20사단 병력도 비상태세에 들어갔다.

이 소식이 전해지자 해외에서는 일본의 동경과 경도, 만주 각지와 간도, 북경, 상해, 남경에 있는 조선 학생과 청년들도 집회와 시위로 호응하여 국내외의 학생과 청년이 참여하는 그야말로 거족적인 항일운동이 되었다. 국내외 각지의 학생들이 궐기한 것은 광주 학생들의 투쟁에 대한 동정에서 나온 후원의 마음이 아니라, 각자가 대한 독립의 염원을 담은 민족 본연의 사명감에서 일어났다는 사실을 분명히 알아야 한다.

그 다음으로 지적하고 싶은 것은, 이 운동의 조직 체계에 대해 흔히 독립운동의 지도력과 연관성이 없는 학생들만의 독자적이고 일시적인 운동으로 알려지고 있으나 이 점은 지금까지 가장 잘못 알려져 있는 대목이라 할 수 있다. 3·1 운동 이후 일제의 탄압이 강화되면서 우리의 항일운동은 표면화되는 형태보다는 지하로 들어가 은밀히 조직적인 체계를 갖추어나갔다.

당시 사회주의 사상은 조직적 운동의 이론을 제공해주는 효과적인 사상 체계였고 독립운동가들의 상당수는 민족해방운동의 방편으로 사회주의 사상을 택했다. 해방 이후 친일세력, 반공세력이 득세하면서 사회주의 사상을 갖고 독립운동을 한 유공자들에 대해서 무조건 배제하는 세태는 잘못된 것이자, 민족독립운동사를 반쪽짜리로 만드는 부당한 행위라 할 것이다. 따라서 일제하 독립운동의 전반적인 맥락에서 사회주의적 활동을 보아야만 한다.

1925년, 26년경에는 항일운동의 차원에서 전국적으로 노동자, 농민,

학생 조직 등이 결성되기 시작했다. 1928년에는 원산 부두 노조의 총 파업과 인천의 정미직공, 부산고무공업 직공들의 총파업, 함남 단천의 어마어마한 농민운동 등이 대표적인 항일투쟁으로서 해외에까지 그 내용들이 알려졌다.

그러한 과정에서 전국적인 단위의 조직화가 가능한 집단이 학생 조직이었다. 1928년에는 중등 이상의 각급 학교에 거의 빠짐없이 학생 비밀결사가 조직되었고, 동맹휴학 등의 학생운동이 매년 증가일로에 있었다. 1928, 29년경이 되면 전국적으로 맹휴 투쟁을 하는 학교가 적지 않았다.

전남 지방에서는 1926년경에 전국 지하조직의 전남지부가 조직되어 각 분야의 항일운동을 지도하고 있었다. 학생 및 청년 운동의 책임자인 지용수, 강해석의 지도하에 1926년에는 광주의 각 학교 애국학생을 망라한 성진회가 조직되었다가 1927년부터 각 학교별 비밀결사로 확대 강화되어 학생운동을 지도하고 있었다. 그러던 중 전남의 지하 지도조직이 발각, 검거되어 파괴되자 하부 조직이 후속 지하조직을 재건하였고 각 부서별로 운동을 전개하였다. 학생운동의 지도는 장재성이 맡았다. 이러한 조직 체계와 지도는 전국 어느 지방에서도 동일했다. 이와 같은 조직 체계와 지도가 있었기 때문에 광주에서 시발된 학생독립운동이 이듬해인 1930년 4월까지 장기간에 걸쳐 전국적으로 계속될 수 있었던 것이다.

광주학생독립운동으로 촉발된 전국학생독립운동은 전체 독립운동과 조직적으로 연결되어 있었다. 따라서 단발적으로 벌어진 일시적인 운동이 아니라 일관성 있는 계속 투쟁의 한 고리를 이룬 독립운동의 일환이었지, 학생들만의 고립된 독립운동은 결코 아니었다는 점을 간과하면 안 된다.

다시 정리해 보면 광주학생독립운동은 우발적 사건 또는 몇몇 사람의 주동에 의해 발생된 것으로 보는 것은 잘못이라는 게 필자의 생각이다. 당시 그 운동에 가담했던 사람들 중에는 자신이 가담했던 투쟁과 가입했던 조직만을 내세워 그것만이 광주학생독립운동의 전부이고, 그 이상도 이하도 아닌 학생들만의 독자적 운동이라고 주장하는 사람들이 많이 있다. 심지어 배후 조직의 지도 같은 것은 없었다고 말하기도 한다.

　하지만 당시와 같이 경찰의 어마어마한 감시와 숨 막히는 탄압이 벌어지는 정세하에서, 투쟁에 가담한 개별 학생이나 하부 또는 외곽 조직원의 입장에서는 핵심 조직이나 상부 조직에 대해 알 수 없었고 또 알더라도 알려서는 안 된다는 것이 상식적인 조직 원칙이었다. 그러므로 그러한 주장들은 마치 장님들이 각자의 위치에서 코끼리를 만져보고 제 나름대로 느낀 것을 이야기하는 것과 다를 바 없다. 이는 나의 주관적인 견해나 편견이 아니라 분명한 근거를 갖고 하는 이야기다."

제2부

청년
독립운동가로

섬에서 다시 만난 인생의 멘토

이십 년의 데자뷰, 십 년 만의 재회

1930년 1월 이기홍은 광주고보 2학년을 끝으로 제적되어 고향인 고금도로 내려왔다. 3학기 시험을 앞두고 광주에 올라가던 것이 연초였는데 불과 며칠 만에 학교를 퇴학당해 돌아오고 있다는 사실이 믿겨지지 않았다. 이게 과연 현실일까? 섬에 다가갈수록 뱃전의 칼바람만큼이나 마음이 시렸다. 자신이 벌인 행동에 대해서는 추호의 후회도 없었지만 졸업을 하지 못하고 중도에 학업을 그만둔다는 아쉬움만은 지우려야 지울 수 없었다.

무거운 표정으로 돌아온 아들을 맞는 아버지 이사열의 마음도 복잡하기는 마찬가지였다. 경술국치에 좌절하며 일신의 영달을 포기하고 경성을 떠나 고향에 돌아오던 이십 년 전 자신의 모습이 오버랩 되어 떠올랐다. 한 세대 후에 겪는 영락없는 데자뷰였다. 그 세월이 흐르는 동안 이 땅에 달라진 건 하나도 없었다. 한 청년은 망국의 시름을 안고 낙향했고, 이십 년의 시차를 두고 또 한 청년은 일제에 저항하다 낙향당했다.

지금 두 사람은 아버지와 아들의 관계가 되었다. 두 청년의 꿈을 접게 만든 원흉인 일제는 여전히 조선을 지배하고 있었다. 대물림 되고 있는 좌절에 한숨만 나왔다. 끝날 것 같지 않은 이 지긋지긋한 현실이

서글퍼졌다. 아들에게 괜찮다는 말도 차마 하기 어려웠다. 아들의 어깨를 말없이 두드려 주는 것으로 지금 이 순간 서로가 느끼는 착잡한 감정을 애써 외면하고자 했다.

이기홍은 며칠 동안 두문불출하며 그간의 시간들을 되짚어 보았다. 무엇이 문제이고 어디에서부터 잘못되었을까? 문제도 없었고 잘못한 일도 없었다. 아무리 생각해도 일제의 식민 지배가 아니었다면 애초에 일어나지 않을 일이었다. 울분이 솟아올랐다. 그럴 때마다 차가운 바닷가를 거닐며 마음을 추슬렀다. 멀리 일본 쪽 바다를 향해 큰소리로 증오의 욕바가지를 퍼붓고 나서야 조금은 마음이 풀렸다.

무엇보다 힘든 건 고립감과 외로움이었다. 얼마 전까지 한 교실에서 만나던 광주고보의 친구들 얼굴이 그리웠다. 시험을 거부하자고 외쳤을 때 와! 하는 함성으로 화답하던 친구들 생각에 울컥해졌다. 끝까지 시험지를 붙들고 있던 8명의 친구들은 지금쯤 군데군데 자리가 비어있는 교실에서 얼마나 민망하게 앉아 있을까 하는 생각을 하면 쓴웃음도 나왔다. 마치 아주 오래 전의 일을 회상하는 것만 같았다.

그렇게 외롭게 칩거 중이던 이기홍에게 반가운 소식도 전해졌다. 광주학생독립운동이 서울로 확산되는 과정에서 운동에 적극 가담했던 고금도 출신의 여러 청년들이 미리 약속이나 한 듯 학교에서 퇴학당하여 내려왔다. 시차를 두고 고향에 돌아온 이들은 광주사범의 최창규, 경성 제1고보의 황인철, 경성고학당의 박노호, 보성고보의 김진호 등이었다. 다들 이기홍과는 연배가 엇비슷하여 친구처럼 지낼 수 있는 인물들이었다.

학업을 도중하차하고 내려온 이들의 마음은 서로 다르지 않았다. 사람은 결국 혼자서는 살지 못하는 법 아니던가. 고독과 울분에 빠질 순간을 이겨내는 힘은 뜻을 같이 하는 사람들과 나누는 공감과 격려다. 이들은 서로가 서로에게 의지가 되었다.

더 중요한 일은 십 년 가까이 사라졌던 고금도 만세운동의 주인공 이현열이 돌아와 있었다는 소식이었다. 어린 날의 이기홍에게 강렬한 인상을 남겨주고 떠났던 그는 소문만이 잠시 무성했을 뿐 잊혀졌던 사람이었다. 그간 일본에서 사회주의자로서 맹렬한 활동을 하던 이현열은 강제 귀국을 당하여 고금도로 돌아왔다.

고국에 돌아온 이현열은 만감이 교차했다. 도망치듯 이 땅을 떠났던 10년 전의 암울했던 조선의 현실은 변함이 없었다. 개인적으로는 아무 것도 이룬 것 없이 추방당한 낙오감과 고립감도 컸다. 일본에서 고락을 함께 하던 동지들과 나누던 일상도 한순간에 사라져버렸다. 한마디로 날개가 꺾인 무기력한 신세가 되었다. 여기에서 다시 무슨 일을 할 수 있을지 막막한 심정이 들었다.

하지만 그런 감상주의적 소회는 거기까지였다. 일제에 원한을 품고 고국을 떠났던 그의 마음속에 다시 돌아와 만난 고국의 들판은 애처롭기 짝이 없었다. 식민지 민중의 삶은 고단하기만 했다. 독립을 이루지 못한다면 근본적으로 풀지 못할 무거운 족쇄가 이 땅의 사람들에게 채워져 있었다. 무엇을 해야 할 것인가? 이것이 다시 돌아온 그의 뇌리를 가득 채운 현실적 고민거리였다.

다행히도 그가 귀향한 직후 맞닥뜨린 소식은 광주에서 시작된 학생 시위가 거대한 항일운동으로 온 나라에 번져나가고 있다는 사실이었다. 그의 가슴은 다시 뜨거워졌다. 이 땅의 사람들이 아직 죽지 않았음을 확인하는 뭉클한 감동이 그해 겨울의 빛나는 희망으로 살아 오르고 있었다.

이현열의 나이 서른하나, 이기홍의 나이 열아홉. 십년 만에 만난 두 사람의 재회는 반가움 그 이상의 무엇을 갖고 있었다. 이현열은 이기홍에 대해 동병상련의 안쓰러움과 동시에 부쩍 성장한 모습에 대견함을 느끼며 두 손을 맞잡았다. 다시는 못 볼 줄 알았던 비극의 주인공을 만난 이기홍은 그 사람의 그간 무사함을 확인한 안도감과 함께 감격을 느꼈다. 길잡이가 되어줄 든든한 정신적 지주를 만났다는 기쁨은 시골로 내몰렸다는 고립감을 해소시켜 주고도 남을 만 했다.

이기홍에게 이현열은 인품과 이론과 실행력 등 모든 면에서 사표이자 의지가 되는 절대적 신뢰의 대상이었다. 그리고 이제 두 사람은 연대감을 공유하는 동지로서 잠잠했던 이 작은 섬에서 사람들을 깨우는 기적 같은 일을 도모하기 시작한다.

청년 의식화와 농민 조직화

일본 생활을 마치고 10년 만에 귀국한 이현열은 그간 사회주의 이론 무장과 함께 다년간의 실천적 조직 활동을 경험한 특별한 인물이 되어 있었다. 그가 사회주의자가 된 것은 일본 제국주의를 타도하기 위한 유일한 이론적 틀이자 가장 효과적인 방법이라는 자각 때문이었다. 일본에서 활동하는 동안에도 그의 마음속은 한시도 이 나라와 고향땅을 잊은 적이 없었다. 그에게 사회주의란 조선 독립을 위해 사용할 이론적 무기이자 유력한 수단이었다.

그래서 일본에서 축적한 자신의 경험을 살려 독립운동에 도움이 되는 씨를 뿌리는 일이 그의 과제가 되었다. 그것은 농민 대중의 단단한 조직을 형성하여 일제에 저항하는 힘을 갖추는 일과 항일운동을 주도할 지도자급 젊은이를 육성하는 일이었다.

1930년 초부터 봄 무렵까지 이현열은 고금도 청년들의 스터디 그룹을 만들었다. 이기홍, 최창규, 황인철, 박노호, 김진호 등 광주와 서울에서 각각 퇴학당한 5명의 청년들 외에, 고금도의 지역 청년인 박병률, 이흥쇄, 최복순, 김채윤 등이 그 멤버였다. 이러한 청년들이 곁에 있다는 것은 고무적인 일이었다. 그리고 미래의 희망이었다. 이현열은 이들에게 약 3개월간 집중적인 학습과 토론을 통해 이론 수준 제고에 힘을 쏟았다.

학습 자료는 소련 공산당 이론가의 저술인 『유물사관』을 중심 교재로 하고, 이 외에도 그가 귀국 당시 몰래 가져온 책자와 신문 등이 참고자료로 활용되었다. 일본의 공산당 기관지인 『아카하타(赤旗)』를 비롯하여 기타 잡지들도 있었다.

재학 중에 독서회 활동을 했던 5명은 유물사관과 변증법에 대해 아주 기초적인 학습을 경험한 적이 있지만 당시 그것은 낯선 사상에 대한 지적 호기심을 자극하는 수준이었다. 이러한 철학과 사상이 세계의 역사 발전과 무슨 관계가 있고, 특히 우리의 독립운동에 어떤 힘이 되는지 그 연관성을 깊이 이해하는 단계와는 거리가 멀었다.

사상적 기반이 튼튼하지 않은 운동은 지속성을 갖기 어렵다. 이현열은 사건에 대한 단편적이고 충동적인 분노나 대응이 아니라 이성적 해석을 통해 미래를 위한 효과적인 운동 방식을 찾아내는 것이 중요하다고 생각하였다. 학습의 과정은 멤버들 사이의 토론과 비판을 거쳐 서로가 충분히 납득하는 결론을 도출하는 방식을 택했다.

이현열의 지도와 집중 토론을 통해서 청년들은 비로소 이론과 현실이 별개가 아님을 서서히 깨달았고 새로운 세계관이 형성되기 시작했다. 또 이러한 교양 학습을 받으면서 일본 제국주의와 서구 제국주의 간의 모순 대립 및 우리 민족의 독립 전망에 대해 확신을 가질 수 있는 이론적 토대를 공유하게 되었다.

당시 이현열의 지도를 받으면서 이기홍이 가장 놀랍게 여겼던 대목은 우리나라 독립운동의 기본 세력에 대한 판단에 관한 것이었다. 이 점은 운동의 주력, 즉 전위세력이 누구냐를 판단하는 것이기 때문에 매우 중요한 부분이었다. 마르크스주의의 기본 교조에 따르면 새로운 사회를 만드는 주체는 노동계급이지만, 노동계급이 없는 우리나라의 경우 이를 그대로 적용하면 모순되지 않는가 하는 것이 이기홍이 갖고 있던 커다란 의문 중의 하나였다.

당시 전 세계 각국의 민족해방운동과 혁명운동은 노동계급이 전위가 되어 앞장서고, 농민계급은 동맹세력으로서 노동계급과 손을 잡고 합세해야 한다는 것이 불변의 원칙으로 되어 있었다. 농민운동은 노동운동의 종속적인 요소로 여겨졌다. 하지만 이현열은 그것은 일반적인 원칙일 뿐이므로 계급혁명과 민족해방에 대해 각각 구체적으로 독자적인 이론을 정립해야 한다고 보았고, 아울러 그 원칙의 적용은 각 민족의 특수성에 따라야 한다고 생각했다.

"자본주의 국가에서 사회제도 개혁의 주된 세력은 노동계급이지만, 우리나라와 같은 식민지 국가에서 식민지 체제를 벗어나려는 주된 세력은 제국주의 착취와 동시에 민족 내부에 있는 봉건지주의 착취 및 사회 신분의 차별로 인해 이중, 삼중으로 억압을 받고 있는 소작민과 빈농세력이었다. 따라서 우리나라의 독립운동은 소작민과 빈농세력을 기본으로 해야 하며, 꾸준한 투쟁과 함께 농민에 대해 민족의식과 피해의식을 교양, 훈련시키면서 민족통일전선을 지향하는 조직을 강화해 나가야 한다"는 것이었다.

이현열을 통해 얻은 이러한 안목은 농민운동이 갖는 시대적·역사적 의미를 새롭게 열어주는 것이었다. 이 땅에서 진행하는 농민운동은 변방에서 행하는 소극적 준비가 아니라 독립운동 및 민족해방운동의 본류라는 인식이 들자 이기홍은 커다란 자부심을 얻었다. 고보에서 퇴학당하여 낙향한 후 상심의 시간을 가졌던 그는 자신이 현재 서 있는 자리가 얼마나 중요한지 새삼 돌아보게 되었다. 농민들이야말로 이 땅의 새로운 역사를 만들어갈 주축이었다.

청년들에게 일정 수준의 이론 학습을 진행하면서 이현열이 강조한 것은 농민들의 삶 속에 들어가 하나가 되는 것이었다. 농한기가 되면 자신이 먼저 각 부락의 사랑방을 방문하여 농민들과 좌담식 대화를 이끌었고, 청년들에게도 특정한 주제와 자료를 주어 사랑방 교양을 이어가도록 했다. 다만 농민들에게 섣불리 가르치는 태도를 보이는 것만은 특별히 경계했다. 이현열이 강조한 것은 교양을 담당하는 청년 각자가 농민들의 심부름꾼이 되어야 한다는 것이었다. 조금 더 배웠다는 의식을 갖고 있을 청년들이 농민들을 아래로 내려다보지 않도록 하기 위한 경계였다.

부농가(富農家)의 모내기와 풀매기 때가 되면 각 부락에서 20~30명의 일꾼들이 동원되곤 했는데, 이러한 작업 중에는 오전과 오후에 새참으로 한 시간 정도의 휴식이 있었다. 이현열은 청년들에게 작업에 적극 참여하도록 권유했고 새참 시간을 이용해 반드시 간단한 교양을 하라고 지시했다. 이때 교양은 어려운 얘기나 무거운 주제가 아니라 가볍고 재미있는 얘기로 시작하여 농민들의 사정을 듣고 당면한 문제들을 제기하는 방식이 되었다. 이현열은 청년들에게 사상 교양 외에도 이솝우화나 포우(E.A.Poe)의 탐정소설을 구해 돌려 읽게 했는데, 이는 사상에만 경도되는 것을 피하며 풍부한 지적 양식을 잃지 않기 위함이었다. 특히 고대 노예 출신 작가인 이솝의 우화들은 누구나 이해하기 쉬우면서도 날카로운 풍자와 사회 비판 의식을 담고 있어 농민들과의 대화 시 자주 활용되던 소재였다.

농민들과 하나가 되려는 노력은 다양한 방식의 생활밀착형 봉사로 정착되었다. 이현열은 각 부락민 중에서 면사무소나 군청에 용무가 있는 사람을 미리 알아내어 심부름을 대행해주도록 했고, 부락민 중 와병으로 농사일을 하지 못한 집에 대해서는 뜻있는 사람들이 모여 함께 작업을 도와 농사를 짓게 해주었다. 또 부락민들의 선조 제삿날을 세밀히 조사하여 일람표를 만들어 놓고 지도받고 있는 청년 중 한두 사람을 방문하게 하였다. 제사 때에는 제주(祭主)에게 청년을 보내어 명태 다섯 마리와 계란 한 줄을 가져다주었고, 이들과 가족 같은 깊은 정을 느끼게 했다. 설날이면 풍년초 담배 한 갑씩을 사서 60세가 넘는 남녀 노인들에게 세배를 다니게 했다.

이러한 과정을 통해 청년들은 마을에 꼭 있어야 할 사람들, 가장 믿을 수 있는 사람들이라는 인정을 받았고, 다각적인 활동으로 마을 사람 대부분을 조직화시킬 수 있었다. 이것이 바로 밑으로부터 형성된 조직 기반이었다. 이현열은 이를 일컬어 밑으로부터의 전선통일이라고 말했는데, 생활권의 대중과 밀착된 강력한 항일운동의 조직 기반 형성을 의미하는 것이었다.

1930년부터 1932년까지 약 3년여의 장기간에 걸친 청년들의 활동에 힘입어 고금도의 전 지역은 합법적이면서도 강력한 농민 조직의 형식을 갖추게 되었다. 이는 위로부터의 지시에 의해서 급조된 조직이 아니라 일상의 생활에 밀착되어 서서히 다져진 것으로서 끈끈하고 단단한 것일 수밖에 없었다. 이러한 조직은 공동의 투쟁이 전개될 때 매우 강력한 힘을 발휘하게 되는데, 1932년 말 당시 면민들의 지대한 관심사로 떠올랐던 용지포 간척지를 둘러싼 일본인 지주와의 분쟁이 벌어지면서 그 위력을 여실히 보여주게 된다.

배움이 있던 행복한 날들

고향에 돌아온 이후 이기홍의 삶은 눈에 띄게 안정되었다. 넓은 들판과 망망한 바다는 심신을 위로해주었고, 농민들과 함께 섞이는 생활은 일상을 회복시켜 주었다. 또 뜻을 같이 하는 또래의 동지들이 있었다. 무엇보다 이현열이라는 존재로 인해 지금까지 접해보지 못한 새로운 공부가 자신을 한층 성장시켜주는 내적인 기쁨을 체험하게 되었다. 비로소 세상을 제대로 볼 수 있는 눈이 생긴다는 즐거움은 그 어떤 즐거움에 비할 바 없었다.

1931년 6월경, 전라북도 김제에서 조선일보 지국장을 하는 정을이라는 사람이 이현열을 찾아왔다. 두 사람은 과거에 일면식도 없던 사이였다. 그런 분이 멀리 섬 동네까지 일부러 찾아온 것은 특별한 이유가 있었기 때문이었다. 정을은 누군가의 소개 편지로 이현열을 손수 찾아온 것이었다.

알고 보니 얼마 전 정을 선생이 서울에 갔을 때 만난 지인 중에 일본 동경에서 이현열과 함께 활동하던 사람이 있었다. 그와 얘기를 나누던 중 이현열이라는 대단한 활동가가 강제 귀국당하여 지금은 고금도에 내려와 있다는 것을 알게 되었다. 무엇보다 정을의 관심을 끈 것은 이현열이 탁월한 이론가였다는 사실이었다. 정을은 이현열을 직접 만나보고 싶다는 열망에 사로잡혔다.

당시 조선일보나 동아일보 같은 언론사에 종사하거나 관련된 인사들은 좌우를 가릴 것 없이 독립운동의 방편이 될 사상적 좌표에 목말라 있었고, 특히 사회주의가 그 대안이 될지에 대해 관심이 많았다. 정을 선생 역시 그러한 인사들 중의 하나였다. 다행히 그 지인과 이현열은 귀국 후 서신을 나누고 있던 사이였기 때문에 정을 선생에게 이현열의 주소지를 알려주어 만남이 이루어진 것이었다. 추정컨대, 이현열의 옛 동지였던 그 지인은 편지에서 아무개가 배우겠다고 당신을 찾아가니 제자라 여기고 잘 부탁한다는 내용이었을 것이다.

정을 선생이 찾아오던 날 이현열은 이기홍에게 은밀히 일러 5명의 동지 청년들을 그날 저녁 집으로 데려오도록 했다. 어쩌면 이현열은 정을 선생에게 처음 만나는 사람으로서 일대일 학습이라는 어색한 분위기를 피하도록 동네 청년들과의 학습 자리이니 당신도 편하게 같이 들으라는 배려이기도 했다. 또 청년들에게는 작심하고 집중적 교육을 함께 할 기회라는 심산도 작용했을 것이다. 왜냐하면 늘 요시찰 인물로 주의해야 하는 상황에서 청년들을 한자리에 모아 학습하는 일은 언제나 조심스러웠기 때문이었다.

그날 밤 시작된 소위 집중 세미나는 2박 3일 동안 이어졌다. 이때의 회합은 그동안 이현열의 지도를 받은 이래 사회주의 사상과 조선의 독립운동과의 관계를 가장 폭넓고 깊이 있게 그리고 종합적으로 다룬 특별한 교육 자리였다.

사흘간의 시간은 이기홍에게 그 만남과 공부 내용 모두가 매우 인상 깊은 것이었다. 배움을 얻기 위해 불원천리(不遠千里)하고 달려오는 사람이 있는 풍경, 똘망똘망한 눈빛으로 집중하는 청년들의 모습, 그 모두가 아름다운 그림이었다. 방대한 분야의 이야기와 사상을 종횡무진 다루며 진행된 2박3일의 교육에 대해 이기홍은 훗날 "그 이론들을 전부 소개하려면 책 하나가 되고도 남을 것"이라는 소회를 밝혔다. 여기에서는 이기홍이 기억하는 내용 중 이현열이 강조한 요점만을 간추려 보려 한다.

"오늘날 조선 민족이 최우선적으로 달성해야 할 사명과 과업은 사회주의 국가 건설이 아니라 우리 민족의 완전한 자주독립을 달성하는 일이고, 이를 위해 전 민족 구성원이 각각의 차이를 떠나 한 덩어리로 뭉친 민족통일전선을 형성하는 일이다.

사회주의 건설을 먼저 내세우면 사회주의의 기본 이론인 계급의식을 앞세워야 하는데, 이는 필연적으로 우리 민족 내부에 있는 빈부의 차이와 신분 차이, 여러 형태의 사상과 의식, 신앙 및 문화 예술에 이르기까지 계급의식을 중심으로 한 대립과 분열이 발생한다. 민족 내부에 서로 타협도 화해도 허용되지 않는 적대적 대립이 발생하면 민족세력의 힘은 사라진다.

제국주의가 식민지 민족을 지배하기 위해 제일 먼저 택하는 정책은 그 민족을 분열시키는 것이다. 일본 제국주의도 우리 민족에 대해 조선조 이래 양반 상놈의 계급의식에 젖어있던 유림세력을 회유하여 식민지 지배계급에 편입시켜 민족 분열을 성공시켰다. 식민지 민족이 계급의식을 내세워 민족세력을 분열시키면 이것은 제국주의가 바라고 원하는 것이자, 그들의 식민지 지배 원칙에 충실한 보약을 먹여 주는 결과를 가져온다는 것을 한시도 잊어서는 안 된다.

식민지 민족의 사회주의 건설 운동은 제국주의에서 완전 자주독립이 된 후에만 가능한 만큼 제국주의에서 해방될 때까지는 계급을 초월한 민족통일전선의 결성 및 강화가 절대적인 조건이 되어야 하고, 그렇게 모은 힘으로 일본 제국주의 축출에 총력을 다해야 한다.

식민지 민족해방운동의 핵심을 담당할 전위세력은 누구인가. ML주의에 따르면 모든 나라의 사회혁명과 식민지 민족의 혁명인 독립운동은 노동자가 전위가 되고 농민은 종속적인 동맹군으로 결합하여 볼셰비키당이 지도할 때에만 이루어진다고 했다. 하지만 이 이론은 식민지 독립운동에는 적용될 수 없는 형식논리다.

우리 민족의 실례를 살펴보면 식민지로 예속되자 여러 사회 세력 중 가장 가혹한 희생의 제물로 제공된 것이 농민이다. 그중에서도 농민의 70%를 차지한 소작인은 살인적인 학대와 착취를 당하고 있었다. 이들은 제국주의의 압박과 착취는 물론 국내에서 사회 신분으로 나누어진 유림 양반세력의 학대와 멸시, 착취를 가중하여 받고 있었다. 유림세력은 거의가 지주이므로 소작 농민들은 소작료의 수탈과 함께 경제외적인 사회 신분적 학대와 수탈을 동시에 받고 있었던 것이 현실이었다.

그러므로 식민지에서 벗어나 해방되길 갈망하며 견디기 어려운 현실의 고통에서 벗어나려는 가장 강력한 의식을 갖고 있던 사회세력은 소작인을 비롯한 빈농이며 또 소농의 일부도 여기에 속한다. 식민지 민족의 독립은 해방 혁명이며, 독립운동의 의식은 식민지 민족의 혁명의식과 불가분의 관계에 있다. 우리 민족의 50% 이상을 차지하고 있던 소작농민은 어느 계층보다도 현실을 뒤엎고 벗어나려는 강력한 혁명의식을 가지고 있었다.

공업노동자도 동일한 압박과 착취를 받고 있지만 식민지 하의 공업노동자는 최소한 연중 직장이 보장되어 있어 소작농과 빈농만큼의 강력한 착취를 당하고 있지는 않았다. 그러므로 식민지 민족의 혁명인 민족 독립운동의 전위는 노동계급이 아니라 빈농과 소작농이다. 그 증거로 매년 소작쟁의와 공장쟁의가 일어나고 있지만, 그 세력 및 투쟁의 양상에 있어 정치투쟁화 하고 있는 것은 소작쟁의가 단연 우선하고 있고, 그러한 양상은 갈수록 확대 강화되고 있었다.

소작료를 놓고 벌어지는 지주와 소작인 간의 대립은 경제적 대립의 가장 중요한 양상이다. 유림세력인 지주들은 극소수의 특수한 예를 제외하고는 거의가 친일세력화하여 성균관과 향교를 중심 근거지로 일제 식민지의 영구 안정을 위해 봉사하는 세력이다. 즉 지주인 유림세력은 우리 민족의 절대다수의 서민인 소작농과 상인, 노복, 서자까지를 모두 자신들과 대립적 위치에 두던 제1차적인 친일세력이므로 지주에 대해 친일세력으로 규정하는 의식 교양을 해야 하고 민족통일전선의 저변 세력이 되는 빈농과 소작인의 역할을 중시하여 지도자는 여기에 초점을 맞추어 교양하고 조직하고 투쟁에 동원시켜야 한다.

기본 목적이 계급해방인 사회주의 사회 건설을 목적으로 하는 공산당 운동은 노선과 정책의 모든 부분에 있어 민족적인 표현을 한다 해도 필연적으로 민족통일전선을 분열시킨다. 그 결과 현재 우리 민족이 수행해야 할 최고의 사명이자 과업은 제국주의 지배와 간섭 및 영향을 받지 않는 우리 민족의 자주적 민주적 의사에 따른 독립을 저해하게 되므로, 민족 독립을 최우선으로 내세우는 민족통일전선에 모든 역량을 총집중해야 한다. 우리가 독립을 이루어낸 후의 사회제도 및 국가 형태는 그때에 가서 우리 민족 각자의 제약 없는 민주주의적 자유의사로 결정되면 민족세력을 바탕으로 하는 강력한 조국이 건설되어 영원히 이어갈 수 있을 것이다.

민족이 분열되면 일시 독립을 했다 하더라도 제2차 제국주의 세력이 침략할 수 있는 문을 열어놓는 격이 되므로 현 단계에서 우리 민족은 애국 민족을 중심으로 이 민족을 본위로 하여 지지를 받아야만 어떠한 세력의 침략도 불허하는 명실상부한 자주독립이 달성되고 이를 수호하고 유지해갈 수 있다. 그러므로 현 단계에서는 민족통일노선 외에 기타 어떠한 형태의 노선 제시도 민족세력의 분열만 가져올 것이다."

이처럼 이현열은 기존의 사회주의 사상을 교조적으로 답습하지 않고 식민지 조선이 처한 상황 분석을 토대로 현실적합성 있는 운동 방향을 제시하려 했다. 특히 계급의식이라는 이념에 묶여 민족세력의 분열을 가져올 가능성이 있는 골수 사회주의자들의 완강한 독단에 대해 철저히 경계했다. 우리 민족의 당면한 사명은 다양한 차이를 내세우지 않는 민족통일전선을 구축해 식민지에서의 해방에 총력을 다하고, 독립을 이룬 뒤 민족의 자주적인 의사에 따라 적절한 정치체제를 만들어야 한다는 것이었다.

확고한 이념적 기반을 유지하면서도 유연함을 잃지 않는 이현열의 이론과 태도는 이기홍에게 평생의 좌표가 되었다. 훗날 이기홍은 이현열에 대해 "현실과 유리된 이론에 대해서는 그것이 아무리 바깥세상에서 권위 있는 것으로 인정된다 하더라도 채택하지 않았고 우리 현실에 맞는 새로운 이론을 정립하려고 했던 분"으로 기억했다.

3일간의 집중적인 교양 학습은 고금도 청년들은 물론 멀리서 찾아온 정을 선생에게 깊은 감동을 주었다. 그는 "서울을 비롯한 지방을 다니며 여러 선배들의 가르침을 받은 경험이 있지만 이현열처럼 누구도 부인할 수 없는 현실에 대한 설명과 거기에 담긴 법칙을 창조적으로 결부시켜 정확한 이론과 노선을 제시한 경우는 처음"이라고 말했다. 그는 강의를 꼼꼼히 노트에 기록하여 보물처럼 소중히 다루면서 후일 다른 동지들과 함께 찾아와 뵙겠다며 작별인사를 건넸다.

약속대로 몇 달 후인 1931년 말 정을 선생은 청년 2명을 데리고 다시 방문하여 사흘 동안 머무르면서 또 한 차례의 교양 학습을 받았다. 정을 선생과 그 청년들이 그 후 어떤 활동을 했는지는 알려지지 않았지만, 독립을 갈구하던 그 시대의 고뇌하던 젊은이들이 오로지 배움을 찾아 먼 길의 인연을 이어 찾아오던 모습은 눈에 선하다.

민중의 애환, 기억하는 두 개의 민요

이기홍이 고금도에 내려와 농민운동에 참여하던 시기에 보고 듣고 체험하는 모든 것은 자신의 사고를 성장시키는 자양분이 되었다. 그가 보인 다방면의 열정을 엿볼 수 있는 것의 하나가 당시 민중들이 부르던 노래에 대한 각별한 관심이었다. 노래 가사 하나하나와 가락에는 민중의 삶과 애환과 정서가 짙게 배어 있었고, 그것을 음미하는 가운데 이 땅에 사는 사람들의 마음을 헤아릴 수 있었다. 그가 민요에 대해 전문적으로 수집한 것은 아니지만, 노년까지 기억하고 있던 두 개의 민요는 의미가 있어 소개하고자 한다.

1930년의 어느 때 이십대 초반의 이기홍은 북만주의 농촌지대를 여행한 일이 있었다. 당시 이 지역은 농촌의 가혹한 삶을 도저히 견디지 못하고 도망쳐온 조선인들이 수십 만 명 넘게 목숨을 걸고 넘어갔던 곳이었다. 이들은 압록강을 건넌 뒤에도 수백리 수천리 길을 북으로 나아가 인적이 드문 황량한 땅에 간신히 거처를 마련하였다. 그중의 대다수는 과도한 소작료와 부채에 시달리던 소작농들이었다.

"춘궁기에 굶주리며 빚 독촉에 시달리던 그들은 수확한 볏단도 그대로 쌓아둔 채 가족과 함께 밤중에 고향을 떠나 중국인도 버려둔 황무지로 건너가 움막을 치고 척박한 땅을 개간하였다. 일본은 북만주의 조선인 거주지에 자국민(조선인)을 보호한다는 구실로 관동군과 영사관 경찰을 진주시키고 그 뒤를 따라 일본인들이 들어왔고 이들은 중국인을 착취하고 못살게 굴었다. 이런 일이 계속되자 우매한 중국인들은 조선인을 일본 침략의 선발대로 오인하여 '소일본인'이라고 까지 부르며 무차별 살해하기도 했다"고 이기홍은 회고했다.

고국에서 도망쳐 사람이 살 수 없는 황무지까지 쫓겨난 조선인들은 그곳에서 자신들과 처지가 별반 나을 것 없는 중국인에게까지 멸시받는 지옥 같은 삶을 이어갔다. 조선인의 재산과 처자까지 강탈당하는 사건도 도처에서 발생했다. 이 모든 원인은 제 나라를 잃고 떠돌게 된 것이었다. 원흉은 바로 일본 제국주의였다.

조국에서 쫓겨나 혹한의 북만주에서 이유 없는 학살과 강탈을 당하면서도 호소할 곳도 없는 백의동포(白衣同胞)들이 조국의 하늘을 멀리 바라보며 한숨 대신 부르던 노래가 있었다. 당시의 민중가요가 그렇듯 누가 노랫말을 지었는지는 모르지만 북만주의 농민들이 아리랑의 곡조에 맞춰 고국에 다시 돌아갈 날만을 그리며 한스럽게 부르던 이 노래의 가사는 이기홍의 뇌리에 짙게 남아 있었다.

> 1절 압록강 건널 때 뿌리던 눈물 아직도 그칠 줄 모른다네
>   (후렴) 아리랑 아리랑 아라리요. 아리랑 고개를 넘어간다
> 2절 언제나 언제나 돌아를 가나. 내나라 내고향 돌아를 가나
>   (후렴) 아리랑 아리랑 아라리요. 아리랑 고개를 넘어간다
> 3절 회오리 바람결 같은 이 내 신세 이 바닥 먼지가 되나 보다
>   (후렴) 아리랑 아리랑 아라리요. 아리랑 고개를 넘어간다

북만주 여행에서 돌아온 이기홍은 그곳 동포들의 비참한 삶의 실상과 일제에 대한 적개심을 토로하면서 이 노래를 청년 동지들에게 전하였다. 그리고 이 노래는 동지들을 통해 지역 농민들에게도 보급되었다. 훗날 용지포 투쟁에서 승리를 거둔 후 주역인 이현열을 황소의 등에 태워 농민들이 함께 부르던 노래도 바로 이 아리랑이었다.

또 하나의 노래는 정을 선생이 이현열을 찾아와 교양 학습을 받던 당시에 처음 접한 노래였다. 정을 선생은 함께 교양을 받고 있던 청년

들에게 전북 지역의 농민들 사이에 널리 불리는 민요라고 가르쳐 주며 함께 부르기도 했다. 하지만 한두 번 따라 부른 것으로 곡을 충분히 익히지는 못하였다.

호소력이 있는 곡조여서 대중적으로 활용하기 좋은 노래였는데 선생이 떠나간 뒤라서 다시 들어볼 수 없어 무척 안타까웠다. 그런 아쉬움을 나누던 중 같이 활동하던 광주사범 출신의 최창규 동지가 해결책을 찾았다. 자기 부락에서 음악에 소질이 있는 청년 하나를 전북 김제의 정을 선생에게 보내 2~3일간 그 노래를 충분히 익혀가지고 와서 모든 청년들에게 보급시킨 것이다. 이 노래의 제목은 "밤낮 땅 파도 나올 게 없네요"다.

    1절   밤낮 땅 파면 금이 나오냐
           밤낮 땅 파면 옥이 나오냐
           밤낮 땅 파도 나올 것 없네
           (후렴) 앵 앵 앵에야 앵앵 애에야
           밤낮 땅 파고 밤낮 땅 판다
    2절   고대광실은 누가 지었나
           지어준 이는 떨고 있구나
           (후렴) 앵 앵 앵에야 앵앵 애에야
           밤낮 땅 파고 밤낮 땅 판다
    3절   십리의 큰 밭은 누가 갈았나.
           갈아준 이는 굶고 있구나
           (후렴) 앵 앵 앵에야 앵앵 애에야
           밤낮 땅 파고 밤낮 땅 판다

이 노래의 곡조는 상당히 사납고 마음을 격동케 하는 힘이 있어서 수십 명이 함께 부르면 투쟁적인 분위기가 조성되어 주먹이 불끈 쥐어질 정도였다. 그래서 다수의 군중들이 모인 자리에서 투쟁가로 부르기에 적격이었다. 이 노래는 앞의 아리랑과 더불어 청년 조직을 통해 고금면을 비롯한 완도군 내 각 면과 고금면에서 가까운 강진군과 해남, 장흥, 영암 등지까지 보급되었다. 주로 농민들과 야학생들 사이에 즐겨 불리던 노래가 되었다.

1932년경 소작쟁의가 벌어지던 때의 한 가지 사례를 들어보자. 강진군 군동면에서 소작쟁의가 일어나 소작인들이 소작료 감면을 요구하며 불납하는 일이 벌어졌다. 이에 지주 일행이 나와 소작인 200명을 모아 놓고 소작료를 지정한 날짜까지 납부하지 않으면 소작 답을 이작(移作)하겠다고 경고했다. 즉 지금의 소작지를 빼앗아 남에게 소작 주겠다는 협박이었다.

지주들의 고압적이고 완강한 태도에 격분한 200여 명의 소작인들은 주동자의 선창에 맞추어 이 노래를 부르면서 열을 지어 한걸음 한걸음씩 지주들 쪽으로 다가갔다. 거리가 가까워질수록 더욱 목청을 높여 지주들을 에워싸려 하자 겁에 질린 그들은 걸음아 나 살려라 하고 도망쳤다. 사람들이 하나 되어 울려대는 목소리는 평소 아무리 강한 상대에게라도 공포심을 주게 마련이다.

노래는 문화현상이기에 앞서 그 시대 삶의 표현이다. 고약한 시대에 민중의 노래는 격하고 절망의 시대에 노래는 애절한 탄식이 된다. 노래의 가사와 곡조는 삶을 고스란히 드러낸다. 노래를 통해 민중은 분노를 표출하고 쌓인 한을 쓸어내린다. 견디기 힘든 하루를 버텨내는 자신을 위안하고 내일을 살기 위한 가느다란 희망을 이어간다. 그리고 함께 살아가는 서로를 위한 작은 격려를 공유한다.

청년 농민운동가로 거듭나고 있던 이기홍은 농민들의 가슴을 담은 노래를 통해 그들의 삶속으로 더욱 밀착해갔다. 그는 이제 도회지에서 배움의 길을 가던 자신의 모습을 하나하나 지우고 식민지 시대 가장 척박한 현장에 있던 농민들과 함께 그의 길을 걸어간다.

잊혀진 역사, 용지포 투쟁

이권의 쟁탈지가 된 용지포

지금은 육지로 변해버린 전남 완도군 고금도의 용지포는 백여 년 전까지만 해도 육지 반 바다 반의 경계지에 있는 갯벌이었다. 지형적으로 보면 덕암산 자락에서 흘러 내려오는 세 개의 작은 하천이 퇴적물을 쌓아나가는 육지였지만, 외해(外海)에 접한 동쪽 끝의 좁은 입구를 통해 남해의 바닷물이 조석간조에 따라 넘나드는 곳이었다. 만조 시에는 널따란 호수였지만 물이 빠지고 나면 산자락에서 이어진 농토의 드넓은 연장처럼 보이던 신비로운 곳이었다.

경작지를 염원하던 사람들의 눈으로는 호리병 모양의 좁은 주둥이만 잠그면 바닷물이 들어오지 않아 농토로 사용할 수 있는 곳이었다. 그곳의 넓이는 약 60만 평으로 거대한 농경지가 생기니 수천 가구의 주민들이 배불리 먹고도 남을 옥토가 되는 것이었다. 그러나 만조 시 바닷물이 밀려들어오는 물목의 수심이 깊어 감히 그곳을 막는 시도를 하기가 어려웠다.

전해 내려오는 얘기에 의하면 그런 용지포에 방조제를 쌓겠다는 시도를 처음 한 것은 고려 때로 거슬러 올라간다. 고려 말 원나라 침입 시 대몽 항쟁 기간에 수전(水戰)에 취약한 몽골 군대에 대항하고자 진도로 내려와 진을 친 삼별초(三別抄) 군의 일부 승려들이 고금도에 들어왔다. 장기 항전을 각오한 승려들은 식량을 확보할 농지를 마련하기 위해 용지포 입구를 막는 방조제 공사를 시작하였다. 역부족이었던 이 공사는 삼별초 군대가 진압되면서 완전 중단되었다. 그 후로도 조선말까지 재건 작업이 수십 차례에 걸쳐 시도되었으나 강한 조류에 물막이 현장이 터지면서 끝내 완공을 보지 못하였다.

당시 공사의 흔적을 보여주는 석주와 소나무 말뚝이 그대로 남아있는데, 옛날의 토목 기술로는 좁은 물목으로 흐르는 거센 조류를 막는 물막이 공사가 불가능했다. 수십 번의 실패가 거듭되자 인명을 제물로 바쳤다는 전설도 전해왔다.

조선 말엽인 1900년대에 들어 다시 한 번 방조제 축조 공사가 시작되었는데, 이는 고금도로 유배당해 내려온 경무사(警務使) 이모 씨가 버려진 방조제를 보고 욕심이 동하여 면민들을 무임으로 동원시켜 공사에 착수한 것이었다. 경무사 이씨는 경찰과 감옥 업무를 담당하던 자신의 전직답게 면민들에게 가혹한 강제 노역을 자행하였다. 면민들은 불만이 많았지만 신분적 차이 때문에 드러내놓고 저항도 못한 채 속으로 원한을 키웠다.

가혹한 노역이 극에 달하자 면민들은 기회만 되면 그를 붙잡아 장작더미에 태워 죽이자는 모의를 하곤 했는데, 그러던 중 1910년 나라가 일본에 강제 병합되었다. 면민들은 이제 조선의 관리도 아닌 이씨를 마침내 처단할 때가 왔다고 보고 계획을 실행하려던 찰나, 이씨의 심복 중 하나가 이 사실을 알려주고 그를 몰래 배에 태워 서울로 도망치게 했다. 이씨는 가까스로 목숨을 건졌다.

국권이 넘어가자 조선의 전 국토는 일제의 관할이 되었고, 용지포역시 총독부 소유가 되었다. 상황이 이렇게 되자 경무사 이씨는 다시 욕심을 일으켜 이번 기회에 용지포를 합법적으로 자신의 땅으로 인정

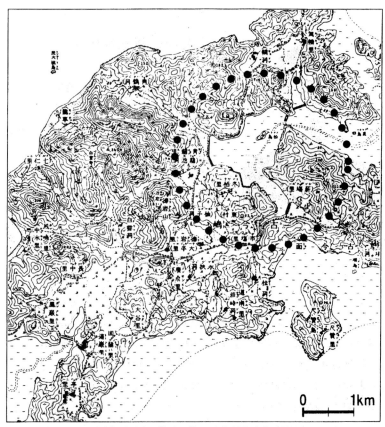

1910년대 고금도의 지형도, 점선 원 내부가 용지포와 방조제다

받고자 수를 썼다. 그는 용지포에 대한 공유수면 매립 허가를 총독부
로부터 얻은 뒤 이 권리를 스즈끼라는 일본인에게 팔아버렸다.

　헐값으로 광활한 땅의 권리를 획득한 스즈끼는 꿈에 부풀었다. 그
시점에서는 약 500미터에 달하는 방조제 중 90% 이상이 완성되었지만
수심이 깊고 물살이 거센 20미터가량은 미완으로 남아있는 상태였다.
길이는 짧지만 마의 구간이었다. 스즈끼는 수년에 걸쳐 현대적 장비
와 토목 기술을 동원하여 방조제의 나머지 구간을 완성하였다.

　그러나 이것으로 모든 일이 끝난 것이 아니었다. 총독부가 내준 공

유수면 매립허가에는 준공 기한이 규정되어 있었고, 그 기간 내에 방조제 건립뿐만 아니라 저수지와 농로, 수로 등의 공사를 모두 마쳐야 했다. 이 과정이 방조제 완공보다도 더 큰 비용이 드는 일이었다. 시간이 경과되면서 스즈끼는 자금 부족으로 일부의 내부 공사를 기한 내에 마무리 짓지 못하였고 끝내 매립허가가 취소되었다. 이 내용이 관보에 알려진 시점은 1928년이었다.

그렇게 용지포의 공사는 중단된 채 잠정 보류되었지만, 그렇다고 이곳을 포기할 상황은 아니었다. 물막이가 되어 바닷물의 유입이 멈추자 이곳은 점점 쓸모 있는 땅으로 변모하기 시작했다. 용지포 주위에는 3개의 하천이 흘러들어오고 있어서 가뭄이 들어도 전체의 3분의 2 정도는 수확을 할 수 있는 수리안전답이 되었다. 바닷물에 잠겨있던 부분들도 세월이 흘러 염분이 제거되면 농토로 사용할 수 있는 땅이었다. 이미 많은 자본과 시간을 투자한 스즈끼가 그냥 손을 털고 떠난다는 일은 상상할 수 없었다.

한동안 모두가 잊고 있던 것처럼 보였던 용지포의 소유권 문제는 그동안 공사 자금을 추가 확보한 스즈끼가 1930년 총독부에 재허가 신청을 내면서 다시 점화되었다. 뒤늦게 이 사실을 알게 된 고금도의 면민들은 면의 유지들을 중심으로 연고권을 주장하며 면민 전체의 명의로 매립허가서를 총독부에 제출하기로 했다. 양측의 본격적인 대립이 시작된 것이다.

동일한 부지에 두 개의 매립허가서가 올라오는 상황이 되면서 총독부의 결정이 관건이 되었다. 총독부가 토지개량과의 기술진들을 보내 현지 조사를 한 결과, 스즈끼가 시행한 공사는 전체 방조제의 5%로 감정했다는 다소 믿기 어려운 소문이 흘러나오기도 했다. 면민들은 이에 고무되어 허가 신청에 따른 부속서류와 제반 작업에 본격 착수했다. 이 과정은 전남도청은 물론 총독부도 찾아가야 하는 등 상당한 비용이 소요되는 만큼, 부유한 면민인 이승호, 김상홍, 황권우, 황권팔 등 6명을 대표로 선임하여 모든 것을 위임하여 진행했다. 이 대표 유지들을 면민들은 주주라고 불렀다.

허가 관련 서류는 완도군청과 전남도청을 경유하여 총독부에 전달되었는데 군은 단순한 경유기관이었고 총독부에 올라가는 핵심적인 내용은 도 산업부장이 첨부하는 의견서였다. 당시 전남도 산업부장은 전국적으로 유명한 친일 관리인 김모 씨였다. 이런 사람의 손에서 용지포의 운명이 사실상 좌우된다는 것은 무척 불안한 일이었다. 우려한대로 산업부장은 실제로 사사건건 스즈끼에게 유리하고 고금면민에게 불리한 소견서를 첨부하여 총독부에 올려 보냈다. 그렇게 운명은 기울어졌고, 1930년 10월말 총독부는 용지포의 매립 허가권자로 스즈끼가 결정되었음을 관보(官報)를 통해 공지하였다.

이권옹호 동맹 결성과 별동대 조직

총독부의 결정은 최종적인 것이고 현실적으로 이를 되돌릴 방법은 없었다. 면민들은 크게 실망하고 속이 부글부글 끓었지만 숙명처럼 받아들이며 분을 삭여야 했다. 일본인 스즈끼의 승리, 면민들의 패배, 그것이 용지포의 권리에 대한 일단락된 결론이었다.

용지포 매립 허가권 신청 과정을 주시하고 있던 이현열은 이러한 결정이 처음부터 예견된 결과라고 생각하였다. 일본인과 이해관계가 첨예하게 충돌하는 사안에서 총독부가 일본인을 배척하고 조선인들의 손을 들어주어 시혜를 베푸는 놀라운 일은 애초에 기대하기 어려웠다. 결정이 내려진 마당에 남아있는 것은 이 상황을 고분고분 수용할 것인가 저항할 것인가의 양자택일이었다.

면민들이 공분하는 중대한 이슈가 터진 마당에 이현열의 선택은 명약관화했다. 사람들의 들끓고 있는 분노도 며칠 시간이 지나면 수그러들 것을 잘 알고 있었기에 조속하게 조직적인 행동을 취해야 한다는 결론이었다. 다행히 그럴만한 여건이 성숙되어 있었고 이를 주도하고 실행해 나갈 청년 조직이 형성되어 있었다.

이현열은 앞서의 지역 유지 대표 6인을 만나 의견을 나누며 전 도민(島民)이 참여하여 항의하는 조직을 갖추기로 결정하는 한편, 이기홍을 비롯한 청년들을 급히 불러 모았다. 청년들에게 맡겨진 역할은 각 부락별로 그간 연결된 지인들을 통해 부락민 모두에게 이 사건의 부당함을 공유하여 조직력을 갖추고 장차 벌어질 항일 집단행동의 동력을 사전에 확보하는 일이었다.

용지포 매립 허가 문제는 고금도에 사는 농민 모두의 이해가 걸린 문제이므로 면민 전체를 포괄하는 일치단결한 조직을 만들어야 했다. 각 부락의 대표를 비롯한 면민들의 의견이 결집되면서 결정된 조직의 명칭은 '8천 고금도민 용지포 이권옹호동맹'이었다. 동맹의 위원장은 유지들 6인이 공동으로 맡기로 했다. 그리고 동맹 참여자의 행동통일을 약속할 서약서를 작성하여 이에 대해 개별적인 서명을 받기로 했다. 서약서의 내용은 누구나 쉽게 알 수 있는 간단한 내용의 3가지 조항으로 만들었다.

1. 간석지 개발 공사에 일체 협력하지 않는다.
2. 경작지의 소작료를 절대로 납부하지 않는다.
3. 배반하고 이탈한 자는 전 도민(島民)의 이름으로 응징한다.

서약서의 서명을 받기 위해 청년들은 불철주야 각자 맡은 부락들을 훑어나가며 사람들과 접촉했고, 그 결과 얼마 지나지 않아 고금도의 면민 18세 이상의 남자 중 70%에 해당하는 2천여 명이 서약서에 날인하였다. 고금도 역사상 처음으로 면민 전체의 총의가 모아지는 시민적 결의가 이루어진 것이다. 대단한 일이었다. 이러한 일련의 과정은 이현열이 귀국한 뒤 중간 조직인 청년들을 양성하고 부락별로 농민들을 규합하여 조직화의 기반을 미리 닦아놓았기에 가능한 일이었다.

고금도 면민들의 모아진 결의는 용지포 매립 허가에 대한 총독부의 결정을 인정하지 않고 투쟁하겠다는 것이었다. 간척지 공사에 일체 협력하지 않고, 심지어 그 땅의 소작료 자체를 거부하겠다는 것, 나아가 이를 거스르는 사람에게는 도민의 이름으로 응징하겠다는 무시무시한 경고가 담겨 있는 결의였다.

총독부의 매립 허가 결정 이후 일시적인 반발은 있겠지만 시간이 지나면 찻잔 속의 태풍으로 끝날 것으로 낙관했던 스즈끼 일행과 경찰 및 공무원 관계자들은 사태가 심상치 않은 방향으로 흐르면서 바짝 긴장하지 않을 수 없었다. 불과 며칠 만에 섬 전체의 주민을 아우르는 동맹 결성과 서약서를 이끌어낸 데에는 분명 배후의 인물과 조직이 있다고 보고 이를 색출하고자 정보망을 총 가동하였고, 친분이 있던 지주들과 유력인사를 만나 일이 순조롭게 진행될 수 있도록 회유의 방법을 모색하기도 했다. 하지만 이미 사태는 현재진행형에 들어서 있었고 긴장된 시간이 흐르고 있었다.

한편 이현열은 청년들을 따로 모아 향후의 대책과 행동 방식에 대해 숙의했다. 앞으로 벌어질 많은 일들에 대비하기 위해서였다. 그는 동맹 결성과 서약서 취합은 그 자체로 큰 의미가 있지만 우리의 전열 정비를 상징하는 선언적인 것일 뿐 진정한 싸움은 이제 시작이라고 강조하였다. 면민들의 총의를 무시하는 적대 세력과의 물리적 충돌이 머지않아 불가피하게 벌어지리라 예상했기 때문이었다.

공사 착공을 위해서는 첫 단계로 현지에 대한 측량이 이루어질 것인데 이 과정에서 그들은 주민 일부를 동원할 것이므로 우리 측에서 이를 저지하려 하면 반드시 충돌이 벌어질 것이며, 이를 미연에 방지하려면 농민 중 단 한 사람도 동원에 협조하지 않도록 해야 한다는 것이었다. 특히 용지포 인근에 거주하는 주민들이 그들에게 협조하지 않는다는 확약을 받는 것이 중요하다고 했다.

이현열이 우려하고 있는 바는 분명했다. 예견되는 충돌에서 조선인은 단 한사람도 일본인 편에 서지 않기를 바랐기 때문이었다. 이현열이 신신당부한 대로 이기홍은 용지포 주변 주민들에게 상황을 설명하고 이해를 구하며 일본인의 동원에 응하지 않는다는 각서를 받기 위해 헌신적으로 앞장섰다.

그러나 이해관계가 다른 사람들이 하나처럼 행동하는 것은 기대하기 어려웠다. 당시 섬 주민들이 일치단결하여 서약서에 날인을 하는 등 무서운 단결력을 보이자 일본인 지주와 그 추종자들은 경찰의 지원하에 섬 주민들을 감언이설과 함께 소작 농지 몰수 등으로 협박하며 분열과 이간질의 음모를 꾸미고 있었다.

이렇게 양측의 선전과 공작이 물밑으로 진행되면서 실질적 행동을 온몸으로 담당할 전위 조직이 필요하다고 판단한 이기홍은 이현열과 상의 끝에 비밀리에 별동대를 구성하였다. 이는 농민들의 분열과 이탈을 방지하는 한편 지주들의 음모를 막기 위한 것이고, 특히 물리적 충돌이 벌어질 경우에는 몸으로 대적할 전위 세력이었다. 이 별동대는 핵심 청년 8명으로 구성하여 2인 1조로 4조로 이루어졌고, 별동대의 대장은 이기홍이 맡았다.

대장 : 이기홍

대원 : 박노호, 최복순, 김채윤, 이동윤, 이쌍봉, 박병률, 황인화

이와 같이 양측이 물러서지 않고 각자의 방식으로 다가올 싸움에 대비하는 체제를 갖춰감으로써 용지포를 둘러싼 긴장은 극도로 높아졌다. 이제는 실제상황이 언제 벌어질지 그 날짜만 남겨진 상태가 되었다. 그렇게 12월 초가 되었다.

마침내 벌어진 유혈 충돌

1930년 12월 초, 마침내 총독부 토지계량과에서 측량 기술진 6명이 내려와 용지포에 대한 측량에 착수했다. 수로와 농로를 내기 위한 사전 측량 작업이었다. 이기홍 일행과 마을 사람들은 기술진들이 작업하는 현장을 모여 지켜보고 있었다. 다행히 이들을 돕고 있는 면민들의 모습은 보이지 않았다.

그런데 잠시 후 그간 현장을 떠나 있던 스즈끼의 사음(舍音, 마름)인 정 씨가 면민들 17명을 데리고 오더니 작업에 협조하도록 지시를 하는 모습이 눈에 들어왔다. 동원된 작업 인부들은 번호가 각각 적혀 있는 말뚝을 운반하여 지정된 장소에 박아주고 측량기사의 지시에 따라 폴(pole)대와 측량줄을 잡아주는 일을 시작하고 있었다.

이 장면을 보자 이기홍은 머리칼이 곤두서는 긴장감을 느꼈다. 작업을 저지하기 위해 별동대가 투입될 시간이 온 것이었다. 이러한 상황이 발생할 경우 1차적으로는 참여자들을 설득하여 작업을 그만두게 하고, 그것이 여의치 않으면 물리력을 동원하여 이들을 현장에서 끌

어내자는 것이 별동대가 준비한 사전 약속이었다.

이기홍의 지시에 따라 별동대 청년들이 측량 현장으로 들어서서 인부들을 붙들고 현장에서 떠나달라고 간곡히 설득했다. 그러나 말의 씨가 먹히지 않았다. 서로의 언성만 높아졌다. 인부들은 이미 어떤 경우에도 작업을 중단하면 안 된다는 사전 교육을 철저히 받고 온 상태였다. 그들은 지주인 스즈끼와 경찰이 자신들의 뒤에 버티고 있음을 잘 알고 있었기에 "너희들이 무언데 방해하냐?"고 반박하며 말을 듣지 않았다. 이들이 완강히 거부하자 완력으로 제지시킬 수밖에 없었다. 결국 난투극이 벌어졌다. 별동대원들은 측량할 때 사용하는 빨간 측량판을 들고 인부들을 쫓아냈다.

그때 별동대장으로 현장을 지휘하던 이기홍에게 측량 인부의 우두머리 격인 배건이란 사람이 달려들었다. 배 씨는 이기홍의 아버지 이사열과 동년배로 50세가 넘은 사람이었다. 배 씨는 "내가 네 아버지와도 잘 아는데, 젊은 놈이 무엇을 믿고 덤비느냐. 뜨거운 맛을 좀 보라!"며 멱살을 잡았다.

이기홍이 그의 손을 뿌리치며 들고 있는 대나무 몽둥이로 후려치려 하자 겁을 먹은 배 씨는 초겨울 물이 고인 논으로 도망쳤다. 뒤를 쫓아가자 배 씨는 물 위에 넘어졌다. 많이 흥분해 있던 이기홍은 그의 머리와 몸뚱이를 닥치는 대로 내리쳤다. 단단한 대나무 밑동이 산산조각 깨어졌다. 깨진 대나무의 모서리는 칼날같이 예리하여 얼굴과 피부에 상처를 내어 유혈이 낭자하게 되었다. 이기홍은 침을 뱉고 와버렸다. 훗날 이기홍은 "내 일생에 폭력으로 사람을 부상시킨 처음이자 마지막 일"이었다고 당시를 회고했다.

살벌한 충돌이 곳곳에서 벌어지면서 현장은 난장판이 되었다. 젊은 청년들이 마음먹고 드세게 나오니 인부들은 두려움에 움츠리며 모조리 뒤로 물러섰다. 그 시간 용지포에서 측량이 시작되었다는 소식에 모여든 각 부락의 청장년 500여 명이 현지에 이 장면들을 목격했고, 이들은 한목소리로 "스즈끼의 허가를 취소하라!"고 외치며 시위를 벌였다. 사태가 험악하게 돌아가자 총독부에서 나온 측량기사들은 혼비백산하여 산으로 도망쳤고 군중들은 측량기계를 산산이 부숴버렸다.

군중들이 한번 흥분하자 그 기세를 막을 수 없었다. 면민들 중 20여 명은 별동대의 지시에 따라 농장 사무소로 사용 중이던 사음 정 씨의 집에 난입하여 가구와 장독대까지도 박살내 버렸다. 창고도 산산조각을 내버렸다. 그리고 군중들은 여기저기 모여서 "스즈끼의 매립 허가를 취소하고 도민에게 돌려주라!"는 구호를 외치는 등, 흥분이 고조된 살벌한 분위기가 되어 있었다.

측량 기술자들과 사음은 산으로 도망쳐 4킬로미터 거리에 있는 고금면 주재소로 긴급 대피했다. 주재소에 안전하게 피신해 있던 이들은 부산과 목포를 연락하는 조선기선 주식회사 소속 카모마루호가 목포로 가는 중 덕동항에 기항하자 이 배를 타고 완도읍으로 가서 이날 벌어진 사건을 경찰에 알렸다.

완도 경찰은 전남 도경에 전화로 상황을 보고하였고, 이튿날 전남도 경찰부 보안과 경부의 인솔 아래 10명의 무장경관과 완도경찰서 무장경관 10명이 고금면 주재소에 수사본부를 두고 관련자 검거에 착수했다.

전원 검거를 무산시킨 대담한 전략

이날의 싸움으로 용지포 측량을 저지시키는 1차 목표는 달성했지만 후폭풍이 눈앞에 있댔다. 폭력 사태로 부상자가 발생하였고 총독부의 측량 장비 등 물품을 파손했을 뿐만 아니라 수십 명이 몰려가 일본인 지주의 마름인 정 씨의 집을 쑥대밭으로 만들어 놓았으니 가볍게 넘어갈 일이 아니었다. 상대는 일본인 지주와 그 배후에 있는 세력들이 아니던가.

이현열의 생각은 무엇이고 다음 전략은 무엇인지 궁금했다. 용지포 충돌이 끝난 직후 이현열은 청년 조직원들과 각 부락의 지도자급 인사들을 모이게 하였다. 오늘 모두가 합심하여 우리의 확고한 의지를 보여주었다고 치하한 뒤 앞으로의 대처 방안에 대해 얘기했다.

"경찰은 고조된 도민의 항일의식과 사기를 꺾기 위해 대대적인 검거를 시작할 것이니, 경찰이 각 부락에 나와 폭동에 가담했느냐고 심문하면 가담한 사람이든 아니든, 모두가 가담했다고 말하면서 자진 검거당하라. 이런 일치된 행동만이 검거를 피하는 유일한 방법이다.

우리가 이런 싸움을 하고도 용지포를 아무 성과 없이 고스란히 빼앗긴다면 방조제는 우리의 이익과는 무관한 것이 되어 버린다. 방조제를 무너뜨려 버린다는 각오로 맞서야 한다. 방조제는 쌓는 일이 어렵지 몇 십 명이 나서면 금방 부숴버릴 수 있다. 방조제를 깨서 바닷물이 들어오면 잃는 것은 그들이지 우리가 아니다. 그들이 가장 두려워하는 것도 그것이다. 우리 모두가 검거 투옥도 불사하겠다는 당당한 태도로 끝까지 싸우면 반드시 승리할 것이다."

모두가 자진하여 검거되라는 지침을 내린 뒤, 이현열은 특별히 박노호와 김채윤에게는 절대 검거당하지 말고 내일 덕동항 인근의 모처에 숨어 자신의 지시를 받으라고 단단히 일러두었다. 이기홍에게는 체포된 뒤 배 위에서 박노호와 연락을 주고받으라는 별도의 지시도 내렸다. 무슨 속셈인지 모를 지시였다.

이현열의 머릿속에는 앞으로 벌어질 동선의 그림이 그려져 있었다. 사건이 엄중한 만큼 수십 명의 면민들이 체포될 것이고 이들을 완도 경찰서로 한꺼번에 압송하기 위해서는 반드시 덕동항에 정박하는 선박으로 이송할 것이기 때문에, 그 현장에서 모종의 행동을 하겠다는 심산이었다. 다수가 배를 장악하여 일종의 선상폭동을 일으켜 승부수를 던질 것인지 현재로서는 가늠하기 어려웠다.

다음날이 되자 검거가 시작되었다. 이기홍을 비롯한 현장의 주동자급 청년들이 곧 체포되었고, 그 외 폭동에 가담한 청년들을 마저 찾아내기 위해 경찰이 부락마다 탐문조사를 시작했다. 정오경이 되었을 때 검거되어 온 사람은 50여 명이 되었다. 가담했다고 굳이 주장하니 붙잡아 들이지 않을 도리가 없었다. 두 시경이 되자 70여 명이나 되어 있었다. 가담자들을 손쉽게 색출하는 것에 고무되었던 경찰은 너무 많은 사람들이 자백하자 점점 곤란해졌다. 마름 정씨나 현장의 측량기사들의 얘기를 종합해도 실제 가담자는 스무 명 남짓이었기 때문이다.

고금면 주재소의 유치장은 3명을 수용하는 시설에 불과했다. 그래서 잡혀온 사람들은 모두 무장경찰의 감시하에 주재소 마당에 앉혀놓고 면사무소에서 책상을 빌려와 경찰 10명이 분담하여 조서를 꾸몄다. 부인하는 사람이 없었으므로 일은 간단히 진행되었다. 검거와 심문의 지휘는 완도 경찰서장과 도 경찰부에서 나온 경부가 담당했다.

그러는 사이 전남 도경찰부 경비선인 무도마루(無等丸) 호가 덕동항에 도착하자 주재소에서 연행해온 검거자들을 싣기 시작했다. 무도마루 호는 앞뒤에 소형 대포와 기관총이 장착되어 있는 120톤급의 비교적 대형 선박이므로 직접 부두에 접안하지 못하고 몇 십 미터 떨어진 덕동항 동쪽 바다에 정박한 채 작은 종선(從船)으로 10여 명씩을 실어 날라 이들을 태웠다.

그 시각, 전날 밤을 덕동항의 동지 집에서 보낸 이현열은 박노호와 김채윤을 미리 약속한 장소에서 만난 뒤 사람들이 끌려오는 모습을 은밀하게 지켜보며 작전을 지시할 준비를 하고 있었다. 김채윤을 연락책으로 박노호를 통해 배 안에 있는 이기홍에게 연락하여 지시하는 방식이었다. 수십 명의 검거자들이 차례차례 배에 태워지고 이기홍이 탑승한 것을 확인하자, 이현열은 경비선에 탄 사람들을 모두 바람 부는 반대 방향으로 옮기게 하라고 지시하였고, 박노호는 이를 배에 타 있는 이기홍에게 수신호로 보냈다. 의도를 파악한 이기홍이 배 안의 동료들에게 손짓하여 수십 명이 일제히 자리를 옮기자 배가 삽시간에 한쪽으로 기울었다.

놀란 선원들이 분산하여 앉으라고 소리를 질렀지만 모두가 그대로 버텼다. 그중의 누군가가 히죽 웃으며 "우리는 작은 섬에 살고 있어 작은 배만 타보았기 때문에 이런 큰 배를 처음 타니 어지러워서 조금도 움직일 수 없소"라고 대구하여 선원들의 화를 돋우었다. 선장까지 나와서는 배가 한쪽으로 기우니 반대편으로 나눠 타라고 발길질을 하고 곤봉질을 했다. 그래도 요지부동이자 바람의 반대편으로 몰려간 사람들의 무게 때문에 배는 거의 45도 각도로 기울어져 부두에 있는 사람들이 보기에도 위태로워 보일 정도였다.

경비선 안에서 소동이 벌어지고 있는 동안 주재소 앞마당의 상황도 어지러워졌다. 검거자들이 계속 이어지자 마당도 좁아 도로에 세워놓고 심문을 이어갔다. 그때 청년 중의 하나가 큰 소리로 외쳤다.

"용지포는 우리 선조들이 고려 때부터 둑을 쌓아 한 뼘 정도 남겨놓은 것을 스즈끼가 막았습니다. 총독부의 허가는 잘못된 일입니다." 그러자 "옳소!"하는 화답에 이어 더 큰 목소리가 이어졌다.

"면민 여러분! 우리 것이 안 된다면 스즈끼의 것도 되지 못하게 합시다. 방조제를 부숴버립시다. 폭풍우가 몰아치는 만조 때 곡괭이로 둑의 돌 몇 개만 무너뜨려 버리면 둑이 무너져 간척지는 바다로 변합니다. 우리는 용지포 농토가 없어도 지금까지 살아 왔습니다. 농사 대신에 물고기나 잡아먹고 살면 됩니다. 징역 3년이나 5년을 각오하고 내가 둑을 파괴해 버리겠습니다!"

격정의 목소리가 그치자 서로 자기가 부수겠다며 아우성을 질러댔고 주재소 앞 도로는 순식간에 아수라장이 되었다. 심문을 하던 경찰들도 난감한 상황에 당황하였다. 빨리 이 자리를 정리하고 싶은 마음뿐이었다.

이렇게 무도마루호 선상과 주재소에서 검거자와 경찰의 마찰이 계속되던 그 시각, 또 다른 청년들의 주도로 덕동 부락 사람들이 시위 분위기를 조성하면서 주재소와 부두 근처로 계속 모여들었다. 이것을 본 경찰서장과 도 경부는 전 섬 주민들의 일치단결한 항거가 시작되는 것으로 판단하고 더 큰 사태로 발전할 것을 우려하여 주재소 수석을 시켜 일단 분위기를 진정시키기 위해 경비선에 실린 검거자들을 내려놓으라고 지시했다. 주재소 수석은 두터운 골판지 메가폰으로 선상에 있는 검거자들을 내려 상륙시키라고 외쳤다.

상황이 묘하게 흘러가고 있었다. 그들이 두려워 한 것은 면민들이 격분하여 정말로 방조제를 무너뜨리는 가공할 사태로 비화될지도 모른다는 것이다. 또 선상에서 반항하고 있는 검거자들이 끝까지 버텨 배가 전복되는 대형 사고라도 벌어진다면 대일본 제국의 소중한 함선을 잃은 책임을 면하지 못할 것이라는 우려 때문이었다.

사태의 진전 상황을 은밀히 지켜보고 있던 이현열의 입가에 뜻 모를 미소가 흘렀다. 이현열은 배에서 하선하지 말라는 지시를 김채윤에게 내렸다. 부두 인근에 숨어있던 박노호는 김채윤으로부터 지시를 전달받아 양팔로 X자를 그어 절대 배에서 내리지 말라는 수신호를 선상에 있는 이기홍에게 보냈다. 이기홍은 배 안의 동료들에게 배에서 내리지 말라고 속삭였다.

하선 명령을 받은 선장은 즉각 이를 실행하였다. "이제 배에서 내리게 할 것이니 위험한 짓 그만두고 차례로 종선에 옮겨 타시오!" 이때까지도 배는 덕동항 쪽으로 기울어져 있는 상태였다. 그런데 이번에도 사람들이 말을 듣지 않는 것이었다. 거듭 채근하는 선장에게 동지 하나가 느긋한 표정으로 대꾸했다.

"여보시오 선장님. 우리들은 큰 죄를 짓고 검거되어 징역 살러 재판을 받으러 가는 사람들이고 당신들은 죄인을 검거하는 것이 임무가 아니오? 우리는 이대로는 내리지 못하오."

다른 동지들도 소리 높여 못 내린다며 하선을 거부했다. 경찰 지휘부는 주재소 순사들을 직접 무도마루호로 보내 검거자들을 끌어내리려 했으나 소용없었다. 경비선 안에서 큰 소리로 벌어지는 실랑이는 바다에서 불어오는 바람을 타고 덕동항 부두까지 전달되었다. 덕동항에는 부락 사람들과 검거자의 가족들을 비롯한 수백 명의 면민들이 모여들어 이 광경을 지켜보고 있었다. 난감한 상황이 벌어지면서 경찰들이 매우 다급해졌다.

경찰들은 급기야 자식들의 검거를 걱정하여 현장에 나와 있던 노인들의 손에 메가폰을 쥐어 주면서 내릴 것을 설득해 달라고 사정했다. 그러는 가운데 군중들 사이에서는 여기저기서 "제방을 무너뜨리자!"는 외침이 터져 나왔다. 수습되지 않는 혼란의 시간이 흐르면서 이제 주도권을 잡았다고 판단한 이현열은 신호를 바꾸었다. 박노호의 손짓을 통해 O를 표시하는 신호가 이기홍에게 전달되었다.

그제서야 요지부동하던 사람들이 배에서 일어났다. 선상의 동지들은 "죽을 각오로 내리지 않으려 했으나 경찰의 체면을 생각해서 까짓 것 내려준다"며 인심을 쓰듯 배에서 일어나 서로를 보고 웃었다.

이기홍이 이 과정에서 후일까지 기억하는 생생한 장면 중의 하나는 당시 고금면 주재소 조선인 순사인 장재순 씨가 하선을 거부하는 동지들 때문에 서장으로부터 끌어내리지 않고 무얼 꾸물거리느냐는 호통을 당하자 "기홍아! 제발 나 좀 살려 달라"고 애타게 사정하던 모습이었다. 평소 친분이 있는 처지에 딱한 일이었지만 개인적 인정을 베풀 상황이 아님은 서로가 잘 알고 있었다.

이렇게 말썽 많던 검거자 전원이 배에서 하선하여 부두에 도착하자 경찰들도 비로소 안도의 한숨을 내쉬었다. 군중들도 박수로 맞았다. 면민들이 당장 경찰서에 끌려가는 일만은 일단 모면했기 때문이다. 그리고 그 순간 지금까지 모처에서 몸을 숨기고 비밀리에 지시를 내리고 있던 이현열이 현장에 모습을 드러냈다.

사태가 일단락되는 것으로 보이자 도 경찰부에서 온 경무가 군중들 앞에 나와 "우리들이 멀리서 온 것은 분쟁을 해결하고 섬 주민들에게 유리한 방법을 찾기 위한 것이니 완도읍으로 가서 지주와 타협을 하자"고 제안했다. 조금 전까지만 해도 줄줄이 체포를 지휘하던 사람이 그런 말을 하니 액면 그대로 믿기는 어려웠다.

하지만 범죄자로 취급하던 사람들에게 '지주와의 타협'이라는 언급이 나왔다는 것은 놀라운 진전이었다. 경부는 덧붙이기를 모든 사람이 갈 수는 없으니 청년과 장년, 노인층에서 각 4명씩의 대표를 뽑아 완도로 가자고 했다. 이러한 제안은 경찰이 고위층 및 지주 측과 오늘 사태를 지켜본 뒤 연락하여 긴급 협의를 한 끝에 나온 결과물이었다.

군중들은 "대표가 어디 있느냐. 우리 모두가 대표이니 전부 가야 한다"며 외쳐댔다. 답답한 경찰들은 노인들에게 가서 저들을 좀 설득해 달라고 사정했다. 사실 모두가 대표로 간다는 것은 불가능한 일이었다. 더 어지러운 상황이 되기 전에 현장을 정리하는 것이 필요하다고 판단한 이현열이 나섰다.

"여러분의 뜻은 충분히 확인되었으니 경찰의 권유대로 대표단을 구성하여 지주와 협상에 나서기로 합시다. 이 대표들은 도민의 의사와 요망을 정확하게 대신하여 주장할 것이니 믿어 주십시오. 저도 대표단의 일원으로 함께 가겠습니다."

군중들이 수긍하며 동의를 보내자 이현열은 유지 및 청년들과 협의하여 청년 대표 4명, 장년 대표 4명, 노인 대표 4명 등 총 12명의 대표단을 지명하였다. 장년 대표에는 이현열이, 청년 대표에는 이기홍과 박노호가 각각 포함되어 있었다. 이 명단을 경찰서장과 경부에게도 보여주었더니 그대로 받아들이겠다고 동의했다.

길고 긴 하루가 지나고 있었다. 해산을 하라는 경찰의 권유에도 사람들은 자리를 뜨지 않았다. 초겨울의 짧은 해가 서쪽 바다로 기울어지며 던진 붉은 기운이 부두에 서있는 군중들의 얼굴을 골고루 물들이고 있었다. 어둠이 점점 스며들었다. 원래의 경과였더라면 끌려간 가족들을 걱정하는 한숨이 가득했을 이 부두에는 오늘 하루 단 한사람의 연행자도 나오지 않았다.

돌아보면 기적 같은 하루였다. 이현열의 일사분란한 지도와 치밀하고 탁월한 전략, 청년 조직의 헌신적인 노력, 그리고 면민들의 참여와 협조가 삼위일체가 되어 이루어낸 믿지 못할 성과였다. 그러나 매듭지어진 것은 아직 하나도 없었다. 대표단을 완도로 태우고 갈 배가 도착할 때까지 덕동항 부두에는 여전히 사람들이 남아 있었고, 승선하는 이들에게 무사 귀환하기를 손 모아 기원하고 있었다.

법대로 하자는 지주, 위기에 처한 협상

밤 8시경 대표단은 덕동항에 기착한 부산발 목포행 정기 운항선에 탑승하여 9시쯤 완도읍에 도착했다. 완도로 이동하는 내내 대표단의 머릿속은 복잡했다. 경찰이 지주와의 교섭을 주선하며 타협안을 내놓기는 했지만 일시적인 무마책일 뿐, 막상 완도읍에 도착하면 즉각 연행될 가능성이 많다고 생각했다. 그럴만한 이유가 있었다.

낮에 고금면 주재소에 설치된 수사본부에서 심문할 때 적용된 범죄사실을 보면 측량법 위반, 공무집행 방해, 기물 파괴, 주거 침입, 폭행치상 등 7개 항목이나 되었다. 법적으로만 본다면 처벌을 피해가기 어려웠다. 그렇지 않은 전례는 식민지가 된 이래 조선 천지에서 찾아볼 수 없는 일이었다.

하지만 이러한 걱정은 기우(杞憂)였던지 대표단이 완도읍에 도착하자 경찰은 전에 볼 수 없던 정중한 태도로 성대한 저녁식사를 제공하고 읍내 장춘여관에 대표단 12인과 지역 유지 6인을 투숙시켰다. 면민들과의 대립이 격화되어 파국적인 상황을 만드는 일만은 피하자는 의지가 엿보였다. 대표단은 협상 대표로 이현열을 선임하고 내일의 전략에 대해 숙의했다. 이현열은 앞으로 진지한 협상이 진행될 것으로 예감하고 일행에게 감정에 휩싸이지 않는 차분한 대응을 강조했다.

다음날 오전 10시 협상 장소인 완도 경찰서 구내에 있는 공회장에 대표단이 들어섰다. 테이블의 좌측에는 완도 경찰서장과, 도 경찰부에서 나온 경부, 완도 군수, 도 평의원인 심동래 선생, 완도 유지인 박인선 선생이 앉아 있었다. 중앙에는 지주인 일본인 스즈끼와 오가다가 앉아있고 그 반대편에는 면민 대표 12인의 자리가 마련되어 있었다. 우측에는 이 회합의 내용을 기록하는 군청 직원이 앉아 있었다.

면민 대표단이 모두 착석하자 경찰서장은 기록석의 직원에게 오늘 참석자들의 주소와 성명 및 연령과 직업을 기록하라고 지시했다. 경찰서장이 "고금면 용지포 농장 지주와 고금도민 대표의 협상회의를 시작한다"고 개회 선언을 하자 도 경찰부에서 나온 경부가 일어나 발언을 하면서 양측의 협상이 개시되었다.

미리 말하자면 이 협상은 사흘 동안 계속될 정도로 험난한 과정을 거치면서 양측의 공방이 치열하게 전개되었다. 대표단의 청년대표로 참석하여 협상의 전 과정을 함께 한 이기홍은 긴 분량의 대화 내용을 재생해 놓았는데, 그중 요점만을 소개하겠다. 도 경찰부에서 나온 경부는 중재자의 역할을 한다고 공언했지만 실질적으로는 지주 측의 입장을 대변하는 사람이었다.

도 경부: 방조제는 지주 스즈끼 씨가 현대 토목기술로 절수(絶水)시켜 비로소 비옥한 농토로 바꾼 것이다. 선조 때부터 공사를 해왔던 고금면민의 역할도 있겠지만 결정적인 것은 스즈끼의 공로다. 또 고금면민들은 어제 절대 용서받을 수 없는 폭행과 불법행위를 저질렀다. 다만 용지포 간척지는 지주와 도민의 이익뿐만 아니라 국가에 큰 도움이 되므로 지주와 도민들이 타협하여 좋은 결과를 가져온다면 본인은 여기에 있는 완도군수와 경찰서장 및 도 평의원과 유지의 명의로 이 사건을 불문에 붙이도록 상부에 청원하려고 한다. 만일 서로가 고집을 꺾지 않고 결렬되어 대립, 투쟁하게 된다면 우리들은 이 사건에서 손을 뗄 수밖에 없고 모든 문제는 법대로 처리될 것임을 분명히 말해둔다.

이현열 : 지주가 방조제를 준공하여 경작지로 만들어 놓은 공은 인정한다. 하지만 용지포는 고려조의 역대 선조 때부터 대를 이어오며 수많은 면민들이 피땀 어린 노력을 기울여온 면민 전체의 자산이다. 그러므로 지주가 모든 권리를 갖는다는 것은 부당하다. 이 용지포가 200정보

인데 각각의 공로를 반으로 평가하는 것이 가장 합리적이고 타당하므로 200정보를 각각 100정보씩 나누자.

도 경부: 그것은 현실성이 없는 억지 요구다. 조선총독부에서 스즈끼 씨에게 공유수면 매립 허가를 발급한 이상 법적으로는 완전히 스즈끼 씨의 소유다. 그러므로 법률상으로는 단 한 평도 고금 면민이 요구할 권리가 없고 지주는 단 한 평도 줄 의무가 없다. 대표단은 이 점을 냉철하게 이해해야 한다. 상호 입장을 고려하여 서로가 타협할 수 있는 제안을 해주기 바란다.

이현열 : 그렇다면 1/4을 내놓으라. 이것이 받아들여지지 않으면 우리는 이 회의를 더 이상 계속할 수 없다. 고금 도민의 이익에도 배반되고 선조들에게도 면목이 없으므로 여기서 끝낼 수밖에 없다. 우리는 돌아가 처벌을 받더라도 끝까지 투쟁을 계속할 것이고 이 간석지 개발에는 모든 수단을 다하여 힘닿는 데까지 협력하지 않겠다.

이현열의 제안을 들은 지주 측 인사들의 표정에는 냉소가 흘렀다. 단 한 평도 줄 수 없다는 완고한 태도인 지주 측은 법대로 하면 될 것이지, 중재를 하겠다고 자리에 참석케 한 것 자체를 후회하는 눈치였다. 금방이라도 자리를 박차고 나갈 것 같은 싸늘한 분위기였다.

지주는 땅을 양보한다는 생각은 꿈도 꾸지 않고 있었다. 그들은 폭력 사태와 작업 방해에 대해 매우 엄중하게 생각하며, 이번 기회에 앞으로 그런 일이 재발되지 않도록 약속받는 자리가 되기를 바랐다. 즉 면민 대표단이 이번 사태에 대해 진심으로 사과하고 재발 방지책을 내놓는다면, 폭력 사태 관련자들에 대한 고소를 취하하는 선에서 시혜를 베풀어 마무리 짓겠다는 복안이었다. 땅의 권리 배분을 논의하는 것 자체가 법을 위반하는 일로서 대일본제국의 공권력이 받아들일 수 없는 수치이자 모욕으로 여겼다.

이렇게 양측의 관점이 전혀 다른 상황에서 협상은 불가능했다. 이현열도 의미 없는 시간이라 보고 대표단에게 퇴장을 명하였고, 모두 여관으로 돌아왔다. 대표단의 뒤를 따라 완도 경찰서 고등계 주임과 군청의 산업계장 및 도 평의원 지형래 씨 등의 유지가 여관으로 찾아 와서 다시 가서 회의를 계속하자고 했으나, 일행은 절대 거절한다며 집으로 돌아가겠다고 소리를 높였다. 그러나 유지 박인선 선생이 강력히 제지하며, 오늘은 쉬고 기분을 가라앉히면서 내일 다시 회의를 하자고 간곡히 권유하여 그날은 여관에서 쉬고 그 다음날 회의에 참가하기로 했다.

여관으로 돌아온 대표들 사이에도 의견이 분분했다. 노인 대표 4인은 "합의만 해주면 사건 가담자들이 처벌받지 않는다는 것만으로도 큰 성과이니 지나친 요구를 하지 말자"고 하였고 장년층 일부도 여기에 동조했다. 그러자 이기홍을 비롯한 청년들은 펄펄뛰며 반대했다.

"우리 도민의 당연한 이권을 총독부에서 발급한 허가증 한 장에 따라 승복하라는 것은 총독부의 민족 차별 정책에 굴복하는 것이다. 지금 우리는 우리 도민의 이해관계를 넘어 전 민족을 대변하여 싸우고 있는 것이다. 우리는 지금까지 간척지가 없어도 살아왔다. 이번 대결을 항일운동의 차원에서 끝까지 굽히지 않고 싸워야 한다."

내부의 상충된 의견은 다음날 오전까지도 좁혀지지 않았고, 회의를 오후에 열자고 경찰에 통보했다. 오후 2시에 시작된 둘째 날 회의에서 대표단의 요구사항은 25정보로 후퇴하였고, 다시 10정보까지 물러났다. 이게 마지막 제안이라고 못을 박았다.

대표단이 많이 물러섰다고 판단한 경찰서장은 지주의 의사를 물었다. 하지만 땅을 양보하는 문제는 애초에 협상의 대상이 아니라는 본래의 입장에서 전혀 달라진 것이 없었다. 지주는 오히려 경찰이 개입하여 일을 복잡하게 만들고 시간을 끈다며 화가 나 있었다. 지주인 스즈끼는 법의 정신을 내세우며 단호하게 제안을 거부했다.

"이 나라의 정치와 경제 및 국민생활에서 최우선적인 것은 법이다. 이 간척지는 법이 인정한 내 권리다. 10정보를 양보하라는 것은 어느 법에 근거를 두고 있는 것이냐. 이런 식의 부당한 협상이라면 더 이상 이 자리에 앉아있을 필요를 못 느낀다."

협상은 이어지기 어려웠다. 양측의 크고 작은 공방과 날선 주장이 6시경까지 계속되었지만 비슷한 얘기의 반복이었다. 어느 쪽도 설득되기는 힘들었다. 양측은 자리에서 일어났고 협상은 또 결렬되었다. 회의장에서 나오면서 청년 대표들은 마주친 즈끼 일행을 향해 "우리는 끝까지 투쟁할 것이다. 방조제가 어떻게 되는지는 두고 보면 알 것"이라고 경고했다. 즈끼 일행의 표정이 심하게 일그러졌다.

하루면 가부간에 결론이 날 것이라 여겼던 회의가 이틀 연속 난항이었다. 여관에 돌아온 청년 대표들은 그만 끝내고 돌아가자며 성화였고 노인 대표들은 지쳐서 입도 열지 않고 있었다. 뒤따라온 지역 유지들과 경찰 관계자는 대표단이 짐을 쌀까봐 좌불안석이었다.

이현열은 장고에 들어갔다. 주목할 것은 경찰과 공무원들이 내내 보인 유화적인 태도였다. 그들은 협상의 '결렬' 이후 벌어질 예측불허의 파국적인 상황에 말려들고 싶지 않은 것이고, 지금 이 시간에도 지주 측과 그러한 문제로 대책회의를 하고 있음에 틀림없었다. 이현열은 이번 협상에서 비록 얻는 것이 미미하더라도 빈손으로 돌아가는 일은 없을 것이라 확신하였다. 아직 협상 종료가 공식 선언되지 않은 만큼 내일은 결론이 날 것이라 생각하였다. 불만에 가득 차있는 청년들에게는 내일이면 다 끝나니 잠이나 푹 자두자며 어깨를 다독였다. 그렇게 이튿날 밤이 저물었다.

작은 전리품, 그보다 값진 연대의 승리

사흘째 마주한 양측은 아침부터 여전히 평행선을 달리는 어제의 공방을 거듭했다. 다만 달라진 것은 중재자를 자처하며 내내 지주의 입장을 대변했던 도청 경부의 태도 변화였다. 양측의 도돌이표 주장이 계속되자 경부는 지주에게 단도직입적으로 묻겠다며 "최종적으로 양보할 수 있는 선을 말해 달라"고 요구했다.

스즈끼는 법대로 하면 된다는 어제까지의 입장과는 달리 처음으로 토지의 일부를 제공할 의사가 있다고 밝혔다. 여러 전제조건을 달아 그가 제시한 것은 2정보였다. 지주의 대답에 면민 대표단은 즉각 흥분하여 "이제 그만 합시다!"라고 외치며 자리에서 일제히 일어섰다. 당황한 경찰서장이 잠깐만 참고 앉아 있으라며 이들을 말려 세웠다. 다급해진 경부는 소란한 장내를 진정시키며 다시 스즈끼에게 물었다.

"스즈끼 상, 2정보는 내가 보아도 너무 적소. 기왕 양보하려 마음먹었으면 조금 더 양보하시오. 이번 협상 때문에 완도 군수와 완도 경찰서장은 사흘 내내 이 자리에 임석하여 서류 결재도 여기서 했을 정도였소. 이 두 분은 도민과 지주가 원만히 타협하여 용지포 개척이 잘 이루어지도록 사흘 내내 이 회의에 참석한 것이오. 그러므로 당신이 제시한 2정보에 군수의 체면을 보아 1정보를 더 내놓고 경찰서장의 체면을 살려 1정보, 도합 4정보를 더 내놓으시면 어떻겠소?"

아마도 어제 저녁 스즈끼와 함께 모여 대책회의를 한 끝에 그들끼리 결정한 마지노선인 것 같았다. 스즈끼는 몹시 곤란한 듯 괴로운 표정을 지으며 고개를 가로젓다가 이윽고 더 이상의 거절은 어렵다고 판단했는지 4정보를 내놓겠다고 승낙했다.

이렇게 어렵게 지주 측의 최종 양보안이 나오자 경부는 면민 대표단에게 이를 수용하겠느냐고 물었다. 대표단 하나하나를 바라보며 동의를 구하는 경부의 눈빛에는 더 이상의 추가적인 안(案)은 없다는 단호함과 제발 이쯤에서 받아들이라는 간절함이 묻어 있었다.

막바지 단계까지 왔다고 직감한 이현열은 잠시 협의를 하겠으니 시간을 달라고 양해를 구한 뒤 대표단을 공회당으로 이끌고 나와 최종적으로 각자의 의견을 들었다. 여전히 분분한 얘기들이 나오긴 했지만 어제 그제와 같은 격렬한 대립은 없었고 대표가 판단하여 결정하면 따르겠다는 분위기였다.

오늘마저 결렬되어 협상이 최종 무산된다면 아무 것도 얻은 것 없이 그간 잠정 중단되었던 검거 절차가 재개될 것이라는 부담감을 모두 느끼고 있었다. 의견을 다 들은 이현열이 마침내 입을 열었다.

"조선총독부의 편파적인 정책으로 우리 민족의 정당한 권리가 일본인 수중으로 넘어간 사례는 지금까지 헤아릴 수 없이 많았다. 지금도 도처의 우리 민족이 억울한 눈물을 흘리고 있다. 그러나 총독부의 통치 아래 살고 있는 지금 그 법과 질서에 따라야 하는 것도 우리의 현실이다. 일개 면민이 빼앗긴 이권을 찾기 위해 이번처럼 조직적으로 동원되어 궐기 투쟁한 것은 유례없이 놀라운 일이었다.

우리의 단합된 투쟁에 당황한 당국은 우리를 법대로 처벌하는 것조차 두려워하고 있다. 그 결과 우리는 수십 명의 면민들이 잡혀 들어가는 것을 막을 수 있었고, 만족스럽지는 못하지만 4정보의 땅도 얻게 되었다. 이는 우리가 단결하면 승리한다는 귀감이 될 것이다.

모든 투쟁에는 대적해야 할 적이 있다. 맨주먹뿐인 우리에게는 저돌적인 전진만이 능사가 아니다. 우리 역량과 정세에 따라 후일의 투쟁을 확대, 강화하기 위해 후퇴도 할 줄 알아야 한다. 한정된 조건하에서 최대의 승리를 거두는 것이 우리 운동이 나아갈 길이다.

이번 투쟁에서 희생자 한 사람도 나오지 않았다는 것은 우리의 단결된 역량이 이루어낸 무엇보다 큰 승리다. 또 4정보의 땅은 비록 미미하지만 우리가 거둔 승리의 작은 전리품이다. 이제 지주의 제안을 받아들이자. 그리고 이번 싸움을 거치며 얻은 경험과 교훈을 앞으로 더 큰 투쟁을 위한 발판으로 삼아 나가자."

이현열의 논리 정연한 설득에 노년과 장년 대표들은 즉각 찬성했고 청년 대표 중 이기홍과 박노호도 동의했다. 나머지 두 명의 청년은 여전히 내켜하지 않았지만 대세가 형성된 만큼 다수의 의견에 따르는 것으로 전원 합의에 이르렀다. 다만 4정보의 토지는 면민들이 지정하는 곳을 선정하도록 요구하기로 했다.

면민 대표단의 결론을 초조하게 기다리며 공회당 한쪽에서 이야기를 나누던 경찰서장과 군수와 지역 유지들은 대표단의 협의 결과를 알려주자 박수를 치며 환영했다. 면민들이 지정하는 4정보의 땅을 양도한다는 부분에 대해서 지주도 별다른 이견을 달지 않고 순순하게 응하였다. 큰 고비들이 다 넘어갔다.

각서 형식으로 참석자 전원의 서명을 받은 양측의 합의 내용은 용지포 간척지 개발에 적극 협력하여 일체 방해하는 행동을 하지 않을 것, 소작료를 납부할 것, 간척지 개간은 자기 논과 같이 정성껏 충실히 개발하여 생산량을 올릴 것, 고금면 팔천 도민 용지포 이권옹호동맹을 해산할 것, 지주는 4정보의 땅을 양도하고 그 위치는 도민이 지정할 것 등이 내용이었다.

오후 2시경 사흘간의 긴 공방과 협상이 최종 마무리되었다. 도 경부는 협상이 잘 되었으니 약속한대로 이번 일을 상부와 의논해 불문에 부치겠다는 뜻을 다시 한 번 밝혔다.

경찰서장과 도 경부와 군수와 유지들은 대표단과 일일이 악수를 나누었다. 3시경에는 성찬으로 준비된 점심이 차려져 나왔고 술도 마시며 건배했다. 모든 일정을 마친 것은 4시경이었다. 그 시간에는 고금도로 들어갈 선편이 없었는데, 완도 군수가 주선하여 군내 각 면을 도는 순항선을 불러 연동항까지 실어다 주도록 배려했다.

대표단이 고금면 연동항에 돌아온 것은 오후 5시경이었다. 협상 타결 소식은 일찌감치 연락원이 범선을 타고 가서 면민들에게 알린 상태였다. 일행이 부두에 도착하자 100여 명의 면민들이 연동항에 나와서 만세를 부르며 마치 개선장군을 맞는 것처럼 환영해 주었다.

사흘째 걱정스럽게 기다리고 있던 면민들은 사실 협상의 결과를 크게 기대하고 있지 않았다. 경찰이 사태가 더 커지는 것을 일시적으로 모면하기 위해 주동자들을 불구속 상태로 두었지만 결국에 이현열은 반드시 구속 처벌될 것이고 나머지 주도적인 역할을 한 청년들도 무사하지 못할 것이라 예상했다. 당시의 법률을 볼 때 처벌을 피해가기 어려운 여러 죄목들이 너무 분명했기 때문이었다. 다만 협상이 잘 진행되어 구속 인원이 최소화되기만을 바라고 있었다. 그런데 사건은 없었던 듯이 무마되었고 단 한 사람도 입건되지 않았을 뿐만 아니라 꿈에도 생각하지 못했던 4정보의 토지를 받아냈다고 하니 고금도는 그야말로 축제 분위기에 휩싸였다.

미리 준비되어 있던 막걸리와 안주로 대표단과 면민들이 함께 축배들 들며 마음껏 기쁨을 나누었다. 그때 사람들이 어디에서 데려왔는지 황소 한 마리를 끌고 와서 이현열을 소 등에 타라고 일제히 떠밀었다. 이현열은 질겁하며 사양했다.

"작으나마 이번에 승리한 것은 나 혼자 한 것이 아니라 여기에 모인 여러분과 전 도민이 한마음 한뜻으로 행동을 통일하여 투쟁한 대가이므로 소를 타려면 전 도민이 다 같이 타야지 내가 무슨 특별한 일을 했다고 나 혼자만 소를 타고 환영을 받는 것은 절대로 있을 수 없는 일"이라며 도망치려 했다. 그러자 젊은 장정 몇 사람이 기어이 이현열을 잡아서 들어 올려 소등에 태우고 아리랑을 부르며 행진했다. 이 아리랑은 앞서 언급했듯 이기홍이 북만주 여행 시절 채록하였다가 청년 조직과 농민들에게 보급한 노래였다.

아리랑을 부르면서 행진하는 도중 이현열은 계속 내리려고 했으나 장정 2명씩이 양편에서 붙들고 있어 내리지도 못하고 약 200미터 가량을 꼼짝 없이 소 등에 타고 이끌려 갔다. 연동항에서 학교가 있는 고금도 중심지인 독백리까지는 3킬로 가량 되는 거리인데 청년들은 거기까지 소에 태우고 가서 학교 운동장에서 해산을 하자고 주장했으나 이현열은 펄펄뛰며 내리려고 안간힘을 썼다. 나중에야 간신히 내려 일행은 황소만 끌고 가며 행진을 계속했다.

이렇게 이권동맹이 결성된 11월 초부터 시작되어 12월 초 사흘 동안의 격렬한 투쟁과 협상을 거쳐 작은 섬마을을 뒤흔들었던 용지포 투쟁은 해피엔딩으로 막을 내렸다. 얻은 것과 잃은 것이 다 있지만 농민들이 조직화되어 단결하면 큰일을 해낼 수 있음을 확인한 것은 수확이었고, 탁월한 지도자의 존재와 이를 뒷받침하여 농민의 생활에 밀착된 청년 조직의 활동은 그 중요성이 새롭게 인식되었다.

또 작은 승리의 과정을 공유하면서 농민운동 조직의 확대, 강화에 결정적인 영향을 주어 조직이 질적으로 공고해지는 계기가 되었고, 사건의 전말이 인근에 알려지면서 완도군의 각 면과 가까운 강진 및 해남 일부의 농민운동에도 커다란 자극과 동기부여가 되었다.

한편 용지포 투쟁은 그 내용과 규모 및 전개과정 모두가 일제하 항일 농민운동의 역사에서 귀감이 될 만한 사건이지만, 그 전모나 의미가 일반이나 학계에 거의 알려지지 않고 묻혀버린 불운한 역사가 되고 말았다. 이기홍의 훗날 회고는 그럴 수밖에 없었던 이유 중의 하나를 추정케 하는 단서가 된다.

"이 운동은 일제하 민족독립운동, 농민운동의 측면에서 매우 큰 의미가 있었지만, 당시 우리나라 전역에서 우리 민족의 이권을 일본인에게 수탈한 사례가 많은 데다 이에 대한 투쟁이 계속되고 있었으므로 여기에 영향을 줄 것을 두려워한 총독부 당국은 이 사건의 신문지상 보도를 철저하게 금지했고 또 사건의 관련자들이 경찰에 입건되지 않아 재판을 받지 않았으므로 재판 기록도 없어 그동안 고금도민들의 입을 통해서만 전해져 왔다."

다행히 이번 장에서 다룬 것처럼 이 투쟁 과정의 전체를 이현열과 함께 하며 청년 조직을 맡았던 이기홍의 상세한 회고는, 이 사건의 의미를 재평가하는 계기가 될 것이라 생각한다.

이현열이 보낸 생의 마지막 날들

용지포 간척지 투쟁은 표면적으로 볼 때, 지주 측과 농민 측 모두가 막다른 골목에서 수준 높은 협상력을 발휘하여 원만하게 타협을 이룬 사건으로 여겨졌다. 그러나 그것은 면민들의 일반적인 생각이지 억울하게 땅을 빼앗겼다고 생각하는 지주나 청년 조직에 휘둘려 수모를 당했다고 느꼈던 경찰의 입장은 전혀 달랐다.

특히 대대적인 검거 작전이 진행되던 날 연행자들의 선상 소요 등으로 공권력 집행이 전격 중지된 것은 경찰에게 수치스럽고도 굴욕적인 일이었다. 배후에서 청년 조직을 움직여 자신들을 농락한 주범인 이현열에 대한 경찰의 적개심은 무척 컸다. 협상 타결 후 면민들의 영웅이 되어 칭송받는 것에 대해서는 더욱 불편한 심기가 되었다.

경찰은 눈엣가시 같은 존재인 이현열을 반드시 구속시키겠다며 기회를 노렸고, 지주인 스즈끼 역시 후일 농민들을 움직여 후환이 될 수 있는 핵심을 제거하고 싶었다. 마침내 꼬투리가 잡힐 만한 일이 생겼다. 용지포 사건 이듬해인 1932년 7월 이현열이 스즈끼 농장에 찾아와 행패를 부렸다며 마름인 정문범 씨가 경찰에 고발한 것이었다. 경찰은 이현열을 주거 침입과 폭언, 공갈 미수 등의 혐의로 체포하여 즉각 재판에 넘겼다.

일의 최초 발단은 전년도인 1931년 가을로 거슬러 올라간다. 당시 스즈끼 농장의 소작인 가운데 일부가 소작료 문제로 지주와 마찰을 빚자 지주는 이듬해인 1932년 소작지를 박탈하는 이작(移作) 처분을 하였다. 이에 청룡리 등의 농민 180여 명으로 구성된 소작계(농민조합)에서는 이현열을 찾아와 이 문제를 상의했다.

그해 7월 이현열은 농장주인 스즈끼의 사무소로 찾아가 이작에 항의하며 새로운 소작인들과 맺은 계약서를 보여 달라고 요구하였다. 이 과정에서 서로 언성이 높아지긴 했지만 아무런 물리적 충돌도 없었다. 그러나 덫을 놓고 기다리던 지주와 경찰로서는 이현열을 엮어 버리기에 충분한 요건이 되었다. 이현열에 대한 명백한 보복이었다.

사소한 일이었지만 조서는 과장되었고 재판 시 '고금면 농조(농업조합) 사건'이라는 거창한 사건으로 부풀려졌다. 결국 1920년의 고금도 만세운동 당시 구속된 전력이 있다는 점 등이 감안되어 이현열은 대구 복심법원에서 징역 10개월을 언도받아 대구 형무소에서 복역하게 되었다.

이현열의 구속은 면민들이 전혀 예상하지 못하는 가운데 벌어진 돌연한 일이었다. 그렇게 억울한 감옥살이를 하던 중 이현열은 옥중에서 폐렴에 걸렸다. 폐렴이 불치병은 아니었지만 제때 치료를 받지 못하고 형무소 내의 열악한 의무실에 장기 방치되면서 심신이 쇠약해진 이현열의 병세는 날로 악화되었다.

이현열의 옥중 투병 소식이 알려지자 약값을 마련하기 위해 면민들 사이에 모금운동이 벌어졌다. 이기홍을 비롯한 청년 동지들은 긴급 회합하여 교도소에 차입(差入)할 25원을 목표로 모금을 하기 시작했다. 가장 열성적으로 참여한 것은 농민들이었다. 당시 농민의 하루 노임이 50전이었는데 50전을 내는 농민도 더러 있었고 나머지는 10전, 20전 정도를 냈다. 다들 눈물겹게 고마운 일이었다.

십시일반으로 모인 돈이 20원이 되자 일단 차입금으로 보냈다. 교사나 공무원들은 수입이 많으면서도 항일 지사를 돕는다는 소문과 불이익이 두려워서인지 단돈 10전을 낸 사람이 없었다. 대단히 괘씸하고 서글픈 일이었다.

모금운동을 하면서 이기홍이 특별히 잊을 수 없는 한 사람이 있었다. 당시 완도읍에는 '전주집'이라는 상호의 비교적 큰 음식점이 있었는데 전에 이현열과 함께 혹은 청년 동지들끼리 몇 차례 갔던 곳이었다. 그 집의 인기 접대부인 30대 가량의 여인은 청년들이 독립운동을 하는 사람들임을 일찍이 눈치 채고는 올 때마다 호의를 베풀고 감사의 표시를 하곤 하던 사람이었다.

어느 날, 이기홍과 청년들 넷이서 그 집에서 모금운동에 대해 의논하며 점심을 먹고 나오던 때였는데 그 여인이 "이 선생! 손이나 한번 잡읍시다"하고 부르며 이기홍의 손을 덜컥 잡았다. 얼떨결에 잡힌 이기홍의 손에는 꼬깃꼬깃 접혀진 지폐 2원이 있었다. 그녀의 한 달 월급에 해당하는 큰돈이었다. 이현열의 면면을 익히 들어 알고 있던 그녀에게 그 돈은 제발 살아서 일어나라는 간절한 염원이 담겨있었다.

이기홍은 눈물을 흘릴 정도로 감격하여 동지들에게 이를 알렸다. 동지들도 찡한 마음에 콧등을 손으로 훔쳤다.

이기홍은 여인에 관한 기록을 남기던 노년에 "그 여인의 성이 김 씨인 것만 알고 이름도 알지 못한 것에 지금도 양심의 가책을 받고 있다. 한 달 월급을 흔쾌히 쾌척한 이 여인의 뜨거운 마음을 잊지 않는다"고 회상하며 여인에 대한 고마움과 미안함을 전했다.

면민들의 간절한 염원과 응원에도 불구하고 이현열의 병세는 걷잡을 수 없이 위중해졌다. 1933년 6월이 되자 회복 불능의 중태에 빠졌다. 그제서야 출옥이 허락되어 귀가 조치되었지만 그의 몸은 이미 죽은 사람이나 다름없었다. 동아일보 1933년 6월 21일자 기사에는 '고금농조(農組) 사건의 이현열 출옥'이라는 기사에 "이현열이 만기 출옥하여 '건강한 몸'으로 6월 16일 밤 고향인 완도에 돌아왔다"고 되어 있지만 그의 몸 상태는 '건강'을 얘기할 단계를 벌써 지나 있었다. 출옥 십여 일 후인 6월 28일 그는 세상을 떠났다.

이현열의 회복과 복귀를 기원했던 면민들은 그의 허망한 죽음에 큰 희망을 잃어버렸다며 모두 애통해했다. 평생의 스승이자 기둥으로 의지했던 이기홍은 세상이 무너지는 충격에 한없이 오열했다.

완도군 내 여러 면의 동지들과 연락하여 상의한 끝에 이현열의 장례는 애국장 또는 고금면민장으로 치르기로 하였다. 장례식은 고향인 청룡리 농민들을 중심으로 준비하였고 장지는 경주 이씨 문중 선산으로 정하여 묘를 굴착했다.

그런데 출상일이 되자, 완도 경찰서 고등계 형사와 고금면 주재소 일본인 수석과 순사가 나와서 공동묘지에 매장하라는 상부의 뜻을 강력히 전했다. 부락의 영결식도 금지시키고 공동묘지까지는 상여꾼과 일꾼 및 가족 외에 조문객들은 절대 따라와서는 안 된다고 금지하였다. 이현열에 대한 경찰의 증오가 어느 정도 집요했는지 짐작할 수 있는 잔인한 보복이었다. 이현열은 눈을 감고 땅에 묻히는 순간까지도 일제 경찰의 감시와 억압 아래 대답 없는 투쟁을 하고 있었다.

34살의 젊은 나이로 애석하게 세상을 뜬 이현열은 일제 식민지를 살아가던 우리의 뛰어난 젊은이가 왜 힘들게 저항의 길을 가야 했으며 어떻게 무너졌는지를 보여주는 표본과도 같은 실례였다.

고금도 만세운동 이후 일본에 건너가 사회주의 운동에 몸담은 뒤 십 년 만에 돌아와 그가 전념한 것은 농민운동이었다. 그는 계급의식을 내세워 민족세력을 분열시키는 경직된 사회주의 추종을 경계했고, 식민지 민족해방운동의 주역은 농민이라는 신조를 갖고 있었다. 용지포 투쟁에서는 전 계층을 아우르는 항일세력을 구축함으로써 작은 단위지만 민족통일전선의 실질적인 구현을 보여주었다. 일제는 위협적 지도자인 그를 교활한 방법을 동원하여 쓰러뜨렸다. 그는 결국 간절히 고대하던 독립을 생전에 보지 못했다.

일제에서 해방되어 새로운 나라가 수립된 이후에도 이현열은 사회주의 계열, 즉 좌파 독립운동가였다는 이유로 내내 외면되었다. 이현열이 독립운동 유공자로 추서된 것은 그가 죽은 지 73년 후, 나라가 해방된 지 61년 후인 2006년이었다. 이것이 지난 시절 대한민국이라는 나라가 자국의 독립운동가를 대하는 부끄러운 자화상이었다.

항일 농민운동의 험난한 길

새로운 동지들과 만남, 전남운동협의회 결성

1932년 7월 이현열이 불의의 사건에 말려 구속되자 이기홍의 어깨는 무거워졌다. 그간 이현열이 지도했던 청년 조직과 농민 조직이 일시에 지도자 공백이라는 어려운 상황을 맞았다. 광주고보 퇴학 이후 1930년 1월 낙향한 이래 이현열의 해박한 이론과 풍부한 실천 경험을 바탕으로 한 지도에 힘입어 농민운동가로 첫발을 디디며 청년 조직의 중추가 되어 가던 이기홍에게는 커다란 부담이 되었다.

일단 이현열이 출옥하기까지의 공백을 대신 메우기 위해 최선을 다하고 있었지만 상황은 더 나빠졌다. 낙향 후 이현열의 지도를 함께 받던 동지들 중 이기홍보다 3살 연상으로 많이 의지했던 최창규 동지는 폐결핵을 심하게 앓고 있어 적극적인 활동이 어려워졌고, 동년배인 박노호를 제외한 나머지는 이런 저런 이유로 조직 활동을 그만둔 처지였다. 옥중 투병 중이던 이현열의 병세가 급속히 악화되자 이기홍의 부담은 더욱 가중되었다.

고금도 농민운동 기존 조직의 머리와 허리가 동시에 예상 밖의 곤경에 처한 상황에서 이기홍은 그간 면식(面識)만 있던 인근 지역의 사회운동가들과도 진지한 유대관계를 맺기 시작했다. 대체로 그 시기는 이현열의 옥중 상황이 비관적으로 진행되던 때였던 것으로 추정된다.

이현열의 구속과 최창규의 활동 중단 등이 겹친 1933년 초부터 이기홍은 고금도 농민운동에서 지도적 위치를 갖게 되었다.

당시 이기홍이 관계를 갖기 시작한 동지들은 완도군과 해남군, 강진군에서 사회운동을 하던 청년들이었다. 이들은 인근 각 군과 면에서 활동하였으므로 대개는 전부터 얼굴이나 이름 정도 알고 지내던 관계였지만 깊게 속을 나누던 사이도 아니었고 그럴 기회도 없었다.

만남의 연결고리는 완도군 군외면 출신의 황동윤이었다. 황동윤은 일본에 건너가 노동자 생활을 하면서 노조 활동을 하던 중 사회주의 사상을 접했고, 1931년 귀국 후에는 당시 완도읍에서 조선일보 지국장을 하던 백태윤을 도와 지방 주재 기자 및 총무 격으로 일하고 있었다. 그 시기 이기홍의 아버지 이사열이 완도에서 장사를 하고 있을 때여서 이기홍이 종종 조선일보 지국에 들를 때 안면을 익혔고, 서로 뜻이 맞는 것을 느낀 뒤에는 가끔 군외면에 있는 황동윤의 집을 찾아 함께 놀기도 하면서 친밀해졌다.

해남군 북평면 출신의 오문현을 만난 것도 황동윤을 통해서였다. 이기홍이 황동윤의 집에 놀러갔을 때 소개받아 만난 오문현은 경성고학당 재학 중에 사회주의 사상을 접한 청년으로 이기홍과 자연스럽게 이야기를 나누는 사이가 되었다. 오문현을 통해 그와 사촌 사이로 알려진 윤가현도 만났다.

강진군 출신의 윤가현은 이기홍에게 낯설지 않은 이름이었다. 광주학생독립운동 직후인 1930년 1월 강진군 대구면 대구 보통학교 학생 시위를 주도한 윤가현의 이름을 이기홍은 신문 보도를 통해 알고 있었다. 윤가현은 그 사건으로 체포되어 징역을 살고 나서 고향에 내려와 있었다.

후일 전남운동협의회의 책임자가 된 김홍배 역시 황동윤과 오문현을 알고 난 이후 처음 만났다. 이기홍보다 세 살 위인 김홍배는 해남의 지주 집안에서 태어나 서울의 사립 경신학교를 졸업한 뒤 일본에서 와세다 대학에 입학하여 사회주의 사상을 접하였고 일본 공산당 관련 활동을 하다가 퇴학 후 1932년 10월 고향에 돌아와 있었다.

이들은 모두 25살을 넘지 않은 혈기왕성한 젊은 활동가들로서 사회주의 사상과 항일 독립운동의 의지를 공유하고 있다는 공통점이 있었다. 같은 지향점을 갖고 있다고 믿었던 만큼 몇 차례 만남 이후 이들의 관계는 급속히 진전되었다. 대화의 주요 관심사도 지역 농민운동을 발판으로 강력한 항일운동 세력을 만들어내는 데 있었다.

일차적으로 각자의 활동 근거지였던 완도와 해남의 농민운동을 한 단계 높은 차원에서 이끄는 중앙지도부의 필요성이 제기되었다. 나아가서는 이를 확대하여 전남 도내의 항일 사회운동을 묶어내는 역할을 하자는 구상도 자유롭게 논의되었다. 이러한 생각들이 무르익으면서 '협의체' 형식의 중앙 조직을 결성한 것이 1933년 5월이었다.

1933년 5월 14일 해남군 북평면 동해리에 있는 암자인 성도암에서 황동윤 김홍배 오문현 3인이 회합을 갖고 조직 결성을 공식화했다. 농민운동뿐만 아니라 노동운동과 무산자 해방운동을 진행하기 위한 협의체인 중앙 지도기관을 조직하기로 하고, 산하에 사무부, 조직부, 조사부, 구원부를 두기로 하였다. 각 부를 담당할 책임자도 다음과 같이 결정하였다.

- 사무부 및 총 책임자 : 김홍배(金洪培)
- 조직 및 재정부 : 오문현(吳文鉉)
- 조사 및 출판부 : 황동윤(黃同允)
- 구원 및 선전교양부 : 이기홍(李基弘)

그날 회합에 참석하지 않은 이기홍은 며칠 후 황동윤을 만났을 때 협의체 결성 사실 및 결정사항을 전해 들었고, 회합에서 정해진 대로 구원부의 책임을 맡기로 수락하였다. 이로써 중앙을 담당할 4인의 구성이 완결되었다. 훗날 이 협의체는 경찰 조사와 재판, 그리고 신문기사 등을 통해 '전남운동협의회'라는 용어로 굳어졌는데, 여기에 대해서는 약간의 설명이 필요하다.

이 사건의 판결문에 의하면 5월 14일 회합(1차 중앙회의)에서 "지도기관의 명칭을 전남운동협의회로 정하고"라고 되어 있지만 당시 면 단위 농민운동의 범위를 벗어난 적이 없던 4인이 도 단위의 협의회를 처음부터 결성했다는 것은 지나친 비약이다. 대규모 공안 사건에서 자주 나타나듯 거대한 조직 명칭과 얼개는 사후에 만들어 붙여진 경우가 많았다. 이기홍의 회고에서도 '전남운동협의회'라는 명칭은 처음에 없었고 경찰 당국이 나중에 만들어낸 것이라고 증언하고 있다.

이 사건의 성격을 규정짓는 또 하나가 용어가 '적색(赤色) 농민조합'이라는 단어다. 판결문에 의하면 1933년 8월 11일 회합(2차 중앙회의)에서 "'전남운동협의회'의 명칭을 '적색농민조합 건설준비위원회'로 개칭"하였다고 되어 있지만, 이 또한 비합법적 지하조직이라는 점과 붉은 색을 강조하여 덧칠하려던 당국의 의도가 개입된 것이었다. 이기홍의 증언에 의하면 자신들은 '농민조합'으로만 칭하였다고 분명히 말하고 있다. 당시에도 합법적이었던 농민조합에 굳이 '적색'이라는 수식을 서두에 붙일 때는 모종의 의도가 작용하게 된다. 즉 공산주의라는 색채를 뚜렷이 부각시키려 했던 것이다.

판결문에 명시된 키워드 몇 개와 참여자들의 이념적 성향들만을 감안하여 사건을 역순으로 판단하게 되면, 전남운동협의회 사건은 조선 땅을 붉은 빛으로 물들일 엄청난 음모와 조직이 가동된 것으로 그려

낼 수 있지만, 결성 이후 단기간 유지된 이 모임의 활동을 보면 항일 농민운동이라는 기존의 맥락에서 크게 벗어나 있지 않다.

기본 테제의 수행과 조직 확산 착수

1933년 8월 11일 협의회 중앙의 두 번째 모임, 소위 2차 중앙회의가 해남 대흥사의 심적암 부근 숲속에서 간부 4명이 모인 가운데 열렸다. 이 회의는 김홍배가 작성한 테제의 초안을 심의하고 각 군의 농민조합 결성 준비 책임자를 선정하는 자리였다. 4인의 협의 끝에 이날 결정된 기본 테제의 내용은 다음과 같다.

- 농민운동을 원칙으로 하되, 노동운동의 이론 지침을 따를 것
- 조직은 밑으로부터 전선 통일을 바탕으로 강력한 중앙집권체제를 구축할 것
- 농민운동의 중심은 빈농층으로 할 것
- 토지자본가의 친일 사상을 구체적으로 지적하고 노동운동과 농민운동이 반제운동임을 인식시킬 것
- 모든 봉건사상을 배격할 것
- 소작료 감면과 이작 반대로 소작농민의 이익을 보호할 것
- 농민조합의 세포인 반(班) 조직에 관해서, 반은 한 부락을 단위로 하되 6인이 되는 경우에는 두 반으로 나누고 지도적 역할을 할 만한 강대한 농민반에는 중앙조직체와 같이 4부서를 나누고 다시 청년반과 소년반을 별개로 두며 농민반이 3개 이상 있는 면에서는 면 지부를 결성할 것. 그리고 면 지부가 3개 이상일 때는 군

조합을 결성할 것

　테제의 핵심 내용은 농민운동을 원칙으로 항일·반제국주의 의식
을 고취하는 것, 소작 농민의 이익을 대변하는 활동을 하는 것, 각 마
을에 농민반·청년반·소년반을 조직하고, 이를 토대로 각 면과 군에
농민조합을 결성하는 것 등으로 요약할 수 있다.

　4인이 만나는 협의회 중앙의 모임은 당초에는 매월 두 번 갖기로
했다가 보안상의 문제를 고려하여 매월 한 차례로 줄였다. 모임 뒤에
는 다음 만날 것을 미리 약속하고 드러나지 않은 조직원을 통해 연락
을 취했으며 암호를 정해 이용하기도 했다.

　그 밖에도 조직을 보위하기 위한 몇 가지의 기본 규율이 있었다. 첫
째, 모든 문서는 반드시 소각시키고 소각 후에는 꼭 확인할 것, 둘째,
기록하지 말 것, 셋째, 업무 외의 사실은 알려고 하지 말고 말하지도
말 것, 넷째, 명단을 작성하지 말 것 등이었다. 이 규율은 조직의 생명
과 같이 아주 엄격하게 지켜졌다.

　협의회 중앙은 2차 회의에서 결정한 대로 4인이 역할 분담을 하여
각 군에 하부 조직을 형성하는 작업에 들어갔다. 이미 농민반과 청년
반이 조직되어 활동 중이었던 완도군과 해남군에서 점차 다른 지역으
로 확산시킨다는 계획이었다. 완도군은 관내의 섬이 9개였으므로 황
동윤과 이기홍이 맡고, 해남군은 김홍배와 오문현이 맡기로 했다. 완
도와 해남 이외의 지역에 대한 확장 작업도 착수하였는데, 이기홍의
증언에 의하면 그 작업은 실제로 일정 부분 진행되다가 협의회 조직
이 경찰에 발각되면서 중단되었다.

　"나는 보안관계상 강진과 가까웠으므로 강진을 중심으로 장흥과 영

암을 맡았다. 먼저 강진의 윤가현을 만나 뜻을 전달하고 강진군의 책임자로 선정했다. 다시 윤가현은 장흥군의 유재성을 끌어들였다. 이러한 과정을 거쳐 완도, 해남 2개 군에서 시작하여 강진, 장흥, 영암, 광양, 보성, 무안, 목포까지 조직원을 획득해 나갔다. 이러한 내용은 3차 전체회의를 통해 보고된 내용이기도 하다. 다만 진도, 고흥, 화순은 조직이 완결되기도 전에 협의회 조직이 경찰에 발각됨에 따라 와해되고 말았다."

전남운동협의회 사건은 조직 결성 후 불과 6개월 남짓한 활동 기간에 공식적으로는 사건 관련자 3천여 명, 검거자 500여 명, 기소자 57명에 이르는 대형 공안사건이 되었다. 단기간에 벌어진 일이라고 믿기 어려운 사건 규모였다.

협의회 주축 멤버와 친분이 있거나 한 다리 건너 만난 사람, 관련 행사에 무심코 참석했던 사람, 협의회가 연출한 연극 공연을 관람했거나 야학에 참여한 사람, 혹은 평소 경찰이 항일 인사로 의심되어 손을 봐야겠다고 찍어두었던 사람들 모두 경찰이 사후에 그린 큰 그림 속의 그물망에 들어갔다. 일제 당국의 영향 아래 있던 재판소 또한 체계적인 논리를 동원하여 이를 정교하게 짜 맞췄다. 그런 만큼 조사나 재판 과정에서 많은 인물들이 등장하고 그 행적과 사건 내막에 대해서도 조금씩 어긋난 부분들이 있다.

전남운동협의회 사건에 대한 정확한 재구성은 물론 필요하지만 이 책에서 다뤄야 할 범위는 아니다. 따라서 본론으로 돌아가 협의회 존속 기간 중 이기홍이 구원부 및 교양선전부의 책임을 맡아 중점적으로 관심을 갖고 실행했던 몇 가지 활동들을 살펴보겠다.

당시 이기홍은 협의회의 결정사항을 충실히 수행하고는 있었지만 대외적인 조직의 확장보다는 기존 농민반 및 청년반을 중심으로 한 농민조직의 내실화에 초점을 맞췄던 것으로 보인다. 이러한 추정은 이기홍이 이 시기에 벌어진 각 사안들에 대해 후일 남긴 구술의 양이나 태도를 보아 능히 짐작할 수 있다.

협의회가 결성된 한 달여 만에 이현열의 사망이라는 충격적인 비보를 마주한 이기홍은 정신적으로 무척 힘든 시기를 보냈다. 그리고 더욱 무거워진 책임감과 함께 생전의 이현열이 남긴 성과를 손상시키지 않고 그 유지를 이어가기 위해 스스로 안에서 부단한 내적 분투를 하고 있었다.

밀고자의 눈을 피해 열린 연극과 야학

1920년대 일제가 산미증식계획을 진행하며 미곡 수탈을 강화한 이후 1930년에 이르기까지 조선의 농촌에서 소작료를 둘러싼 소작쟁의는 매년 일상화된 일이 되었다. 대표적으로는 1923년에 인근의 신안면 암태도 소작쟁의를 들 수 있지만 그 외의 많은 지역에서 연례행사가 되었다. 특히 흉년이 든 해에는 어김없이 크고 작은 마찰이 벌어졌고 평소 농민조합을 꺼려하던 농민들도 절박한 심정이 되어 농민조합을 찾아 하소연을 했다.

비근한 예로 용지포 간척지 사건 이후 이현열을 구속으로 이끈 것도 고금면 동백정 주민들의 소작료 마찰과 이로 인한 지주의 이작 조치가 발단이 되었다. 바로 전해에 발생한 일이었다.

소작료는 흉작 여부와 관계없이 전년도의 비율을 적용하는 게 관례였으므로 선량한 지주가 자비를 베풀지 않는 한 소작인 가족이 생계를 위협받는 상황은 다반사로 벌어졌다. 당시 공식적인 소작료율은 생산량의 60%를 납부하는 4·6제였지만 다른 부담까지를 감안하면 실제 부담은 그 이상이었다. 흉년이 들었을 때 덕망 있는 지주들은 5할 정도만 받는 경우도 있었지만 일반적인 일은 아니었다.

지주에게는 소작인을 다른 소작인으로 갈아치울 수 있는 이작(移作) 조치라는 강력한 무기가 있었다. 소작농이 아무리 부당한 대우를 받더라도 쉽게 저항하기 힘들었던 구조였던 것이다. 악명 높은 지주들은 소작농들에게 할 테면 해보라는 식으로 배짱을 부렸다. 소작쟁의가 벌어져도 경찰은 예외 없이 지주의 편을 들었다. 높은 소작료와 채무를 견디다 못한 소작농들은 야반도주하여 북만주나 연해주로 떠났다. 전국 각지에서 이렇게 소작쟁의가 끊이지 않았다.

때때로는 젊은이들이 악질 지주를 골탕 먹이는 일을 벌이곤 했다. 7월경 모내기가 끝날 무렵에 악질 지주의 못자리에 일부러 소를 풀어 짓밟게 한다든가 피를 집어넣어 농사를 망치게 하는 일도 있었다. 그러나 이런 일은 분노를 표출하는 일시적 해프닝이지 해결책과는 무관했고 서로의 적대감만 키우는 일이었다.

농민조합은 지주와 소작농 간의 소작료 협상에서는 당사자가 아니므로 합법적으로 소작료를 낮추는 권한을 갖지 못했다. 다만 농민조합이 결성되어 있는 곳은 소작료 협상에서 배후의 영향력을 발휘하는 데는 도움이 되었고, 소작료 문제가 타결되지 않을 시 소작료 불납동맹을 결성해 지원했다.

이처럼 소작농들이 일제히 소작료를 내지 않고 버티면 지주들은 자신과 계약을 맺은 많은 소작농들 중에서 가장 영향력 있는 사람 한두 명을 골라 일부의 소작료를 감액해주며 "자네만 내면 된다"고 분열을 꾀하는 회유책을 쓰곤 했다. 눈앞의 이익에 굴복하여 제안을 받아들이면 불납동맹의 대열은 한쪽에서부터 무너지게 된다. 이런 일은 소작료 협상 시즌에 비일비재하게 벌어지는 현상이었다.

협의회에서는 1933년 9월 초 3차 중앙회의를 통해 농민들의 생활실태 조사와 소작쟁의 지도 방침을 세웠다. 실태 조사는 부락 단위로 호구조사와 더불어 농민의 경작지 중 자작과 소작의 비율을 조사하는 것이었다. 예컨대 1가구당 경작지는 얼마이며 그 부양가족은 몇 명인지, 그 밖에 농우(農牛) 유무와 전작지(田作地) 유무 상태를 조사했다. 조사 결과에 의하면 예상대로 가족은 많은데도 경작 농지가 적은 소작농이 대부분이었다.

농촌 인구의 대다수를 차지하는 소작농민들은 평년에는 가난했고 흉년이 되면 비참해졌다. 지주와의 굴욕적 협상은 마음을 심하게 상하게 했고 가슴에는 화병이 생겼다. 동료의 배신은 이웃에 대한 증오심으로 번졌다. 소작료 문제는 경제적인 문제와 더불어 정신적 파탄을 야기하는 주범이 되었다. 농민들의 피폐한 일상에서 마음을 위로하고 건강한 의식과 연대감을 회복시켜 주는 어떤 계기들이 필요했다. 이기홍은 이를 고민한 끝에 농민반과 청년반 조직원들이 참여하는 '소인극'을 주기적으로 공연하고 야학 활동을 정착시키고자 했다.

소인극(素人劇)이란 아마추어나 비전문가를 뜻하는 일본어 '소인'에서 유래된 말인데, 노동자나 농민, 학생, 일반인 등 비전문인들이 참여하여 만드는 소박한 연극이다. 각본이나 연출이나 연기 등이 다 서투르지만 관객과 공감하는 사회비판적 요소를 담아 많은 호응을 얻었다. 우리나라에서는 1920년대 중반부터 각지에서 이런 소인극들이 기획되고 공연되었는데 고금면에서 가장 활발하게 공연된 것은 바로 이 무렵이었다.

소인극에서 다루는 줄거리는 주로 농민들의 심정을 대변해주는 생활 주변의 풍자적인 내용들이었다. 농민들은 연극을 보며 자신들의 처참한 현실을 확인하며 울고 웃고, 지주에 대한 반항의식과 식민지 민중의 울분을 삭이기도 했다. 1933년 9월경, 이기홍이 직접 각본을 짜고 농민반과 청년반들이 연기한 소인극의 줄거리는 다음과 같다.

"어느 마을에 가난한 소작인의 딸을 탐내는 악랄하고 엉큼한 지주가 있었다. 지주는 소작인에게 빚을 갚으라고 독촉하며 갖은 수단을 동원하여 압박한다. 나중에는 소작권을 박탈해버리겠다고 협박한 끝에 마침내 소작인의 딸과 혼례를 치르는 데 성공한다. 바로 그 순간 평소 이 처녀를 사랑하고 있던 이웃 소작인의 아들인 청년이 등장하여 처녀를 납치한다. 지주는 닭 쫓던 개가 되어 분을 삭이고 청년과 처녀 두 사람은 행복하게 산다."

소인극을 관람하는 농민들의 표정은 진지했고 악당 같은 인물이 등장할 때는 흥분하여 "저 놈 죽여라!"하고 소리치는 등 분위기가 고조되었다. 농민들은 극을 보며 애환을 달래거나 분노하고, 같은 처지에 있는 동료 농민들과 계급적 연대감을 확인하기도 했다.

변변한 볼거리도 오락거리도 없던 농민들에게 각 부락을 돌며 진행되던 소인극 순회공연은 인기가 있었다. 공연에는 70~80명의 농민들이 관람하였다. 다만 이 가운데는 밀고자도 섞여 있어서 이들의 눈을 피하기 위해 각본에 신경을 써야 했다. 정치적으로 반일적인 소지가 있는 내용은 조심하여 미리 걸러내야 했다.

공연은 대체로 저녁식사를 마친 후인 늦은 시간에 시작되었다. 밤시간은 농민들이 일을 마친 부담 없는 시간이자 등불을 밝히고 극을 진행하면 대단치 않은 내용이더라도 관객의 몰입도가 높았다. 또 늦은 시간에 시작되는 연극은 밀고를 피해가기에도 유리했다. 내용 중 다소 문제의 소지가 있는 상황이나 대사가 있을지라도 한밤중에 주재소가 있는 몇 리 혹은 십리를 달려가 신고할 정도의 투철한 밀고자는 없었다. 그럼에도 나중에는 내용을 떠나 공연을 여는 것 자체가 제약을 받았다.

소인극과 함께 상설적으로 정착시키려 한 것이 부락 단위의 야학 운영이었다. 야학에서는 기본적으로 우리말과 산수를 가르쳤고 우리 역사에 대한 공부도 틈틈이 은밀하게 다뤄졌다. 여기에 남녀노소를 불문하고 문맹자들이나 배움에 뜻이 사람들이 모였는데, 특히 아낙네들의 참여가 많았다.

야학 교사는 협의회 조직의 각 군 선전교양부원들이 윤번으로 맡아 직접 가르치거나 보조적으로 활동하였다. 야학에 참여한 학생들에게는 연필과 공책 등의 학용품도 제공해주었고 여기에 소요되는 비용은 농민조합원들이 조달했다. 당시 야학 활동 전반에 대한 지시를 맡고 있던 이기홍의 회고에 의하면 "약 30개 정도의 야학이 운영되고 있음을 보고받았다"는 것으로 보아 짧은 동안에 상당수의 야학이 개설되었던 것으로 여겨진다.

의협심이 빚은 비극의 단초, 조직의 발각

1933년 연말이었다. 협의회 산하 조직원들인 강진군 군동면의 동지 12명이 술집에 모여 망년회를 열고 있던 때였다. 옆방에는 강진군의 지역 유지들이 역시 망년회 모임을 갖고 있었다. 공교롭게도 그 자리에는 유지들로부터 초대받아 참석한 강진 경찰서 고등계 형사 윤금죽이 함께하고 있었다.

술자리가 무르익어가던 무렵이었다. 유지들 방에서 시중을 들던 아가씨 하나가 자꾸만 젊은이들이 있는 옆방으로 자리를 옮기는 모습이 윤금죽의 심기를 거슬렀다. 그렇지 않아도 열 명이 넘는 청년들이 모인 것을 조금은 심상치 않게 여기던 윤금죽은 아가씨를 불러 "저 자들과 무슨 사이냐"고 따지면서 아가씨의 손목에 수갑을 채우려 했다.

놀란 아가씨의 항의와 날카로운 비명이 터져 나오며 소동이 벌어졌다. 자리는 순식간에 아수라장이 되었다. 이내 상황을 알게 된 옆방의 청년들이 발끈하여 응징에 나섰고 결국 싸움이 벌어졌다. 유지들이 말렸지만 젊은 청년들을 당할 도리가 없었다. 소동의 장본인인 윤금죽은 실컷 두들겨 맞고 꼴이 우습게 되었다.

여기까지는 연말 취객들이 흔히 벌이는 추태의 한 장면으로 볼 수 있지만, 형사의 직감은 다른 냄새를 맡고 있었다. 지역 사정을 누구보다 잘 아는 그의 눈에는 작은 읍내에서 평소 보지 못한 젊은이 십여 명이 비교적 격식 있는 술집에서 만나는 것 자체가 이상했다.

다음 날 윤금죽은 전날 밤의 사건을 주임에게 보고하며 아무래도 비밀 조직이 있는 것 같으니 모조리 잡아서 조사를 해보자고 건의했다. 청년들의 얘기를 얼핏 엿들으니 '동지' '동지'라고 하는 걸로 보아 '동지계'라는 이름의 결사 같다는 그럴듯한 추정도 덧붙였다. 기대하지도 못한 큰 건이 걸려들 수도 있다고 생각한 경찰 수뇌부는 이들을 모두 잡아들이기로 하였다.

경찰이 이렇게 민감하게 반응했던 것은 얼마 전 강진 경찰서 산하 성전 주재소에서 벌어진 방화 사건이 미궁에 빠져있기 때문이기도 했다. 이 얘기를 잠시 돌아보자.

이 사건은 야학 활동을 방해하던 강진군 성전 주재소의 악질 수석을 쫓아내려는 의도에서 계획된 것이었다. 당시의 야학 활동은 당국에서 어느 정도 묵인해 주어 공공연하게 운영되던 일이었다. 그런데 유독 이 주재소 수석은 야학 수업이 열릴 때마다 찾아와 감시하고 참석자들을 위협하여 야학을 도저히 운영하기 어려울 정도가 되었다.

성전면의 야학을 담당하던 동지가 이런 고충을 토로하였고, 협의회에서는 이 문제를 심각하게 고민하다가 주재소에 불을 질러버리자는 얘기가 나왔다. 주재소 수석이 책임 추궁을 당하여 파면되거나 좌천되어 사라지기를 의도했던 것이다. 당시 협의회 내에서 강진군을 담당했던 윤가현, 그리고 야학을 총괄하는 선전교양부 책임자였던 이기홍은 이에 동의했을 것으로 보인다.

문제는 이 일을 어떻게 감쪽같이 처리하느냐 하는 것이었다. 강진에 있는 동지가 일을 저지르면 곧 붙잡힐 가능성이 많기 때문에, 강진에서 떨어진 고금면의 동지를 통해 일을 실행하기로 하였고, 동지 한 명을 마포(麻布) 장사로 가장시켜 들어가게 한 뒤 주재소에 불을 지르도록 했다.

주재소에 불이 나자 순사들은 범인을 잡기 위해 혈안이 되었다. 불은 크지 않았지만 이는 공권력에 도전하는 중대한 사안이라 반드시 범인을 잡으려 했다. 그러나 죄 없는 강진 사람들 상당수가 혐의를 받고 검거되었지만 범인을 찾아낼 수 없었다. 붙잡혀간 사람들은 모두 자신이 한 일이 아니므로 막무가내로 버텼다. 결국 잡혀간 사람들은 곧 석방되었고 끝내 방화 사건의 범인은 밝혀지지 않았다. 이와 같은 일이 관내에서 벌어진 지 얼마 되지 않았기에 윤금죽은 더욱 촉을 세워 의심의 눈초리를 버리지 않았던 것이다.

마침내 청년들을 연행하여 취조가 시작되었다. 그날 밤 두들겨 맞은 복수심이 여전했던 윤금죽은 청년들을 거칠게 윽박지르며 허점을 집요하게 파고들었다. 청년들은 이런 갑작스런 상황에 대처할 준비가 전혀 되어 있지 않았다. 개개인별로 취조가 거듭되면서 진술의 모순들이 드러나기 시작했다. 수상한 낌새는 점점 확증처럼 되어갔다. 이들의 활동 내역들을 조사하는 과정에서 강진 읍내를 넘어선 다른 군의 관련자 정황들이 나오면서 사건은 강진 경찰서가 다룰 범위를 넘어섰다.

결국 이 사건은 도 경찰부로 넘어가게 되고 수사는 점점 확대되었다. 도 경찰부 특별고등과의 특별고등계 주임인 노주봉과 형사부장 오세영, 형사 이민행 등이 수사를 맡았다. 이들은 좌파 사회운동가들을 지독하게 다루는 자들로 소문난 인물들이었다. 그중에서 이민행은 몇 년 전까지도 좌파 단체인 서울의 조선청년동맹에서 활동하다 전향한 사람이었다.

청년들을 조사하고 수색하는 과정에서 5,6명의 집에서 사회과학 책이 발견되었다. 의심이 확신으로 바뀔만한 물증들이었다. 한두 사람도 아니고 여러 사람의 집에서 발견되었으니 더욱 그랬다. 이 책들은 마르크스-레닌주의에 관한 교양서적으로 이현열이 유학 당시 인연을 맺었던 일본의 지인들과 관계를 갖고 있을 때부터 지속적으로 비밀리에 들여왔던 책들이었다. 도 경찰부 형사들은 책의 출처를 추궁하였고 이들은 결국 윤가현으로부터 책을 받았다는 자백을 하게 되었다.

망년회 술자리에서의 사소한 싸움이 발단이 되었던 이 사건은 조직원들의 집에서 소위 불온서적들이 여럿 발견되면서 돌이킬 수 없는 상황으로 번졌다. 결국에는 그토록 공들여서 만들었던 조직이 모조리 드러나는 지경에 이르렀다.

경찰에서는 윤가현을 잡기 위해 혈안이 되어 있었다. 그러나 윤가현은 이미 잠적해 있었다. 망년회 폭력 사건으로 하부 조직원들이 연행되었다는 소문을 전해들은 조직원들 모두에게도 비상이 걸려 불안한 시간이 이어졌다. 경찰이 덮치는 게 임박한 상황이 되었다.

한밤중의 체포, 그리고 모진 고문

이듬해인 1934년 1월 22일이었다. 그 날은 일본 천황이 딸만 셋을 낳다가 처음으로 아들을 본 것을 기념하여 전국적으로 경축행사가 열린 날이었다. 각 부락에서는 천황의 득남을 축하하는 농악놀이가 벌어졌다. 형사 노주봉 일행은 사람들이 많이 모일 행사를 틈타 윤가현이 동네에 나타날 것이라 예상하고 형사들을 급파하여 행사장 곳곳에 배치시켰다.

형사들의 예상대로 윤가현은 군중들 틈에 몸을 숨기고 있다가 잠복해있던 형사들에게 붙잡혀 완도 경찰서로 끌려갔다. 윤가현은 세 명의 형사들에게 일주일 동안 지독한 고문을 받았고 결국 이기홍과 오문현과의 관계를 모두 실토하고 말았다.

이러한 내막도 모른 채 며칠 동안 갑자기 사라져 나타나지 않던 윤가현에 대해 실종신고까지 냈던 가족과 동네 사람들은 뒤늦게야 완도 경찰서 형사 김명문으로부터 이야기를 듣고 사태를 파악했다.

조직의 핵심 중 하나인 윤가현이 붙잡히게 되자 몇 사람 안 되는 협의회의 면면을 파악하는 것은 그저 시간문제가 되었다. 결국 전남 운동협의회의 각 군 조직은 경찰에 드러나기 시작했고 조직원들은 속속 체포되었다. 이기홍 역시 1934년 2월 27일 새벽 무렵 경찰에 검거되었다. 이기홍은 그때 결혼한 지 얼마 되지 않은 때였다.

그날 이기홍은 농민반 반원이었던 박병원의 결혼식에 참석한 뒤 피곤한 몸으로 밤중에 돌아와 깊은 잠에 빠져있었다. 새벽 무렵 날이 밝은 것처럼 방이 훤해지면서 아내가 경찰이 온 것 같다며 급히 깨웠다. "경찰이다. 문 열어!" 하는 소리가 조용한 동네의 새벽을 갈랐다. 이기홍은 옷은 입어야 되지 않겠느냐며 기다리라고 말하고 옷을 주섬주섬

입었다. 형사들은 기다렸다. 그 사이 이기홍은 평소 보자기에 싸두었던 자료 몇 가지를 아내의 치마 안 허리에 차 숨기도록 했다.

이기홍이 붙잡혀 이송되면서 강진군 마량면 가교리에 이르렀을 때 멀리서 박노호 동지가 아는 체를 했다. 박노호 역시 그날 붙들려 잡혀 오는 도중이었다. 두 사람은 아침 10시경 강진 경찰서에 도착했다. 도착하자마자 심한 구타와 물고문이 시작되었다. 이기홍을 취조한 수사관들은 악명 높은 노주봉 일행이었다.

"윤가현을 만난 적이 있냐"는 형사의 심문에 처음에는 한 번도 만난 적이 없다고 버텼다. 부인할수록 고문의 강도는 세졌다. 아침부터 시작된 취조는 다음날 새벽이 되어서야 일단락되었다. 그리고 다음날은 취조를 하지 않고 하루 쉬었다가 사흘째 되는 날 이기홍을 다시 취조실로 불러들였다.

이때 형사들이 나누는 얘기를 들어보니 그 사이에 수사의 방향이 크게 달라져 있었다. 형사들은 "네 이놈, 다른 말은 하지 않겠다. 해남군 북평면의 '성도암'만 말해라! 니가 성도암을 몰라? 이래도 모른다고 할 거야?"하면서 동지들만 알고 있던 아주 구체적인 얘기를 거론하면서 다그쳤다. 협의회 결성 장소였던 성도암 얘기까지 나왔다면 중앙 조직에 대한 파악이 어느 정도 이루어진 것이었다. 하지만 순순히 인정할 수는 없었다. "나는 전혀 모르는 일이오!" 이기홍이 대답을 거부하고 입을 다물자 다시 고문이 시작되었다.

형사들은 이기홍을 긴 의자에 눕히고 팔과 다리를 묶었다. 형사 하나가 이기홍의 머리를 붙잡고 입에 물수건을 재갈 물리듯 물렸다. 그러고는 주전자로 코에 물을 붓기 시작했다. 숨을 쉴 수 없었다. 참다가 도저히 견딜 수 없어 모두 말하겠다고 했다. 그러면 잠시 고문이 멈춰졌다. 그 틈을 이용해 거친 숨을 몰아쉬었다. 몸을 일으켜 세우면

입에서 물이 쏟아져 나왔다.

"그러면 이제 털어놓으시지!" 하지만 잠시 숨만 고르고는 다시 모른다는 얘기만 거듭되었다. 그런 똑같은 과정이 여러 번 반복되었고 물고문도 다시 반복되었다.

형사들은 이미 모든 것을 다 알고 있다는 듯 "오문현도 몰라?" 하면서 조롱하는 표정으로 되물었다. 그때 느껴지는 분위기와 그들이 중간 중간 던지는 말들은 이미 모든 것이 드러났다는 것을 말해주었다. 그들이 묻는 내용들은 부인할 수 없는 사실이었다. 더 이상 견디기 어려웠다. 결국 이기홍도 자백하고 말았다.

이렇게 전남운동협의회는 일경에 발각되어 핵심 조직원들이 모두 체포되면서 와해되었다. 조직 구성이 된 지 채 일 년도 되지 않아 맛보는 좌절이었다. 그런데 협의회 중앙 간부들이 모두 체포된 이후에도 어쩐 일인지 수사는 종결되지 않았다. 그 사이 각 군별로 면별로 하부 조직원에 대한 조사와 연행이 대대적으로 진행되고 있었던 것이다. 사건의 얼개가 의외로 커지고 있음을 직감하지 않을 수 없었다.

잊지 못할 악질 형사 노주봉

이기홍은 그 후 병영 주재소와 강진의 도암 주재소 등 여러 곳을 옮겨 다니며 취조와 사실 확인을 거쳐 1934년 5월경 다시 완도경찰서로 이송되었다. 옮겨가는 곳마다 유치장에는 농민조합 관련자들로 가득 차 있었다. 완도 경찰서에도 유치장은 물론 구내마다 연행된 사람들이 빽빽이 들어서 있었다. 수사 기간이 장기화되면서 완도, 강진, 해남 등의 전남 지역 농민운동 관련자들 대부분은 조금만 연관이 되어 있어도 이를 잡듯 샅샅이 조사받은 끝에 줄줄이 잡혀왔다.

강진 경찰서에서 조사받던 초기에는 조직 전체의 윤곽을 파악하는 것이 경찰 수사의 초점이었다면 완도 경찰서 이송 후의 수사는 군과 면 단위의 하부조직을 샅샅이 캐내는 데 맞춰졌다. 그래서 이미 붙잡혀 있던 농민조합 관련자들은 다시 각 군의 경찰서로 분류되어 수사를 받았다. 사건 조직도의 하단을 채울 인물들의 이름이 차곡차곡 쌓여가고 있었다.

5월말이 되자 경찰은 조직의 윤곽이 드러났고 캐낼 만한 것은 다 캐냈다고 판단하여 수사를 일단락 짓는 것처럼 보였다. 야학 교사들을 비롯한 일반 농민조합원들은 6월 1일 석방되었다. 농민반원들과 각 군과 면의 책임자 등 300여 명만이 남아있게 되었다.

그러던 6월 초, 전남도의 경찰부장, 고등과장, 특별고등계장 등 3명과 경찰부 간부인 나카지마(中島命文)라는 일본인이 형사 몇 명을 대동하고 완도 경찰서에 찾아왔다. 나카지마는 공산주의 이론에 밝은 간부로 주로 사상범들 수사를 지휘한 이력이 있었다. 이들 일행은 아직 유치되어 있던 협의회 관계자 중 각 면의 책임자와 군 위원 이상의 동지들 10여 명을 서장실로 불러 그동안 수사 받느라 고생했다며 점심 대접까지 해주었다. 이렇게 수사는 종결되는 것 같았다.

그런데 그때 곁에서 지켜보고 있던 형사 노주봉이 묘한 웃음을 흘리며 "완도 군내 사건은 끝났지만 일본 공산당과 연결된 부분은 아직 끝나지 않았습니다"라고 말하는 것이었다. 이 말을 듣고 깜짝 놀란 나카지마와 형사 일행이 그게 무슨 말이냐며 심각한 표정으로 묻자 노주봉은 확인에 찬 어조로 대답하였다.

"수사 과정에서 나온 문서나 테제 등은 여기 잡혀있는 자들의 수준으로는 할 수 없는 것입니다. 일본 공산당의 지도를 받은 것이 분명합니다. 이번에 잡혀온 자 중에 문승수라는 자가 김발 죽재를 사온다는 핑계로 일본에 자주 왕래합니다. 이런 점들로 보아 일본 공산당과 선이 닿아 지도를 받고 있는 것 같습니다."

일본 공산당과의 연계 얘기가 나오면서 사건은 지금까지와는 또 다른 차원에서 재검토되었다. 다음날부터 핵심 관계자들에 대한 취조가 재개되었다. 노주봉, 오세영, 이민행 같은 형사들은 더욱 거칠게 나오면서 일본 공산당의 지령 여부를 자백받기 위해 안간힘을 썼다. 문승수는 고통스럽게 물고문을 받으며 자백을 강요받았다.

이기홍 역시 물고문에 시달려 물 한 모금을 마실 수도 없는 정도가 되었다. 몸은 퉁퉁 붓고 몰골이 험해져 다른 사람이 그 얼굴을 알아볼 수조차 없는 지경이 되었다. 죽고 싶을 정도로 고통스러운 시간이었다. 이렇게 일주일간이나 취조가 계속되었지만 딱히 나오는 것이 있을 리 없었다.

노주봉은 자신이 원하는 자백을 이기홍의 입에서 도저히 얻을 수 없겠다고 판단했는지 "이쯤 해서 협상을 하자"고 제의했다. 무엇을 협상하자는 얘기인지는 모르겠지만 지칠 대로 지친 이기홍은 살아서 나가야 한다는 생각밖에 없었다.

"당신들 하고 싶은 대로 하시오. 어차피 당신들은 사건을 날조, 조작할 테니 일본 공산당의 지도를 받았다고 하든지, 중국이나 소련 공산당의 지시를 받았다고 하든지 마음대로 쓰시오. 다만 살인이나 총기 소지 같은 날조는 하지 말아 주시오."

그러자 노주봉은 화를 벌컥 내며 이기홍을 발로 걷어찼다.

"이 쌍놈의 새끼! 공자님 앞에서 문자 쓰냐. 누굴 가르치려 들어?"

노주봉은 경찰서 내에서도 악랄하기로 천하가 다 아는 자였다. 노주봉이 얼마나 지독했는지는 그의 밑에서 부하로 일하던 형사 조부환의 말을 들어봐도 알만 했다. 하루는 조부환이 유치장으로 이기홍을 찾아와 하소연하기를 노주봉이 매일 같이 자신에게 물고문을 시키라며 괴롭히니 자신도 정말 죽을 지경이라는 것이었다. 고문하던 자가 고문당한 사람 앞에서 하는 호소라고 보기에는 코미디 같은 장면이지만, 노주봉이 어떤 인간인지를 엿보게 하는 일면이기도 했다.

완도 경찰서 유치장에 수감된 지도 두 달이 흘렀다. 7월 초순부터는 5개 경찰서 유치장의 수감자들에 대한 취조를 목포지청 검사지국이 진행하기로 했다. 대상자가 워낙 많아 목포지청으로 한꺼번에 불러들여 조사하기 어렵기 때문에 검사들이 경찰서를 돌면서 직접 취조한다는 것이었다. 검찰의 취조 결과 군 간부와 면 책임자를 제외한 일반 반원은 기소유예로 석방되고 57명이 최종적으로 남았다.

이기홍을 비롯한 12명은 완도 경찰서에 유치되어 지내다가 1934년 11월 17일 관련자 57명과 함께 목포형무소로 이송 수감되었다. 목포형무소에 수감된 사람들은 전남운동협의회 관련자 57명 외에도 같은 시기 영암운동협의회 사건으로 구속된 간부급 3명과 목포, 해남의 청년동맹 사건으로 붙잡힌 김정수 외 2,3명 등 모두 90여 명이 되었다.

형무소 단식투쟁, 일반 재소자의 동조단식

동지들이 목포 형무소에 수감되어 있는 동안 이른바 치안유지법 위반으로 기소된 '전남운동협의회' 사건은 예심에만 회부되었을 뿐 절차 진행이 지지부진했다. 정식 재판의 출발인 공판이 언제부터 시작될지 아무런 얘기도 없었다. 1935년 말경에 예심이 끝났지만 공판이 열릴 기미가 보이지 않았다. 재판이 열려야 형이 확정되는데 재판 자체가 열리지 않으니 답답했다.

이런 가운데 더욱 힘들었던 건 형무소 내의 열악한 생활이었다. 간수들은 미결수 동지들을 '조센징'이라 모욕하며 틈만 나면 구타를 일삼았고, 도서 검열도 심해서 책을 볼 엄두도 내지 못했다. 운동 시간도 규정상으로 30분이었지만 실제는 10분도 채 주지 않았다. 식기는 닳을 대로 닳아 구멍이 날 정도로 추접했고 부식 역시 차마 사람이 먹기 어려운 것들이었다. 가족과의 편지도 제대로 할 수 없었다.

참을 만큼 참았던 동지들은 더 이상의 인내는 굴욕이라고 보고 집단행동에 나서 적극적으로 개선을 요청하기로 했다. 동지들은 이웃 감방의 수감자들과 통방(通房)하며 형무소 내 개선사항을 정리하여 형무소장과의 면담을 요청했다. 이때가 1936년 2월이었다. 그러나 소장과의 면담은 며칠이 지나도 이루어지지 않았다. 간수를 통해 매일 독촉해도 답이 없다가 열흘이 지나서야 비로소 면담 요청이 성사되었다. 요구사항은 다음의 다섯 가지였다. 아주 소박한 내용들이었다.

- 도서 검열을 완화시킬 것
- 운동 시간을 30분으로 늘려줄 것
- 식기를 바꿔주고 부식은 영양가 있는 것으로 제공할 것
- 구타하지 말 것, 조센징이라는 말을 쓰지 말 것
- 편지는 한 달에 2회 이상으로 늘려 줄 것

책임자였던 김홍배가 형무소장과 면담을 하기 위해 감방 문을 나섰다. 동지들이 소리를 지르며 응원했다. 그런데 출발한 지 얼마 되지도 않아 김홍배는 곧장 먹방으로 끌려가 갇혔다. 먹방이란 불을 켜지 않는 캄캄한 독방을 말한다. 이유는 형무소장에게 불순한 태도를 보였

다는 것인데, 애초부터 형무소장은 요구사항을 진지하게 검토할 생각
이 없었다. 더욱 괘씸한 것은 집단행동에 보답이라도 하듯 동지들의
식사량을 3분의 1로 줄여 배식한 것이었다.

김홍배에게 먹방 이감이라는 중금치(重禁治) 처분이 내려진 것을
알게 된 동지들은 극도로 분노했다. 그간 경찰의 가혹한 취조와 고문
을 받으며 여기까지 견뎌온 동지들이었다. 동지들은 다섯 가지 요구
사항 관철과 김홍배에 대한 중금치 처분 해제를 강력히 주장하며 57명
전원이 단식투쟁에 돌입했다. 두 가지 사항이 모두 관철되지 않으면
절대 단식을 풀지 않겠다는 경고를 간수들에게 단호하게 알렸다.

단식이 시작되자 간수들은 식사 시간마다 감방 앞에 밥을 갖다 두
며 단식을 방해했다. 하지만 식판의 음식에 손대는 동지는 하나도 없
었다. 동지들은 물과 소금으로 혈압을 유지시켜야 단식을 오래 할 수
있다는 말을 듣고 이를 닦으려고 가져온 소금과 물을 먹으며 버텼다.

사흘째가 되자 그토록 허접하게 여겼던 식판의 음식이 성찬처럼 느
껴지고 허기진 위장과 코를 자극하며 유혹하였다. 하지만 그 고비를
넘기자 빈 위장은 음식을 갈망하지 않았고 배고픈 것조차 잘 느끼지
못했다. 단식 일주일이 지나자 밥을 먹고 싶다는 생각은 사라지고 정
신은 도리어 또렷해졌다. 대신 다리에 힘이 빠지고 후들거려 벽을 짚
지 않고서는 두 발로 일어서는 것도 여의치 않았다.

간수들은 매번 성실하게 식판을 가져다 놓았지만 누구 하나 눈길도
주지 않았다. 시간이 흘러도 포기하는 동지는 없었다. 간수가 나타날
때마다 세차게 감방 문을 두드리고 발로 차며 남아 있는 힘을 다해
"소장 면담!"을 외쳤다. 그래도 형무소장의 반응은 없었다.

동지들의 단식 결행은 목포 형무소 내에 전에 없던 파장을 몰고 오
고 있었다. 단결되고 결연한 태도가 일반 재소자들의 마음을 움직였

다. 단식 열흘째가 넘어가던 때 누가 주도했는지는 모르지만 항일 투사들을 본받자며 다른 감방의 재소자 100여 명이 동조단식을 시작하였다. 이른바 '잡범'이 대다수였을 동포 재소자들의 동조단식은 동지들에게 힘을 실어주었다. 동지들은 고마움에 울컥하며 여기에서 굶어 죽으면 죽었지 항복할 수 없다는 마음을 더욱 굳게 다졌다.

단식 두 주째가 지난 날 검은 모자에 금줄을 두른 소장이 감방 안으로 모습을 드러냈다. 그는 대표자를 뽑아 소장실로 데려오라는 지시를 간수장에게 내렸다. 소장 면담이 결국 받아들여진 것이었다. 일반 재소자들까지 단식에 동조하는 예기치 않은 상황이 벌어지자 상부로부터의 책임 추궁을 두려워한 소장이 더 이상 고집을 부리지 못하고 굴복한 것이었다. 형무소 내에는 승리의 환호가 울려 퍼졌다.

재소자 대표로는 이기홍과 오문현, 그리고 다른 간부 2명 등 4명이 선정되어 소장실로 가서 면담을 시작했다. 요구사항 하나하나를 다시 들은 소장은 미리 준비한 듯 대부분을 수용하겠다고 약속했다.

김홍배는 즉시 일반 감방으로 옮기고, 편지는 월 1회에 2회로 늘리겠으며, 구타 금지나 운동시간 준수는 본래 법에 규정된 만큼 그대로 지키도록 하겠다고 약속했다. 다만 부식은 총독부가 책정한 부식비 예산에 따르는 것이므로 크게 개선하기 어렵다는 것이었다. 이 정도면 요청사항이 거의 수용된 것이었다.

대표단은 형무소장의 뜻을 받아들이기로 하고 그날 저녁부터 단식을 풀기로 결정했다. 동지들은 면담을 마치고 돌아온 대표단을 맞아 감방 문을 두드리며 격하게 환영했다. 그날 저녁 시간이 되자 단식에 참여했던 57명 모두에게 흰 죽이 배식되었다.

단식투쟁의 승리 이후 형무소 내의 분위기는 확연히 달라졌다. 간수들은 한동안 극도로 말을 조심했고 구타도 사라졌다. 밥과 부식도 사람이 먹을 만 한 정도는 되게 제공되어 형무소 측이 무척 신경을 쓰고 있다는 흔적을 느낄 수 있었다.

2년 반 만에 열린 첫 재판, 그리고 소동

목포 형무소에서 벌인 단식투쟁 이후 시간이 흘러 1936년 4월이 되었다. 간수들을 통해 머지않아 공판이 시작될 것이라는 소식이 전해졌다. 김홍배는 이제부터는 법정에서의 싸움이 시작된다며 동지들과 의견을 모아보자고 하였다.

하루 30분씩 주어진 운동시간이 서로 얘기를 나눌 수 있는 거의 유일한 시간이었다. 당시에는 형무소 측의 통제도 느슨해져 비교적 자유롭게 이야기를 나눌 수 있었다. 약 2주 정도 동지들과 나눴던 의견들이 모아졌다. 재판정에서 어떤 일이 벌어질지는 비밀사항이었다.

마침내 전남운동협의회 사건의 첫 공판이 1936년 5월 열렸다. 조직이 경찰에 발각된 지 거의 2년 반 만에 이루어지는 첫 재판이었다. 첫 공판은 수감자의 가족들이 몰려든 가운데 광주지법 목포지청 제1호 법정에서 열렸다. 재판을 맡은 판사는 일본인 굴부(堀部)였고 김성호(金聲浩) 관선 변호사가 피고인들의 변호를 맡았다.

기소자 57인의 동지들은 법정에서 최종 형량이 정해지기도 전에 이미 체포에서부터 경찰 조사와 취조, 경찰 유치장과 형무소 수감에 이르는 긴 시간 동안 사회와 격리된 생활을 해왔다. 법의 통치를 얘기하는 어떤 나라에서도 있을 수 없는 폭력적인 강제 격리였다.

57명의 피고인들이 재판정으로 나갔다. 판사가 개정 선언을 함과 동시에 이름과 나이, 주소지, 직업 등을 묻는 인정심리(認定審理)가

2시간에 걸쳐 끝나고 전남운동협의회의 총 책임자인 김홍배를 시작으로 사건에 대한 사실심리(事實審理)에 들어갔다.

자리에서 일어선 김홍배는 재판장에게 먼저 피고 회의를 열어야 하겠다고 말하고는 동지들을 향해 "지금 이 자리에서 피고 회의를 개최한다"고 소리를 높였다. 계속해서 "불합리하고 불공정한 재판을 받을 수 없으니 내 제안에 찬성하면 박수로 표시하라"고 하자 동지들은 발을 구르고 박수를 쳤다. 이에 김홍배는 재판장을 향해 "이와 같이 피고 전원의 결의에 따라 불공정한 재판을 받을 수 없다"고 선언했다. 형무소 안에서 동지들끼리 약속한 공판 투쟁 그대로였다.

순식간에 혼란스런 장면이 벌어졌지만 재판장은 차분하게 "무엇이 불합리하고 불공정한 것이냐"고 물었다. 김홍배의 대답이 이어졌다.

"한 나라가 외세의 침략으로 주권이 상실되었을 때 그 민족이 주권을 찾으려고 독립운동을 하는 것은 찬양받아야 할 일입니다. 조선총독부 경찰이 고문으로 수사하여 죄를 만들고 조선총독부 검사가 유죄냐 무죄냐를 판단하는 것은 마치 강도당한 사람이 빼앗긴 물건을 돌려달라고 요청하자 강도가 자신이 재판을 하겠다고 달려드는 것과 뭐가 다릅니까? 굳이 재판을 하려거든 이해관계가 전혀 없는 제3국의 판사를 모셔다 재판을 하십시오!"

김홍배의 일장연설을 들은 재판장은 화를 버럭 내며 재판의 무기 연기를 선언하고 퇴정해 버렸다. 첫 공판은 이런 소동과 함께 끝났다.

조바심을 갖고 재판정에 입정해 있던 수감자 가족들은 무슨 일이 벌어진 건지 몰라 어리둥절해 있었다. 변호인도 난처하기는 마찬가지였다. 2년 넘게 미뤄지던 재판이 오늘에야 겨우 처음 열렸는데, 이것이 무기 연기되었으니 다음 공판을 기약하기 어렵게 되었다.

김성호 변호사는 깊게 한숨을 내쉬며 동지들을 달랬다. 오랜 시간이 걸려 겨우 시작된 재판이니 이런 식으로 방해하여 지연시키지 말자, 빨리 재판을 마치고 나가는 것이 최선이다, 다음부터는 제발 자제하자는 것이었다.

아직까지도 흥분상태에 있던 동지들 일부는 "부당한 재판을 거부하자"고 소리쳤지만 이내 소리는 잦아들었다. 재판을 무한정 지연시켜봐야 동지들을 기다리는 것은 기약 없이 이어질 감옥 생활이었다. 모두에게 아무런 득이 없는 항거에 불과할 뿐이었다. 오늘은 이 사건의 부당함을 재판정에서 당당히 알린 것으로 만족하고 변호사의 의견을 존중하여 다음 재판에 참여하기로 결론이 내려졌다. 재판을 받기도, 재판을 하기도 쉽지 않았던 하루였다.

최종 판결, 협의회 그 이후

전남운동협의회 사건은 1936년 5월에 첫 공판이 시작된 이래 총 12차례의 공판을 거쳐 그해 12월에야 끝났다. 공판 횟수가 이례적으로 많았던 것은 피고인들이 많아 사실심리를 여러 번에 나눠서 진행하였기 때문이었다.

대규모 조직 사건으로서 국민들의 관심이 지대했던 이 사건은 재판이 진행되면서 언론을 통해 그 성격 규정의 일단을 엿볼 수 있다. 1936년 11월 9일자 조선일보에서는 "치안유지법 위반으로 검거된 지 2년 8개월 만에 비로소 공판이 시작된 전남운동협의회 사건"이라 표현되어 있고, 1936년 12월 13일자 기사에서는 "전라남도를 중심으로 조직된 공산주의자 동맹 전남운동협의회 제11차 공판"이라 소개하고 있다. 재판정에서 검사의 심문을 지켜본 기자들의 눈으로 볼 때 점점이 사건은 공산주의 조직 사건으로 규정되어 가고 있었다.

이기홍이 사실심리를 받은 1936년 11월 6일의 제6차 공판에 대한 신문기사 보도 내용을 통해서도, 검사 측이 이 사건을 어떻게 몰아가고 있는지, 피고인들은 왜 혐의를 부인하고 있는지를 짐작케 한다.

> … 정각이 되자 피고 오임탁부터 본격적으로 사실심리를 시작하였다. 재판장 심리에 대하여 <u>이기홍은 본시 합법적 농민운동을 하였던 것이지 결코 공산주의하의 적색농민운동이 아니었다고 사건을 대체로 부인하였다. 천덕운은 공산주의를 공명하여 그를 연구하였을 뿐이고 실지 행동한 일이 없다고 사건을 부인</u>하였고, <u>윤가현과 마성만은 금번 사건의 전 조서는 경찰서나 검사국에서 마음대로 만들어 가지고 그대로 시인하라고 심한 고문을 했고 그 고문에 견디지 못하여 할 수 없이 "네! 네!" 한 것이니 이 사건은 우리가 만든 적색 농민사건이 아니라 그들이 만든 백색 농민사건</u>이라고 하며 처음 경찰서에서 취조받은 사정을 밝혀 일반 청중으로 하여금 신경을 놀라게 했다. 재판정에서 사건 전체가 이러하니… (조선일보 1936. 11. 9 기사 중)

11차 공판을 소개한 또 다른 기사를 보면 검사 측은 "일본과 달리 조선의 사회운동은 처단할수록 뒤를 이어 발생하므로 엄단해야 한다"며 조직 척결 의지를 밝혔다. 하지만 일본에서 사회운동은 해도 그만 안 해도 그만인 선택사항일지 모르나, 조선인에게는 일제의 식민통치가 해소될 때까지 독립을 위한 사회운동을 부단히 전개하는 것이 너무 당연한 일이 아니겠는가. 변호사의 변론에서는 마구잡이로 사람들을 검거하여 과도하게 선전효과를 내고 있다는 것, 사회주의 의식이 아주 낮은 사람들을 코민테른 활동가 수준으로 과장하여 엮었다는 것

등을 문제로 지적하고 있다.

> … 검사 측 논고의 요지는 일본 내지의 사회운동은 일단 처단을 할
> 것 같으면 다시 계속하지 않는 반면에 조선의 사회운동은 처단을
> 할수록 뒤이어 발생하는 현상이라 단연 엄벌하지 않으면 안 된다는
> 것…(중략) 변론의 요지는 아무 문제가 되지 않는 사건을 각 지방에
> 서 경쟁적으로 검거하여 극적 광경을 나타내었다는 것과 의식 정도
> 가 저급한 피고들을 코민테른과 동일시한다는 것, … 사유재산제도
> 부인, 국체 변혁과 혼동하여 치안유지법 제1조를 적용하라는 것은
> 그 진의를 모르겠다는 것과 현실 사회적 경제기구로 보아서 그들이
> 가진 행동만은 물론 잘못이지만 남을 위하여 희생적으로 나왔다는
> 그 심리만은 동정할 여지가 있느니만치 일반 사회에서도 반분의 책
> 임을 져야 한다는 것이다. (조선일보 1936. 12. 13일자 기사 중)

마지막 공판은 1936년 12월 26일 속개되어 밤늦게까지 진행되었다.
재판 도중 누가 보냈는지 모르지만 소쿠리에 가득 담긴 빵이 들어와
동지들이 빵을 나누어 먹었다.

밤 12시에 판결이 내려졌다. 책임자였던 김홍배와 황동윤이 각각
3년, 이기홍과 오문현이 2년 6개월, 박태술이 2년, 나머지는 1년 6개월
에서 1년의 형을 각각 선고받았다. 3천 명 이상의 조사자와 50명 이상
의 기소자를 내고 재판 기간도 3년 이상을 끌었던 전남운동협의회에
대한 사법적 판결은 이렇게 종료되었다.

전남운동협의회 사건은 사회주의 계열의 청년들이 주도하여 지역
의 농민조직을 기반으로 추진한 조직적인 항일 저항운동 시도로서 일
제하 항일 독립운동의 맥을 면면히 잇는 중요한 사건이었다. 일제의
사법부는 치안을 어지럽히고 국기를 문란케 한 혐의로 청년들을 단죄

했지만 민족의 법정은 독립을 위한 항일 의지를 불태운 이들의 노고와 희생을 높이 평가할 것이다.

출옥 이후에도 계속되는 감시와 탄압

2년 6개월 형을 받은 이기홍은 1938년 늦은 봄이 되어서야 출소했다. 갓 신혼생활을 하던 1934년 2월에 체포되었으니 무려 4년 반 동안 외부와 격리된 구금과 감옥 생활을 한 것이었다. 2년 6개월의 형인데도 이렇게 긴 유폐가 되었던 것은 재판이 열리지 않은 미결수 신분 기간 중 단 365일만이 구속 일수에서 차감되었기 때문이었다. 이것은 구속된 동지들 모두가 당했던 불이익이었다.

수감 생활이 장기화되는 동안 이기홍이 가장 걱정하던 일은 이 사건으로 빚어졌을 농민조직의 붕괴와 이탈이었다. 그가 몇 년 동안이나 밤낮을 가리지 않고 온갖 정성을 기울여 가꾼 조직이 아니던가. 이기홍보다 1년 일찍 출소하게 된 동지 박노호에게 부탁한 것도 고향에 돌아가면 친목회를 만들어 두라는 당부였다. 그게 무슨 의미인지 두 사람은 서로 잘 알고 있었다.

이기홍이 수형 생활을 마치고 집에 돌아가자 아버지 이사열은 미리 담궈둔 사주(蛇酒)를 내주며 몸보신 하라고 먹였다. 평소 남들 이목에 띄는 조직 활동에 각별한 주의를 강조하며 충고했던 아버지에는 죄송한 심정뿐이었다. 하지만 이사열 역시 이 시대에 피해나가기 어려운 일을 겪고 있을 뿐이라는 것을 누구보다 잘 알고 있었다.

집에서 며칠 몸조리를 한 뒤 만난 박노호는 이미 갑계(甲契)를 조직하여 29명의 계원을 확보해 놓았고 그중의 9명은 비밀 모임이라고 했다. 갑계란 동갑끼리 친목 도모를 위해 만들어진 동갑계를 뜻한다. 물론 박노호나 이기홍은 계원이 아니었다. 둘 다 징역을 살고 나왔기 때문에 경찰의 주목을 받을 일을 하지 않는 것은 당연했다.

그러던 6월 어느 날 친구인 계원 하나가 계추렴을 한다면서 음식이나 같이 먹자고 이기홍을 찾아왔다. 동네 친구들끼리 갖는 공개적인 식사 자리라서 경계심 없이 음식을 먹고 왔는데, 경찰의 눈에는 이것이 좋은 기회였다. 이기홍이 드디어 움직여 미끼를 물어버렸다고 여긴 것이었다. 6월 중순경 경찰은 갑계원 29명을 모두 연행했고 계원이 아니었던 이기홍과 박노호도 함께 잡혀 들어갔다. 긴 감옥 생활에서 풀려난 지 불과 한 달여 만의 일이었다.

경찰은 수사를 통해 어떻게든 꼬투리를 잡아 갑계를 조직으로 묶어 처리해 보겠다는 야무진 뜻을 갖고 있었지만 9명은 철저히 함구하였다. 나머지 계원들은 박노호와 이기홍이 계원이 아니라는 것 외에는 아무 것도 몰랐으니, 경찰의 추궁에도 딱히 내놓을 게 없었다.

결국 그 해 연말인 12월 28일 모두가 풀려났다. 어떤 실행을 모의한 아무런 혐의가 없음에도 7개월 가까이 유치장 속에 갇혀 있었던 것이었다. 울분이 터지는 일이었지만 억울함을 호소할 방법도 없었다.

한 번 사상범으로 구속된 이기홍 앞에는 숨 막히는 감시의 덫이 늘 놓여있던 게 현실이었다. 그러한 감시와 제약은 이제 시작이었을 뿐 그 이후에도 계속 이어진다. 이즈음은 일제의 발악이 막바지로 향하고 있던 때였다.

일제 말기의 암울한 날들

보호관찰령에 따른 거주제한 조치

동네 청년들의 갑계 모임을 조직사건으로 엮으려던 경찰의 기도는 무산되었다. 하지만 이기홍은 그 탓에 6개월이 넘는 부당한 유치장 신세를 지고 연말에야 풀려났다. 1938년 말이었다. 씁쓸한 마음을 억누르며 집에 돌아와 새해를 맞았다. 당분간 몸과 마음을 쉬고 싶은 생각만이 가득했다.

그러나 바로 며칠 뒤인 1939년 1월 7일 광주의 사상범 보호관찰소가 보낸 뜻밖의 서신 한 통을 받았다. 그 내용은 거주제한을 명하니 광주의 보호관찰소로 오라는 통지였다. 피하고 싶던 일이 찾아온 것인데, 이 엄혹한 시기에 따르지 않으면 안 될 지상명령이었다. 점점 옥죄어오는 사슬에 숨이 막힐 정도였다.

일제는 1936년부터 '조선사상범보호관찰령'을 제정하여 좌익 독립운동을 하던 사상범들을 체계적으로 관리하고 감시하는 한편 이들에 대한 전향 공작을 체계적으로 전개하기 위해 법적 기반을 만들었다. 이때부터 경성부를 비롯한 전국의 대도시에 보호관찰소를 설치하여 비전향 사상범들을 수용하고 관리했다. 거주제한 영장은 이에 따른 것으로 역시 1936년부터 시행되었다.

사상범 보호관찰령에 의거하여 운영되는 보호관찰소는 경성, 평양,

함흥, 청진, 신의주, 대구 등 전국 주요 도시에 설치되어 있었고, 각 보호관찰소의 책임자인 소장은 대개 검찰의 차장검사가 맡고 있었다. 보호관찰소에서는 사상범들을 등급별로 분류하여 관리했다. 즉 우량 전향자와 양 전향자 그리고 비전향자로 구분했고, 비전향자는 다시 준전향자와 전향의 가능성이 전혀 없는 자들로 구분하여 각각의 성향에 맞게 보호처분을 받도록 했다. 광주 보호관찰소가 관할하는 전라남북도 지역의 대상자는 3백~4백 명 수준이었다.

이기홍은 체념한 듯한 심정으로 1월 10일경 광주 보호관찰소를 찾아갔다. 관찰소는 구 소년원 자리에 있었다. 소장은 '결정서'를 보여주었고 소장 옆에 있던 자가 "보호관찰령 O조 O항에 의거하여 광주부 일원에 거주제한을 명한다"는 내용을 읽어주었다.

기거해야 할 공간은 유린회 시설 내에 있는 주거 공간이었다. 본래 유린회(有隣會)는 형무소 만기 출소자로서 별다른 직업이나 정해진 주소지 없이 오갈 데 없는 사람들을 수용하는 사회사업 기관인데, 그 조직 안에 사상범만을 관리하는 사상부(思想部)가 따로 있어 사상범에 대한 보호관찰소 역할을 했다.

건물 1층에는 사상부 직원들이 기거하며 관리와 감시를 했고, 거주제한자들은 별도의 사상범 주거 공간에서 생활했다. 여기에 온 뒤 이기홍이 처음 만난 동지는 같은 거주제한 조치를 받고 와있던 신갑범과 최인수였다. 신갑범은 제4차 공산당에 관계되었던 제주 사람이었고, 최인수는 해남 사람으로 일본의 나고야에서 노동운동을 하다가 강제 소환당해 이곳으로 왔다. 나중에는 김홍배도 함께 만나게 되는데 전남운동협의회 사건 이후 3년 형을 마치고 출소한 뒤 목포에서 지내다 거주제한을 당했다.

거주제한자들은 보호관찰소로부터 숙박 장소와 이불만을 제공받았고 매월 1인당 12원씩 지급되는 보조금을 받아 생활했다. 활동 영역의 제한은 있었지만 광주시 일원은 어디든 자유롭게 다녀올 수 있었고, 기타 멀지 않은 지방을 다녀올 경우에도 사전에 보고만 하면 별 문제가 되지 않았다.

그러나 거주제한자라는 꼬리표가 붙은 것 자체가 스스로에 대한 자기검열을 할 수밖에 없는 족쇄가 되었다. 교도소가 아니니 두 발로 자유롭게 이동할 수 있었지만 정신적으로는 감옥에 있는 것과 다름없는 구속감을 떨치기 어려웠다. 보이지 않는 끈이 발목에 묶여 있다는 것을 의식하는 순간부터 행동과 정신은 제약되며, 아무 것도 자유의지로 할 수 없다는 무력감이 찾아오게 마련이었다.

거주제한지에서 개설한 야학

무기력한 시간들이 이어졌다. 실내에 누워있거나 멍하니 앉아 있는 시간이 많아졌다. 하루 종일 밖에 나오지도 않고 처박혀 있는 때도 잦았다. 형무소 생활보다 더 지루한 시간이었다. 감옥에 있는 동안에는 출소하면 열심히 해야 할 일이 있다는 생각에 하루도 빼지 않고 꾸준히 운동하며 정신을 놓치지 않았다. 그러나 막상 출옥한 후 만난 현실은 열정을 다해 해야만 하는 일이 없다는 것이었다.

청년들이 칩거하는 모습이 딱해 보였는지 보호관찰소 관계자가 오히려 밖으로 나가서 아무 일이라도 해보라고 권유할 정도였다. 당시 광주천은 제방이 없는 때여서 큰 비가 아니더라도 자주 넘치곤 했다. 그럴 때마다 무등산에서 떠내려 온 잡목과 돌덩이 등을 치우는 하천 정비 작업이 벌어졌는데 작업에 나가면 하루 일당 50전을 받을 수 있었다. 의무적으로 일을 해야 하는 것은 아니었지만 무료하기도 하고 보호관찰소의 권유도 있어 며칠 작업을 해보기도 했다. 하지만 일당도 적었거니와 별 의미가 없어 이내 그만두었다.

이기홍처럼 평소 활동적으로 지내던 사람이 무료한 시간들을 기약 없이 보낸다는 것은 참기 힘든 고역이자 고문이었다. 어느 날 이기홍이 신갑범과 최인수에게 진지하게 의견을 물었다. "이렇게 지내다간 우리 셋 다 폐인이 될 것 같소. 뭔가 의미가 있는 일을 해야 할 것 같은데, 야학을 한 번 해보면 어떻겠소?" 두 사람 역시 같은 고민을 하고 있던 처지였으니 좋은 생각이라며 찬동했다.

문제는 이들의 현재 처지로 보아 야학을 운영할 수는 있을지, 허락을 받을 수는 있을지가 고민이었다. 그래도 야학에 대해서는 일제시대 내내 비교적 관대한 면이 있었기 때문에 방법을 찾아보기로 했다.

그때만 해도 문맹자는 많고 배운 사람은 적고 공교육은 태부족이어서 도시와 농촌을 가릴 것 없이 야학이 열리면 많은 사람들이 찾아왔다. 일제 당국도 항일의식을 고취하는 온상이 될 수 있다는 경계를 하고는 있었지만, 식민지 조선인들이 최소한의 교육 수준을 갖는 것은 노동력 활용 측면에서 나쁘지 않다고 보았다. 그래서 반체제적인 의식화 교육이 아니라면 순수한 문맹 퇴치 교육은 용인하고 있었다.

이러한 측면들을 고려하여 셋이서 의견을 나눈 끝에 나온 방안은 수업 과목에 일본어를 넣자는 것이었다. 그럴 경우 바깥에서 바라보는 불필요한 의심과 경계의 시선을 불식시킬 수 있고 좀 더 자유로운 여건에서 학생들과 만날 수 있기 때문이었다.

가야 할 방향이 정해지자 다음날부터 적절한 장소를 찾아 셋이서 광주 시내를 돌아다니기 시작했다. 뭔가 새로운 일을 도모하면서 걷자 그동안에 소멸되어 사라졌던 몸 안의 생기가 어느덧 다시 돌아나기 시작했다. 그렇게 주변을 유심히 훑어보며 걷던 중 북동에서 '북동 유치원'이라 쓰인 간판이 눈에 띄었다. 유치원이라면 적절한 교육 공간이 있을 것이고 낮에만 열리는 곳이니 밤에 사용하면 야학 공간으로는 더 이상 바랄 나위가 없었다.

이곳이다 싶어 곧바로 동장(당시는 町長)을 찾아갔다. 당시 유치원은 동에서 운영, 관리하는 곳이었기 때문이었다. 야학에 적당한 장소를 찾다가 여기에 왔다며 사정을 얘기하자 동장은 오히려 고마운 일이라며 선뜻 응해주었다. 아무래도 일본어 교육을 하겠다는 계획이 호의적인 반응을 얻어낸 것 같았다.

장소가 정해지자 본격적으로 야학생 모집에 들어갔다. 인근 지역에 벽보도 붙이고 직접 사람을 만나기도 하면서 한 달 동안 부지런히 뛰어다닌 결과 38명의 학생이 모집되었다. 첫 시작이라 쉽지 않았는데 상당한 수의 학생이 모집되어 많이 고무되었다. 모집된 야학생들의 대다수는 남의 집에서 일하는 여성들이었다.

강사는 이기홍, 신갑범, 최인수가 나눠서 담당하기로 했고, 보호관찰소로부터 세 명이 지급받는 36원으로 쌀을 사고 판자 등을 사와 의자와 책상을 만들고 공책도 마련했다. 일본어를 보급시킨다는 명목을 내세워 일본어 외에 조선어와 산수를 가르쳤다. 돈도 부족하고 전기도 들어오지 않아 조건은 열악했지만 서로 최선을 다하자고 격려하며 야학을 운영해나갔다.

그러던 어느 날 조선총독부 참의원을 지내던 현준호(玄俊鎬) 씨가 야학을 방문한다고 했다. 현준호는 영암의 학파농장을 운영하는 지주로서 조선 사람에게 주는 조선총독부 중추원 참의라는 직함을 갖고 있었고 호남은행의 두취(頭取), 즉 은행장으로 있던 사람이었다.

그는 신발을 벗고 들어오려고 하다가 입구가 캄캄한 것으로 보고

"왜 이곳은 불을 켜지 않느냐?"고 물었다. "돈이 없어서 아직 불을 켜지 못했다"고 했더니 유치원 안을 더 둘러본 뒤 흑판과 책상이 낡고 부족한 것을 보고 61원 80전을 주었다. 그 돈으로 불을 밝히고 흑판과 책상을 사라고 하면서 열심히 하라고 격려하고는 돌아갔다.

'북동 야학'은 지역민들에게 점점 알려졌고, 나중에는 종연방직 여공들만을 위한 수업시간도 따로 마련했다. 두 명이 앉을 의자에 세 명이 몸을 붙이고 끼어 앉아 수업을 듣는 학생은 한 반에 70명이 넘을 정도였다. 야학 교사들을 깍듯이 대하는 학생들의 태도에 교사로서의 깊은 책임감을 새삼 다짐하곤 했다.

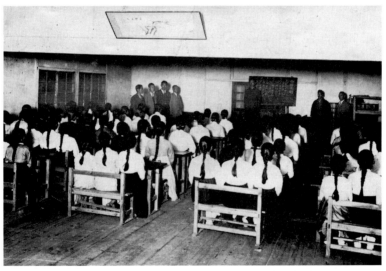

종연방직(현 전방·일신방직) 여공 야학 시절. 왼편에 서있는 키 큰 이가 이기홍

이기홍의 머릿속에는 10년 전 낙향하여 고금도에 돌아갔던 때가 불현 듯 스쳐갔다. 이현열을 만나 새로운 사상을 배우며 느꼈던 뜨거운 희열, 그로부터 배운 것들을 농민반의 청년들에게 가르칠 때의 벅찬

보람, 이솝 우화 같은 얘기들을 나누며 함께 웃고 탄식하던 공감들이 아스라이 기억의 틈새로 흘러 지나갔다. 그때와는 가르치고 배우는 내용도 다르고 사람도 다르지만 '무지'에서 '앎'으로 나아가는 기쁨을 함께 나눈다는 것은 다를 바 없었다. 이 젊은이들이 모두 우리 민족을 이끌어나갈 미래의 자산들이었다.

장기간에 걸친 수형 생활로 육체적으로는 물론 정신적으로 상당히 지쳐있었고, 그토록 헌신적이고 열성적으로 활동했던 농민운동의 조직이 와해됨에 따라 아무 것도 할 수 없다는 무력감이 적지 않던 시간이었다. 기대가 컸던 출소 후에는 오히려 벌거숭이처럼 노출된 감시가 있었고, 심지어 거주제한까지 당하고 나자 무장 해제된 나약한 인간의 모습으로 돌아와 있었다. 그 깊은 정신적 충격의 심연에서 서서히 회복의 신호가 찾아오고 있었다.

'북동 야학'의 활동이 언제까지 지속되었는지는 이기홍 자신도 기록을 남기지 않아 확실히 알 수 없지만, 일제의 민족말살 정책이 본격화되어 활동이 제약될 때까지는 어느 방식으로든 이어졌을 것으로 보인다. 다만 한 장 남아있는 야학 사진은 거주제한을 받던 시절 몸부림쳤던 이기홍의 흔적이라는 것을 말해주고 있다.

만해 한용운과의 짧은 만남

이기홍에게 만해 한용운 선생은 마음속에서 존경해 마지않았던 독립운동가이자 탁월한 사상가였다. 수많은 독립운동의 지도자들이 초기의 기개와는 달리 변절을 거듭하며 실망을 주었지만 만해는 단 한 번도 일제에 타협하거나 굽히지 않았던 분이었다. 또 만해는 승려로서 "부처님의 가르침을 우리 민족의식과 결합하여 조국의 독립만을 위해 일생을 바쳐온 민족불교 지도자"였다.

이기홍은 3·1운동 당시 한용운 선생이 작성한 독립선언서 초안이 있었는데 "33인의 회의에서 내용이 너무 과격하여 채택이 기각되었다"고 기억하고 있었다. 지금까지 1919년의 기미 독립선언서에서 만해가 작성한 부분은 말미의 '공약 3장'이라고 세상에 알려져 있지만, 이기홍의 증언에 따르면 만해가 작성한 독립선언서 초안이 이미 있었다는 것이다.

이 문서는 3·1운동 이후 일경에 수감된 만해가 폐기된 이 선언서 초안을 우리 민족에게 알리겠다는 생각으로 형무소 감방에서 간수의 눈을 피해 재작성한 뒤 외부에 유출시켜 상해 임시정부에 보내 『독립신문』을 통해 발표되었다는 것이다.

이 문서는 후일 '조선 독립의 서'라고 알려진 중요한 문건인데, 이기홍은 기존 최남선의 기미 독립선언서가 너무 온건하고 타협적이며 어려운 문구와 화려한 수사로 가득 차 있는 반면, "한용운 선생의 초안 내용은 우리 민족의 독립은 단결과 투쟁 없이는 이루어질 수 없다는 독립 결의를 그대로 선언한 것으로서 민족사적 의의가 현재 전해진 독립선언문보다 몇 배 이상 투철하고 구체적인 노선을 제시한 것이었다"고 평가하고 있다.

만해가 남긴 '조선 독립의 서'의 서두는 "자유는 만물의 생명이요, 평화는 인생의 행복이다. 그러므로 자유가 없는 사람은 죽은 시체와 같고 평화를 잃은 자는 가장 큰 고통을 겪는 사람이다"는 구절로 시작되어, "각 민족의 독립 자결은 자존성의 본능이요, 세계의 대세이며, 하늘이 찬동하는 바로서 전 인류의 앞날에 올 행복의 근원이다. 누가 이를 억제하고 누가 이것을 막을 것인가"라고 맺고 있다.

만해의 투철한 민족의식과 꼿꼿한 저항정신은 이기홍에게 깊은 흠모의 대상이었다. "한용운 선생은 우리 조국이 망국한 이래 오늘에 이르기까지 조국 독립을 위해 투쟁한 지도자 중 내가 누구보다도 숭배한 선생님"이라는 이기홍의 고백이 이를 말해준다. 그러나 이렇게 숭배하던 분을 직접 뵌 적은 한 번도 없었는데, 우연한 계기로 친견의 기회가 생겼다. 그 계기는 동아일보 폐간 이후 장인과 함께 백관수 선생을 방문하면서 이루어졌다.

1940년 8월 동아일보와 조선일보가 일제의 의해 강제 폐간되어 조선에는 총독부 기관지인 일문판 경성일보와 한글판 매일신보만 남았다. 1920년 이후 20년 만에 우리 신문이 없는 언론의 암흑시대가 온 것이다. 당시 동아일보 사장이었던 백관수 선생은 끝까지 폐간계(廢刊屆)에 도장을 찍지 않아 1개월간 종로경찰서에 수감되었다가 풀려나 두문불출하고 있었다. 이 소식을 들은 이기홍의 장인인 오석균 선생이 위문차 방문을 하는 길에 사위인 이기홍을 대동하기로 하였다. 오석균 선생은 백관수 사장과 평소 깊은 교분이 있던 사이였다. 이기홍은 머물고 있던 광주의 보호관찰소에 집안일을 핑계로 며칠의 시간을 허락받았다.

1940년 10월이었다. 장인인 오석균 선생과 함께 상경하여 백관수 사장의 집을 찾았는데, 그 자리에 마침 한용운 선생, 백남운 선생과 그 외에 다른 세 분이 와 계셨다. 이기홍은 기대하지 못한 상면에 가슴이 뛰었다. 일행들에게 오석균 선생은 "전남운동협의회 사건으로 4년여 옥고를 치르고 나온 내 사위"라며 이기홍을 소개했다.

이날은 백관수 선생을 위로하기 위해 모인 것으로 그간의 정황과 그의 심경을 듣는 자리였다. 이기홍은 백관수 선생과는 사상적인 지향점이 달랐으나 동아일보 폐간 사건이 일제의 우리 문화 말살의 일단면이므로 당시 대화에 대한 기록을 남긴다고 했는데[3), 그 장면을 소개하는 것도 의미가 있을 것이다. 백관수 선생은 비통한 심정으로 일행에게 저간의 과정을 설명하였다.

"우리 민족 기관지와 같은 동아일보사를 끝까지 지키지 못하고 강제 폐간 당했으니 그것 하나 못 지킨 나는 자네들에게 볼 면목이 없네. 폐간할 것이라는 말을 듣고 사인과 사장인을 칼끝으로 쪼아 문자를 모르게 만들어 놓았는데, 그들이 가지고 온 폐간 서식은 '폐간 명령서'가 아니고 동아일보가 자진 신청한 '폐간 신청서'였네. 도장을 찍으라고 했으나 파괴해 버렸다고 하니 그 도장도 내놓으라고 다그쳤는데, 내 손으로는 내놓지 않자 서랍을 수색한 끝에 가지고 갔지."

백관수 사장은 "목숨을 걸고 끝까지 싸우다가 역부족으로 빼앗길지언정 가만히 앉아서 당하기만 해 민족 앞에 죄송하고 부끄러울 뿐이며 더욱이 청춘을 고스란히 바쳐 조국 독립을 위해 싸우는 자네들과 같은 애국 청년들에게 무어라고 할 말도 없고 볼 면목도 없다"는 말씀을 되풀이하셨다. 그리고 이기홍에 대해서는 특별히 "자네가 관련된 전남운동협의회 사건은 보도 금지가 해제되자 1934년 9월 8일 동아일보 1면 전면에 게재했고 검거 3년 후인 1936년 말까지 이 운동을 15~16회 다루며 큰 관심을 가지고 오늘도 생생하게 기억하고 있다"라며 각별한 관심을 가져 주셨다.

곁에 있던 한용운 선생과 백남운 선생은 전남운동협의회에 대한 애기가 나오자 흥미롭게 반응하며 3,000명이 넘는 거대한 조직이 어떻게 비밀리에 운영되고 활동했는지 상세히 물으셨다. 이기홍이 물음에

---

3) 만해와 만남에 대한 기록은 이 책을 준비하던 중, 이기홍 선생의 구술 기록 중 기존 기록에 없던 다른 내용이 안종철 선생이 제공한 자료에서 확인되어 여기에 처음 수록하는 것이다 - 필자.

성의껏 답한 얼마 뒤 한용운 선생은 약속이 있다고 자리에서 일어나면서 이기홍의 손을 꼭 잡으며 말했다.

"오늘 우리의 민족 독립운동이 숨 막힐 정도로 억압 말살되고 있는 정세하에서 자네들이 투쟁한 전남운동협의회가 세상에 알려진 것은 민족의식 강화와 독립운동에 무엇으로도 비교할 수 없는 큰 영향을 주었고 앞으로도 줄 것이네."

한용운 선생은 곧 자리를 떴다. 이렇게 만해 한용운 선생과의 짧은 만남이 끝났지만, 격려의 말 한마디와 굳게 잡아준 손에서 뜨거운 감격을 느꼈다. 평소 흠모했던 큰 사람과의 만남은 순간의 동석만으로도 커다란 여운을 남겨주게 마련이다. 한결같은 저항의식으로 일제의 어떤 회유와 압박에도 굴하지 않았던 그분의 정신이 이기홍의 가슴에 짙게 전해졌음은 짐작하기 어렵지 않다.

기개가 꺾인 옛 동지들

옛 동지들은 지금 무엇을 하고 있을까? 광주에서 주거제한에 묶여 있던 이기홍이 시간이 날 때마다 떠올리던 궁금증이었다. 가깝게는 전남운동협의회 사건에 연루되었던 수많은 동지들, 멀리는 광주학생독립운동에 참여했던 어릴 적 동지들까지 지금 어떤 모습으로 살아가고 있는지 궁금하기 짝이 없었다.

야학 활동을 이어가면서 최소한의 실천을 하고 있다는 위안을 하는 가운데도 자신이 있어야 할 자리가 여기인지, 상황을 핑계로 안주하며 정체돼 있는 것은 아닌지 자문하곤 했다. 그런 심정은 뜻 있는 다른 동지들도 마찬가지였는지 서로가 하나 둘씩 소재가 확인되고 연락되며 비밀스런 모임이 만들어졌다. 대체로 1941년 무렵 최석두, 최규창, 황영구를 비롯하여 한두 명씩 만나던 것이 뒤늦게 광주학생독립운동의 배후 지도자였던 장재성까지 합류하면서 다섯 명이 되었다.

장재성은 그 사건 이후 4년여의 투옥 생활을 거쳐 일본 유학, 재입국, 투옥 등의 우여곡절을 겪다가 최근에야 광주에 돌아와 있었다. 최석두는 광주농업학교 제2차 학생 비밀조직 사건으로, 황영구는 서울의 제2고보 독서회 관련 사건으로 각각 2년을 복역한 바 있었다. 한편 유일하게 직업을 갖고 있던 최규창은 이때 도청에 취직하고 있었는데 역시 광주학생독립운동 당시 성진회 관련으로 1년을 복역했고 1928년에는 광주고보 동맹휴학 투쟁으로 구속된 적이 있었다.

이렇게 다섯 명이 조심스럽게 모임을 유지하며 현재의 정세와 전망에 대한 이야기들을 나누었다. 일제가 태평양전쟁을 벌이며 총력 전시체제에 들어가자 국내에서 수탈과 동원은 점점 가중되어 민중의 고통은 극에 달하고 있었던 반면, 미국과의 전쟁이 결국 일제를 패망으로 이끌 것이라는 고무적인 전망들이 고개를 들었다. 이 시기에 북만주 일대에서는 항일 무장투쟁이 벌어지고 있었고, 국내에서는 소규모의 항일 비밀결사 조직들이 곳곳에서 생겨나고 있었다.

항일 비밀결사들은 사상적으로는 여러 갈래였지만 사상적 차이에 관계없이, 결정적 시기에 무장봉기를 해야 한다는 의견과 일제 패망 이후 조선 사회를 재구성하기 위한 준비를 미리 해야 한다는 의견 등은 중요한 이슈였다. 워낙 엄혹한 시기였기 때문에 국내에서 대규모의 항일 투쟁은 벌어지지 않았지만 일제의 각종 시설에 대한 파괴나 방화, 일본 인사에 대한 테러, 관공서 습격 등 비밀결사와 연계된 소규모의 항일 투쟁이 끊임없이 이어졌다. 이러한 일들은 태평양 전쟁이 후반으로 치달으면서 일제 패망의 날이 가까워졌다는 전망과 무관치 않았다.

다섯 명의 비밀 모임 동지들은 국내외 상황이 점점 급박하게 돌아가고 있음을 주목하며, 광주학생독립운동 당시의 동지들을 규합하여 할 수 있는 일을 찾아보자는 의견을 모았다. 1943년 무렵이었다. 이에 앞서 당시 퇴학 이상의 처분을 당한 광주, 전남 지역 동지들의 동태를 파악해보기 위해, 먼저 그들의 숫자와 거처 및 현재의 여건과 입장 등을 파악해보기로 했다. 그 수는 대략 450명 정도가 되었다.

각자가 지역을 나누어 전체 광주 전남 지역 중 나주, 함평, 목포, 영암, 여수 등을 분담하여 조사에 나섰다. 당사자를 직접 만나는 대신 그 지역의 믿을 만한 동지들을 통해 그들에 대한 평판이나 현재의 사상적 입장과 활동 등을 구체적으로 파악할 수 있었다. 탐문 결과는 매우 충격이었다. 마음을 터놓고 얘기를 할 수 있는 사람은 전체의 10분의 1도 안 되는 31명 정도였다. 나머지인 대부분의 옛 동지들은 총독부의 식민지 정책에 직간접적으로 참여하거나 협력하고 있었다.

조사 결과는 큰 실망과 좌절감을 안겨 주었다. 일제의 서슬 퍼런 식민지 통치가 장기화되면서 과거 기세등등했던 젊은 의기들은 소리 없이 꺾여나가고 무관심과 굴욕의 길을 가고 있었다. 파릇한 기개의 청년들은 변절과 굴종을 강요하는 일제의 악마적인 굴레 속에서 변질되어 가며, 현실에 타협하고 안주하고 있었다. 그게 대다수의 옛 동지들이 누리고 있는 현재의 삶이었다. 이들과 함께 무엇을 새로이 도모한다는 것은 생각할 수도 없었다.

허무한 결말이었다. 동지들은 과거 광주학생독립운동 동지들을 묶어 모종의 시도를 하겠다는 생각을 완전히 접었다. 위험부담만 많고 실효성 있는 활동은 전혀 기대하기 어려웠다. 이기홍을 비롯하여 모임을 주도할 동지들이 이미 경찰의 손아귀에서 철저히 통제되고 있는 상황에서 섣부른 시도는 자멸의 길이나 다름없었다.

결국 현재의 비밀 모임이라도 조심스럽게 유지하며 정세의 변화를 지켜보며 준비를 하기로 하였다. 이기홍이 당시 특히 가까이 지낸 사람은 황영구였다. 그는 성능 좋은 라디오를 가지고 있었는데, 둘이서 신사참배를 가장하여 광주공원의 계단을 오르내리면서 라디오를 통해 얻은 내용을 토대로 세계정세에 대한 소식과 제2차 세계대전의 전세 등에 대한 소식을 접할 수 있었다.

민족 말살의 조선인 전위대, 국민총력연맹

1937년 7월 발발한 중일전쟁을 시발로 전시 체제에 들어선 일제는 소위 '대동아전쟁(大東亞戰爭)'과 함께 전시 동원체제를 본격적으로 확대했다. 대동아전쟁이라는 용어는 일본과 연합국 사이에 벌어진 태평양전쟁에 대해 일본 정부가 스스로를 자부하여 부르던 명칭으로 1941년부터 사용되었다.

대동아전쟁에는 대동아공영권이라는 거창한 논리체계가 뒷받침되어 있었다. 일본이 점령한 아시아 각국은 서양세력과 싸워야 하는 하나의 블럭(bloc)이자 공동의 운명체임을 내세운 '대동아공영권(大東亞共榮圈)'은 부족한 전쟁물자를 아시아의 피점령지 각국으로부터 자발적으로 수탈할 명분을 만들기 위해 정교하게 고안된 논리였다. 일제에 의해 이미 최장 기간인 수십 년의 식민지 통치를 받아온 조선은 여기에서 최대의 피해자이자 가장 혹독한 수탈 대상이 되었다.

일제는 우리 민족을 소모품으로 삼아 일본군의 총알받이로 삼고 강제 징용으로 위험한 노동의 사지에 몰아넣었다. 식량을 비롯한 생필품도 악명 높은 공출이라는 강제수단으로 모조리 강탈해갔다. 우리 민족의 뿌리를 말살하기 위해 우리글과 말을 없애고 이름까지 바꾸는 창씨개명까지 강요하였다. 이 과정에서 간과해서는 안 될 부분은 일본의 정책 강행에 일본인 이상으로 열성적으로 앞장선 자들은 예외 없이 전부가 조선인 관공리였다는 점이다.

일제 말기에 총독부의 각급 통치 기관에 임명되어 복무한 조선인 공무원은 행정·교육·경찰·경제 기타 각 기관에 걸쳐 수십 만 명에 달했는데 이들은 대부분 확고한 친일세력이 되어 있었다. 그러나 일제는 여기에 만족하지 못하고 밑바닥에 흩어져 분산되어 있는 친일 세력을 총망라하는 조직을 만드는데, 이것이 바로 1941년 10월 설립된 국민총력조선연맹(國民總力朝鮮聯盟-이하 총력연맹)이다.

총력연맹은 부락, 면, 군, 도별로 조직되어 중앙본부의 지휘 하에 운영되었고 각급 행정기관의 지도를 받았다. 총력연맹 안에는 일본인이나 조선인 공무원은 한 명도 없었고 당시 유지로 자처하는 친일 인사들이 중심이 되었다. 그 조직 체계는 하부에 리(里)총력연맹, 면(面)총력연맹, 군(郡)총력연맹, 도(道)총력연맹이 그리고 국민총력연맹 중앙본부로 이어지는 체계를 갖추었다. 각 단의 연맹마다 이사장이 있고 이사와 각 부서가 있었다.

민간인 조직의 외피를 갖고 있었지만 지역 말단까지 촘촘히 파악하고 관리하며 총독부의 지침을 수행할 조직이 바로 국민총력연맹이었다. 총력연맹을 통해 징병과 징용 해당자는 물론 각 가정이 소지한 물품의 종류와 수량은 말할 것도 없고 소와 돼지, 심지어 축견(畜犬) 소유 여부까지 빠짐없이 조사 파악되어 수탈의 대상이 되었다. 악명 높은 쌀 공출 및 기타 금속 식기를 비롯한 물품의 공출, 그리고 부녀자들의 금비녀와 금반지까지도 강제 헌납 형태로 이 조직을 통해 모조리 수탈되었다.

징용과 공출을 독려하러 나온 공무원은 한두 명에 불과했지만, 그 부락 총력연맹 이사를 비롯한 간부들이 앞장서서 목표한 것들을 샅샅이 찾아내었다. 총력연맹은 식민지 전시 지배와 수탈 정책에 있어 마치 말초신경과 같이 탐지했고 모세혈관과 같이 민족의 피를 남김없이 빨아들였다. 악명 높은 '위안부' 인력의 색출에도 이 조직이 앞장섰다. 총력연맹은 우리 민족의 실태 파악과 수탈을 위해 마치 참빗질을 하여 서캐까지도 찾아내는 철저한 민족 말살의 수족이 되었다.

총력연맹은 우리 민족의 생명과 필수품의 강탈에 앞장섰을 뿐만 아니라 일제 식민지의 기본 정책인 조선 민족의 존재를 역사 속에서 흔적도 없이 말살하여 그들이 말한 천황의 백성, 즉 황민화(皇民化) 정책을 강행하는 데도 최선두에 서서 지휘했다. 국어(일본어) 상용과 창씨개명을 관의 지시 하에 거의 100% 단시일 내에 실천한 것도 전적으로 이들의 공로였다.

부락민들은 하루의 활동을 시작하기에 앞서 부락 총력연맹 이사장의 지시에 따라 사람들을 국기게양대 앞에 정렬시켜 일장기를 올리고 경례한 다음, 일본화 정책의 핵심인 황국신민의 서사(皇國臣民誓詞)를 이사장의 선창 하에 외치고 해산하도록 했다. 이것은 비가 오는 날만 제외하고는 연중 매일 강행되는 일정이었다.

황국신민의 서사는, 나는 황국(일본) 신민임을 감사하고 충성을 다하여 나라에 보답하겠다는 내용을 요지로 한 3개항의 짧은 결의문으로 1937년 말부터 보급되고 시행되었다. 성인용과 아동용으로 구분되어 있었고 크고 작은 행사를 시작하기에 앞서 반드시 일본어로 암송토록 했다.

이기홍이 이를 처음 접한 것은 전남운동협의회 사건으로 목포 형무소에서 복역하던 말년의 시기였다. 식사 시간 때마다 재소자 모두가 일제히 큰 소리로 암송을 마치기 전까지는 누구도 밥을 먹을 수 없었다. 나라를 빼앗긴 것에 그치지 않고 이제는 황국의 신민임을 매일 의무적으로 외쳐대야 했다. 단순하지만 무서운 세뇌 공작이었다.

총력연맹이 각 가정에 권장하던 것이 또 있었다. 가정마다 폭 10센티미터, 길이 20센티미터 가량의 판자로 사람 가슴 높이의 선반을 달고 그 위에 일본 민족의 개국시조라는 천조대신(天照大神, 아마테라스 오미카미)이라는 문자가 인쇄된 폭 10센티미터, 길이 7센티미터 가량의 표찰을 그 위에 붙여 모시라고 했다. 이것을 집집마다 설치하도록 지시하여 한 달에 몇 번씩 집마다 찾아가 조사했고 가족이 그 앞을 지날 때마다 허리를 굽혀 절을 하도록 했다. 민족의 시조마저 개조하여 경배하도록 하는 추태를 강요한 것이다.

당시 조선의 젊은이들에게 가장 무서운 것은 노무 징용이었다. 각 면마다 발급되는 징용 명령장은 사형 언도서와 같아서 큰 공포의 대상이었다. 한 번 가면 어디로 끌려갈지 언제 돌아올지 기약이 없는 길이었기 때문이다. 총력연맹은 황국의 정책에 불성실하게 대하는 사람은 징용 대상이라는 협박으로 공포심을 조장하였고, 이를 두려워한 가정에서는 서둘러 창씨개명에 나서고 적극 협력하여 그들의 눈 밖에 나지 않으려 애썼다. 총력연맹은 최일선에 있는 지방의 말단일수록 더욱 막강을 권한을 행사하며 일제의 충실한 주구 노릇을 하였다.

이처럼 일제의 사회통제 시스템이 민간 영역을 동원한 총력연맹을 가동하여 치밀하게 가동되자 여기에 자진하여 적극 동조하고 협력하는 가정도 나타났다. 당시 지방의 각 면에는 전 가족이 아침부터 밤까지 일본말만 사용하는 가정이 상당수 있었다. 일제는 이런 집에 대해 군청에서 심사하여 '국어 상용 가정'이라는 큰 간판을 달아주고 칭송하며 여러 면에서 우대했다. 굳이 안 해도 될 과잉충성으로 일제의 선심을 사려던 군상들이었다.

이기홍은 그들 중 두 가정을 잘 알고 있었는데 모두 동네의 부유한 유지였다. 그런 가정들의 그 후 삶은 어찌 되었을까. 이기홍은 "일제가 패망한 해방 후는 물론 그 후까지도 여전히 부유하고 자손들도 세상에 출세하여 잘 살고 있다는 사실만 언급해 둔다"며 개탄스런 심정을 남겼다.

일제의 마지막 발악이 극점을 향해 치닫던 시기, 우리 민족 구성원 내부의 분열은 극심했다. 변절한 지도자와 사회지도층들은 청년들을 향해 학도병에 참여하여 대일본제국의 승리를 위해 영광스럽게 몸을 던질 것을 선동하였고 총력연맹의 간부들은 민중의 마지막 남은 물질과 육체와 정신을 모두 일본의 전쟁 자원으로 쏟아 붓도록 동원하기 위해 영혼을 불살랐다.

일제라는 큰 적을 제외하더라도 우리 민족 내부에는 용납하기 어려운 갈등구조가 굳어지고 있었다. 일제 강점과 함께 시작된 이러한 구조는 일제 말기에 극에 달하였고, 이는 그 후 한국 현대사의 진로를 왜곡하는 걸림돌로서 우리 민족이 마주한 커다란 숙제가 되었다.

비전향자에 대한 대화숙(大和塾)의 세뇌교육

일제는 1936년 '조선사상범보호관찰령'에 의거하여 사상범에 대한 거주제한 및 교화를 골자로 하는 사상범 보호관찰소 설치를 시작한 이후 중일전쟁과 태평양전쟁으로 이어지는 전시(戰時) 파시즘 시대를 맞으면서 이를 더욱 치밀하고 체계적으로 관리해왔다. 1938년 7월에는 민족운동 또는 좌익운동과 관련된 사상 전력자 중 친일로 변절한 전향자 2,000여 명을 중심으로 보호관찰소의 외곽단체인 시국대응전선사상보국연맹(時局對應全鮮思想報國聯盟), 약칭 보국연맹을 결성하였다. 그 후 사상 정화 작업을 더욱 효과적으로 진행하기 위해 1940년 말 '보국연맹'을 해체한 뒤 각 지역의 보호관찰소를 독립재단인 지역별 대화숙(大和塾) 체제로 통합하여 재조직했다.

1941년 1월부터 본격 운영된 대화숙(大和塾)은 일제 말기 사상전향자들이 모두 망라되어 있는 관제 단체이자, 비전향자들을 대상으로 사상 개조 사업을 담당하는 핵심 단체였다. 대화숙은 기관지인『사상보국』을 발행하며 사상 전향을 선전하고 회유하는 한편, 내선일체와 일본 천황에 대한 충성 등 황국신민화를 위한 일제의 논리를 홍보하고 전파하는 데 주력했다.

대화숙은 군국주의적이고 파쇼적인 단체였던 반면 그 구성원은 항일 운동에서 전향한 집단, 즉 친일적인 사회주의자들이었다. 이들은 본래 친일 인사가 아니라 얼마 전까지 독립운동을 하던 항일 인사들이었고, 사상적으로는 사회주의자가 대다수를 차지했다. 따라서 대화숙은 이전의 혹은 현재의 항일 인사들을 확실한 변절자로 만드는 데 총력을 다하는 한편, 극단적인 상황이 오면 이들을 효과적으로 제거하도록 일괄 관리하는 도구로 기획되었다. 6·25 직전 이승만 정권이 만든 관제단체인 '보도연맹'은 이 단체와 판박이였다.

당시 조선에는 비전향자로 분류된 항일투사들이 제주도에서 간도에 이르기까지 전국적으로 수천 명이었다. 그중 당국이 극히 위험하다고 분류한 300여 명은 수원에 있는 사상범 예방구금소에 구금시켰다. 예방구금소에 일단 구금되면 2년마다 재심을 하는데 재심을 할 때 사상전향 성명을 내면 석방되고, 전향을 거부하면 다시 구금되었다. 자신의 사상을 목숨처럼 소중히 여기던 항일투사들에게는 종신징역이나 다름없는 끔찍한 제도였다. 이러한 제도와 관행이 해방 후에도 이승만 정권과 박정희 정권에서 면면히 이어져 내려왔음은 잘 알려진 사실이다.

대화숙 체제가 되면서 기존의 각 지역 보호관찰소의 귀속 대상자들은 모두 대화숙에 가입하여 이념 교육을 받아야 했다. 특히 경성 대화숙에서 진행되는 교육은 기간이나 내용에서 매우 강력했다.

1943년 6, 7월경 이기홍은 최석두와 함께 대화숙 산하의 '일본정신연구회'에서 주최하는 강습에 참여하라는 지시를 받고 서울에 올라왔다. 전국에서 올라온 참석자 수는 150여 명 정도였다. 강습 장소는 경성 대화숙으로 오늘날 충정로의 아현동 근처에 있었다. 이 자리는 신사참배 거부를 이유로 폐쇄되었던 경성 성경학교가 있던 곳이었다.

오전에는 주최 측의 연구 발표가 있었고 오후에는 외부 인사들의 강연과 교육이 이어졌다. 강사는 경성제국대학을 비롯한 당시 조선 내의 최고 수준의 학자들, 그리고 조선군보도부, 국민총력조선연맹본부, 해군무관부 등 관변 기관의 외부 강사들이었다.

교육의 핵심은 역사적, 인류학적 고찰을 통해 일본 황도(皇道)정신 진작과 내선일체의 심화에 정당성을 부여하는 끊임없는 세뇌공작이었다. 이기홍은 경성 대화숙에서 이러한 교육을 1943년과 1944년에는 각각 일주일씩, 그리고 8·15 직전인 1945년에는 한 달 동안 등 총 세 차례 받았다. 이처럼 비전향자에 대한 정신교육이 갈수록 강화된 것은 전선이 확대되고 패전의 위기를 느끼던 일제가 배후의 안전에 위협이 될 인물들에 대해 각별한 신경을 썼기 때문이었다.

1945년의 3회차 교육에는 비전향자 중 150~200명이 강제 소집되었다. 이때는 교육 기간이 길었던 만큼 전국 각지에서 올라온 비전향자들과 만나 얘기를 나눌 시간이 충분했다. 이기홍의 눈길을 유독 끌었던 동지들은 신사참배를 거부하고 형을 받은 뒤 전향을 하지 않고 끌려온 기독교인 3명이었다.

그때까지 이기홍은 기독교에 대해 별다른 관심을 갖고 있지 않았지만 모두가 침묵을 강요당하던 시기에, 그것도 공개적으로 목숨을 걸고 신사참배를 거부하는 기독교인의 투쟁이 지속되는 것을 보면서 놀라움과 함께 그 힘의 원천이 궁금했다. 이번 기회에 깊은 대화를 나누고 싶다는 욕구가 생겼고, 식사 시간이나 강의가 끝난 다음의 휴식시간을 이용해 이들과 자주 만났다.

경성 성경학교가 있던 이곳의 뒤편으로는 비교적 넓은 숲이 우거져 있었다. 이 숲은 7월의 무더위를 피하기 위해 교육생 중 여럿이 몇 사람씩 짝을 지어 대화도 하고 쉬는 장소로도 이용되었다. 이기홍은 이 숲의 조용한 장소를 골라 세 명과 만나 이야기를 나누었다. 이 만남은 한 주에 두세 차례씩 4주간 이어졌다.

이기홍은 후일의 유고에서 이들과의 대화 내용을 몇 페이지에 걸쳐 길게 회고했는데, 핵심적인 내용은 진정한 기독교인들은 일제로부터 우리 민족의 독립을 갈망하고 있고 이를 위해 목숨을 걸고 싸우는 것이 하느님의 뜻이자 자신들의 성스러운 의무로 믿고 있다는 것이었다. 조국의 독립 없이는 기독교도 신앙인도 존재할 수 없으므로 우리 민족 전체와 기독교를 위하여 일본은 반드시 망해야 하고 우리는 독립해야 한다는 것이 그들의 결연한 뜻이었다.

평소 사회주의자라는 자신의 신조에 따라 종교 자체를, 특히 기독교에 대해 근본적으로 무용한 것으로 보았던 이기홍은 이들과의 진지한 대화를 계기로 자신이 지니고 있던 고정관념의 편협함을 되돌아보게 되었다. 또한 종교와 민족이 결합하면, 사상만으로는 불가능했던 상상치도 못한 무한한 힘이 나온다는 생각을 싹트게 한 기회이기도

하였다.

후일 이기홍은 신사참배 거부 운동에 대해 "우리 민족이 처했던 가장 곤고한 시기에 유일하게 궐기한 독립운동으로 재조명되어야 마땅하다. 분노하면서도 무기력 속에 절망과 좌절에 빠져있던 민족에게 포기해서는 안 된다는 희망의 빛을 보여준 측면이 지대했다"고 민족운동사적 의의를 높게 평가했다.

실행되지 못한 반체제 인사 말살 계획

경성 대화숙에서 만난 3인의 기독교인 동지들이 이기홍의 종교관에 새로운 확장의 실마리를 열어주었다면, 당장의 현실에서 극도의 긴장감을 불러일으켜준 동지들이 있었다. 그들은 함경북도에서 보호관찰을 받고 있다가 서울에서 열린 교육에 참석한 동지들이었다.

이들이 어느 날 아주 비밀스럽게 해준 얘기는, 독일의 나치가 유태인을 가스로 독살한 것과 같은 가스실을 일제가 두만강 부근에 이미 만들어 놓았다는 것이었다. 다른 지역에서 온 동지들이 풍문처럼 흘러 다니는 얘기를 한 것이라면 모르겠지만, 지역 사정에 정통한 두만강 인근의 함경도 동지들이 해 준 얘기라서 소름이 돋을 정도로 충격이 왔다. 이 시기는 이미 독일이 패전하여 항복을 선언한 후였다. 일제가 준비한 독가스실의 사실 여부는 확인할 수 없었지만, 패전을 눈앞에 둔 일제가 무슨 일인들 하지 못하랴 생각하니 충분히 가능성이 있는 얘기로 들렸다.

광주에 돌아온 뒤 이기홍은 주변의 가까운 동지들과 이 얘기를 아주 심각하게 나누었다. 사태가 벌어지면 우리는 쥐도 새도 모르게 일순위로 처분될 것이니, 지금부터는 언제 죽을지 모른다는 생각으로 대비하자는 것이었다. 그래서 비상 탈출구를 만들어 두고 비상식량과 자전거도 확보해 놓았다.

동지들 모두는 이기홍이 전해준 얘기가 곧 벌어질 현실로 진지하게 받아들였다. 그럴 수밖에 없는 것이, 당시 정세를 분석하던 사람들 사이에서는 일본이 10월경이면 항복할 것이라는 얘기가 공공연히 돌아다녔기 때문이었다. 일본이 항복할 입장에 놓이면 어떤 잔학한 짓을 할지는 그간 그들이 우리 민족을 대상으로 한 짓을 보면 능히 상상할 수 있었다. 해방이 곧 찾아올 것이라는 기대감보다는 그 전에 벌어질지 모를 살육의 장면을 상상하는 것은 몹시 괴로운 일이었다.

그런데, 이러한 우려가 상상력이 빚어낸 것이 아니라 실제로 진행되었다는 사실을 알게 된 것은 해방 후 한참 시간이 흐른 뒤였다. 미군정하에서 해남 경찰서장을 하던 김모 씨는 해방 당시 광주 경찰서 순사부장으로 근무하고 있었다. 그 사람이 이기홍에게 직접 말해준 내용은 이러했다.

1945년 8월 7일 그는 광주 경찰서에서 숙직 감독을 하고 있던 중이었다. 그런데 자정이 지났을 때 도 경찰부 고등과로부터 광주경찰서 관내의 비전향자에 대한 감시를 24시간 강화하라는 엄중 명령이 내려졌다. 밤 12시가 넘은 시간에 이런 종류의 명령이 내려진 것은 처음 있는 일이었다. 나중에 알고 보니 그날은 소련이 일본과 체결했던 불가침조약을 파기하고 대군을 만주로 진격시켜 일본 관동군에 대한 공격을 시작한 날이었다. 일본으로서는 예상을 훨씬 뛰어넘어 빨리 이루어진 소련의 참전이었고 이것은 곧 일본 패망의 시계가 앞당겨지고 있음을 말해주는 중대한 사건이었다.

패전의 위기에 몰려있던 일본이 도저히 감당할 수 없는 연합군의 지상군이 작전을 개시하던 날, 그것도 육로를 통해 며칠이면 한반도에 도달할 소련의 지상군이 작전을 결행한 바로 그날, 일선 경찰서를 통해 그것도 한밤중에 급히 비전향자에 대한 24시간 감시를 명령한 의미는 무엇이었을까.

그 의미를 추측하기는 어렵지 않다. 일본 군부나 총독부의 경찰국 내부에는 최후의 항전 계획이 있었을 것이고, 그러한 때가 왔을 때 가장 먼저 제거할 대상은 후방에서 민중을 선동하여 교란할 가능성이 많은 반일, 반체제 세력의 인사들이었다. 점령군이 퇴각의 위기에 처했을 때 감옥에 수감된 반체제 인사들을 먼저 정리했던 것은 인류 역사의 전쟁사에서 반복적으로 벌어졌던 공식과도 같은 일이었다. 그러한 비극이 일어나지 않았던 것은 일본의 예상과 달리 소련의 참전이 전격적으로 이루어졌기 때문이었다. 다급히 처리할 것들이 많았던 일제로서는 거기까지 손을 쓸 겨를이 없었다. 소련 참전 불과 2주 후 일본은 전격 항복을 선언했다.

김모 경찰서장으로부터 그날 밤의 비화를 들은 이기홍은 "만약 소련의 진격이 한 달만 늦었더라도 어쩌면 비전향자 모두가 가스에 의해 독살되거나 다른 방식으로 처형되어 한 사람도 살아남지 못했을 것이라는 생각이 들자 등골이 오싹했다"고 당시를 회고했다.

사람의 명은 하늘이 주는 것인지 사지로 향하던 운명은 어디에선가 방향을 틀어 다른 곳으로 향했다. 그 결과 삶이 이어졌다는 것은 다행스러운 일이었다. 이기홍에게 아직 할 일이 남아있다는 숙제인지 혹은 더 겪어야 일이 남아 있다는 암시인지는 모른다. 어쨌건 암흑 같았던 길고 긴 일제 통치의 시절이 마침내 끝나가고 있었다.

제3부

이념인가
민족인가

좌우 갈등으로 얼룩진 해방공간

20일 천하에 그친 건준의 시대

1945년 8월 15일 일왕 히로히토의 항복 성명이 라디오를 통해 흘러
나오면서 조선인들은 꿈에 그리던 해방이 찾아왔음을 확인하였다. 이
기홍은 황영구가 갖고 있던 라디오를 통해 이 성명을 들었다. 사흘 전
미국과 소련 방송을 청취하던 황영구가 일본이 곧 항복할 것이라는
얘기를 들려줬을 때만 해도 설마 했던 일이 마침내 벌어졌다.

그토록 염원하던 일이 이루어졌지만 구체적으로 지금 무엇을 해야
하나 하는 생각이 들자 숨이 턱 막혔다. 사람들은 거리로 쏟아져 나와
해방을 자축했고 일본인들은 가게를 서둘러 철시하며 몸을 숨겼다.
광주 신사는 시민들에 의해 파괴되었다. 경찰들은 하루아침에 달라진
상황에 당황하여 허둥지둥했다. 확인 되지 않은 말들만 횡행했고 사
람들은 흥분된 가운데 우왕좌왕했다. 앞으로 무엇을 어떻게 어디서부
터 해야 할지 준비되지 않은 가운데 해방의 첫날을 맞은 것이다.

그런 가운데 광주의 원로 항일인사들인 국기열, 강석봉 선생 등은
고광표 선생이 운영하던 창평상회에 모여들었다. 정확한 상황 파악이
안 되어 있던 이들은 우선 서울의 소식을 알기 위해 두 사람을 선정하
여 올려 보냈다. 그런 두 사람이 채 돌아오기도 전인 8월 16일 오후
3시 조선건국준비위원회(朝鮮建國準備委員會 -이하 '건준')의 안재홍

부위원장 명의로 '3천만 동포에게 고함'이라는 연설을 통해 조선의 행정권을 행사할 건준이 8월 15일 결성되었음을 알리고 지방 지부 설립을 촉구하였다. 세상이 달라진 것이었다. 이에 따라 지방 각 지역에 건준 지부 결성을 위한 논의가 즉각 진전되었다.

시간을 조금 거슬러 올라가보면, 일제는 패전을 기정사실화하고 퇴각 준비에 나서 총독부의 원활한 행정권 이양을 위해 이를 담당할 조선의 지도자들과 접촉에 나섰다. 총독부가 처음 염두에 둔 송진우, 여운형, 안재홍 중 송진우가 연합국과의 협의 등을 이유로 들어 제안을 거절하자 총독부는 여운형과 접촉하여 정권 이양 과정을 밟았다. 여운형은 안재홍을 부위원장으로 임명하고 중앙 조직을 확정한 직후 지방 지부 설립을 서둘렀다. 건준은 16일부터 활동을 개시하여 오전 10시를 기해 전국 각 형무소에서 정치범, 경제범, 사상범 등 많은 독립투사들을 석방시켰다.

건준 중앙 조직이 공식화됨에 따라 전남과 광주 지역의 건준 지부 설립이 즉시 이루어졌다. 8월 17일에는 전남도 내 각 군 대표들이 대화고등여학교에 모여 준비 과정을 거친 후 당시의 제국관(현 무등극장 전신)에서 전남도 건준 결성대회를 가졌다.

이틀 후인 8월 19일에는 재야인사들 2백 명이 광주극장에 모여 광주시 건국준비위원회 설립 시민대회를 열었다. 이기홍의 증언에 따르면 그날 오전, 출감한 동지들과 거주제한 당하고 있던 동지 등 20여명에게 환영회가 개최되었다. 여고생들이 올라와 꽃을 꽂아 주었는데 이기홍 역시 단상에 올라가 꽃을 받았다. 난생 처음 겪는 일이었다.

환영회가 끝나자 광주시 건준 조직을 위한 시민대회가 열려 토론 끝에 22명의 건준위원 선출을 결의하였다. 다음날 22명이 충정로 3가 동아부인상회에 모여 회의를 갖고 의장단을 호선으로 선출했고, 산하에 10개 부서를 두어 각 부서마다 책임위원과 위원 한 명씩을 두기로 결정했다. 이기홍은 노동부의 책임위원으로 선임되었다.[4]

건준의 중앙조직과 지방 지부의 결성 과정은 그야말로 전광석화처럼 진행된 일이었다. 장기간에 걸쳐 정권 인수 절차를 거친 것이 아니었던 만큼 앞으로 조직의 얼개를 구성할 인물 선정이 핵심적인 문제였다. 때문에 건준 지방 지부의 책임자들은 특별히 지탄받을 친일적 인사가 아니라면 기존의 지방 명망가와 활동가들이 주로 추대되었다. 건준에 포진된 인사들은 좌익 계열이 주를 이루었다. 법적 기반을 갖춘 임명, 또는 선거에 의한 민주적 절차 등이 거의 생략되었다는 문제는 당장 벌어진 권력의 공백을 메우기 위해 불가피했다.

지방 권력에 대해 공식적으로 건준의 접수 작업이 시작되었지만 아직 상황에 적응이 안 된 조선인들이나 잔여 일본 군인들과 마찰이 종종 빚어지기도 해다.

이기홍은 광주시 건준의 노동부 책임을 맡자 시내의 주요 공장에 건준이 주도하는 공장관리 자치위원회를 즉시 구성했는데, 종연방직에 20여 명의 일본 군인들이 몰려와 비누, 수건, 당목 등의 물품을 막무가내로 요구한다는 신고가 들어왔다. 이에 건준위원들이 물품 창고를 봉인해버렸더니, 종연방직에서 기계 수리를 하며 상당한 돈도 모았다고 알려진 친일 성향의 최 모씨가 나서 "당신들이 무슨 권리로 봉

---

4) 광주 건준의 발족 시기에 대해서는 이기홍의 기억과 다른 부분이 있지만, 광주 건준에서 이기홍이 노동 담당 책임을 맡았다는 사실은 일치한다. 안종철의 연구에 의하면 건준위원 선출에서, "일제 때부터 각 세대당 1장씩 가지고 있던 쌀 배급권이 그대로 투표권이 되었다. 이렇게 하여 8월 30일, 각 동사무소에서 쌀 배급권을 단위로 한 투표가 실시되었고 그 결과 양장주, 서우석, 곽근수, 박영종, 이기홍, 김부득, 원창규, 최한영 등 33명이 광주시 건준위원으로 선출되었다. 33인의 광주건준위원 가운데 상임업무를 담당했던 부서는 다음과 같다. 위원장: 양장주, 부위원장: 서우석, 노동부장: 이기홍, 선전부장: 이익우, 후생부장: 노종갑, 농민부장: 윤석원" (안종철, 『해방공간의 정치사회운동』, 2016, p.45)

인을 하느냐. 불법이다"고 소리치며 대들었다. 세상이 바뀐 사실을 아직 인정하고 싶지 않았던 작은 저항이었다.

이를 지켜보고 있던 건준위원 이덕우 변호사가 '천황이 항복했으니 너희들에게는 아무 권한도 없다. 정 필요한 것이 있으면 도 건준에 찾아가 말해라"고 돌려보냈다. 얼마 후 총을 든 일본 헌병들이 도 건준에 찾아와 죽이겠다고 협박했다. 이 소식이 도 경찰국에 알려지자 도경의 고등과장이 찾아와서 헌병들을 질책하며 "이제 조선에 대한 통치권이 우리에게 없다. 만약 이들을 한 사람이라도 죽이게 되면 광주 전남 지역에 남아있는 일본인들의 목숨은커녕 뼈도 못 추리게 될 것이다. 너희들이 어떻게 책임질 것이냐?"고 호되게 꾸짖었다.

사소한 충돌들은 있었지만 중앙 권력 및 지방 권력에 대한 접수 작업이 건준을 통해 우리 민족의 손으로 진행되었다는 것은 36년 동안 경험하지 못한 새로운 시대가 열리기 시작했음을 알리는 신호였다. 건국준비위원회는 1945년 9월 6일 명칭을 '조선인민공화국'으로 개편하고, 각지의 건준 지방 지부들을 시, 군, 면 단위를 포괄하는 '인민위원회' 체제로 개편하였다.

광주 건준의 경우 동마다 한 명씩의 인민위원을 비밀투표에 의해 선출하기로 하였다. 투표 결과 독립운동과는 전혀 상관없었던 지역 유지들 10여 명이 당선되는 의외의 상황이 벌어졌다. 하지만 투표에 의한 것이니 승복할 수밖에 없었고, 이기홍을 비롯한 최초의 광주 건준 인사들은 대부분 인민위원회 체제의 공식 조직에서 물러났다.

건준은 결성 20일 만에 해체되었지만 조선인민공화국의 인민위원회 체제로 전환함으로써 행정과 치안 등의 권력을 우리 민족의 손으로 접수하는 중대한 전환점으로 기대를 갖게 했다. 하지만 곧이어 도래할 미군정 체제가 이를 그대로 인정해 줄지는 미지수였다. 후일의 역사가 말해주듯이 인민위원회는 미군정의 통치기구가 권력을 확립할 때까지 일종의 대체 권력을 형성했을 뿐이었다.

미군정으로 기사회생한 친일세력

불길한 조짐은 미리부터 있었다. 8월 23일 오전 11시경 이기홍이 건준 사무실에 있을 때였는데 비행기에서 삐라를 뿌린다는 아이들의 소리가 들렸다. 나가보니 삐라는 바람에 흩어져서 어린애들이 주운 몇 장을 얻었다. 그 내용은 "미군이 곧 남조선에 상륙하여 진주하며, 그때까지 남조선의 치안은 전직 조선총독부 경찰에 위임한다"는 것으로 미 극동군 사령부 참모장인 센노트 소장 명의로 되어 있었다.

친일세력에게 주도권을 주고 그것을 미국이 보장한다는 것으로 밖에는 달리 해석될 수 없었다. 문제의 심각성을 느끼고 즉각 시 건준회의가 개최되어 서로 의견을 나눈 결과 위원들 모두가 어이없어 하며 충격을 받았다. 총독부 경찰을 박살내도 원이 풀리지 않을 터에 그들에게 치안 일체를 위임하면 해방이 된들 달라진 게 무엇이며, 지금 한껏 몸을 낮추고 있는 경찰들이 의기양양해 질 터인데 그 꼴을 어떻게 견딜지 앞이 캄캄하다는 것이었다. 우리 민족은 결국 친일세력에게 주권을 넘겨주기 위해 싸웠다며 다들 쓴웃음을 지었다.

그즈음 옛 동지들을 만나기 위해 서울에 갔다 오는 길에 광주에 들른 아버지 이사열에게 삐라를 보여줬더니 "죽 쒀서 개 주는 일이 벌어지겠다, 친일세력은 앞으로 신라 시대의 성골 계급이 되고 우리 민족은 그 밑에 짓밟혀 그들의 지배를 받게 될 것"이라며 탄식했다.

또 "이 삐라가 나온 이면에는 8·15가 되자 친일세력의 간부가 일본으로 건너가 집요하게 공작하면서 미국을 위해서는 누구보다도 충실한 협력세력이 되겠다고 맹세한 결과임을 알아야 한다. 우리 민족은 또 다시 미국을 등에 업은 친일 반역세력이라는 적을 상대로 항일운동 이상의 투쟁을 하지 않을 수 없게 되었다. 이 과정에서 항일 독립운동보다 몇 백 배의 피를 흘리고 희생을 당해야 할 것을 생각하니 참으로 가슴 아픈 일"이라고 말하였다. 이사열은 일제만 물러가면 완전한 독립이 이루어질 것이라는 확신을 가졌는데 조국이 이렇게 되리라고는 꿈에도 생각 못하였다며 몇 번이나 혀를 찼다.

우려한 상황은 결국 벌어졌다. 여운형이 조선인민공화국을 선포하고 인민위원회 설치를 공표한 다음날인 9월 7일, 미 태평양 육군 최고 사령관 맥아더는 '한국민에게 고함'이라는 포고령 제1호를 통해 미군이 일본의 항복 문서 조항에 근거하여 "북위 38도선 이하 한반도 지역을 점령하고, 동 지역의 주민에 대해 군정을 실시한다"고 발표했다.

미국의 정책 방향을 공식적으로 표명한 이 포고령은 남한 지역에서 건준에 의해 주도되는 권력 장악 과정을 용인하지 않겠다는 확고한 뜻을 담고 있었다. 건준을 이어받은 인민공화국은 큰 타격을 받았고, 반대로 정세를 관망하고 있던 우익 세력은 미군정의 파트너로서 정계의 주요 세력으로 부각될 기회를 맞이하였다.

9월 8일, 존 하지 중장이 이끄는 미군 제7보병사단이 인천에 상륙하여 맥아더의 포고령 이행에 들어갔다. 9월 9일, 하지 중장은 군정 실시를 재천명했고, 9월 14일에는 군정청 설립을 발표하며 아놀드 중장을 군정장관으로 임명했다. 이어 미군정이 인정하지 않는 모든 단체는 불법이라고 규정했고 조선에 있는 총독부 및 일본인 개인이 소유한 부동산 등 일체의 재산은 미군정의 소유로 한다고 발표했다.

미군정은 일제 치하에서 순사 생활을 했던 사람들을 모아 경찰준비대를 만들었고 이들을 앞세워 치안대 습격을 지시했다. 치안대는 인민위원회가 각 지방 말단에 만들었던 일종의 주민 자치적 자경 조직이었다. 인민위원회의 활동은 중대한 벽에 부딪쳤다.

38선 이남의 한반도에 대한 군정, 즉 미군에 의한 통치를 천명한 미국의 입장에서는 하부의 권력 담당자들이 친일인사이건 항일인사이건 아무런 차이가 없었다. 미국으로서는 소란스럽지 않게 현상이 유지되기를 바랐다. 현상유지란 곧 일제 강점기의 행정·치안·사법을 비롯한 모든 권력과 그 담당자들이 그대로 있는 것을 의미했다. 해방 후 민족의 보복과 처단이 두려워 얼굴도 들지 못하고 숨어 있으면서 숨도 제대로 못 쉬던 친일 관리들과 핵심 부역자들에게는 기대하지 못한 복음이자 기사회생의 기회였다.

인민위원회 측은 미군정에 적극적 협조의 뜻을 분명히 밝혔지만, 이미 인민위원회를 좌익 세력으로 판단했던 미군정이 이를 받아들일 가능성은 없었다. 미군정의 하지 중장은 1945년 12월 12일 성명을 통해 인민공화국은 어떠한 경우에도 정부가 아니며, 정부인 것처럼 행동한다면 불법으로 간주하고 처벌할 것이라 선언하고 해산을 명령했다. 불법단체로 규정된 인민위원회는 결국 소멸의 과정을 밟게 되었고 지하로 숨어들었다.

인민위원회를 무력화하겠다는 미군정의 입장이 확고해지자 친미·반공을 내세우는 우파 정치세력이 본격적으로 세를 결집하기 시작했다. 9월에는 한국민주당(한민당)이 창당되었고 10월에는 이승만을 내세운 독립촉성중앙협의회가 발족되었다. 우익 세력이 모아지고 미국의 전략에 부합하는 국내 권력 집단이 부각되면서 용서받을 수 없는 친일인사들마저 모조리 그 뒤에 숨어 스스로를 애국세력으로 포장하였다. 친일세력의 화려한 부활이 이루어지고 있었던 것이다.

이로부터 좌익 우익으로 나뉜 갈등과 대립이 해방공간을 가득 채웠고, 그 결정적인 계기는 1945년 12월 27일 발표된 모스크바 3상회의 결정을 둘러싼 신탁통치 찬반의 격돌이었다.

찬탁과 반탁, 둘로 쪼개진 국민들

모스크바 3상회의 결정서의 핵심 내용은, 남북을 점령하고 있는 미소 사령관을 중심으로 미소공동위원회를 조직하여 조선에 있는 정당 사회단체들과 협의하여 조선민주주의 임시정부를 수립하고, 이와 동시에 미소 양 주둔군은 수립된 정권과 상의하여 5년 이내의 기간에 조건 없이 철수한다는 것, 즉 미소 양국이 5년간 질서유지를 위한 후견인 역할을 해준다는 것이었다.

이것이 소위 5년간의 신탁통치를 거쳐야 하는 것으로 내용이 알려지면서 전국이 들끓었다. 특히 처음 반대 입장이었던 북의 노동당이 찬탁으로 돌아서면서, 남한의 국민들은 좌익과 우익이 각각 찬탁과 반탁을 지지하는 대열로 분열되는 극심한 혼란의 시기를 맞았다. 급기야 신탁통치를 둘러싸고 온갖 테러가 난무하며 많은 사람들이 쥐도 새도 모르게 죽어나갔다. 대표적 암살 사례를 들어본다.

당시 우익 진영의 대표적 지도자의 일인으로 한민당의 총재격인 수석 총무 송진우는 3상회의 결정에 대해 신중한 태도를 보였다. 이기홍에 따르면 송진우는 다음과 같이 주장했다.

"미, 영, 소 3국 외상회의에서 소련군은 한반도의 북부에 미군은 한반도의 남부에 진주하여 군사 통치로 질서를 유지하면서 조선 민족의 모든 정당과 사회단체가 협력하여 조선 정부를 수립하고 그 정부의 안정을 위해 질서 유지를 하는 기간을 5년 이내로 정하고 늦어도 5년 후에는 무조건 철수한다는 내용이었으므로 이것은 신탁통치가 아니고 우리 민족 국가의 수립을 위한 질서 유지 기간으로 보아야 하므로 우리 민족은 3상회의 결정을 지지해야 한다. 3상회의 결정을 반대하고 이 기회를 놓치면 조선 민족의 통일된 국가 수립은 우리가 상상하는 것보다 더 멀리 뒤로 미루어질 것이므로 3상회의 결정을 찬성하고 여기에 따라 양 군정을 도우면서 우리 정부 수립을 위한 질서 유지에 전력을 다하는 것이 오늘 우리 민족이 취해야 할 기본 사명이다."

당시 남한 국민에 대한 영향력이 막강했던 송진우의 발언을 접한 친일세력은 자기들을 멸망의 구덩이로 몰아넣는 폭탄선언이라고 받아들여 송진우를 죽여 없애기로 하고, 3상 회의 결정 발표 4일 후인 1945년 12월 30일 밤에 송진우를 암살하고 말았다. 그 범인은 잡혔지만 배후에 대해서는 오늘날까지도 밝혀지지 않고 있다.

우익 인사인 송진우가 보인 3상회의 결정에 대한 신중한 찬성 태도만으로도 즉각 제거의 대상이 될 정도로 극렬 우익의 태도는 결연했다. 찬탁과 반탁은 좌익과 우익의 진영 대결이라는 형태로 본격 점화되기 시작했다.

우익 진영은 1946년 2월 8일 이승만 주도로 정당 사회단체가 참여한 대한독립촉성국민회를 결성하여 소위 반탁운동의 통일전선을 결성했다. 여기에는 일제강점기에 매국에 봉사했던 자들이 애국의 이름으로 대거 참여하여 과거 신분 세탁의 기회로 삼았다.

좌익 진영은 1946년 2월 15일 결성된 민주주의 민족전선(약칭 민전, 民戰)으로 맞섰다. 여기에는 박헌영의 조선공산당과 여운형의 인민당, 백남운의 신민당 등 좌익으로 분류되는 3개 정당을 비롯하여 다수의 사회단체가 가입했다.

1946년에 들어 좌익 측에서는 민전 주도로 수십 만 명이 참가한 3상
회의 결정 찬성 시민대회를 남산공원에서 개최했고, 우익 역시 서울
운동장에서 대규모 인원이 동원된 반탁 대회를 열었다. 참가 인원은
민전이 주도한 좌익 진영이 압도적으로 많았다. 전국 각지에서 계속
벌어진 두 진영의 시위에 동원된 인원도 민전세력이 월등히 많았다.

미국은 군정 실시와 함께 군정 이외의 모든 정치 사회단체는 불법
이라고 선포하여 해산을 명령했으나 주요 단체들은 여전히 간판을 내
리지 않고 활동을 계속하고 있었다. 이에 미군정은 개별적인 탄압과
검속을 하다가 찬탁과 반탁으로 갈라진 양 세력의 노선 차이를 확인
한 뒤부터는 본격적으로 좌익 단체에 대한 탄압을 개시하였다. 그때
까지 아직 인민위원회가 장악했던 경찰서를 비롯한 일부 관공서를 미
군을 앞세워 모조리 접수하여 조선총독부의 복사판과 다름없는 군정
통치를 강행했다. 동시에 민전(民戰) 관련 단체 인사들에 대한 검거와
여기에 동조한 개인들에 이르기까지 검거에 나섰다.

신탁통치 파동을 거치면서 미군정은 앞으로 같이 할 세력과 제거할
세력을 분명히 구분했다. 그리고 좌익에 대해 본격적인 탄압을 하게
되는 결정적 명분이 되는 계기는 1946년 5월에 발생한 조선정판사 사
건이었다. 좌익에 의해 저질러진 위조지폐 사건으로 알려진 이 사건
으로 좌익 세력은 탄압 국면을 맞게 되고, 해방공간에서 우익 세력은
압도적인 우위를 점하게 된다.

조선공산당 광주 시당에 참여

건준 출범과 함께 광주시 건준에서 노동부 책임을 맡았던 이기홍은

20여 일이 안 되는 짧은 기간의 활동을 접었다. 건준이 인민위원회로 개편되면서 실시된 시 인민위원 선거에서 지역 명망가에 밀려 낙선했기 때문이었다. 아쉬운 마음이 없지 않았지만 해방된 나라에서 앞으로 할 일은 많다고 생각했다. 크고 작은 단체들이 하루가 멀게 우후죽순으로 생기며 백화제방의 주장들을 내놓고 있었지만 그가 가야 할 길은 사회주의자이자 농민운동가로서의 삶에서 벗어날 수 없었다.

가장 먼저 떠올린 것은 전남운동협의회 탄압 이후 붕괴된 농민조합의 재건과 이를 통한 농민의 조직화 작업이었다. 현장의 조직 활동에서 잔뼈가 굵었던 그에게는 당연하게 보이는 진로였다. 비슷한 시기에 타 지역에서도 일제의 탄압으로 활동이 중단되었던 농민조합이 자연발생적으로 재구성되기 시작했고, 각지의 농민조합들은 후일 전국적인 농민조합연합체로서 전국농민조합총연맹의 출발점이 된다.

그가 강진의 시골로 내려가 활동을 계획하던 무렵인 9월 중순경, 과거 전남운동협의회에서 같이 활동하고 복역한 바 있는 윤가현이 찾아왔다. 오랜만의 해후에 둘은 반갑게 인사를 나누었다. 출소 후에는 서로 보지 못했고 윤가현이 비전향자의 수용소인 수원의 예방구금소에 있다는 소식만을 듣고 있던 터였다.

윤가현은 대뜸 이기홍에게 함께 손을 잡고 일해보자고 했다. 제안의 의도를 몰랐던 이기홍이 지금은 노동자 농민들을 결합하여 활동할 때라 생각되어 강진으로 내려가려 한다고 대답하자 윤가현이 한심한 듯 바라보았다. 당시 광주에서는 조선공산당 재건 작업이 진행 중이어서 이기홍은 당에 함께 참여하자는 정도로만 받아들였다. 나중에야 이기홍은 자신을 한심한 눈빛으로 바라본 이유를 알게 되었는데, 당시 윤가현은 박헌영의 큰 신임 아래 조선공산당 전남 지역을 책임질 핵심 인물로 인정받고 있었다.

이기홍이 강진에 내려가기로 한 계획을 즉각 보류했는지는 알 수 없지만 농민조합 관련 일과 선을 긋지는 않았다. 이듬해인 1946년에 농민조합총연맹 전라남도연맹의 부위원장 겸 조직부장을 맡았고 미군정의 '미곡 수매령' 반대 투쟁을 했다는 그의 증언으로 보아 당에 참여한 뒤 외곽 활동을 병행했던 것으로 추정된다. 어쨌든 이 시기 이기홍은 조선공산당의 지방 조직 재건에 참여하였다.

조선공산당은 1925년 처음 결성된 이래 일제의 탄압을 지속적으로 받은 결과 제2차, 제3차, 제4차에 걸친 재건 노력에도 불구하고 지도부들이 대거 검거되어 실질적인 와해 상태였고, 극히 소수가 지하에서 명맥만 유지하다가 해방 후 박헌영 계열이 주도하여 조선공산당을 재건 창당하였다. 창당 후 박헌영은 수원의 예방구금소에서 석방된 294명의 비전향자들을 포섭하여 환영회를 갖고 서울로 합류시켰는데, 이들에게 직책과 임무를 부여하여 각 지방으로 파견하였고, 광주, 목포 지역으로 내려온 인물들은 윤가현, 윤순달, 김백동 등이었다.

조선공산당 전남 도당 결성은 증언들이 엇갈리긴 하지만 1945년 9월 15일경 임시 결성을 한 뒤 시당과 군당을 잠정 결성하고, 대의원이 참석한 정식 결성식은 그해 12월 목포에서 열린 것으로 알려졌다.

대회에 참석한 이기홍의 증언에 따르면 전남 도당 결성대회는 목포 시내 변두리의 어느 큰 창고에서 비밀리에 진행되었다. 당시 대부분의 전남 지방 각 지역은 건준을 이은 인민위원회 통제 아래 치안대가 경찰서를 장악하고 있었기 때문에 결성대회 역시 오랜 시간 진행될 수 있었다. 목포경찰서 소속의 경찰, 즉 비밀당원 13명이 순찰을 한다는 명목으로 결성대회가 순조롭게 진행되도록 도와주었다.

각 시군 대의원들이 참석한 자리였지만 당원이면 방청을 할 수 있었고 누구에게라도 발언권이 주어졌다. 다만 대의원이 아닌 당원들에게는 결의권이 없었다. 결성대회는 처음부터 격론이 벌어지면서 오후까지 열띤 논쟁이 이어졌다. 도당이 개편되는 과정에서 윤가현이 유혁의 잘못을 폭로하면서 심한 논쟁이 벌어졌다. 박헌영 계열에서는 유혁을 도당책에서 떨쳐내기 위해 심한 격론을 벌였지만 투표 결과 유혁이 80퍼센트의 압도적 지지를 얻어 도당위원장으로 당선되었다.

이날 열린 도당 대회에 이기홍은 광주시의 중부 세포원(조직의 기본 단위인 세포의 구성원) 14명을 관할하는 세포책(세포의 책임자)으로서, 세포원 박오봉과 같이 참석했다. 결성식 첫날부터 박헌영 계열과 반박헌영 계열 간의 의견대립이 격심했다는 사실이 주목되는데, 이러한 계파 갈등은 이미 1925년 조선공산당 창당 이래 이른바 박헌영의 화요회 계열과 이정윤의 서울청년회(ML계열) 간의 고질적인 경쟁과 대립에서 나온 뿌리 깊은 것이었다.

하곡수집령 투쟁, 가까스로 넘긴 체포 위기

이기홍은 광주 중부에서 최창진, 임주홍, 김용천 등 17명 정도의 세포원을 관리하며 당의 지시에 누구보다도 성실히 임무를 다했다. 그러던 중 1946년 2월 미군정의 '미곡수집령'이 공표되면서 농민들은 물론 일반 국민들의 불안감이 높아지는 일이 발생했다. 미곡수집령이란 쌀을 강제로 거둬들이는 일종의 공출 제도였다.

당초 미국은 군정 실시와 함께 1945년 10월 식량 통제 제도를 폐지하고 자유시장경제를 표방하며 쌀의 자유 판매를 허용했다. 그러나 그 결과 모리꾼들의 매점매석과 투기 바람이 불었다. 생필품을 쟁여 놓으면 큰돈을 번다는 얘기가 공공연하게 되었고 그중에서 쌀은 대표적인 품목이었다. 시중의 쌀은 사라지고 쌀값은 폭등하였다.

국민들의 원성이 높아지자 1946년 2월부터 미곡수집령을 공포하여 농민들로부터 강제로 쌀을 거두었다. 품귀 현상을 빚는 쌀을 시중에 공급하여 불만을 완화하려는 조치였다. 그러나 터무니없이 낮은 공출가와 과다한 공출량 부과는 농민들의 불만을 키웠다. 여름이 되면서 보리와 밀 같은 여름작물 즉 하곡(夏穀) 수집령이 떨어지자 불만은 더욱 고조되었다. 농촌에서 가난한 농민들이 보릿고개를 넘기는 마지막 식량이라 일제 때에도 시행하지 않던 하곡의 강제 공출 계획이 발표되자 농민들의 분노는 폭발 일보 직전이 되었다.

당에서도 이를 심각한 문제로 보고 대처했는데, 미군정청의 하곡수집령이 떨어지자 농민조합총연맹 전남연맹에서는 각 군 농민조합에 군정의 조치에 불응하고 하곡 수집을 거부하라는 지시를 내렸다. 당시 연맹의 부위원장 겸 조직부장을 맡고 있던 이기홍은 하곡수집령 반대 투쟁을 적극 지도했다.

이렇게 농민조합의 조직적인 반대로 하곡 수집에 제동이 걸리자 군정청의 경무부장인 조병옥은 각 도와 각 군에 하곡수집령을 반대하는 인사들을 모조리 체포하라는 명령을 내렸다. 수배령이 내려지자마자 이기홍은 즉각 몸을 피했다.

이기홍은 전남도 연맹 조직부 위원이던 정주영과 함께 수창국교 부근에서 은신하던 중 한곳에 오래 있으면 위험하다는 판단을 내리고 밤을 틈타 누문동 쪽으로 조심스럽게 몸을 움직였다. 두 사람은 누문동에서 각자 헤어지기로 약속하고 골목을 나왔는데 어떻게 알았는지 형사 두 명이 곧바로 뒤쫓아 왔다.

도망가는 두 사람 뒤에서 형사들의 호루라기 소리가 날카롭게 밤공기를 갈랐다. 호루라기 소리에 형사의 수는 10여 명으로 금세 늘었다.

이기홍은 얼마 못 가 붙잡혔고, 학생 시절 단거리 육상 선수였던 정주영은 한참을 도망치다가 시궁창에 빠진 뒤에야 잡혔다. 이기홍과 시궁창의 오물로 뒤범벅이 된 정주영은 광주 경찰서로 압송되었다.

두 손을 수갑에 찬 채 경찰서에 붙잡혀 가는 내내 이기홍의 머릿속에는 수배 중에 잡혔으니 이제 곧 죽게 될 것이라는 생각만 가득했다. 좌익 세력에 대한 탄압이 갈수록 엄혹해지던 때였던 만큼 절대 체포되면 안 되는 것이었다. 이런 절체절명의 위기에 처해있던 이기홍을 구한 것은 아내였다.

이기홍은 그즈음 충장로 3가 26번지에 삼성당 서점을 운영하고 있었다. 서점의 일은 아내가 도맡아 하고 있었다. 이 서점은 일제 말엽 아버지 이사열이 고향의 전답을 팔아 마련해준 것이었다. 아버지는 과거에도 "독립운동은 재정이 70% 좌우한다. 그러므로 동지들 자신의 생활의 안정과 함께 재정을 조직적으로 조달해야 한다. 지도자의 생활이 안정되지 못하면 과업도 흔들린다"고 말씀하시곤 했다. 독자적인 경제능력이 없이 사회운동에만 몰두하는 큰 아들을 늘 불안스레 여기던 아버지가 마련해 준 서점이 이기홍이 생계를 이어갈 수 있던 유일한 터전이었다.

삼성당 서점에는 동지들 외에도 좌우 가릴 것이 광주 시내의 지성인급 유명 인사들이 많이 찾아왔다. 단골 고객들은 아내와도 인간적으로 긴밀한 사이가 되었다. 아내는 이기홍의 체포 소식을 듣자마자 단골 중에 김진영 경감이 CIA 형사라는 사실을 떠올리고는 그를 찾아가 통사정을 했다. 아내의 애절한 호소가 통했는지 그는 경찰서 수사과에 손을 썼고, 이기홍은 무사히 광주 경찰서에서 빠져나올 수 있었다. 미군정 시기에 미군의 힘이 얼마나 막강했는지를 단적으로 보여주는 일이었다.

일단 풀려나기는 했지만 언제든 상황이 돌변할 수 있는 것이라서 그대로 머문다는 것은 자멸 행위였다. 곧바로 수소문한 끝에 들어간 곳이 광주 외곽 지역인 비아에 있는 과수원 농장이었다. 이기홍은 여기에 머물며 사건이 다른 큰 사건들에 덮여 잊힐 때까지 장기간 은신하며 지냈다. 나중에 들은 얘기로는, 이때 잡혀갔던 사람들은 거의 2년 남짓의 형을 받았다고 했다.

어쨌든 경찰서와 감옥 출입이 일상이 되어가다시피 하던 이기홍에게 찾아온 또 한 차례의 위기는 아내의 도움으로 가까스로 탈출했다. 사회운동을 하는 남편을 둔 아내의 고단하고 불안한 삶은 늘 가시방석의 연속이었다.

탄압 국면에서도 지속된 당의 분파주의

전남 도당과 시당 내부에 결성 당시부터 잠재되어 있던 계파 간 갈등은 조직이 확대되어 가면서 더욱 심화되었다. 박헌영 계와 비박헌영 계의 대립은 원론적인 부분에서부터 사소한 부분에 이르기까지 다방면에서 빚어졌다. ML계는 당내 민주주의 원칙을 강력히 주장하며 민주적 중앙집중제((democratic centralism)에 의해 하부로부터 다수결에 의한 의사결정을 준수하는 방식을 요구했지만, 박헌영 계는 위로부터의 자의적인 결정을 수시로 내리곤 했다. 대립이 잦아지면서 실세를 장악한 박헌영 계에 의해 ML계는 불이익을 받거나 주요 부서에서 밀려나기 시작했다.

이기홍이 도당 농민부 위원 겸 중앙세포의 세포원 자격을 갖고 동시에 농민조합총연맹 전라남도연맹의 부위원장 겸 조직부장을 맡고 있을 때였다. 열심히 조직 확장을 기한 결과 처음 17명이었던 세포원이 93명까지 늘어나자 이를 3개 반으로 나누었다. 그런데 갑자기 이기홍이 맡고 있던 책임자 자리를 일제 때 공립보통학교 교장이었던 김동열로 교체하였다. 이기홍의 지위는 세포 선전 책임자로 격하되었다. 박헌영을 따르는 사람은 그 지위가 높아졌고 이기홍은 소위 ML계의 분파라는 이유 때문에 선전 책임자로 지위가 하락된 것이었다.

어느 조직 생활에서나 합당한 이유 없이 이러한 낙하산 인사가 시행된다면 당사자의 반발은 물론 조직 분위기에도 악영향을 끼치게 마련이다. 하지만 이기홍은 본래 품성대로 당내의 지위 등등에는 아랑곳하지 않고 자신의 역할을 묵묵히 수행하였다.

선전 책임자로 격하된 동안 이기홍은 혼자서 직접 등사기로 밀어 '동민의 소리'라는 세포 신문을 발행한 적이 있었다. 세포 신문은 한 달에 두 번씩 발행되어 세포원들에게 배포를 지시하기도 했고 이기홍 자신이 직접 배포하기도 했다. 신문의 전면에는 조선노동당 중앙당의 정치노선 문제를 다루었고, 뒷면에는 근간에 벌어지는 시당 조직 내부에서 벌어진 일과 함께 불합리한 문제들도 다루었다. 민주주의 원칙에 어긋나는 일이 발생하면 지위를 막론하고 직접적인 비판을 실었다. 이기홍은 이것이 사회주의적 조직 운영의 기본이라고 믿었다.

그러나 사심 없이 진행한 이기홍의 열성적인 활동은 도리어 박헌영계를 비판했다는 반발을 초래했고, 급기야는 당에서 이기홍을 축출하려는 움직임까지 일었다. 이즈음 정판사 위조지폐 사건이 터졌다. 미군정과 경찰은 이때부터 박헌영을 잡으려고 혈안이 되어 있었다. 당의 간부들에 대해서까지 체포령이 내려짐으로써 당의 모든 활동은 비합법화되어 지하로 잠적하기 시작했다. 그 와중에도 당의 고질화된 내분은 줄어들지 않았다.

이기홍이 광주 인근의 비아 과수원에서의 은신을 마치고 돌아온 1947년 중반 경이었다. 이 시기는 공개적이고 합법적인 좌익 활동이 아예 불가능하던 때였다. 박헌영은 체포를 피해 이미 월북한 지 오래 된 상황이었다. 이때 당에서 광주 시내 주요 지역에 전단을 붙이라는 지시가 이기홍에게 떨어졌다. 모조지 절반 크기의 전단에는 미군정과 우익 세력에 대한 비판과 함께 인민들에게 궐기하자는 내용이 들어있 었다. 전단을 반드시 붙여야 하는 장소도 일일이 지정해주었다.

당시는 밤이면 건장한 장정들도 돌아다닐 엄두조차 못할 정도로 살 벌한 분위기였고 경찰들의 감시 역시 삼엄했던 때였다. 전단을 붙이 라고 지시받은 장소는 사람들의 눈에 바로 띄어 위험하기 그지없는 곳이었다. 잡혀가서 바로 죽으라는 말과 같았다.

당의 명령이라면 군소리 없이 이행하던 이기홍도 이번에는 너무 무 모한 일이라 판단되어 당을 찾아가 항의를 했다. 하지만 항의는 묵살 되었다. 당의 지시를 거역해서는 안 된다는 것이 신조였던 그의 선택 은 이번에도 역시 그대로 이행하는 것이었다. 아내의 도움을 받아 가 까스로 전단 붙이는 일을 시작했다. 인적이 드문 한밤중에 아내는 밀 가루 풀을 쑨 무거운 통을 들고, 남편은 하염없이 전단을 붙였다. 심 야에 불안한 눈빛으로 주변을 두리번거리면서 진행된 두 사람의 작업 은 한동안 이어졌다. 그렇게 주어진 일을 끝낼 수 있었다.

다음날 날이 새기 무섭게 당에서는 이기홍에게 지시한 임무 수행을 확인하기 위해 지정했던 지역을 돌며 검열을 했다. 안도감과 함께 여 러 생각들이 교차하는 순간이었다. 이기홍은 이 일에 관해 감정적인 회고를 남겨놓고 있지 않지만, 아내에 대한 미안함 그리고 소모품처 럼 취급되고 있는 자신에 대한 절망감 같은 것을 지우기 어려웠을 것 이다. 그럼에도 당의 지시를 무사히 완수한 것에 다행이라고 생각했다면, 그는 참으로 우직했던 사람이라고 하겠다.

우익 세상의 도래와 더욱 불안해진 민심

모스크바 3상회의에서 결정된 한국의 임시 민주주의 정부 수립 문제를 협의하고자 미국과 소련은 1946년 1월 미소공동위원회를 개최하였다. 양국의 회의가 열리는 중에도 밖에서는 찬탁과 반탁으로 나눠진 대결이 이어졌다. 가장 중요한 임시정부 참여 세력을 두고, 소련은 3상회의 결의를 반대하는 정당과 사회단체는 임시정부에 참여시킬 수 없다고 못 박았고, 미국은 이에 반대의 뜻을 굽히지 않았다.

결국 미소공동위원회는 5월부터 휴회에 들어갔고 그해 7월 공식 결렬되었다. 이로써 남북한을 포함하는 단일 임시정부는 물 건너갔다. 남북한은 이제 후견자인 미국과 소련의 정책에 따라 각각의 단독 정부 수립, 즉 한반도의 분단이라는 상황으로 한걸음 더 걸어갔다.

공교롭게도 이러한 민감한 시기인 1946년 5월 미군정은 조선정판사에서 위조지폐가 발행되었다는 발표를 했다. 조선정판사는 총독부 시대에 일본인이 경영한 정밀 출판사로 조폐공사에 버금가는 수준의 설비와 기술을 가지고 있었다고 한다. 8·15 후 이 출판사는 종업원의 결의에 의해 조선공산당이 미군정으로부터 불하받은 귀속재산으로 공산당의 출판국에 소속되어 당의 주요 문건 인쇄를 해왔다.

청천벽력과 같은 뉴스에 각 언론들은 대서특필했고 사건의 후폭풍은 지대했다. 군정 지휘하의 경찰은 정판사와 공산당 본부 사무소를 수색하여 관련 인사들을 검거하고 재판에 회부하였다. 이에 대해 조선공산당은 탄압을 목적으로 허위로 날조된 사건이라는 성명을 계속 발표했다. 이 사건에 대해 이기홍은 "수수께끼의 진상이 언젠가는 밝혀지겠지만, 그것은 우리 민족세력이 중심이 된 완전한 자주독립이 이루어질 때나 가능할 것"이라고 말했다.

소위 '조선공산당 위조지폐 사건'이 발표됨과 동시에 미군정은 지금까지와는 달리 단호한 태도로 좌익 세력에 대한 전면적인 탄압에 돌입했다. 민전(民戰) 산하의 정당 · 사회단체가 모조리 수사 대상이 되어 회원들은 걸리기만 하면 검거 투옥되었다. 조선공산당을 비롯한 3개 사회주의 정당과 사회단체들은 중앙에서 지방에 이르기까지 탄압을 피해 지하로 깊숙이 들어가게 되었다.

조선공산당 당수인 박헌영과 당 중앙 간부들은 검거가 임박하자 9월 5일 영구차 행렬로 위장하여 관 속에 들어가 북한으로 탈출했다. 좌익 세력의 최고 지도부는 일시에 공백을 맞았고 하부 조직들은 당장의 탄압을 피하기에도 바빴다. 결정적인 우위를 잡았다고 판단한 우익 세력은 환호했다.

좌파 정당들은 재정비를 위해 1946년 11월 조선공산당과 남조선신민당 및 조선인민당을 합하여 남조선노동당(남로당)을 창당하였지만, 지도부의 약화로 합법 공간에서의 동력은 크게 떨어져 있었다. 이후 남한 사회의 합법적 정치세력은 우파 쪽으로 완전히 기울어졌다.

이에 힘입은 극렬 극우 세력은 남아있는 좌파 지도자는 물론 민족주의 세력 중 좌파에 우호적인 태도를 보이는 인사에 대해서도 가차없이 암살로 제거하고자 했다. 해방 후 건준을 이끌었던 민주 진영의 지도자 여운형은 1947년 7월 피살되었다. 그해 12월에는 남조선만의 단독 정부 수립을 반대한 우익 정당 한민당의 정치부장 장덕수가 피살되었다. 미군정청은 이러한 야만적인 중대 범죄에 대해 적극적인 진상 규명을 하지 않음으로써 암묵적인 동조를 하고 있다는 의심을 떨치지 못했다. 후일 김구 선생의 암살도 반공 극우 세력의 만연이 빚어낸 불가피한 결과라고 해석해야 할 것이다.

이렇게 좌파 세력의 상층부가 철저히 파괴되고 있었지만 밑바닥 국민들의 민심은 그와 달랐다. 미군정의 경제정책 실패, 예컨대 하곡 수집령과 같은 것이 쌀값 폭등과 농민의 불만을 고조시킨 것도 있겠지만 더 중요한 것은 세상이 전혀 달라지지 않았다는 것이었다. 일제강점기의 사악한 경찰, 부역한 관료, 악덕 지주는 그대로 남아 있었다. 도대체 해방 후 달라진 것이 무엇인가. 지배자가 일본에서 미국으로 바뀌었을 뿐이었다.

친일파를 처단하기 위해 만들어진 반민특위에서는 단 한 명의 친일파도 처단하지 못했다. 이렇게 아량이 넘치는 나라는 없었다. 제2차 세계대전 후 식민지에서 독립된 세계 어느 나라에서도 유례를 찾아볼 수 없는 부끄러운 일이었다. 심지어 제2차 세계대전 중 독일의 침략으로 일시 유린당했던 유럽의 국가들도 전쟁 중 부역자에 대해 예외 없이 색출하여 단죄하였다. 그것이 정상적인 국가를 만들고 유지할 최소한의 원칙이었기 때문이다.

미군정을 등에 업고 정국을 장악한 친일세력 중심의 우파 세력에게 남아있는 향후 과제는 곧 수립될 남한 단독 정부에서 입법권과 행정권을 장악하는 일이었다. 이를 위해서는 남아 있는 좌파 세력을 철저히 쓸어버리고, 제헌의원을 선출하는 5·10선거에서 합법적인 주도권을 확보하기 위해 총력을 다하는 일이었다. 특히 해방 후 미군정 등장과 함께 기사회생한 친일세력은 자신들의 보호막이 되어 줄 우파 세력의 승리를 위해 모든 것을 바칠 각오가 되어 있었다.

우파의 승리를 위해 좌파 사냥의 본격적인 서막이 오르기 시작하면서, 전국 각지에서는 경찰에 연행되었다가 영영 사라져버린 좌파 인사들이 곳곳에서 생겨났다. 경찰서에서 석방된 후 집에 돌아오지 않고 사라진 사람들 중에는 후일 시체로 발견되거나 영영 행방불명이 되어버린 사례들이 비일비재였다. 경찰이나 극우단체 회원들이 석방된 인사들을 감쪽같이 없애 버린 결과였다. 이기홍의 가족 중에도 희생자가 둘 나왔고, 아버지 이사열은 반 이승만 세력으로 매도되어 모진 수모를 당했다. 이렇게 극우 세력이 판을 치면서 세상은 더욱 불안해지고 있었다.

가족에게 닥친 잇단 고난

단독 정부 반대 세력에 대한 우익의 탄압

중단되었던 미소공동위원회가 우여곡절 끝에 1년 만인 1947년 5월 재개되었지만 협상은 다시 결렬 수순에 접어들었고 미국은 그해 9월 한국 문제를 유엔에 상정하였다. 유엔총회에서는 유엔 관리하의 남북한 총선거를 통한 국회 구성 및 통일 정부 수립을 결의했다. 하지만 소련은 선거를 관리할 유엔감시단이 북한에 입국하는 것을 막았다. 결국 선거가 가능한 지역, 즉 남한만의 단독 정부 수립이 눈앞의 현실로 다가왔다.

이승만과 한민당을 중심으로 한 우익 세력은 미군정을 등에 업고 본격적으로 단독 정부 수립에 박차를 가했다. 이들은 남한에 강력한 반공 정부를 수립하여 공산세력을 막아야 한다는 주장을 폄으로써 미군정의 반공 노선과 정확히 부합하고 있었다. 또 이미 북한 주민의 상당수가 이미 월남했기 때문에 남한에 수립될 정부는 남북한 전체를 대표하는 정통성도 갖고 있다는 기발한 논리를 전개하였다.

그러나 남한만의 단독 정부 수립은 곧 분단의 고착화를 의미했다. 남한 내의 좌파 세력이 거세게 반발했음은 물론 김구와 김규식 같은 중도 인사들도 이를 끝까지 막아보려 애썼다. 1948년에 들어서면서 5월 10일로 예정된 총선거가 다가올수록 단독 정부 수립을 반대하는 저항이 곳곳에서 자연발생적으로 벌어졌다.

그런 가운데 3월 1일 제주에서 5·10선거를 반대하여 벌어진 시위에 경찰이 발포를 했는데, 이에 대한 공식적인 해명이나 사과 없이 이들을 폭도로 몰며, 육지에서 경찰을 증원하고 극우단체인 서북청년단을 파견하여 탄압을 하게 되자 제주의 좌파 무장대 350여 명이 4월 3일 새벽 12곳의 경찰지서를 습격하는 일이 발생했다. 소위 제주 4·3사건의 시작이었다.

이 충돌 사건은 4월말 무렵 무장대와 토벌대 사이에 협상이 진행되어 무장 해제를 합의하고 무기 회수를 비롯한 마무리 절차에 들어가는 듯했으나, 미군정청 경무국의 방침이 바뀌면서 전혀 새로운 국면이 되었다. 그간 진행된 평화적 협의는 묵살되었다. 토벌대 측 협상 대표였던 연대장은 좌파와 내통했다는 이유로 해임되었고, 경찰은 조작된 방화 사건을 빌미로 좌파 세력에 대한 철저한 박멸을 추진하기 시작했다.

미군정청과 우익 세력은 남한 단독 정부 수립을 반대하는 육지의 세력에 대한 경고로서 제주의 좌익 소탕을 그 본보기로 삼고자 했다. 감히 우익의 노선에 반대하는 자들의 결말이 어떠하다는 것을 보여주듯 무차별적인 잔인한 탄압이 시작되었다. 이 과정에 가장 앞장선 것은 무공을 세우기 위해 혈안이 된 과거 친일 경력의 경찰 수뇌부와 현장 지휘자들, 그리고 극우 기독교계의 서북청년단이었다.

한라산의 중산간 마을은 빨갱이의 소굴로 낙인찍혀 여기에 거주하는 주민들은 어른과 아이 할 것 없이 무참히 살육당했다. 매일 수백 명의 무장대를 토벌했다는 기사가 신문 지상에 올라왔다. 그해 4월에 시작된 이 비극은 미군정을 이어받은 이승만 정권에 그대로 이어져 한국전쟁이 끝날 때 제주 인구의 10분의 1이 넘는 무려 3만 명의 희생자를 냈다. 희생자의 거의 대부분은 무고한 민간인들이었다.

제주 4·3사건은 남한 단독 정부 수립을 앞둔 시기 미군정과 우익 세력의 실체를 보여준 상징적인 사건이었다. 그 해 10월 발생한 여순 사건도 제주에 토벌대로 파견되기를 거부한 군내 좌익 군인들의 저항을 진압하는 과정에서 비롯된 것이었다. 그리고 무엇보다 제주 4·3 사건은 반공 우익 세력이 6·25 발발과 함께 수십 만 명의 좌익 의심 세력들을 처단한 보도연맹 사건의 예고편이자 미리보기였다.

이렇듯 미군정하의 경찰을 비롯한 반공 우파 세력들은 5·10 선거를 앞두고 좌파 척결에 자신들의 명운을 걸었다. 5·10선거를 폄하하여 거부하는 자는 좌익, 또는 그와 연계되어 있는 불순한 세력으로 낙인 찍혀 회유와 탄압의 대상이 되었다. 분단의 영구화를 걱정하며 남한의 단독 정부 수립을 반대한 인사들은 어느새 반민족적인 인사가 되어 있었다. 남한 땅 곳곳에서 이러한 충돌과 갈등이 빚어지고 있었고, 이기홍 집안도 이러한 풍파를 무사히 넘어갈 수 없었다.

아버지에게 가한 천인공노할 모욕과 만행

이기홍의 아버지 이사열은 일제 강점이 시작된 이후 경성에서 낙향한 이래 청년들의 민족의식 고양을 위해 꾸준히 노력했다. 외부적으로는 일체 드러나는 조직 활동을 피해 오직 소수의 동지들과 교유하며 힘든 시절을 견뎌왔다. 그는 사상적으로는 사회주의와도 거리를 두고 있어 진보적 성향을 지닌 민족주의자로 볼 수 있었다.

일찍이 서울에서 문물을 익힌 깬 사람이자 사상적으로도 치우치지 않아 면민들의 신망이 높았던 이사열은 해방 후 건준이 인민위원회로 개편되는 과정에서 고금면 인민위원장으로 추대되었으나 이를 사양했다. 대신 일제 때부터 자신의 교양을 받은 농민들이 중심을 이루고 있던 농민조합은 외면할 수 없어 위원장을 맡은 적이 있었다.

해방 정국에서 완도군의 우익 인사들은 이승만이 주도한 독립촉성 중앙협의회(獨促)의 완도군 조직을 재빨리 결성했다. 이 조직의 중심 인사들은 일제 시절 유지로 행세했으므로 이사열과도 가까운 사이였다. 고금면에서 이사열의 영향력을 알고 있던 그들은 우익 조직에 가입하여 협력하기를 강권했지만 이사열은 이런 저런 이유를 들어 거절했다. 내 편이 아니면 적이 되는 세상에서 우익 진영 참여를 거부한 이사열은 그들에게 어느새 표적이 되었다.

특히 이승만이 주도하는 남한만의 단독 정부 수립 추진은 그가 도저히 용납할 수 없는 반민족적 행위였다. 5·10선거는 한민족을 분단시키는 시작이 되므로 생각이 있는 사람이라면 누구든 여기에 참여해서는 안 된다는 것이 그의 확고한 생각이었다. 면민들을 모아놓고 이승만을 비난하며 선거 거부를 노골적으로 표현하는 이사열의 행동이 어떤 반향을 일으켰을지는 분명하다. 많은 면민들이 이에 동감한 반면, 선거에서 압도적인 지지를 표해 충성심을 인정받으려는 경찰과 우익 인사들에게는 깊은 적대감을 심어주었다. 제주 4·3사건에서 보듯 일단 좌익으로 몰면 무슨 일이든 허용되던 험악한 시절에 그의 태도는 매우 위험한 것이었다. 그러나 어떤 회유와 협박도 이사열의 생각을 바꿀 수 없었고 그렇게 5월 10일 선거일을 맞았다.

5·10 총선거는 표면적으로 조용히 치러졌지만 좌익 계열은 물론 김구 등 중도 정당의 인사들도 입후보자를 내지 않아 뜻 있는 국민들이 선거의 원천적인 무효를 온몸으로 주장한 반쪽짜리 선거가 되고 있었다. 전국적으로 단독선거 반대운동이 강력하게 일어났고, 완도군

에서는 이사열이 있던 고금면과 오석균이 있던 군외면에서 가장 심했다. 이사열은 단독선거를 반대하는 고금면의 중심인물로 지목되었다.

우익과 경찰은 이사열에게 바짝 약이 올랐다. 경찰이 이처럼 독이 오른 것은 그의 아들 이기홍이나 사촌동생 이현열이 모두 일제 때 사회운동으로 감옥에 갔다 온 전력이 있다는 사실, 그리고 지금도 이기홍은 좌익 활동에 여전히 몸담고 있다는 것 때문이었다. 이승만과는 불구대천의 원수지간인 소위 빨갱이 집안의 핵심이 바로 이사열이라 생각했던 것이다. 그러니 어떤 방법으로든 응징하려 했다.

선거 당일 이사열은 투표장에 가지 않고 집에 있었다. 무언의 반대 시위였다. 정오경 무장 경찰 몇이서 집에 들이닥쳤다. 이들은 자신들이 보는 앞에서 투표를 하라며 이사열의 팔을 잡고 투표소 앞으로 끌고 갔다. 그리고는 선거를 반대하는 이런 놈은 본때를 보여야 한다면서 투표소인 동사무소에 걸려있던 이승만의 사진을 가져와 머리 위에 두 손으로 공손히 받들어 들도록 했다.

청룡리 네거리로 끌려온 이사열은 수치심과 분노에 치를 떨었지만 총을 대고 위협하는 그들의 협박에 대항할 방법이 없었다. 하지만 이승만의 사진을 높이 들어 공경하는 짓만은 하고 싶지 않았다. 네거리에는 이미 많은 면민들이 이 해괴한 장면을 지켜보고 있었다.

이사열은 늙어서 무릎이 아파 맨땅에 꿇을 수도 없고 팔이 아파 머리 위에 올릴 수도 없다고 말한 뒤, 가부좌 자세를 하고 사진을 무릎에 올려놓았다. 이를 본 경찰은 고귀한 사진을 모욕한다며 그를 구둣발로 걷어차 길바닥에 넘어뜨렸다. 이기홍의 어머니와 어린 동생들이 달려왔으나 접근하면 쏴버린다며 쫓아버렸다. 어머니는 필사적으로 이사열에게 달려가 사정했다. 어쩔 수 없이 당하는 일이니 바로 안고 있으라며 바닥에 떨어진 이승만의 사진을 안겨주었다. 경찰은 욕설을 퍼부으며 자리를 뜨면 용서하지 않겠다고 경고한 뒤 돌아갔다.

이사열이 무릎을 꿇은 채 이승만의 사진을 안고 있던 얼마 뒤 비가 쏟아지기 시작했다. 그는 아내의 부축을 받아 비를 피할 수 있는 투표소로 들어갔다. 그러자 경찰이 누구 명령으로 자리를 떴느냐며 그를 네거리로 매몰차게 돌려보냈다. 이사열은 다시 네거리에서 무릎을 꿇었다. 한 시간 이상 비를 맞자 물투성이가 되었다. 이기홍의 어머니는 그 곁에서 대성통곡을 했다.

이 장면을 내내 안쓰럽게 지켜보고 있던 구장이 경찰을 눈물로 설득하여 이사열을 실내로 이끌었다. 이사열은 흠뻑 젖은 옷을 입은 채 원통하게 울부짖었다. 때는 오후 2시경이었다. 30분 후면 완도읍으로 가는 연락선이 떠날 시간이어서 경찰도 떠날 시간이 되었다.

떠나기에 앞서 경찰은 또 다시 욕설을 퍼부었다. "이번 선거 반대는 국부인 이승만 박사를 반대한 것이며 이것은 대한민국을 반대한 것이므로 이런 자들은 대한민국에서 살지 못하게 해야 한다. 당신 같은 자는 쥐도 새도 모르게 없애버려도 보고서 한 장 올리면 그걸로 끝"이라고 말하며 경찰은 떠났다.

거기에 모인 마을 사람들은 아들보다도 어린 경찰 놈이 이사열에게 입에 담지 못할 욕설과 함께 빗속에서 무릎을 꿇려 수치스런 모욕과 박해를 가하는 것을 보며 이를 갈면서 눈물을 흘렸다. 그중 몇 사람은 이승만 세력을 없애버려야만 우리 민족이 평화롭게 살 것이라면서 분을 삭이지 못했다. 어머니는 남편을 부축하여 집으로 와서 비에 젖은 옷을 갈아 입혔다. 이사열은 아무 말도 하지 않은 채 하염없이 눈물만 흘렸다.

이 내용은 이기홍이 그 후 아버지와 어머니, 그리고 동네 사람들에게 들은 것을 요약 기록한 것이다. 다음과 같은 이기홍의 회고는 그날

이기홍의 아버지 이사열

아버지가 겪은 상황에 대한 용서할 수 없는 분노의 표현이었다.

"당시 아버지와 어머니에게 가한 천인공노할 만행과 행패는 어떠한 문장으로도 표현할 수 없는 것이다. 일제 강점기에 일본인으로부터도 당하지 않던 몹쓸 짓을 해방된 나라의 동족으로부터 당한다는 것은 있을 수 없는 일이었다. 나는 이 장면을 떠올릴 때마다 살이 떨리는 분노를 주체할 수 없었다. 경찰의 이러한 망동은 말단 경찰의 단독 행위가 아니다. 이것은 이승만 세력의 민족 세력에 대한 계획적인 폭력이며 아버지가 이날 당한 모욕은 아버지 한 사람뿐만 아니라 애국지도자 수만 명이 친일 세력으로부터 당했던 모욕이기도 했다."

고향을 떠나기로 결심한 아버지

인간으로서는 견디기 어려운 일을 당한 뒤 이사열은 두문불출하며 집안에 머물렀다. 집 안팎에 꾸며놓은 정원에 눈길을 주며 언제까지나 이것들을 편히 바라볼 수 있을지 생각에 잠기곤 했다. 망국 이후 서울에서 낙향하여 정착한 이래 수십 년 동안 마음의 격정이 올라올 때마다 손수 땀 흘려 조금씩 만들어놓은 정원이 이젠 제법 멋진 풍경이 되어 있었다.

실내와 마당에는 자연을 축소한 분재와 정원을 꾸몄고, 밭과 논 한가운데에 작은 정자를 지어 여러 나무와 꽃을 심고 돌과 바위를 배치하여 작은 야외 정원을 만들어놓았다. 집 앞에 있는 논 70평가량에 못을 판 다음 흙을 중앙에 쌓아 산 모양으로 조산(造山)을 하고 둘레에는 바위와 돌을 조형 규정에 따라 배치하고 진달래와 해당화 등 각종 나무와 꽃을 조화 있게 심어놓았다. 동네 사람들은 이 집의 둘레를 가리켜 세계 공원이라고 말하곤 했다. 원래 고금도에는 잉어가 없었는데 이사열은 잉어 종어(種魚)를 사들여 못에서 길렀다. 2~3년이 지나자 잉어들이 커서 많이 번식하였고 방출한 잉어 새끼들은 물길을 따라 그 앞에 있는 용지포 평야로 번져갔다.

이 풍경을 바라보는 이사열의 눈가에는 수심이 가득했다. 그날의 사건 이후 고금도 생활을 그대로 유지할 것인지 근본적인 고민을 하지 않을 수 없게 되었다. 선거는 끝났고 그해 8월 15일에는 대한민국 정부가 수립되었다. 이승만이 대통령으로 선출된 것을 보면서 지금까지보다 더욱 탄압이 강화될 것이 우려되었다.

그해 11월 이사열은 동지들을 만나 정국에 대한 의견을 들어보기로 하고 서울로 올라갔다. 정도의 차이가 있을 뿐 5·10선거의 박해는 광범위하게 전국에서 가해졌고, 이승만 세력을 배후로 좌익 세력에 대한 테러가 횡행하고 있음을 확인할 수 있었다.

이사열과 6명의 동지들은 일제 강점기 내내 서신 또는 직접 왕래를 통해 아주 은밀하게 모임을 유지해오고 있었다. 그런데 이번 만남에서 각자가 공감한 바는 일제 치하에서도 체감해보지 못했을 정도의 거대한 위기감과 절박한 심정이었다. 특히 이사열이 당한 모욕은 거대한 먹구름이 다가오고 있다는 명백한 신호였다.

이번 회합의 주제는 앞으로 더욱 악랄해질 이승만 정권의 탄압을 어떻게 피하고 생명을 보전하느냐의 문제가 되었다. 각자 사정과 연락선이 다르므로 방법은 독자적으로 찾아야 하지만, 현재의 거주지를 벗어나 시급히 피신하는 것을 우선적으로 고려해야 한다는 것이었다. 탄압의 대상이 된 사람들에게 가장 위험한 조건은 자신의 얼굴과 이름과 활동 사항을 알고 있는 사람이 가장 많이 살고 있는 현재의 생활권이므로 거기에서 빨리 떠나야 한다는 것이었다.

그리고 한 번의 이주만으로는 안심할 수 없으므로 두 번, 세 번 이주하면서 전혀 남들이 모르는 곳으로 가야 한다는 것, 이주 후에도 가능한 한 외출을 삼가고 사람들의 접촉을 줄여야 한다는 데도 뜻을 같이했다. 아울러 이주 후 생활비 문제가 대두할 것이므로 생활비가 부족한 동지들은 미리 조직적으로 대책을 강구화되, 가장 위험한 것은 친척과 아는 사람들이니 이들로부터 도움을 받는 것은 매우 주의해야 한다는 점도 강조해 두었다.

당면한 피신 문제와 함께 동지들이 크게 주목하고 우려했던 것이 매일 38선을 중심으로 남북 간의 사소한 군사 충돌이 계속되고 있는 상황이었다. 북한은 나름의 사회개혁을 마친 뒤 소련의 무기 지원을 받아 군을 창건하여 체제를 일신한 상태였고, 이승만은 입만 열면 북진 통일을 외치고 있었기 때문에 머지않아 대규모의 군사충돌이 벌어질지 모른다는 점을 걱정하지 않을 수 없었다.

특히 남북 간에 전면적인 군사충돌이 일어난다면 이승만 정권은 좌익은 물론 반이승만 세력을 말살하기 위한 절호의 기회로 삼아 대량 학살을 시도할 가능성이 많으므로 여기에 대한 만반의 준비와 태세를 갖춰야 한다는 것, 그러려면 그들의 감시망에서 완전히 벗어나야 하는데 지금 늦은 감이 있더라도 각자 모든 수단 방법을 동원하여 대비하자는 것도 특별히 강조되었다.

서울 회합을 마치고 돌아온 이사열은 아들 이기홍을 불러 위의 내용들을 상세히 설명해주며 허투루 듣지 말고 명심해야 한다며 거듭 강조했다. 아울러 지금은 크고 작은 지도자들이 모두 극도로 몸조심을 해야 할 때라며 "죽으면 모든 것이 끝난다. 살아남아야만 어떠한 형태로든지 활동을 계속할 수 있다. 민족세력 말살의 절망적인 정세 하에서 민주지도자와 그 세력이 한 사람이라도 더 살아남는 것이 중요하다"며 각별한 경계심을 당부했다.

동지들과의 모임을 마치고 돌아온 후인 1948년 말 이사열은 고향을 떠난다는 결심을 굳혔다. 하지만 수십 년 살아온 생활터전을 하루아침에 정리하고 떠나는 일이 간단치는 않았다. 그렇게 시간이 소요되며 해를 넘긴 어느 날 우려했던 일이 터졌다. 광주로 이사를 계획하며 은신을 준비하던 중인 1949년 3월 이사열의 둘째아들과 사위가 연달아 행방불명되는 사건이 발생한 것이다.

돌연 행방불명된 동생과 매제

동생인 이기택은 형의 영향을 받아서인지 사회주의자가 되어 있었다. 남로당에 가입한 이기택은 1948년 초부터 당의 청년부 책임자가 되어 완도에서 활동하다가 경찰의 검거를 피해 광주로 도피하고 있었다. 당시 광주에는 지방에서 검거를 피해 올라온 좌파 인사들이 많았고 이를 추적하는 지방 경찰서의 형사들도 많았다. 완도 경찰 역시 형사를 광주에 파견해 상주하며 이기택의 흔적을 탐문하고 있었다.

동생 이기택

이기택은 형이 운영하던 삼성당 서점에는 아주 조심스럽게 찾아오긴 했지만 잠시 머물다 떠나곤 했는데, 그날따라 집에서 잠을 자고 갔다. 1949년 3월의 어느 일요일이었다. 동생의 보통학교 동창생인 장일동이 아침에 찾아와 동생 기택이가 와 있는 것을 알고는 광주극장에 영화나 보러가겠다며 데리고 나갔다. 오전 10시경이었다. 이기홍은 밖으로 나가는 것이 꺼려 말렸지만 아침부터 비가 오고 있었고, 두 사람은 우산으로 가리고 다니면 된다며 안심시켰다.

오후 2시가 넘었는데도 동생이 돌아오지 않자 슬슬 걱정이 되었다. 별일이야 있겠느냐 위안하면서도 때가 때니 만큼 걱정이 되지 않을 수 없었다. 얼마 후 친구인 장일동이 혼자서 어두운 얼굴로 돌아왔다. 기택이는 어디 있냐고 묻자 근심스런 안색으로 그날 극장에서 벌어진 일을 소상히 되짚어 가며 말해주었다.

광주극장에서 영화 1막 상영이 끝나고 중간 휴식시간의 불이 켜지자 동생은 가지고 왔던 비닐우산을 자기에게 맡기고 화장실에 다녀온다며 나갔다 한다. 잠시 후 극장의 마이크를 통해 면회인이 있으니 이창국 씨는 출입문으로 나오라는 방송 멘트가 나왔다는 것이다.

이창국이라는 이름을 듣자 이기홍의 머리칼이 쭈뼛 섰다. 이창국은 당시 완도경찰서 사찰계(現 정보계) 형사로서 민주 인사 검거 성적이 가장 우수했고 이들을 쥐도 새도 모르게 살해하기도 한다는 소문이

파다하게 돌던 자였다. 그래서 완도 군민들에게 그 인간은 극도로 원성의 대상이었다.

영화의 제2막이 상영되었지만 동생 이기택은 자리에 돌아오지 않았고 영화가 다 끝날 때까지 오지 않았다. 장일동은 영화가 끝난 뒤 화장실을 비롯하여 극장 아래의 이층과 사무실을 샅샅이 뒤지고 관계자들에게 인상착의를 설명하며 물어보았지만 아무도 그런 사람을 보았다는 사람이 없었다. 할 수 없이 장일동은 동생이 맡겨둔 비닐우산만을 챙겨 가지고 와서 이기홍에게 그날의 일을 설명해 준 것이었다.

이기홍과 아내는 불길한 예감을 느꼈다. 누군가의 밀고로 동생이 이창국에게 체포된 게 틀림없었다. 극장에서 이창국 씨를 찾는다는 방송멘트는 동행했던 형사 중의 하나가 이기택을 먼저 발견하여 체포하고 잠복해 있던 이창국에게 이를 알리기 위한 신호였다고 해석되었다.

아무래도 큰일이 터진 게 분명했다. 아내가 즉각 잘 아는 완도읍의 유지에게 연락하여 내용을 설명하고 동생이 이창국 형사에게 검거되어 완도경찰서에 유치되어 있을 것이니 알아봐 달라고 부탁해놓았다. 그날 오후 유지에게 다시 전화를 걸었으나 아무리 알아봐도 동생이 완도에 왔다는 흔적이 전혀 없었다. 그럴수록 동생이 살해되었을지 모른다는 불길한 예감은 더욱 깊어져갔다.

당시 이기홍의 아내 오수덕은 남편이 늘 경찰의 감시 대상이 되어 항상 불안했기 때문에 경찰 및 수사기관 유력 인사의 아내들과 어떤 수단으로든 가까이 하여 형님, 동생 하는 친밀 관계를 유지하고 있었다. 아내는 도 경찰국 정보과 분실장 부인과도 친한 사이라서 사정을 얘기하고 시동생의 행방을 알아봐 달라고 부탁했다. 그 부인으로부터는 살아만 있다면 전라도 어느 경찰서에 있든 찾을 수 있을 것이라는 희망적인 대답을 들었다. 그러나 사흘 후에 다시 찾아가 물으니 전남도 경찰과 수사기관 어디에서도 그 행방을 찾을 수 없다며 단념하라는 듯한 표정을 지었다. 어떤 경찰서에도 이기택이 잡혀 들어왔다는 내용이 없다는 것이었다. 이것이 무엇을 의미하는지 다들 알고 있었다. 온 집안은 충격에 빠졌다.

동생이 혹시 살아있을지도 모른다는 실낱같은 희망으로 기도하던 무렵, 이기홍 여동생의 남편, 즉 매제 황호연이 행방불명되는 사건이 벌어졌다. 매제 황호연은 총독부 의사 자격시험에 합격한 의사로서 만주에서 일본인 이민 개척단 의무실에 근무하다가 8·15 후에 돌아와 서동에 거주하면서 남로당의 광주시 서구당 책임자로 있던 중이었다.

그가 충장로에 나와 파출소 앞을 지나던 어느 날 형사 두 명이 달려와 양복저고리를 머리에 뒤집어 씌워 얼굴을 가려 데려가려 하였다. 매제가 항거하며 몸부림치던 이 장면을 본 사람만도 여러 명이 되었다. 이웃에 살고 있어 매제와의 관계를 알고 있던 사람들이 이기홍에게 이 사실을 즉시 알려준 것이었다. 이기홍은 이 얘기를 듣자마자 아내를 통해 광주 시내의 경찰서와 수사기관에 알아보았으나 어디에서도 그 뒤의 소식을 얻을 수 없었다.

동생 이기택의 경우와 마찬가지로 형사가 끌고 간 모습을 마지막으로 종적도 없이 사라진 이 일의 결말은 분명하였다. 형사들이 데리고 간 뒤 총살해 버리고 흔적 없이 암매장한 것이었다.

동생에 이어 매제까지 돌연 행방불명이 되자 온 집안의 충격은 말할 수 없었다. 극악하기 짝이 없던 일제시대에도 겪어보지 못한 일을 해방된 나라의 이승만 치하에서 겪고 있다는 사실에 모두가 치를 떨었다. 사체를 발견할 수 없으니 학살을 입증할 수도 없고, 발견한다한들 자신들과는 무관하다고 발뺌하면 당시의 경찰 분위기로 보아 아무런 문제없이 넘어갈 일에 지나지 않았다.

　분노와 증오의 사건이 연달아 벌어지고 난 얼마 뒤였다. 이기홍의 지도를 받고 있던 오복렬이라는 당원의 아내가 찾아와 며칠 전에 남편이 자기 눈앞에서 경찰에 연행된 뒤 소식이 없어 경찰에 찾아갔더니 혐의가 없어 그날 석방했다고 말을 하는데 남편은 여태 돌아오지 않았다는 것이었다. 이기홍은 직감적으로 그가 살해되었다고 판단했으나 차마 그대로 말할 수 없었다. 그녀에게는 이 일로 여기저기 돈을 쓰거나 다른 지방까지 가서 찾는 일은 하지 말고 기다려보자는 말로 위로했다. 하지만 그런 말이 헛된 희망을 주는 것에 지나지 않음을 이기홍 자신이 잘 알고 있었다.

　그 후로도 오복렬의 아내는 이기홍을 몇 번 찾아왔는데, 더 이상 진실을 숨길 수가 없어 동생과 매제에게 벌어졌던 이야기를 하면서 그만 단념하고 남편이 나갔던 날을 제삿날로 생각하라고 얘기해줬다. 설마 했던 그녀는 그 자리에 주저앉아 하염없이 눈물만 흘렸다. 당시 오복렬의 아내는 스물다섯 전후의 젊은 나이였는데, 얘기를 해주면서 가슴이 미어졌다는 회고를 이기홍은 남기고 있다.

　그밖에 이기홍이 지도하던 다른 청년들도 비슷한 방법으로 연행된 뒤 소식이 끊겨 그 후 행방이 묘연한 경우가 여럿이었다. 풍문에 의하면 경찰이 살해 대상자를 일단 구속했다가 자정이 지난 새벽 한두 시경에 혐의가 없으니 석방한다면서 나오라고 한 뒤, 당신과 함께 가서 알아볼 것이 있다며 데리고 나와 산속으로 끌고 가서 살해하고 미리 파놓은 구덩이에 매장하였다고 한다. 범행 당사자들이 양심고백을 하지 않는 한 이러한 사실들은 영원히 묻히게 마련이다.

　이처럼 이승만이 정권을 잡은 뒤 어느 날 흔적도 소식도 없이 살해된 인사들이 헤아릴 수 없이 많았다. 이 시기까지도 제주에서는 소위

4·3사건이 종결되지 않아 토벌을 명목으로 민간 학살이 계속되고 있었다. 희생자의 숫자가 전국적으로 이삼십 만 명이 될 것이라는 얘기도 있지만 정확한 기록은 존재할 수 없는 것이니 불행한 과거의 미결사건으로 남아있을 뿐이다. 그 피해자의 가족들도 좌익으로 몰려 또 다른 가족의 피해로 이어질까 두려워 쉬쉬했던 시절이니 모두 억울한 죽음으로 끝났을 뿐이다.

다만, 이런 사실들을 알리는 것은 이승만 정권이 벌인 천인공노할 동족에 대한 만행이 우리 역사에서 실제로 벌어진 명백한 사실임을 잊지 말기 위해서이다. 이기홍은 다음과 같이 기록하고 있다.

"이렇게 갑자기 자취도 없이 사라져 억울하게 살해된 민주인사들이 지금도 땅 밑에서 영원한 분노와 원한을 품고 편이 잠들지 못하고 있을 것을 생각하면 가슴이 미어진다. 민족세력과 반민족세력의 관계는 추호의 타협도 융화도 될 수 없는 빙탄지간(氷炭之間)이었다. 이 사실들은 앞으로 우리 민족의 완전한 자주독립이 이루어질 때 반드시 짚고 넘어가야 하며, 이 모든 역사적 사실은 반드시 밝혀내 민족사의 교훈으로 삼아야만 한다. 우리 민족이 겪었던 참혹한 역사 그 하나하나를 단순히 지나간 옛 이야기로 여겨서는 절대 안 된다는 점을 분명히 말해두고 싶다."

이사 후에도 계속된 추적

둘째 아들에 뒤이어 사위까지 행방불명되었다는 소식이 전해지자 이사열은 즉각 이들이 살해되었다고 단정하고 앞으로 남은 가족에게 반드시 닥쳐올 예고로 받아들여 이사 준비를 서둘렀다. 불가피하게 시간을 끈 것은 논과 밭과 가옥 및 임야의 가격 문제였지만, 아무리 많은 돈도 생명과는 바꿀 수는 없었다.

그래서 구입 희망자가 나타나면 그쪽에서 원하는 가격대로 처분하기로 했다. 당시 완도의 주요 생산물인 김 생산이 3월에 끝났기 때문에 잔금은 다음 생산기인 1950년 3월에 받기로 하고 계약금만 받은 채 1949년 5월에 광주로 이사했다. 헐값으로 팔고 오긴 했지만 이사열은 "고향을 떠난 것을 토끼가 용궁에 잡혀갔다 벗어난 것과 같은 해방감을 느꼈다"고 술회했다.

광주 금동에 마련한 전셋집은 이사열의 옛 친구로 당시 초등학교 교장을 하다가 마침 지방으로 전근하는 기회가 되어 비어있던 집을 얻게 된 것이었다. 광주에 도착하자마자 전셋집으로 직행한 이사열은 가족 외에는 아무에게도 그 거처를 알려주지 않았고, 일체의 바깥출입을 삼가며 집안에서 독서로 나날을 보냈다. 읽고 싶은 책들은 이기홍이 운영하는 서점에서 골라 가져다 드렸다.

광주에 온 뒤에도 이기홍의 어머니는 사위를 잃은 큰딸과 함께 혹시나 하는 마음에 점집과 절과 신당까지 찾아다녔고, 타 지방의 용하다는 점쟁이도 찾아다녔다. 그중에는 사위가 살아있으니 반드시 온다고 하며 날짜까지 알려준 사람도 있었고 또 한편에서는 단념하고 제사를 지내라는 사람도 있었다고 한다.

이사열은 상심한 아내와 딸에게 회자정리(會者定離) 생자필멸(生者必滅)이니 만나면 반드시 헤어지게 되고 태어난 사람은 반드시 죽는 것이라는 말로 위로하였다. 사람에 따라 생과 사는 시간의 차이가 있을 뿐 임금도, 영웅도, 부자도 벗어날 수 없으니 조급히 생각하지 말고 마음을 크게 먹으라고 두 사람을 달랬다. 이기홍은 아버지가 두 사람을 그렇게 위로하는 장면을 여러 번 보았다. 하지만 이것은 산 자를 위한 위로일 뿐 죽은 사람이 살아 돌아올 리는 없었다.

광주에는 이사열을 아는 고향 사람이 수십 명 살고 있었기 때문에 어머니에게도 가급적 외출을 삼가라고 항상 주의를 시켰다. 어머니가 이기홍을 찾아오는 때도 거의 인적이 드문 식전이나 밤중의 시간이었다. 이렇게 금동에서 일 년 가까이 지내자 같은 장소에서 장기간 거주하는 것도 위험하다고 생각되어 1950년 4월에는 학동의 천변에 있는 하천 부지에 가옥을 신축하여 이사했다.

6·25사변이 일어나자 우려했던 그대로 이승만 정권에 의한 대량 학살이 완도에서도 시작되었다. 학살 지시를 받은 경찰이 고금면의 인사 중 가장 먼저 소재를 찾은 것은 아버지 이사열과 동생 이기택이었다. 그때까지도 이기택은 공식적으로는 행방불명 상태였다.

살벌한 완도의 소식을 이기홍에게 전한 친척은 경찰이 혈안이 되어 아버지를 찾고 있으니 각별히 조심해야 한다고 주의를 주었다. 이사열이 이사했다는 사실을 알게 된 경찰이 광주로 찾아 나설 것은 예정된 수순이었기 때문이다.

아니나 다를까 완도에서 나온 경찰이 이기홍의 서점을 찾아와 이사열의 행방을 대라고 다그쳤다. 이에 광주에서 1년 정도 계시다 강원도로 이사했고 또 다른 곳으로 가셨다는 말만 들었으므로 거처를 모른다고 잡아뗐다. 경찰이 이 말을 곧이곧대로 믿을 리 없었다. 경찰은 이후에도 또 한 차례 서점에 찾아왔고 정보원이 집 근처에서 기웃거리는 장면도 여러 번 목격할 수 있었다. 전쟁이 터졌는데 적국이 아닌 조국의 경찰로부터 가장 먼저 생명의 위협을 받고 있다는 것이 당시 대한민국의 적나라한 모습이었다.

끝나지 않은 시련, 보도연맹 학살사건

6·25 전야의 남북한

1949년 6월 북쪽의 북로당(북조선노동당)이 남로당(남조선노동당)을 흡수하여 조선노동당으로 통합되면서 남로당은 소멸되었다. 그 전에 이미 대다수의 남로당 지도부는 남쪽에서의 강력한 탄압을 피해 북으로 도피하여 있어 남쪽에서는 하부 조직들만이 유명무실하게 남아 있거나 일부는 이승만의 탄압에 몰려 일찌감치 입산하여 빨치산으로 전환된 상태였다. 이기홍은 조선공산당(1945), 남조선노동당(1946)의 당원으로 활동했지만 1949년의 남로당 소멸을 거치면서 자연스럽게 당에서 탈루된 신세가 되었다.

한편 6·25를 눈앞에 둔 시기, 남과 북의 여건을 살펴볼 필요가 있는데 그 분위기는 큰 차이가 있었다. 해방 후 북에서는 무상몰수 무상분배의 토지개혁과 친일파 청산을 통해 농민을 비롯한 주민들의 확고한 지지를 확보하였고 면 단위 조직에서부터 민주적 절차에 의한 정치조직을 만들어 중앙으로 집중시키는 정치개혁이 이루어졌다. 노동당 내 각 계파들이 민심을 얻기 위해 치열한 노선 투쟁을 벌인 결과 항일유격대 출신의 김일성 계파가 확고한 권력을 장악하였다. 국내 정치에 대한 소련의 영향력도 상당히 제한적이었다.

사회주의적 개혁이 진행되면서 북한의 인구 중 10분 1이 넘는 백여

만 명이 북한 체제를 등지고 월남했는데, 이는 북한 내부의 가장 강력한 반체제 세력이 자연스럽게 사라졌다는 것을 의미했다. 따라서 몇 지역에서 소규모로 벌어진 반공 투쟁을 제외하면 국론은 거의 통일되어 있었다. 여기에 힘입어 소련의 지원을 통해 군대와 무기를 현대화시키면서 강력한 군사력까지 확보하고 있었다.

반면 남한의 사정은 훨씬 복잡했다. 미군정 체제는 일제가 남겨놓은 사회구조와 친일 인사를 그대로 유지시킴으로써 사회개혁은 거의 없었고 친일세력이 온존되어 모순은 오히려 심화되었다. 친일적 우익 세력에 대한 좌익과 중도 민족주의 세력의 비판에 대해 미군정은 노골적으로 반공을 기치로 내세운 우익의 편에 섰고 이는 이승만 체제로 그대로 이어졌다.

이승만이 5·10선거를 거쳐 정권을 장악하면서 좌익에 대한 탄압은 더욱 거세졌다. 북한에서 내려온 백여 만 명의 월남민은 우익 세력에 대한 지원군이 되어 남한 사회의 좌우 대립 규모를 더욱 고질적이고 광범위한 진영 대결 수준으로 확대시켰다. 친일파의 기반 위에 서있던 이승만 정권은 사회개혁을 통한 통합 대신, 좌익의 척결을 통해 한국 사회를 하나로 만들고자 했다. 그것의 부작용은 진정한 통합이 이루어질 수 없다는 점과 무고한 희생자의 양산이었다.

남로당이 해산되면서 많은 당원들이 지리산과 백운산 등 깊은 산골로 들어가 항전의 태세를 취하자 경찰 토벌대가 투입되어 이를 소탕하는 작전이 1949년 후반 이후 계속되었다. 4·3사건 이후 제주에서의 살육은 아직도 진행형이었다. 6·25가 발발하기 전까지도 남한 사회는 여전히 혼돈 상태였다. 이승만 정권이 믿고 있던 것은 미국의 힘이었다. 세계 냉전의 최전방에 있는 자신들을 미국이 결코 버릴 수 없으리라는 확신이 있었던 것이다.

일제에서 해방된 이후 약 5년 동안 남북한을 각각 나누어 어느 지역이 과연 일제 식민지 체제 극복을 위한 작업을 제대로 진행했는지 판가름하기는 어렵지 않다. 그러나 우리의 독립이 자력에 의해서가 아니라 제2차 세계대전 종전에 따라 외부의 힘에 의해 주어진 것처럼, 그 후의 과정 역시 냉전체제에 따른 강대국의 논리와 힘에 따라 휘둘리는 일은 피할 수 없었다. 이런 상황에서 남북 양측 중 누가 오판하고 있었는지의 문제 또한 부차적인 문제에 지나지 않을 것이다.

민족적 비극이 목전에 다가왔던 그 순간까지 최소한 남한 사회의 정권 내부에는 국민의 의사와 복리를 바탕으로 한 북한과의 건강한 체제 경쟁보다는 세계 최강국인 미국을 후견인으로 두고 있다는 자부심과 무한한 낙관론만이 넘치고 있었다. 관심은 오직 내부에 있는 적, 즉 남아있는 좌파 세력을 완전히 쓸어버리는 것이었다.

이기홍은 후일 6·25가 남침이냐 북침이냐를 두고 일부 의견이 갈리고 있는데 대해 자신의 경험을 바탕으로 이에 대한 생각을 밝혔다.

"나는 6·25가 일어나기 직전 북쪽의 인민위원회 간부들이 남쪽으로 내려와 있었다는 사실을 조형표를 통해 알게 되었다. 강동정치학원[5] 학생들이 서울로 내려오던 도중 풍랑을 만나 못 내려왔다는 얘기와 함께 북의 간부들이 남쪽의 정권 수립을 위해 미리 내려왔는데 광주에도 이미 그들 일부가 내려와 있다는 얘기였다. 북쪽의 사람들이 이미 남쪽에 계획적으로 머물고 있었다는 사실은 바로 치밀하게 남침 준비를 하고 있었다는 얘기가 된다. 그러니 남침이냐 북침이냐의 논란은 별 의미 없다고 생각된다."

---

5) 미군정기 남로당이 불법화된 이후 월북한 남로당 간부 및 당원들이 평양 인근 강동군에 설립한 정치군사학교다. 1948년 1월 설립된 이래 남한에서 올라온 월북자들을 교육하여 공작원을 비롯한 유격대원으로 양성, 다시 내려 보내는 역할을 했다.

북한은 이미 일사불란한 체제를 갖추고 무력 통일의 시나리오를 진척시키고 있었다. 남한은 준비도 없었고 그 내부는 심하게 분열되어 있었다. 북에서 진행되었던 친일파 청산과 사회주의적 개혁, 그리고 남한 이승만 정권의 만행을 생각할 때 이기홍이 북의 통일전쟁에 대해 기대를 갖고 있었으리라 추정하는 것은 어렵지 않다. 하지만 그 뒤에 벌어지는 스토리는 이기홍의 환상을 깨는 것이었다. 지금 당장 걱정할 일은 전쟁 발발과 함께 이승만 정권에 의해 자행된 보도연맹원에 대한 무자비한 학살을 피하는 일이었다.

이승만의 민주세력 말살 계획과 보도연맹

친일 세력 기반인 우익 주도로 대통령이 된 이승만은 좌익을 포함한 범민주 세력이 향후 최대의 적대 세력이라 보고 이들을 무력화시키기 위한 방안 마련에 고심했다. 그 방식은 일제 말기 총독부 당국이 좌익 항일운동 세력을 묶어놓기 위해 실시한 방식과 똑같이 닮아있었다. 즉 보국연맹 및 대화숙과 판박이 조직을 만들고자 했다.

1949년 4월 이승만 정부는 좌익 전향자를 계몽·지도하여 대한민국 국민으로 받아들이는 것을 명분으로 국민보도연맹(이하 '보도연맹')이라는 단체를 만들었다. 보도연맹은 법률이나 훈령 등의 법적 기반 위에서 만들어진 것이 아니라, 아무런 법률 근거 없이 결성된 단체였다. 즉 법률상으로는 임의적인 단체이고 성격상으로는 관변단체에 불과했지만, 이 단체를 실질적으로 운영 지도하는 직책은 모두 군·검·경의 간부들이었다. 그럴 수밖에 없는 것이 보도연맹 창설을 주도한 검찰과 경찰 간부들은 일제강점기 말기에 자신들이 만들고 운영에 참여하던 보국연맹과 대화숙 등을 그대로 재현했기 때문이었다.

보도연맹의 실질적인 목적은 남로당 계열의 잔존 인사들, 그리고 재야단체인 민주주의민족전선(民戰) 산하 단체의 조직원을 하나도 빠짐없이 가입시켜 이들을 파악하고 감시 통제하는 것이었다. 소위 좌익 세력에 대해 완벽한 올가미를 씌워 두겠다는 계획이었다. 조직은 중앙연맹 아래 도연맹, 시·군연맹, 읍·면지부로 구성되었는데, 실질적으로는 각 경찰서 단위의 하부 조직 형태를 갖춘 것이어서 경찰서 정보과에서 파견한 경찰이 해당자의 집을 일일이 방문하여 가입서를 받아냈다. 가입은 강제적이어서 이를 거부할 경우 체포 등으로 위협하며 기어코 가입을 시켰다.

초기의 가입자는 전향자들이 대부분이었지만 조직 확대를 추진하는 과정에서 각 행정기관에 할당이 떨어지고 경찰의 경쟁이 벌어지며 물자나 식량 제공 등의 유인책으로 가입을 독려한 결과 본래의 취지와는 전혀 무관한 일반 주민들도 다수 가입하였다. 이에 따라 글자 한 자 모르는 부녀자와 노인과 어린아이들까지 보도연맹에 가입되어 있는 어이없는 일이 전국에서 벌어졌다. 1949년 말까지 보도연맹 가입자 수는 30만 명 선이이었던 것으로 추정되었다.

문제는 보도연맹 가입이 이승만 정권의 반대 세력 무력화 정도에 그치는 것이 아니라 그 가입서가 곧 6·25 발발 후 반드시 살해해야만 할 살해자 예비 명단이 되어 버렸다는 점이었다. 실제로 전쟁 발발과 함께 이승만은 군에 특명을 내려 후방의 보도연맹 가입자들을 조직적으로 무자비하게 살해하였다. 학살은 주로 국군과 경찰 그리고 서북청년단 등 극우 폭력단체에 의해 자행됐고, 당시 연맹원 중에는 좌익과는 아무 관련 없는 민간인들이 다수 포함돼 있었다.

1949년 4월부터 시작된 보도연맹 가입 독려는 이듬해인 6·25 직전까지 계속되었다. 경찰은 1949년 중반부터 이기홍에게 매월 한 차례 찾아와 가입을 요청했지만 응하지 않았다. 일제 말기 전향자 단체인 대화숙 시절 보국연맹 가입자들을 어떻게 처리할 계획이었는지 잘 알고 있었기 때문이었다. 하지만 강요가 계속되자 버티기 어려웠다.

이기홍이 차일피일 미루자 1950년 4월경 경사 두 명이 찾아와 가입하지 않으면 당장 구속시키라는 지시가 내려왔으니 속히 가입하라는 협박을 남기고 갔다. 결국 5월 말경 이기홍은 한홍택 동지와 함께 가입서에 서명했다. 당시 연계가 남아있던 조선노동당의 윗선과 상의를 한 결과 버틸 수 없으면 가입하라는 지시에 따른 것이었다.

이즈음 이승만 정권은 광주시 보도연맹 위원장으로 국기열 선생을 앉혀놓았다. 국기열 선생은 2·8 독립선언에 주도적으로 참여한 뒤 동아일보 기자를 거쳤고, 건준 전남 지부 창설 시 주요 역할을 했던 분으로 아주 철저한 민족주의자 원로 중 하나였다. 보도연맹이 어떤 곳임을 잘 알고 있을 그분이 일을 맡게 되기까지 어떤 강요가 있었을지 짐작할 만했다. 국기열 선생은 이기홍과 한홍택에게 말하길, "노후에 참을 수 없는 굴욕과 본의 아닌 반역 감투를 강요당하는 곤욕을 치르고 있다"며 "일제 치하에서도 민족지도자들이 이처럼 비참하게 취급받지는 않았다"는 말을 되풀이하곤 했다.

보도연맹에 가입할 때까지만 해도 이기홍이 가장 우려했던 것은 이승만 정권이 가할 탄압이었다. 하지만 사태는 예상치 못한 방향으로 흘렀다. 한 달여가 지나 6·25가 발발하고 북의 인민군이 내려왔을 때 보도연맹 가입을 자유의사에 의한 것, 즉 이승만 정권에 자의적으로 협조한 전향자로 해석되어 인민군으로부터 역시 탄압의 대상이 된 것이다. 인민 정권이 수립되면서 행정을 비롯한 모든 기관의 임용 대상과 자격 심사에서 보도연맹 가입 여부는 주요 심사 기준이 되었고, 보도연맹 가입자는 북으로부터도 반역자로 취급되었다. 이기홍이 남긴 후일의 회고는 매우 비통한 심정을 말해준다.

"보도연맹원이라는 낙인은 남의 우익으로부터도 북의 인민 정권으로부터도 모두 제거와 탄압이 대상이 되었다. 우리 민족사에 있어 도저히 있어서는 안 될 어처구니없는 일들이 보도연맹 사건을 둘러싸고 벌어졌음을 지금도 비통한 마음으로 기억하며, 이것은 남한의 민족사를 완전히 거꾸로 돌려놓았던 중대한 사실이었다."

광주 형무소, 죽음을 기다리는 사람들

인민군이 전쟁의 주도권을 잡고 남하해 오자 이승만 정권은 보도연맹원들은 반드시 적군에 영합할 것이라 단정하고 남한 전역의 보도연맹 가입자 전원을 총살하거나 기타 방법으로 살해하라는 특명을 내렸다. 가입자별 구분이나 과거 행적에 대한 고려 같은 것은 일체 없었다. 회원 명부가 곧 살생부였다.

전쟁이 터진 지 열흘가량 지난 1950년 7월 8, 9일경이었다. 경찰은 지금까지 회원의 회합 한 번 없었던 광주시 보도연맹원에 대해 전원 무덕전(武德殿)에 모이라는 지시를 내렸다. 경찰이 회원 가정을 일일이 방문하였고 외출하고 없던 사람은 직장까지 찾아가 연행했다.

소집에 응한 이기홍이 무덕전에 도착한 시간은 오후 3~4시경, 경찰 100여 명이 외곽을 감시하고 있었다. 나중에 들은 바에 의하면 소집에 응하여 무덕전에 오다가 경찰이 깔려있는 모습을 보고는 직감적으로 도망쳐 목숨을 건진 사람도 더러 있었다. 소집을 마치자 곧 경찰국장이라는 자가 나와 인민군이 내려오면 관제단체인 보도연맹 회원들을 모조리 탄압할 것이기 때문에 신변이 위험하니 여러분을 보호하기 위해 모이게 한 것이라고 했다. 물론 새빨간 거짓말이었다.

무덕전에 소집된 인원은 400명 가까웠고 경찰이 내외를 완전 포위하고 있었다. 그날 이기홍과 한자리에서 만난 노종갑 선생과 문태곤 선생, 노천묵 선생과 김범수 선생은 총살하기 위해 소집당했다는 것은 꿈에도 생각하지 못했다. 치안상 일시 격리한 것으로만 알고 웃으며 오랜만에 만난 회포를 풀며 옛이야기를 나누었다. 무덕전에서 하룻밤을 보낸 이튿날 오후 전원이 광주 형무소로 이송되었다. 형무소 내부 통제는 헌병이 맡았고 간수들은 헌병의 지시에 따라 행동하고 있었다. 간수의 말에 따르면 계엄령이 선포되었다고 했다.

형무소로 이송된 사실이 불안감을 키웠지만 이미 구금되어 있는 몸이었다. 이기홍은 국기열 선생, 노천묵 선생, 김범수 선생과 젊은 의대생 등 17명과 함께 같은 방에 배정되었다. 복도에는 교도관과 함께 헌병이 왔다 갔다 하며 감시했다. 하루 이틀이 지나면서 일행의 운명을 두고 설왕설래가 많았다. 모두가 불안했지만 차마 입 밖으로 솔직한 마음을 드러내는 것은 조심스러워 했다.

수감된 지 사흘째 된 밤이었다. 자정이 지나 새벽 한 시경 갑자기 각 감방에 기상하라는 지시가 내려졌다. 번호를 부를 것이니 해당된 사람은 포승을 차라고 했다. 다른 곳으로 이감하기 위한 것이니 동요하지 말라고 덧붙였다. 같은 감방 안에 있던 노인들은 이감이라고 믿고 싶어 했지만 이기홍은 살해하기 위한 호명이라고 생각했다. 꼼짝없이 죽게 되었으니 살려 달라고 애걸하는 추태를 부리지 말고 의연히 죽자고 말하자 노인들은 재수 없는 소리를 한다며 나무랐다.

마침내 번호가 불렸다. 쥐죽은 듯 고요한 가운데 헌병이 부르는 번호 소리만이 감방 안에 울렸다. 감방의 문이 철컹 소리를 내며 열리고 호명된 사람들이 끌려나와 포승줄에 묶였다.

5년 전 이기홍과 광주 건준에서 같이 활동했던 변호사 이덕우 동지는 이기홍이 있던 감방의 맞은편 우측 세 번째 감방에 수감되어 있었는데 이날 호명되었다. 이덕우는 큰 소리로 "동지들! 우리를 총살하려고 여기에 데려왔으니 각오하시오. 내가 먼저 가니 저 세상에서 다시 만납시다!" 하고 외쳐대자 간수가 그의 입을 틀어막는 소리가 들려왔다. 그날 밤에 약 50명을 데려 갔다. 이기홍이 있던 감방에서 불려나간 사람은 없었다. 하지만 모두가 잠을 이루지 못했다.

헌병이 호명한 사람들은 모두 그 길로 돌아오지 못했다. 이감이라고 믿던 사람들도 이제는 운명을 받아들이고 있었다. 그 후 매일 밤마다 40~50여 명의 사람들이 끌려 나갔다. 호출 당한 사람은 그날이 곧 자신이 죽는 날임을 알고 몸서리쳤다. 헌병의 호명 소리는 저승사자가 부르는 것과 같았다.

이름이 불리지 않은 사람들은 오늘 하루 생명이 연장되었음에 안도하면서도 다음 날 밤 시간이 되면 식은땀을 흘렸다. 하루하루가 지날수록 감방 안의 빈자리가 늘어났다. 그것이 죽음의 자리임을 일깨워줄 때마다 고통은 심해졌다. 죽음을 기다리는 고통은 어쩌면 죽음보다 더 고통스러웠다. 어차피 죽을 일, 차라리 하루라도 빨리 불려 이 고통을 끝내달라고 기도하는 사람도 있었다. 그렇게 일주일여의 시간이 흐르며 남아있는 모두가 자포자기의 심정이 되어 있었다.

구사일생으로 처형을 면하고

광주 형무소에 들어온 지 열흘 가까이 지난 때였다. 이기홍이 수감되어 있던 감방의 뒤편은 형무소 정문이 있는 광장 쪽인데, 밤 8시경 수백 명의 사람 말소리와 발소리가 뒤섞여 들려왔다. 와글와글 하는 소리에 모두들 놀라 또 무슨 일인지 초긴장을 하고 있었다. 잠시 후 갑자기 소리가 조용해지더니 경례를 외치는 구령과 함께 인솔한 간부의 훈시 소리가 선명하게 들려왔다. 모두가 귀를 쫑긋하며 무슨 일이 벌어지고 있는 것인지 주목했다.

"여러분은 전주 형무소와 소장님의 명예를 위해 이곳 광주 형무소 소칙을 잘 지키고 관리들의 명령에 복종하여 잘 있다가 나오기를 바란다!" 곧바로 뒤이어 경례 구령과 함께 또 다른 집단에 대한 훈시의 소리가 들렸다. "여러분은 군산 형무소와 소장님의 명예를 위해 이곳 광주 형무소 소칙을 잘 지키고 관리들의 명령에 복종하여 잘 있다가 나오기를 바란다." 간단한 입소 절차가 끝나자 이들은 다른 동의 빈 감방으로 수감되었다.

이들이 온 그날 밤, 이기홍 일행이 수감되었던 감방에서 매일 불리던 공포의 호명소리가 멈췄다. 일행은 죽음의 공포에서 벗어나 잠을 잘 수 있었다. 오늘밤 새로 수감된 사람들의 정체가 궁금했지만 누구도 아는 사람이 없었다. 그들이 들어온 날 이후 며칠 동안 광주 보도연맹원을 밤에 호명하는 일이 없었다. 대신 다른 옥사(獄舍)에서 번호를 호명하는 소리가 희미하게 들려왔다.

나중에야 그 이유를 알고 나서 이기홍 일행은 말할 수 없이 무거운 마음이 되었다. 인민군이 예상 밖의 빠른 속도로 진격하여 대전까지 이르자 전세가 급박해진 국군은 전주와 군산 형무소에 있던 보도연맹원들을 급히 남쪽에 있던 광주 형무소로 이감시켰다. 이들을 처형하고 흔적을 없앨 시간이 없어 급히 내려온 것이었다.

당시 광주 형무소에서는 총살자를 매장할 구덩이가 부족하여 장소를 옮겨가며 구덩이를 파고 매장하기를 매일 반복하고 있었으므로 하루에 40~50명 정도만 총살을 실행하고 있었다. 그래서 전주와 군산의 보도연맹원들에 대한 처형을 먼저 진행하는 동안 광주 보도연맹원들에 대한 총살이 일시 중단되어 미뤄졌고, 그들 덕분에 이기홍 일행의 목숨이 연장되었던 것이다.

이 얘기는 한홍택 동지의 부인이 같은 고향 출신인 간수 부장에게 들었던 내용이라고 전해들은 얘기였다. 이와 함께 들은 얘기가 또 있다. 이기홍 일행이 광주 형무소로 들어오기 전, 광주 형무소의 재소자 가운데는 시국사범으로 수감되어 있던 인사들이 250명가량 있었는데 보도연맹원들을 처형하기 위해 이송할 감방을 마련할 목적으로 이들을 미리 처형했다는 사실이었다. 광주학생독립운동을 이끌었던 장재성 선배도 그때 처형되었다. 모두 아까운 인재들이 시대를 잘못 만난 비운에 억울하게 가버린 것이었다.

7월 22일이었다. 오후 늦은 시간 호명된 70여 명이 헌병들에게 인수인계되었다. 일행은 트럭 2대에 나뉘어 태워졌다. 마침내 죽으러 가는구나 하는 생각에 다들 체념했다. 헌병은 일행에게 트럭 바닥에 엎드리게 하여 밖을 내다보지 못하게 했다. 트럭이 가는 방향을 짐작해 보니 광주역 쪽이었는데 다시 광주천 쪽으로 방향을 바꾸었다. 트럭이 멈춘 곳은 헌병대가 있는 곳이었다.

헌병대에 도착하자 헌병 중사 하나가 일행에게 저녁을 먹었느냐고 물었다. 어리둥절하게 만드는 질문이었다. 그러고는 다른 헌병에게 지시하여 밥을 먹게 하도록 했다. 살아서 먹는 마지막 밥일지 모른다 생각하니 목구멍에 밥이 넘어가지 않았다. 잠시 후 지역 계엄사령관인 중령이 오더니 "여러분을 보호해주려고 형무소에서 여기로 옮겨온 것이고, 이제 풀어줄 테니 다른 행동은 삼가고 집에만 있기 바란다"고 말했다. 부하들이 일행의 포승줄을 모두 풀어주었다.

사실인지 아닌지 믿기 어려운 얼떨떨한 상황이었다. 헌병대 정문을 나오면서도 뒤를 흘낏흘낏 돌아보면서 발걸음을 재촉했다. 이기홍은 국기열 선생과 함께 동행했다. 한참을 가도 아무런 대응이 없는 걸로 보아 죽지 않고 살아 나가는 것이 분명했다. 빠르게 시내를 향해 걷고 있는 도중 검문소에서 국기열 선생과 안면이 있었던 헌병이 다가와 "지금은 법이 없습니다"라고 정중하게 말하였다. 그 말이 마치 일행에게 그간 벌어진 일을 다 알고 있다는 뜻으로 들렸다.

사실 보도연맹원 일행이 열흘 남짓 겪은 일은 법으로는 설명할 수 없는 일이었다. 체포와 구금과 처형이 모두 대한민국의 어떤 법의 근거가 없는 불법 행위였다. 그래서 그들은 범죄의 증거인 처형자들을 그토록 꼼꼼히 암매장하여 그 흔적을 없애려 했던 것이었다. 그러나 곧 인민군이 광주에까지 도달할 정도로 급박한 상황이 되자 뒤처리를 하지 못할 처형 대신 석방을 했던 것으로 추정된다.

시내에 접어들어 국기열 선생과 헤어진 이기홍은 곧바로 집이 있는 삼성당 서점으로 돌아왔다. 집으로 돌아가 큰 아들의 이름을 부르자 옆집 아주머니가 순규 아버지 아니냐며 귀신을 만난 듯 반색했다. 무슨 영문인지 몰라 어리둥절 하는 이기홍에게 저간의 사정을 얘기해주었다. 집에서는 이미 난리가 나 있었다. 열흘 넘게 아무 소식 없이 돌아오지 않았으니 죽은 게 분명하다고 여겼던 것이다. 그래서 그의 초상화를 방에 두고 곡까지 하며 가족들이 울었고 가까운 문상객들까지 다녀갔다고 했다. 아내 또한 귀신인 줄 알았다며 울음을 터뜨렸다.

다음 날 형사 두 명이 찾아와 아내에게 이것저것 묻고 돌아갔다. 이기홍은 여전히 죽은 사람으로 되어 있었으니 별 다른 문제는 없었다. 이것을 안 아버지는 뒷조사를 하고 있는 것 같다며 안심할 수 없으니 사람들에게 알려지지 않은 아버지의 학동 집으로 옮기라고 했다. 아버지가 계신 학동 집으로 가는 동안 이기홍은 길거리에서 거적에 덮인 시체 3구를 목격했다.

이기홍은 영원히 돌아올 수 없을 것 같던 죽음의 문턱에까지 갔다가 천우신조로 풀려나와 살아남았다. 그날 헌병대로 이송되어 풀려났던 70여 명 외에 광주 형무소에 남아 있던 사람들의 생사도 궁금했는데 거기에 대해서는 나중에 얘기를 들을 수 있었다.

남아있던 사람들을 담양 쪽으로 후송하기 위해 트럭에 태우고 출발하여 광주고등학교를 미처 벗어나지 못한 지점에서 인민군의 박격포 소리가 들렸다. 여러 발의 박격포가 가까이에 떨어지자 혼비백산한 교도관들은 이들을 놔두고 그대로 도망쳐버렸다. 그 결과 나머지 보도연맹원들도 자유의 몸이 되었다. 이렇게 마지막까지 살아남은 사람들은 대략 150명 정도였을 것으로 추정된다. 처음에 400여 명이 수감되었고 그 후에도 수감과 처형이 이루어졌기 때문에 정확한 숫자를 파악하기 어렵다.

염라대왕 앞에까지 갔다가 되돌아온 이기홍은 다른 동지들과 함께 그때의 끔찍했던 기억과 기적같이 살아온 감회를 이렇게 회고했다.

"광주 형무소에 수감되었던 우리들이 살아남은 것은 전주와 군산형무소에서 데려온 동지들을 죽이는 데 시간이 걸렸기 때문이었다. 그들이 먼저 처형되지 않았더라면 우리들은 이미 이 세상 사람이 아니었을 것이다. 훗날 이 사실을 알게 된 우리들은 전주와 군산 동지들이 우리들을 대신하여 죽었으므로 그 동지들에 대해 거룩한 동지애와 함께 감사를 드리며 명복을 빌었다."

두 손이 묶인 채 바다에 던져진 완도 주민들

6·25가 발발한 뒤 완도에서도 비극이 시작되었다. 고금면의 경우 경찰이 가장 먼저 찾은 것은 이기홍의 아버지 이사열과 당시 행방불명 상태였던 이기홍의 동생 이기택이었다. 두 사람 다 보도연맹에 가입되지 않은 사람들이었지만 같은 범주로 보았다는 얘기가 된다. 아버지는 이미 1년 전에 고향을 떠나 광주로 와 있었기에 학살을 면할 수 있었다.

보도연맹원에 대한 학살은 도시에서는 주로 보도연맹원만을 검거 투옥하여 학살했으나, 말단 소재지의 지방에서는 경찰의 자의적 판단에 따라 연맹원으로 의심되는 사람은 누구라도 대상자가 되었다. 완도 경찰은 보도연맹원 외에도 우익인사들로부터 소위 좌경 인사로 의심된다는 정보만 제공받아도 이들을 모조리 잡아들였다. 완도군의 학살자 중에는 보도연맹원이 아닌 사람이 훨씬 더 많았다.

완도 경찰서는 검거한 120여 명의 학살 대상자를 총살하지 않고 30여 명의 무장경찰과 함께 배에 실어 먼 바다로 나가 이들의 두 팔을 뒤로 하여 철사로 묶은 다음 묶은 채로 바다에 던져버렸다. 그래도 가라앉지 않고 떠오르는 사람들은 총으로 쏴서 사살했다.

당시 배에 실려 바다에 던져졌던 주민 중의 하나는 발로 헤엄쳐 조류를 따라 해남 북평면의 어느 해안에 죽지 않고 도달했다가 이를 발견한 부락민이 철사를 풀어주고 산속에 숨겨둔 채 밤이면 먹을 것을 가져다주어서 살아남았다는 기적과 같은 얘기도 있었다.

일제 시기 이기홍과 함께 농민운동을 하며 전남운동협의회 완도군 재정위원을 맡았던 문승수 동지의 얘기도 가슴 아픈 사례였다. 문승수 동지는 평소 이기홍의 조언을 받아들여 경찰의 표적이 될 만한 일체의 사회단체에 가입하지 않았으나 결국 완도 경찰에 의해 살해 대상자가 되었다.

경찰은 문승수 동지를 비롯해 대상자로 선별된 사람들에게 곧 인민군이 들어올 것이기 때문에 안전한 지대로 옮겨야 한다며 배에 태웠다. 사람들은 철석같이 그 말을 믿고 배에 올랐다. 그들은 배 안에서 손이 묶이고 바다에 던져지는 순간이 되어서야 비로소 자신들이 학살된다는 것을 알았다. 최후의 순간이 왔음을 직감한 문승수 동지는 평소 안면이 있는 경찰에게 자신의 인장도장을 내어주면서 가족에게 전해달라는 마지막 부탁을 남긴 뒤 바다에 던져졌다고 한다.

이 일화는 당시 살해에 가담했던 경찰이 훗날 털어놓은 얘기를 이기홍이 전해 들었던 내용의 일부다. 보도연맹원으로 몰려 끌려간 완도 사람들은 6·25가 터진 이후 인민군의 총소리 한 번 듣지도 못한 상태에서 야만적인 방식으로 산 채로 수장 당했다. 억울하게 살해된 완도 사람들에게 무서운 것은 전쟁도 아니고 인민군도 아니었다. 그들을 죽음으로 몰고 간 것은 이승만 정권과 그 하수인들이었다.

이기홍은 훗날 완도에 대한 기록을 남기면서 보도연맹 사건이 일반에 알려지지도 않았고, 기껏해야 좌우 대립의 희생 정도로 여겨지는 현실을 개탄하며 이렇게 회고했다.

"완도에서 벌어진 사례는 대한민국 전체로 보면 한 지방의 사례에 불과할 것이다. 문승수의 사례 역시 수많은 사람 중의 한 개인의 사례에 불과할지도 모른다. 그럼에도 내가 여기에 기록하는 까닭은 6·25 당시 이승만 정권에 의해 행해진 보도연맹 대학살 사건에 대해 구체적인 내용도 없이 이념적 대립에 의한 비극 정도로 일반화시켜 알려지거나, 그것마저도 학살자의 후손들만이 알고 있을 뿐 50세 이하 대부분의 국민들에게 전혀 알려져 있지 않은 안타까운 현실 때문이다."

보도연맹원 학살 사건은 이승만 정권이 6·25 발발과 함께 자신들에게 위협 요소가 될 것이라는 이유 하나만으로 후방에 있는 비무장의 자국 국민들을 조직적으로 대량 살해한 용서하지 못할 범죄행위였다. 당시 전국 각지에서 약 30만 명이 희생된 것으로 추정되고 있으나 정확한 수는 알 수 없다.

그때 살해된 사람들의 가족들도 이승만과 박정희 정권으로 이어지는 반공의 광풍과 연좌제의 두려움 때문에 보도연맹 희생자의 가족이라는 얘기를 내놓고 하지도 못하고 가슴에만 묻은 채 수십 년의 세월을 침묵으로 살아왔다. 70년 가까운 시간이 흘렀지만 아직까지도 그 진상은 밝혀지지 않았다. 민족사를 바로 세우기 위해서라도 그 학살 사건의 구체적 실행에 관련된 자들과 희생자들에 대한 전반적인 진상 조사는 반드시 필요하다.

의로운 전쟁은 없다

새 역사가 시작되는가

보도연맹 사건으로 수감되었다가 구사일생으로 살아난 이기홍이 궁금했던 것은 전쟁의 근황이었다. 수감된 약 2주 동안 제대로 된 정보는 들을 수 없었다. 그것은 집에 돌아와서도 마찬가지였다. 라디오에서는 국군의 승리 소식을 연일 전하고 있었지만 여러 정황은 다른 얘기를 하고 있었다. 전쟁은 이미 개전한 지 한 달 가까이 흐르고 있던 시간이었다.

집에 돌아온 다음날인 7월 23일이었다. 이른 아침인 7시경 전남도 경찰국장의 경고 방송이 시작되었다. 공무원들을 대상으로 직장에서 이탈하는 자는 모두 사살하겠다는 엄포와 함께, 인민군은 절대로 광주에 들어오지 못할 것이므로 염려하지 말고 성실하게 임무를 수행하라는 당부의 말을 끝으로 방송은 끝났다.

경찰국장의 방송을 들으면서 이기홍은 전황을 가늠해 보았다. 승승장구 하고 있는 중이라면 좋은 소식만 전하면 될 것이지, 남쪽 끝자락인 광주에 인민군이 절대 들어오지 못한다는 얘기나 이탈자를 사살하겠다는 협박이 필요할지 의문이 들었다. 그것도 아침 7시에 그런 방송을 하는 것 자체가 급박함의 표현이었다. 아무래도 인민군의 입성이 머지않았다는 신호로 읽혔다.

얼마 시간이 지나지 않아 박격 포탄 소리가 광주 외곽인 비아에서부터 점점 시내 쪽으로 가까이 들리자 시민들은 동요했다. 광주에 있는 모든 경찰과 공무원들이 모조리 부산을 향해 피난을 떠났다는 소문이 급속히 퍼졌다.

이기홍은 정종채를 비롯한 이웃의 후배 세 명과 함께 시내 표정을 살피러 나섰다. 시내 쪽으로 걸어오던 중 학동 앞 냇가의 둑 부근에서 국군 장교들이 퇴각하는 장면을 목격했다. 그 때 졸병으로 보이는 군인 한 명이 다리를 다쳤는지 절룩거리며 걸어가고 있었는데 장교들이 탄 지프차가 그 앞에 멈췄다. 그 군인은 장교들에게 다리를 다쳐 걸을 수 없으니 태워달라고 사정하는 것 같았다. 장교들은 권총을 꺼내 위협하고는 그대로 가버렸다.

이 광경을 목격하고 시내로 향해 걷다가 현재의 전대병원 입구 네거리에 이른 것이 9시경이었다. 네거리에는 교통순경 둘이서 교통정리를 하고 있었다. 이를 본 후배 하나가 곁에 가서 경찰을 비롯한 공무원이 두 시간 전에 다 도망가고 없는데 이 시국에 교통정리를 하고 있느냐며 빨리 피하라고 하자 처음에 어리둥절하던 그들은 건너편 가게에 가서 묻고 오더니 감사하다는 인사를 하고는 재빨리 도망쳤다.

집에 돌아오는 길에 군인 5~6명씩을 실은 트럭이 전속력으로 화순 방면으로 달리고 있는 것을 보았다. 주변 사람들 얘기를 들으니 화순 방면의 도로에서 인민군의 사이드카 부대가 앞서 도망간 경찰들을 쫓아갔다고 했다. 집에 오자 아버지는 인민군이 시내에 진주를 시작하였고 일부는 도피한 사람들을 추격하고 있다는 소식을 듣고 왔다고 하셨다. 그때 동네 아이들이 저기 인민군이 온다며 소리를 질러 둑에 나가보니 인민군 1개 중대 병력이 행진해 오고 있었다. 부락민 2~30명이 연도에 나와서 인민군을 환영하는 모습도 보였다.

말로만 듣던 인민군의 모습을 처음 보는 순간이었다. 그때 이기홍은 옛 역사가 지나가고 새 역사가 시작되고 있다는 것을 실감하였다. 이승만의 군과 경찰이 도주한 그 자리에 인민의 군대가 들어오고 있었다. 바로 어제까지 죽음의 사선을 넘나들던 자신이 이 나라의 역사가 교체되는 현장을 직접 보고 있다는 감회는 남달랐다.

오후가 되어 시내에 나가보니 도청은 인민군에게 접수되어 인공기가 펄럭였고 도 인민위원회와 시 인민위원회가 수립되어 있었다. 경찰과 공무원들은 자취를 감추었고 시민들은 시내를 자유롭게 다니고 있었다. 긴장된 분위기가 감돌고는 있었지만 시내는 평온했다. 인민군이 시민들을 위협하거나 연행하는 장면은 찾아볼 수 없었다.

예기치 못한 인민군의 진주를 보며 흥분 속에 보낸 하루였지만 이기홍의 마음속에서는 뭐라 설명하기 어려운 복잡한 감정들이 서서히 머리를 들었다. 이 역사의 중대한 전환점에서 어느 쪽에도 속하지 못한 채 구경꾼으로 남아 있는 것 같은 현실이 못내 어색했다. 갑자기 이방인이 된 것 같은 묘한 감정이 들었다. 무엇을 해야 할지 가닥이 잡히지 않았고 일말의 불안감도 지우기 어려웠다.

다음날 아침 이기홍은 자신을 알아볼 옛 동지가 있을 것이라 생각하고 도청 앞에 나갔다. 거기에서 과거에 당 활동을 같이 했던 조형표를 만났다. 완도 출신인 조형표는 사상전향서를 낸 뒤 월북한 이후로 소식이 끊겼다가 이날 오랜만에 다시 보는 것이었다. 조형표는 반갑게 이기홍을 맞았다. 그는 강동정치학원을 거쳐 이번 조국 통일전쟁을 수행하기 위해 내려와 지금 도 인민위원회의 내무위원장을 맡고 있다고 했다. 매우 당당하고 자신감이 넘치는 태도였다. 강동정치학원이라면 월북한 남로당 출신들을 교육하고 훈련시켜 정치공작원이나 유격대원으로 남한에 내려 보내는 역할을 하던 곳이었다.

조형표는 "도 인민위원장 김백동과 시 인민위원장 김영재 등 간부들은 진즉 내려왔는데 자신을 비롯한 다른 간부들은 풍랑을 만나 늦어졌다"며 자신의 위세를 과시하듯 말했다. 그러고는 "무기나 탄약을 소지한 자는 자진 신고하고 한민당에서 활동하는 자들도 자수하게 하라"고 단단히 일렀다. 명령조의 어투가 거슬렸다. 이들이 현 단계에서 가장 중시하는 것이 반당세력의 색출에 있음을 느낄 수 있었다.

내심 같이 일하자는 제안이 있을 것이라는 기대는 무너졌다. 그런 희망을 품었던 스스로에게 민망한 생각이 들었다. 나라의 새로운 역사가 시작되었지만 이기홍이 참여할 공간은 아직 없었다. 개인 이기홍의 역사는 지나간 역사의 끝자락에 여전히 묶여 있었다. 그래도 위안이 되는 것은 사회주의 동지들이 전권을 행사하고 있으니 이승만 시대의 지긋지긋한 탄압은 없을 것이라는 기대였다.

달라진 세상, 달라진 인간들

광주 시내는 며칠 사이에 빠르게 조선민주주의인민공화국 체제로 전환되었다. 치안과 행정을 담당할 각급 인민위원회는 물론 관공서 및 정치 사회단체와 외곽단체까지 인공기와 함께 새로운 간판이 내걸렸다. 세상이 완전히 바뀐 것이었다. 무기 소지자는 자진 신고하고 한민당 활동자들은 자수하라는 공고도 곳곳에 붙었다.

바뀐 세상에서 가장 공포에 떤 사람들은 미처 피난가지 못한 군경 가족과 한민당의 열성 활동가들이었다. 문제는 아무런 정당 활동을 한 적이 없으면서 한민당에 적을 두고 있는 사람들이었다. 이들은 자신이 반공세력을 옹호한 적이 없음에도 불구하고 바뀐 세상에서 신변의 위협을 크게 느끼고 있었다.

계림동에서 곡성약국을 운영하고 있던 조용준이라는 사람이 그런 경우였다. 조용준은 한민당의 도 책임자 장병준의 동생인 역장과 평소 친분이 있었는데 서울 가는 차표 한 장을 부탁하자, 역장은 한민당 가입 서류를 내밀었다. 그때는 대수롭지 않은 일로 생각하고 도장을 찍어주었다. 그런데 인민군이 치안을 장악하고 있는 상황이 되자 한민당 활동과 무관했던 그가 찍어준 가입서 도장 하나가 자수를 해야 할 정도의 큰일이 되고 말았던 것이다.

조용준 씨는 평소 잘 알고 지내던 동아부인상회의 김희찬 씨에게 걱정하며 이를 상의하였고, 김희찬 씨는 자주 왕래하던 사이인 이기홍을 불러 사정을 직접 들어보도록 했다. 조용준의 사정을 듣고 보니 잘 설명만 하면 별일이 없을 문제로 생각되었고, 마침 조형표가 내무위원장으로 있었기 때문에 납득시키는 데 어려움이 없을 것이라 생각했다. 그래서 다음날인 25일 조용준 씨가 써온 자수서를 갖고 그와 함께 경찰국의 조형표를 찾아갔다.

이기홍이 조용준이 써온 자수서를 내보이면서 한민당원 입당 건에 대한 경위를 설명하려고 하자 조형표의 태도가 돌변했다. 조형표는 얘기는 들으려고도 하지 않고 외나무다리에서 원수를 만난 듯한 표정으로 잘 왔다고 했다. 이기홍이 무슨 영문인지 몰라 잠시 주춤하는 사이 조형표가 소리를 질렀다.

"이 반당분자 놈의 새끼! 바로 너희들이 사형당한 이주하, 김삼룡을 체포하도록 경찰에 정보를 제공한 자들 아니냐. 또 동지들 5명을 경찰에 넘겨 죽게 했으며, 특히 박헌영의 반당조직을 만든 장본인이다!"

참 어이가 없는 소리였다. 그래서 이기홍이 응수했다.

"여보시오. 근거를 갖고 말을 해야지 그게 무슨 말이오? 내가 경찰

스파이 노릇을 했다면 조직을 밀고해서 조직이 드러났을 것이고, 동지들 5명을 밀고해 죽였다면 피해자인 그 가족들이 있을 것 아니오? 근거를 말해 보시오. 그리고 내가 반당조직에 가담했다고 하는데 나는 그런 적이 없소!"

그때 조형표가 뭐라고 눈짓을 하자 따발총을 메고 사범학교 모자에 붉은 천을 두른 젊은이 두 명이 나타났다. 조형표가 다시 신호를 하자 이들은 이기홍의 멱살을 잡고 2층 난간으로 끌고 갔다. 이기홍은 피가 거꾸로 솟는 분노와 모욕감을 느꼈다. "이게 무슨 일이냐"며 완강히 뿌리치자 이들은 이기홍을 포승줄로 마구 두들기더니 발길질을 해 댔다. 그 바람에 이기홍은 계단에서 그대로 굴러 떨어졌다.

도대체 무슨 일인지 도무지 알 수 없는 날벼락 같은 일이었다. 이기홍은 곧바로 경찰국 유치장 11감방 중 제5감방에 수감되었다. 지인의 부탁으로 한민당 입당원서 건에 대한 해명을 하려다가 졸지에 반당분자가 되어버린 셈이었다. 유치장 내에서도 왜 이런 일이 벌어졌는지 아무리 생각해도 알 수 없었다.

제5감방에는 장흥재판소 판사와 광주공업고등학교 교장, 모 상업고등학교 교장, 장성경찰서 사찰계 주임 등이 함께 있었다. 또 전남 건준의 부위원장을 지냈던 강석봉 선생과도 상봉하게 되는데 예전과 달리 참혹하게 변해버린 모습에 슬픔을 감추지 못했다. 그는 폐결핵 3기의 중증 환자였다.

영광 면에 살던 동지도 한 명 있었는데 그는 철도 경찰 내부에 프락치 2명을 파견해 총과 탄약 등을 몰래 빼내 빨치산에 동조하도록 지시했다는 혐의로 고발당했다고 했다. 당시는 일반 경찰과 별도로 철도 경찰이 분리되어 있던 때였다. 그는 자신은 결코 그런 일을 한 적이 없다며 억울해 했고 벽에 머리를 부딪치며 자해 행위를 서슴지 않앗다. 보기에도 불쌍할 정도였다. 다행히 그는 10일 만에 영광의 군당에서 그런 일이 없다는 결백을 입증해주어 풀려나갔다. 무서운 세상이었다. 생각만 해도 치가 떨리는 시간들이었다.

장흥재판소 판사는 한숨을 쉬며 "일제 때는 일본 놈의 미움을 받아 징역 살고, 미군정 때와 이승만 정권에서도 역시 미움을 받고, 이제는 인민 정권에서도 이렇게 잡혀 들어와 있는데 도대체 어떻게 된 일입니까?"라고 이기홍에게 물었다. 그것은 이기홍이 그에게 되묻고 싶은 말이기도 했다. 지금의 처지를 돌아보니 어이가 없었다. 그러는 동안에도 사람들은 끊임없이 잡혀 들어왔다.

또 며칠이 지났을 무렵 예전 동지였던 김갑년이 따발총을 뒤로 메고 감방을 둘러보다 이기홍을 발견했다. 김갑년은 강진군 병영면 사람으로 이기홍과는 전남운동협의회 활동을 함께 한 동지였고 목포 형무소에 같이 수감되었던 사이였다. 그가 알아보더니 이기홍 아니냐고 물었다. 이기홍은 일부러 눈을 피했다. 자신은 강진군 당책을 맡아 부임하게 되었다고 했다. 이기홍은 잘하셨다고 축하해주었다. 그러자 그는 왜 이런 곳에 들어와 있는지, 이승만 정권 치하도 아닌데 잡혀온 데에는 그만한 이유가 있을 것 아니냐며 이기홍을 대놓고 힐난했다.

환장할 노릇이었다. 그의 인생 전체가 모조리 부정당하는 모멸감을 느꼈다. 저런 자들과 한때 동지로서 고락을 같이했다는 사실에 심한 자괴감이 들었다.

유치장에 수감된 사람들에 대한 조사가 시작되었다. 당원에 대한 조사는 특별히 정치보위부에서 맡았다. 당시 정치보위부 사무실은 1980년 5월에 불타버린 세무서 자리에, 정치보위부 조사과는 현 중앙교회가 있는 자리에 위치하고 있었다.

이기홍은 정치보위부의 조사과로 옮겨 보위부 과장에게 조사를 받았다. 먼저 그동안 활동한 것을 양심껏 쓰라고 했다. 해방이 된 마당에 숨길 게 무엇이 있겠느냐 싶어 일제강점기의 좌익 농민운동 경력과 투옥 사례, 해방 후 남로당 활동과 당원으로서 주장했던 당내 민주주의 원칙에 관한 것도 적었다. 정치보위부의 특수 업무를 진행한 일, 보도연맹 사건으로 구금되어 죽을 고비를 넘기자마자 잡혀와 모함을 받고 있다는 일까지 모두 적었다. 몇 달 전에 정치보위부의 지시를 받고 일한 적도 있던 이기홍이 여기에 잡혀와 조사를 받는다는 것이 참으로 어처구니없고 믿을 수 없는 일이었다.

이기홍이 쓴 내용을 읽어 본 보위부 과장은 강석봉, 유혁, 김종선 등과 함께 ML당을 만들 모의를 하지 않았느냐고 물었다. 해방 직후 조선공산당의 도당을 재건하는 과정에서 가깝게 지낸 인물들이지만 별도의 당을 모의한 적도 없고, ML당이라는 말은 해본 적도 없었다고 대답하자 똑같은 질문을 여러 차례 반복했다. 사실이 아니니 똑같은 대답만을 할 수밖에 없었다.

이미 북의 지도부는 남한의 좌익 세력에 대해 분명한 기준을 갖고 있었다. 보도연맹 가입자는 무조건 이승만에 투항한 반동 세력으로 분류되었고, 남로당 계열 역시 박헌영 계건 반 박헌영 계든 김일성 사상을 절대적으로 추종하지 않는 종파에 불과한 것으로 보았다. 조형표가 이기홍을 반당분자라고 몰아치던 것 역시 이런 지침들을 확고히 숙지한 때문이었다.

반복된 질문에 똑같은 대답을 하면서 미칠 지경이 되었다. 이기홍은 "그때는 자살하고 싶은 생각밖에는 들지 않았다"고 회고했다. 더이상 말하기도 힘들어 "여기 잡혀와 있는 사람 중에 나를 알고 있는 사람이 10여 명은 되니 이들에게 한번 물어보라"고 답하고는 입을 다물어버렸다. 보위부 과장은 곧장 밖으로 나갔다.

오후 4시경 보위부 과장이 다시 들어왔다. 수감되어 있던 사람 중 여럿을 일일이 불러 이기홍에 대해 알아볼 만큼 알아보고 난 뒤였다. 공습경보가 울렸던 때라 캐비닛 뒤로 몸을 숨기고 있던 이기홍을 부르더니, 아침과는 달라진 정중한 태도로 말했다.

"참 개새끼들입니다. 서로를 불신하고 모략하고 있습니다. 이 동지에 대해서 들어보니 잘못한 것이 없다고 하더군요. 내 마음 같아서는 당장에라도 풀어주고 싶지만 그럴 수가 없습니다. 신원보증이라도 해주고 싶은데 지금 보위부장이 서울로 출장 가서 없으니 나중에 해드리겠습니다. 일단 감방으로 돌아가서 감방 동무들에게 교육이나 잘 시키십시오."

최소한 보위과정이 판단하기에, 종파적 행위가 사실무근이라는 것만은 어느 정도 해명된 듯했다. 그렇게 보위부의 조사를 받고 나가는 순간 강석봉 선생이 보위부로 잡혀 들어오는 모습이 보였다. 따발총을 찬 사내애들 6명이서 오라에 꽁꽁 묶은 강석봉 선생을 끌고 왔다. 이기홍은 강석봉 선생이 어린 청년들에게 비참한 모습으로 끌려오는 것을 보며 한없이 눈물을 흘렸다. 그 분이 폐결핵 말기의 환자라는 것도 그랬지만, 더없이 선하고 어진 사람을 어린놈들이 거칠게 끌고 오는 것을 보니 가슴이 찢어지는 아픔을 느꼈다. 강석봉 선생은 보위부의 조사를 받았고 이기홍은 경찰국 유치장으로 다시 돌아왔다.

한 달 만에 다시 들어온 광주 형무소

경찰서 유치장에 수감된 지 20여 일이 지난 8월 중순이 되자 유치장 감방은 더 이상 서있을 자리도 없을 정도로 가득 찼다. 소위 좌익의 반당 분자들뿐만 아니라 우익단체인 대한청년단원과 학생들까지 200여 명이 함께 있어야 할 정도였다. 밤마다 등화관제가 실시되어 불을 켤 수 없어 깜깜하고 좁은 실내는 아수라장이었다.

유치장 생활이 한 달 가까이 지난 8월 20일경, 선별된 사람들의 이름을 호명하며 경찰서 마당에 줄을 세웠다. 무슨 일로 불러 세우는 것인지 누구도 예상할 수 없었다. 대략 150명가량이 불려나왔는데 7명씩을 포승줄로 묶어 한 줄로 세웠다. 광주공고 교장과 광주상고 교장, 장흥재판소 판사와 이기홍 등이 같은 줄에 묶였다.

호송을 담당할 군관계자가 단상에 오르더니, 이동 중에 호각을 불면 모두 엎드리라고 지시했다. 사람들은 수류탄을 터뜨려 죽이려는 것 아니냐며 벌벌 떨었다. 여기저기서 하소연하며 웅성거렸다.

이기홍은 혼잣말로 "세상에 내가 무슨 팔자기에 일제 때부터 옥살이를 하다가 이승만 정권도 아닌 인민 정권에 와서는 마침내 죽게 생겼으니 전생에 무슨 죄를 지어서 이러는지 모르겠다"고 중얼거렸다. 경찰국의 관계자가 이를 듣고 노려보더니 반동분자는 총으로 죽이면 총알이 아까우니 칼로 찢어 죽여야 한다고 말했다. 소름 끼치도록 무서운 순간이었다.

굴비처럼 묶인 일행이 도보로 걸어 노동청 삼거리쯤에 갔을 때 갑자기 호각 소리가 들렸다. 모두가 급히 엎드렸다. 그런 중에 교장 등 몇 사람은 옷에 흙이 묻을까봐 엉거주춤하자 인민군 헌병들이 와서 이들의 등을 세차게 밟아버렸다. 가는 도중 또 한 차례 호각소리가 울렸다. 사람들은 익숙해진 듯 일제히 땅바닥에 엎드렸다.

어둠이 깔리자 공포심이 극도로 높아졌다. 어디로 향하는지도 몰랐다. 풀벌레 소리만이 처량하게 무거운 발길을 내딛는 일행을 환송하였다. 인적이 없는 어디론가 데려가 죽이려는 것이 틀림없었다. 오늘

밤이 이승의 마지막 밤이라 생각하는지 모두 말이 없었다. 하지만 그런 일은 벌어지지 않았다. 한참을 걸어 도착한 곳은 광주 형무소 앞이었다. 그렇다고 아직 마음을 놓을 때는 아니었다.

그때 "경비대 동무들 집합!"하는 소리가 크게 들렸다. 다들 다시 긴장하였다. 군인들이 모이고 인민군 헌병 하나가 칼을 빼는 모습이 눈에 들어왔다. 총알도 아깝다더니 칼로 죽이려나 보다 하는 생각이 스쳤다. 나이든 교장 등이 두려움에 벌벌 떨었다. 묶인 사람들이 한 줄씩 이끌려갔다. 지켜보는 사람들은 발을 동동 굴렀다. 마지막으로 이기홍을 포함한 7명도 끌려갔다. 들어간 곳은 다름 아닌 감방이었다.

한 달 만에 다시 들어오는 광주 형무소였다. 그때는 이승만 정권에 의해서 이번에는 인민 정권에 의해 들어왔다는 것이 차이였다. 여러 가지 비감한 생각이 교차했다. 죽는 줄 알았는데 형무소 감방으로 옮겨지자 잠시나마 마음이 놓였다. 또 죽음의 고비를 넘어간다는 생각에 긴장이 풀렸다.

이기홍 일행은 깡패들 4,5명이 미리 잡혀 들어와 있던 일반 감방에 수감되었다. 그 안에는 또 송정리 광산경찰서의 최 모 경위가 잡혀와 있었는데, 그는 빚을 갚으려고 갖고 있던 37만 원을 인민군에게 빼앗겼다며 하소연을 했다. 지옥을 오갔던 우리들에게는 한가하기 짝이 없는 얘기였다. 이기홍은 "인민군은 단 한 푼도 인민의 돈을 빼앗지 않을 테니 걱정하시 마시오"라고 그를 안심시켜 주었다.

감방 생활이 시작되었다. 간수들은 긴 칼을 두르고 다니며 수시로 위협했다. 식사는 밀 삶은 것에 굵은 소금을 반찬 삼아 먹었다. 제일 힘들었던 것은 간수들의 위협이 아니라 물이 부족해서 한여름의 갈증을 해소할 수 없다는 점이었다. 감방마다 하루 뚝배기 두 그릇의 물을 주었는데 사람들의 입술을 적시기에도 모자랄 정도였다.

이에 대해 불만을 얘기하자 한 간수는 "우리 동지들은 이승만 정권 하에서 뚝사발 한 개밖에 받지 못했다"며 쏘아붙였다. 모두가 입안이 말라있었다. 어느 날 재소자들의 이런 처지를 딱하게 여긴 간수 하나가 물을 가져다주었다가 "적을 도운 놈은 역시 적이다"며 그 간수를 감방에 처넣어버렸다. 인정머리 없는 놈들이었다.

간수들은 대부분 빨치산 출신이었는데 그중에는 사상과는 전혀 무관하게 산중 마을에서 토벌대에게 시달리다가 입산한 일반 주민들이 상당수였다. 아마 물을 가져다주었던 간수도 여기 오기 전까지 그런 주민이었을 것이다.

이곳 간수들은 말이 간수지 정식으로 훈련받은 공무원들이 아니었던 만큼 최소한의 규율도 없이 제멋대로 행동하는 자가 여럿이었다. 어떤 자들은 수감자들의 소지품을 털어 빼앗아 가는가 하면, 우익인 대한청년단과 경찰 수감자를 골라 이유 없이 불러 두들겨 패기도 했다. 그럴 때면 같은 감방에 있는 다른 수감자들까지 덩달아 두들겨 맞았다. 형무소에는 계속 잡혀 들어오는 사람들과 이들에 대한 구타와 비명소리가 끊이지 않았다.

9월 초순이 되어서야 형무소 내 분위기가 질서를 찾았다. 형무소 내 방송을 통해 알게 된 것은 평양 인민정부에서 정식으로 광주 형무소장을 임명했다는 사실이었다. 얼마 후 감방 앞에 나타난 형무소장은 앞으로 모든 일을 법에 따라 처리할 것이고 지금은 전시 상태인 만큼 다소 무질서한 것은 참아달라고 부탁했다. 그러면서 지금 가장 불편한 것이 무엇이냐고 물었다.

너도 나도 물을 달라고 외쳤다. 소장은 간수들을 시켜 물을 넉넉히 가져다 주었다. 식사 시간에 해초를 넣은 국도 끓여 제공해주겠다고 약속했다. 오랫동안 갈증에 시달렸던 수감자들은 정신없이 물을 마셨다. 그동안 체내 수분이 워낙 고갈되었던 탓인지 사나흘이 지나서야 비로소 입안의 갈증이 잡히기 시작했다.

소장이 새로 부임한 이후 종전의 간수들 모습은 한 명도 보이지 않았다. 제복을 입은 간수들이 이들을 대신해 근무했고 사복을 입은 간부도 눈에 띄었다. 예전의 간수들은 형무소 내 다른 잡무를 보는 일로 보직이 변경된 것 같았다.

형무소 내의 질서가 잡히고 나자 이기홍은 이곳에서 예전 간수들이 저지른 잘못된 행동들에 대해 문제를 제기해야 하겠다고 생각했다. 어느 날 사복 차림의 간부가 감방 앞을 지나는 틈에 할 말이 있다며 불러 세웠다. 그가 어느 정도 높은 직책인지는 모르지만 이기홍의 소청을 순순히 받아들이며 있는대로 얘기를 해보라고 했다. 그래서 그동안 간수로부터 몇 차례에 걸쳐 옷과 시계, 돈 등을 빼앗겼던 사실과 수많은 다른 수감자들도 그런 피해를 입었으니 반드시 조치를 취해달라고 부탁했다.

얘기가 전달된 것인지 잠시 후 부소장이라는 자가 왔다. 부소장은 전후의 얘기를 들은 후 빼앗긴 내용물을 모두 적으라 했고 다른 피해자들의 얘기들까지 종합하여 자세히 조사하라고 지시했다. 사흘 정도가 지나자 관련자들을 모두 잡아와 질책하며 "인민의 정권은 이유 없이 인민의 것을 가질 수 없다"고 말하고 이 점에 대해 상부에 보고한 뒤 모두 돌려받게 하겠다고 말했다.

며칠 후 이기홍은 정치보위부에 불려갔는데 그 자리에서 상당수의 동지들이 석방될 것이라는 얘기를 직접 들었다. 정치보위부에서는 아마도 부당하게 수감되어 있는 사람들에 대한 조사와 선별 작업을 해놓은 것으로 보였다. 그날 해가 질 무렵 정치보위부장이 형무소에 찾아와 석방 대상자들을 모아놓고 출소 전 마지막 당부의 얘기를 길게 늘어놓았다.

"우리가 남반부를 해방시키려는 것은 인민들을 죽이기 위한 것이 아니라 잘 살게 하려는 것입니다. 솔직히 우리가 죽이려고 하는 자는 이승만과 조병옥 두 명뿐입니다. 여러분들은 인민군을 위해 큰 것을 해 주기보다 길을 가르쳐주고 물을 끓여주는 것 등 작은 정성으로 인민군을 따뜻하게 대해 주길 바랍니다."

긴 시간 동안 이어진 정치보위부장의 연설 요지는 그런 것이었다. 죽음의 골짜기를 언제 벗어날지 모른다는 불안감을 매일 갖고 있던 일행은 안도하며 비로소 얼굴에 생기를 찾았다. 살았다는 생각에 마음이 너그러워진 탓인지 정치보위부장의 온화한 말과 태도는 모두가 반할 정도라며 이구동성으로 얘기했다.

그날 밤 9시가 넘어 이기홍은 다른 동지들 수십 명과 함께 형무소에서 풀려났다. 9월 8일경이었다. 7월 25일에 경찰국에 조형표를 찾아 갔다가 보위부에 체포된 후 유치장과 형무소를 전전했으니 한 달 반 만에 자유의 몸이 된 것이었다.

아무도 믿을 수 없는 세상

석방이 되자마자 이기홍은 삼성당 서점으로 달려가 아내와 눈물로 상봉했다. 그런데 기쁨도 잠시, 서점 전면에 '역산(逆産)'이라고 쓰인 붉은 글씨가 눈에 들어왔다. 역산이란 반역자의 재산이라는 뜻이 아닌가. 광주시 인민위원회 명의로 되어 있는 직인이 찍혀있었다. 그걸 보는 순간 참았던 분노가 터질 듯이 올라왔다. 분개하여 어쩔 줄을 모르는 이기홍을 아내가 달래며 제발 가만히 있으라고 당부했다. 분란을 일으켜 오자마자 또 다시 잡혀가는 일이 생기지 않기를 바랐기 때문이었다. 아내는 "세상이 어쩌려고 이러는지 모르겠습니다. 당신이 죄를 지은 게 뭐가 있습니까?"라고 통곡하는 심정으로 말했다.

그날 밤 이기홍의 머릿속에는 수많은 생각이 오갔다. 오랜 수형 생활로 지칠 대로 지친 몸이었지만 잠들기 힘들 만큼 괴로운 밤이었다. 하지만 더 걱정되는 건, 둘째 아들과 사위에 이어 장남까지 잃었을까 봐 노심초사하고 있을 아버지와 어머니 생각이었다. 다음날 아침 이기홍은 아내와 함께 걱정이 태산 같을 아버지가 있는 학동으로 향했다. 죽었을지도 모를 큰 아들이 나타나자 아버지는 눈물을 흘리며 반가워했고 그동안 일어났던 일을 소상히 얘기해주셨다.

이기홍이 잡혀간 동안 아버지는 아들을 찾기 위해 백방으로 뛰어다녔다. 가장 궁금했던 것은 아들의 생사 여부와 살아있다면 어디에 잡혀있는가 하는 것이었다. 아버지는 인민위원회를 비롯하여 광주 시내의 알만한 기관들을 다 찾아다니며 수소문했다. 잡혀 들어간 것까지는 확인됐지만 도대체 무슨 죄로 그리 된 것인지 알 수 없었다.

찾아가는 기관마다 이기홍을 알고 있던 사람이 두세 명은 반드시 있었지만 반당분자와 친했던 사이로 엮일까봐 아버지를 문전박대하며 쫓아냈다. 무엇보다 "반당 행위는 위대한 김일성 수상을 반대하는 것이고 이는 인민공화국의 법 중에서 가장 크고 무거운 죄"라며 아버지를 몸서리 칠 언행으로 협박한 뒤 내보내기도 했다. 각 기관을 찾아다니며 아버지가 받은 대우는 "서릿발 치는 얼음장보다 더 냉혹한 언행과 냉대였고, 인간미는 털끝만큼도 없고 피도 눈물도 없는 자들"이라며 아버지는 이 정권 밑에서 살아야 할 인민들이 참으로 불쌍하다고 한탄하셨다.

자식의 소식을 알아내려고 다니던 중 아버지는 8월 20일경 식산은

행(現 산업은행) 자리에 민주애국청년동맹(민애청) 등 여러 단체의 간판이 걸려 있고 사람들의 출입이 빈번한 모습을 보았다. 건물 앞 게시판에는 "전시회를 개최하고자 하니 그 동안 남조선의 투쟁에서 사용했던 삐라, 전단, 비밀문서와 책자, 사진과 사용했던 물품을 제시해 달라"는 내용이 민애청 위원장 명의로 적혀 있었다.

이를 본 아버지는 남조선에서 벌인 과거 투쟁도 인정해주는 것으로 보고 마음속으로 기쁘게 생각하며 도움이 되는 조언을 해주겠다는 뜻으로 위원장을 찾았다. 한 청년이 별실로 안내하여 들어갔더니 위원장은 청년들과 대화중이었고, 그 곁에는 국장 동무라 부르는 40세가량의 남자가 큰 의자에 앉아 자문을 해주고 있었다. 청년들이 물러난 뒤 위원장이 아버지의 의견이 무엇이냐고 묻자 이렇게 대답했다.

"일제 치하의 치열한 독립운동과 해방 후의 반 이승만 투쟁에서 수많은 애국자들이 투옥되고 목숨을 잃었습니다. 인민군이 내려오자 보도연맹 조직원들은 이승만에 정권에 의해 잔인한 방법으로 살해되었습니다. 이렇게 수많은 투사와 희생자들이 있었지만 유명 지도자 외에는 그 이름조차 망각되고 있습니다.

일제 이후 오늘에 이르기까지 투쟁한 애국자들의 개인별 인적 사항과 투쟁 경력을 요약하여 기록한 책자를 발간하여 후세에 전하는 것이 오늘 인민위원회와 민애청이 해야 할 큰 임무라고 봅니다. 동시에 국민이 이를 갈고 몸서리치던 친일 인사들에 대해서도 철저히 조사하여 같은 책자에 수록하여 발간해야 합니다.

이 책자는 군과 면 각 부락의 조직마다 배부, 배치시키고 자손들에게도 나누어 주어 이것만을 읽어봐도 애국이 무엇이고 반역이 무엇인가를 생생하게 기억하게 될 것이며, 대를 이어가며 영원히 전해지는 기본 자료가 될 수 있을 것입니다."

아버지가 그런 요지의 설명을 마치자 대화 내용을 유심히 듣고 있던 국장이라는 사람이 "동무 이리 오시오!"라며 불렀다. 이때부터 장시간에 걸쳐 이어진 국장의 사상 교육은 김일성 장군을 우상화하는 논리로 가득 차 있어 말 한마디만 엇나가도 신변의 위협을 느낄 정도로 진땀나는 시간이었다. 긴 얘기의 요지는 이러했다.

국장은 우선 남한 내에서 진행되었던 일제하의 다양한 항일운동에 대해 부정했다. 김일성 장군의 무장 유격대 투쟁만이 일제의 간담을 서늘하게 하여 독립으로 이끄는 절대적인 역할을 했다는 것이다.

또 해방 후 남조선에도 애국 투사가 많다고 했는데 과연 인민군과 함께 서서 싸우는 자가 있었냐고 물었다. 인민군에 직접 가담하지는 못할지라도 철도, 도로, 교량과 터널을 파괴하거나 적의 무기고나 군사시설에 피해를 입힌 일이 단 한 건도 없다는 것을 지적했다.

보도연맹 희생자에 대한 평가는 더욱 가혹했다. 당은 이미 보도연맹 가입자를 변절자로 규정했고 이는 김일성 장군의 뜻이었다. 따라서 보도연맹에 가입했다가 죽은 사람들은 생전의 공적은 말할 것도 없고 죽은 귀신도 우리 민족사에 설 자리가 허용되지 않으며, 죄를 지은 귀신이 되어 허공을 영원히 해맬 뿐이라고 저주했다.

아버지의 책자 발간 제안에 대해서는, 남조선의 완전 독립에 조금의 도움도 되지 못하고 마치 서리를 맞아 말라진 풀잎과 같은 과거의 투쟁사를 잊지 못하고 연연하여 그 운동을 후세에 전하려는 것이라고 폄하했다. 이는 김일성 장군의 사상과 이론 학습에 모든 열성을 집중하는 노력을 분산시키는 결과를 가져오므로 유일사상에 대한 불성실인 동시에 위대한 김일성 장군과 인민공화국에 대한 불종이라는 것이었다.

전쟁의 향후 전망에 대해서도 일말의 의심 없는 확신에 차 있었다.

지금 부산의 손바닥만한 지역을 미군이 점령하고 있으나 이는 김일성 장군이 미군을 그곳에 더 불러들여 섬멸하려는 전략이고, 머지않아 조선반도는 외세나 반민족세력을 단 하나도 찾아볼 수 없는 완전한 통일과 자주독립이 될 것이라고 확언했다. 이를 이끄는 김일성 장군은 우리 민족의 중흥(中興)의 조(祖)를 넘어선 실질적인 개국의 시조라는 게 국장의 신념이었다.

국장과의 대화가 진행될수록 아버지는 가시방석 같은 자리가 빨리 끝나기만을 바라며 트집잡힐 만한 말이 나오지 않도록 조심하였다. 세상 물정을 몰랐던 아둔한 노인네에게 오늘과 같은 깨우침의 자리가 주어진 것에 여러 번 감사를 표한 뒤에야 긴 교양학습 시간이 끝났다.

아버지는 참담한 마음으로 집에 돌아와 국장과의 대화를 꼼꼼히 기록하며 지금의 인민 정권에 대해 깊이 탄식하였다. 그리고 석방된 이기홍이 아버지를 찾아왔을 때 그날의 얘기를 전해주며, 여기에 대해 비판적인 말을 하면 생명과 직결된 탄압을 받을 것이므로 누구에게도 절대 말하지 말라고 신신당부하셨다.

이기홍은 아버지의 말을 액면 그대로 믿기 어려웠지만 최소한 그간 보도연맹 가입자들을 반역자 취급한 일이나, 남한에서 좌익 운동을 했더라도 현 노동당의 직계 인사가 아니면 반동세력으로 매도되었던 현실을 조금은 이해할 수 있었다. 정신을 바짝 차리고 조심하지 않으면 무슨 일이 벌어질지 모른다는 긴장감이 온몸에 다시 흘렀다.

다음날 쯤, 이기홍이 민애청에 들러보니 노동당에서 각 동의 청년들을 모아두고 교양을 시키고 있었다. 청년들은 거의 없었고 여자들만 있었으며 교육 대신 노래만 부르고 있었다. 민애청 담당자가 이기홍을 알아보고는 교육을 맡아달라고 부탁했지만 정중히 사양했다. 반동이라고 잡혀갔다가 나온 사람이 어떻게 교육할 자격이 되냐며 거절한 것인데, 꼭 필요하다면 민애청의 시 동맹으로부터 승인을 받아오라고 했다. 그는 즉각 승인을 받아왔고 마지못해 청년들을 대상으로 일주일 정도 교육을 맡았다.

그러던 어느 날 강의안을 준비하고 있었는데, 안 아무개라는 농업학교 4학년생이 찾아와 기다리는 사람이 있다며 같이 가자고 했다. 그를 따라가 보니 도 인민위원회 내무부장으로 있다던 조형표가 기다리고 있었다. 보는 순간부터 소름이 돋았지만 내색을 하지 않았다. 어찌된 일인지 그는 종전의 별 4개에서 별 3개로 지위가 낮아졌고 사무실도 없어진 것 같았다.

조형표는 다짜고짜 어떻게 풀려나온 것이냐고 시비를 걸 듯 물어왔다. 법 절차에 따라 정당하게 석방된 것이라고 대답하자 자기가 있었으면 바로 죽여 버렸을 것이라며 눈을 이글거렸다. 조형표는 이기홍이 풀려난 것이 몹시 부당한 일인 듯 또 반당 활동을 할 것이냐고 다그쳤지만 그런 적도 없었고 그럴 일도 없다고 단호히 대답했다.

그는 또 "유혁이 반당 조직을 하고 있다는데 알고 있는 것을 털어놓으라"고 추궁했다. 이기홍은 정말로 모르는 일이었다. 그는 아마도 반당 조직을 하나 엮어내 공을 세우려고 작심을 한 것처럼 보였다. 하지만 진전되는 내용이 없자 조형표는 다음에 부르겠다며 이기홍을 내보냈다. 이기홍은 정말 속에서 욱하는 기운이 치솟아오를 만큼 더러운 기분을 느끼며 사무실에서 나왔다.

조형표와의 불편한 만남 이후 이기홍은 민애청 관련 일도 아예 하지 않기로 결심했다. 청년들을 모아 교육하는 일에 대해 반당 조직을 모의하고 있다고 모함하면 벗어나기 어려운 덫에 걸려들 수도 있었다. 지금은 누구도 믿을 수 없는 세상이었다. 쥐도 새도 모르게 죽어나갈 수 있는 세상이므로 처신을 신중하게 해야 됐다. 당분간 아버지의 학동 집에서 은둔을 하며 관망하는 것이 최선으로 보였다.

그즈음 한홍택으로부터 정치보위부 과장이 긴히 찾는다는 전갈을 받았다. 보위부 과장은 노동당의 직계 인사였고 이기홍에 대해서도 호의적인 태도를 보였던 사람이라 외면하기 어려웠다. 한홍택과 함께 정치보위부로 찾아가자 과장은 반갑게 맞아주며 심각하게 말했다. "당 내부가 썩어가고 있소. 당 간부는 기생첩을 옆에 끼고 흥청거리고 있습니다. 여기에 대해 샅샅이 조사하여 보고해 주시오."

정치보위부 인사의 눈에 조직이 썩어 가고 있음이 감지되었던 만큼 실제 벌어진 실상도 예상과 다르지 않았다. 이기홍은 한홍택과 함께 과장이 만들어준 정치보위부 요원증을 받아들고 당 간부들의 부조리에 대해 조사하여 보고했다. 이들에 대한 질책이나 처벌 여부는 9 · 28 서울 수복과 인민군의 후퇴가 급박하게 이어졌기에 알 수 없지만, 그들이 점령자의 위세를 과시하며 지방에서 누리는 권력에 심취했음은 분명한 사실이었다.

인민군의 퇴각, 다가오는 선택의 순간

당시 전황은 낙동강 전선이 교착상태에 있었던 데다 미군을 비롯하여 속속 참전하는 유엔 각국의 군대가 내륙에 들어오면서 혼전이 벌어지고 있는 상황이었다. 전쟁이 발발한 6월 25일 이후 인민군이 서울을 거쳐 국군의 변변한 저항 한번 없이 파죽지세로 밀고 내려오던 기세는 이미 한참 지난 얘기가 되었다.

9월 25일 무렵 이기홍은 임재갑 선생 댁에 국제뉴스를 들으러 갔다가 돌아오는 길에 삐라 2장을 발견했다. 그 삐라에는 조선 지도의 38선을 가위로 자르는 그림과 함께 "독안에 갇힌 인민군"이라는 글귀가 쓰여 있었다. 이런 삐라가 광주에까지 뿌려지고 있다는 사실은 사태가 급변하고 있음을 말해주는 신호였다.

아니나 다를까 며칠 뒤 미군의 인천 상륙작전이 성공적으로 이루어지고 곧바로 9 · 28 서울 수복이 되면서 전세는 뒤바뀌었다. 광주에서도 인민군들은 즉시 철수하였다. 이기홍은 이 소식을 외출했던 아버지가 인민위원회를 비롯한 관계 기관이 모두 철수하여 텅텅 비었고 인민군도 모두 후퇴했다는 사실을 말해주셔서 알았다.

이기홍은 당시 기력이 쇠하여 몸져누워 있던 상태였지만 그냥 있을 수 없었다. 삼성당 서점이 있는 충장로 3가로 가던 중 인민위원회 각 기관에서 활동했던 사람들 가운데 몇몇 사람이 달려와 앞으로 어떻게 될 것 같으냐고 물었다. 그들은 어디에서 들었는지 모르나 인민군이 3개월 후에는 반드시 돌아온다고 했다며 이에 대해 어떻게 생각하는지 의견을 듣고 싶어 했다. 하지만 그것은 이기홍 역시 궁금했던 문제였다. 여름 내내 주로 투옥되어 있었기 때문에 상황이 어찌 돌아가는지 잘 모른다고 대답할 수밖에 없었다.

다들 어떻게 처신해야 할지 우왕좌왕할 수밖에 없었다. 인민군이 두세 달 안에 다시 돌아올 경우 자신들의 신변에 어떤 위협이 생길지 조바심을 갖고 있었다. 특히 ML계 반당분자라고 구속당했던 사람들은 다시 바뀐 전세에 웃을 수도 울을 수도 없었다. 북에서 직접 내려온 사람들 외에는 과거의 투쟁에 대한 대접은커녕 분파적인 반당분자로 몰렸던 경험이 있었기에 고민이 더욱 깊었다.

이기홍이 알고 지냈던 인민위원회 간부급 인사 중의 하나는 인민군의 철수에 대해 그것은 후퇴가 아니라 김일성 장군의 전술이므로 반드시 돌아올 것이라고 역설했지만, 두려울 때 더 크게 짖어대는 개와 별반 다르지 않다고 생각되었다. 뭐가 뭔지 모르는 것이 솔직한 상황이었다. 다만 이전과는 또 다른 엄청난 폭풍이 조만간 몰아칠 것이라는 불안감만은 떨칠 수 없었다.

이기홍은 한홍택, 정종채 등과 만나 걱정을 나눴지만 누구도 확실한 답을 내놓지 못했다. 인민 정권이 들어선 후 감옥에 갔다 온 사실이 있기 때문에 국군이 입성한다 해도 군경으로부터 위험에 처하지는 않을 것으로 생각되었다. 하지만 3개월 후에 인민군이 다시 들어온다면 그때는 경찰의 보호를 받은 자라는 낙인이 찍혀버릴 게 우려되었다. 그렇다고 퇴각한 당을 찾아가 합류하는 것도 쉬운 일이 아니었다. 반당분자로 몰려 구속되었던 전력을 해명하는 일도 번거롭고 난감한 일이었다. 한 가지 위안은 정치보위부 과장으로부터 '요원증'을 받아 갖고 있다는 사실이었다.

이래저래 진퇴양난의 처지가 되었다. 지금은 태풍의 한가운데에 들어와 있는 형국이었다. 태풍이 어느 방향으로 갈지는 지난 후에야 그 궤적을 알 수 있는 것이니 미리서 어떤 것도 예단하기 어려웠다. 다만 지금 당장 급한 것은 인민군이 3개월 후에 다시 돌아오느냐 마느냐의 문제가 아니었다. 세상이 다시 달라졌으니 우익 세력으로부터 어떤 일을 당하냐는 것이 당면한 걱정이었다.

얼마 후 인민군이 퇴각한 자리에 국군이 들어왔다. 10월에 들어서자 우려했던 대로 우익 세력의 탄압이 시작되었다. 이를 본 아버지는 남조선에 비참한 희생만을 남겨놓은 채 패주한 인민군과 인민공화국에 분노와 함께 이들을 신랄하게 비판했다. 한치 앞을 보지 못하는 장님과 같은 어리석은 집단이라고 탄식하시며 우리 민족 앞에 다가올 막막한 전망에 한숨을 지으셨다.

입산과 하산 사이에서

인민 정권 부역자들에 대한 색출과 탄압이 시작되면서 중대한 기로에 놓였다. 10월 초순경, 이기홍을 포함해 ML계의 반당분사로 몰려 밀려났던 20여 명의 사람들이 모여 며칠을 심사숙고한 끝에 당을 찾아가기로 결정을 내렸다. 일단 군경이 벌이는 당장의 탄압을 피하자는 것이 첫째 이유였다. 더 중요한 것은 남아있는 가족들의 안위였다. 그대로 시내에 남아 있다가 인민군이 다시 돌아오기라도 한다면 가족 모두가 반동으로 몰릴 것이 뻔했다.

일종의 위험분산 차원에서 내린 어려운 결정이었다. 퇴각한 당의 근거지를 수소문한 끝에 전남 도당이 담양군 대전면의 한재에 있다는 것을 알아냈다. 이기홍은 노대실(현 인성고 부근)에서 가족들과 마지막 작별을 고했다. 생필품과 몇 푼의 돈을 챙겨 일단 한홍택의 집이 있는 나주의 산포면으로 갔다. 한홍택의 가족들과도 이별을 고했다. 이렇게 일부만 희생하는 선택을 하는 것이 나중에라도 가족들에게 혹시 있을지 모를 험한 일을 피하기 위한 최선의 방법이라 생각했다.

담양군의 수북면을 지나 영산강 상류를 건너 십리 정도 걸으니 병풍산 골짜기의 초입에 이르렀다. 조금 더 올라가자 수비대원 12명이 서서 지키고 있었다. 긴장이 되었으나 정치보위부에서 발행해 준 요원증을 보여주니 손쉽게 통과되어 면위원회 분주서장(지서 주임)과 만났다. 요원증을 확인한 분주서장은 일행에게 식사를 챙겨주었다. 여기에서 배 모라는 인민군 해군 대위도 만났다.

많은 사람들이 산으로 들어가기 위해 몰려들었다. 남녀노소 할 것 없이 장사진을 치고 있는 가운데 마치 시골 장이 선 듯 장사꾼들은 생필품과 먹을거리로 한몫 벌이를 하고 있었다. 주먹밥도 있었고 배

추 시래기를 넣은 큰 솥단지에는 뜨거운 국물의 김이 모락모락 올라오고 있었다. 사람들이 모인 곳이면 어김없이 등장하여 한 푼 벌이에 여념 없는 또 다른 사람들을 보며 만감이 교차했다. 내일을 알 수 없는 전쟁통에도 저마다 먹고 살기 위해 애쓰는 모습을 보니 삶이란 무엇인지, 말할 수 없이 비감한 느낌이 들었다.

이기홍은 담양에서 수북을 지나 한재까지 오는 동안 산으로 향하는 군중들을 보며 복잡한 생각들을 지울 수 없었다. 대다수가 민간인들인 이들이 일단 도망치듯 산으로 왔지만 오합지졸이라고도 할 수 없는 무리가 무엇을 하며 버틸지 의문이었다. 그동안 자신이 터득한 이론과 상식에 비추어보아도 이 대책 없는 무리들이 장기간 게릴라전을 수행한다는 건 불가능했다.

조선의 땅은 사계절이 뚜렷하여 겨울에는 산 생활이 힘들고, 사철 먹을 것도 빈약할 뿐만 아니라 산이 방화되면 여러 해가 지나야 비로소 최소한의 은신이 가능한 수목이 재생된다는 점은 상식에 속했다. 또 게릴라전을 하기 위해서는 적의 질서와 세력을 분산 유린할 수 있는 고도의 기동성이 발휘되어야 하고, 충분한 도피처와 퇴로가 보장되어 있어야 한다. 그런데 이기홍의 눈앞에서 펼쳐지고 있는 광경은 어떤 기준에서 보더라도 생존의 가망이 없는 무모한 행렬이었다.

이런 의구심에 대해 현역 군인의 생각은 과연 어떨지 궁금했던 이기홍은 앞서 만난 인민군 해군 대위의 솔직한 얘기를 듣고 싶어 조심스레 말을 꺼냈다.

"지금 산으로 올라오고 있는 아주머니, 아이, 노인 등은 행동이 민첩하지 못하여 기동성 발휘에 큰 장애가 되고, 게릴라전의 기본 원칙에도 어긋나는 일인데 어떻게 생각하시오?"

이기홍의 질문을 받은 해군 장교는 난감하다는 표정으로 잠시 머뭇

거리다가 길게 한숨을 내쉬며 이기홍의 눈을 진지하게 바라보았다. 당신의 생각이 내 생각이라는 표정이 역력하였다.

"그러게 말입니다. 이게 참 슬픈 일입니다. 살고자 살고자 하며 다들 죽는 길로만 가고 있으니 말입니다."

"그게 무슨 뜻인지?"

"동무는 산에 들어가서 무얼 하려 하오? 보아하니 혼자 온 것 같은데 가족들이 있으면 거기로 가서 죽든 살든 있으라고 말하고 싶소. 여력이 있으면 인민들 속에서 오래 활동 하시오. 나도 군인 신분만 아니라면…"

더 이상의 긴 대화는 불필요했다. 이기홍은 동지 한홍택과 한참 이야기를 나누었다. 둘이서 몇십 리 길을 걸어오면서 나누던 걱정스런 얘기들의 현실을 눈앞에서 다시 체감하고 확인한 것이라고나 할까.

어차피 온 세상이 사지(死地)였다. 여기서 죽으나 저기서 죽으나 때만 모를 뿐 별반 차이가 없었다. 그렇게 생각하니 마음이 편해졌다. 산으로 올라가느냐 내려가느냐의 선택만 있을 뿐이었다. 마음은 이미 기울어지고 있었다.

위기일발의 삼성당서점

하산을 결정하자 이기홍과 한홍택은 서둘러 검문소를 통과하여 오던 길로 되돌아섰다. 제지하거나 이유를 묻는 인민군은 없었다. 사실워낙 많은 사람들이 일시에 산으로 몰려왔기 때문에 도당 지도부에서도 골머리를 앓았다. 나중에 들은 바로는 전투력을 기대하기 어려운 노약자와 부녀자들을 되돌려 보내기 위해 애를 먹었다고 한다.

비장한 마음으로 입산할 결심을 하던 것에 비하면 허망한 결말이었다. 두 사람은 다시 영산강을 건너 발걸음을 재촉하여 한홍택의 집이 있는 나주로 향했다. 저녁이 되어서야 한홍택의 집에 도착한 뒤 간단한 요기만 마치고 이기홍은 홀로 집이 있는 광주로 곧바로 향했다. 부슬부슬 내리는 가을비에 온몸이 젖어 오한이 들었다. 그렇게 몇십 리 길을 걸어 새벽이 가까운 한밤중에야 학동의 아버지 집에 돌아왔다.

집에 돌아오자마자 이기홍은 그대로 자리에 쓰러져 누워 밤새 앓았다. 그 곁을 지켜보던 부모님은 날이 밝기까지 잠을 이루지 못했다. 몸이 바닥난 상태에서 가을비를 맞은 것이 큰 타격이 되었다.

생각해 보면 여름부터 몸과 마음이 극도로 피폐해져 있었다. 6·25 발발 직후 보도연맹 사건으로 이승만 정권에 의해 1개월 여 투옥되어 간신히 목숨을 부지했고, 또 살아나온 지 사흘 후에는 인민정권에 의해 반당분자로 투옥되어 1개월여를 극도의 공포 분위기 속에서 투옥되었다. 반당분자로 잡혀 들어간 교도소 생활에서는 물도 제대로 못 먹으면서 겨우 생명을 유지할 정도였다. 그 후 인민군이 퇴각하는 상황이 벌어지면서 몸을 추스를 틈도 없이 다시 10월 초에 입산하기 위해 무리를 했으니 몸 상태가 막바지에 달해 있었던 것이다.

그러나 무너진 몸보다도 앞으로 이 혼란의 세상에서 어찌 살아갈지가 걱정이었다. 세상의 주인이 다시 바뀌었으니 삶을 지배하는 규칙이 어떻게 변경될지 알 수 없는 노릇이었다. 가족들에게 위해는 없을지, 또 유일한 재산인 삼성당서점은 무사할지 모든 게 불안했다. 불과 한 달 전 삼성당서점은 인민정권에 의해 '반역자의 재산'으로 몰려 몰수의 위험에 처하기도 했지 않은가. 이번에는 우익 세력에 의해 그런 일이 벌어지지 말라는 법도 없었다. 그런 불길한 생각들이 들 때마다 쓸 데 없는 기우일 것이라며 고개를 가로저었다.

인민군이 물러간 자리에는 경찰과 공무원들이 복귀하여 행정 처리를 하고 있었고 계엄사가 이를 총괄하고 있었다. 빼앗겼던 지방 권력을 되찾은 이들의 기세는 등등했다. 특히 부역자로 찍히면 말 한 마디, 서류 한 장으로 무슨 험한 꼴을 당할지 모르는 분위기였다.

이런 혼란의 시기에는 무주공산을 노리며 이권을 탐하는 자가 있게 마련이다. 삼성당서점에 눈독을 들이던 대표적인 사람이 경찰부의 경감이었다. 그러던 어느 날 경찰들이 이기홍에 대해 부역에 극렬 가담한 자라고 동사무소에서 서류를 꾸며 계엄사의 민사부로 넘겼다는 소문이 들려왔다. 일을 책동한 배후에는 그 경감의 지시가 있었다.

민사부에 접수된 서류가 최종 통과된다면 삼성당서점은 적의 재산으로 분류되어 손 쓸 틈도 없이 경찰과 우익의 손으로 넘어갈지도 모를 상황이 되었다. 소식을 들은 이기홍은 가만히 앉아 당할 수 없었다. 고심 끝에 당시 계엄사령부 민사부에 재직하던 조카사위 김채봉(金彩峯)을 찾아가 사정을 설명하고 도움을 청했다.

인민군의 광주 점령 직후 이기홍이 반당분자로 몰려 갖은 수모를 겪은 것을 알고 있던 김채봉은 서류를 검토하며 이 일에 모종의 음모가 개입되었음을 직감했다. 이기홍이 인민군에 의해 구속되어 탄압받았던 중대한 사실이 서류에는 온전히 누락되었던 것이다. 김채봉은 서류 제출의 책임자인 경감을 불러 이 중요한 내용이 누락된 것에 대한 해명을 요구했지만 경감은 딱히 답을 하지 못하고 얼버무렸다. 경감은 호된 질책만 받고 물러났고 서류는 반려되었다. 결국 이기홍의 삼성당서점은 위기일발의 상황에서 가까스로 살아남을 수 있었다.

조카사위 덕분에 서점은 빼앗기지 않고 유지하게 되었다. 누구보다 기뻐했던 사람은 만삭의 몸으로 서점을 운영하며 생계를 꾸려가던 아내였다. 그간 노심초사했던 아내는 서점의 출입문을 어루만지며 눈물을 쏟았다. 한시도 편할 날 없이 굴곡진 삶을 살아가던 남편과 어린아이들을 뒷바라지하던 최후의 경제적 보루가 삼성당서점이었으니 아내의 감회는 남달랐다.

하지만 이기홍의 가슴속에는 서점을 구했다는 안도의 한숨 그 밑바닥에 무언가 답답한 덩어리가 가득 들어찬 느낌이었다. 그저 생계의 토대였던 이 서점이 한 달 사이에 양쪽 진영으로부터 적산(敵産)으로 몰려 만만한 먹잇감으로 전락된 사실에 말할 수 없는 비감이 들었다. 일제 말기에도 겪어보지 못한 무법천지가 전쟁의 이념 싸움이라는 허울 아래 버젓이 벌어지고 있었다. 보통의 사람들은 이리저리 휘둘리며 때로는 죽지 않기 위해 때로는 빼앗기지 않기 위해 애처로운 노력들을 기울이고 있었던 것이다.

의로운 전쟁은 없다

인민군의 퇴각 이후 전황은 급속히 반전되었다. 유엔군과 국군에 의해 패주를 거듭한 인민군은 9월 28일 서울을 내준 데 이어 10월 19일에는 평양을 빼앗겼고 압록강변까지 밀렸다. 소위 '북진통일'이 눈앞에 보이는 듯했다. 하지만 10월 25일 중국이 참전하면서 상황은 앞날을 알 수 없는 미궁 속으로 빠졌다.

국공 내전에서 다년간 실전 경험을 쌓은 중공군은 당초 유엔군이 생각하던 이상으로 강한 전력을 보유하고 있었다. 전세는 곧 뒤집어졌다. 12월 6일에는 평양이 다시 넘어갔고 12월 14일에는 고립되었던 미군과 월남행을 고대하던 민간인들이 마지막으로 탈출하는 흥남 철수가 이루어졌다. 파죽지세로 내려온 중국군과 인민군은 1월 4일 서울을 다시 손에 넣었다. 서울의 시민들은 수복을 맞은 지 3개월 만에 한겨울의 피난길에 올랐다. 소위 1·4후퇴였다.

중공군과 인민군은 평택 부근까지 남진을 거듭하다가 식량과 탄약 보급 등의 문제로 주춤한 사이 유엔군의 대대적인 반격을 허용하여 3월 14일에는 서울을 빼앗겼고 38선 부근으로 퇴각했다. 이때부터 양측은 대치하며 일진일퇴의 공방을 벌였지만 어느 쪽도 다시는 압도적인 우위를 점하지 못했다. 정전 협상이 진행되는 와중에 겨우 눈앞의 봉우리 하나를 더 차지하기 위해 양측의 수많은 젊은이들이 피를 흘리며 죽어갔다. 결국 이후 2년 넘게 소모적인 공방이 지속되다가 1953년 7월 정전협정이 체결되었다. 그렇게 전쟁은 끝났다.

전쟁이 교착상태에 있던 기간, 이기홍은 최대한 몸을 보전하기 위해 극도의 조심성을 유지하며 지냈다. 민족해방전쟁을 표방하며 전개된 6·25의 과정과 결말은 일제 시기 사회운동에 투신한 이래 열정을 다해 민족주의자이자 사회주의자로서 온몸으로 싸웠던 그에게 절망과 회의감을 남겨 주었다. 결과적으로 일제 해방 이후 새로운 나라를 건설하는 시도는 실패로 끝나고 말았고, 진정한 민족해방은 뒤로 미뤄졌다. 그 과정 역시 그에게 깊은 좌절감을 안겼다. 특히 인민정권에 대한 실망은 매우 컸던 것으로 보인다.

이기홍은 후일 남긴 구술에서 전쟁 중 겪은 일들에 대한 평가를 '아버지와 그 동지들의 판단'이라는 내용으로 표현하고 있는데, 사실 거기에는 이기홍 자신의 생각이 상당 부분 녹아있던 것으로 여겨진다. 그중 몇 가지를 살펴보며 이기홍의 고심들을 읽어보려 한다.

이기홍에 따르면 아버지는 "인민정권이 수립되면 인민의 생명과 권리가 완전히 보장되고 민주주의적 자유가 이루어지리라는 것을 7년 가뭄에 단비 같이 기다리고 바라고 있었는데 사실은 그와 반대로 나타났다"고 회고했다.

평생 사회주의자인 적이 없었던 아버지 이사열의 이러한 언급은 살해당한 둘째 아들과 사위, 자신이 겪은 수모, 보도연맹 사건으로 죽음 직전까지 갔던 큰 아들 이기홍의 사례 등 이승만 정권에 대한 극도의 분노가 누적된 것이었다. 때문에 그만큼 인민정권에 대한 기대가 있었지만 그 또한 실망스러웠다는 표현으로 읽힌다.

인민정권이 제일 먼저 했어야 할 일은 하부기관인 마을, 동, 시군에 걸쳐 주민의 민주적 선거로 지도자급을 인선하는 일이었으나 실제로는 하향식 임명, 그것도 파벌주의에서 벗어나지 못했다. 인민의 의사를 도외시하는 관료적인 인민위원회 수립을 보고 이것은 일제와 미군정 및 이승만 정권 치하에서 자유와 권리를 짓밟고 억압하던 체제의 연장이 될 것이라고 우려하였다.

또 대중들을 모아 지도자의 주장과 구호를 합창하며 만세를 부르고 한 목소리를 내도록 강요하는 것은 일제와 이승만 정권 치하에서 늘 벌어졌던 일이었다. 이는 독재로 이어지는 예고편이었다. 아버지가 볼 때 인민정권의 구조와 인선은 일제 총독부나 이승만 정권과 조금도 다른 점이 없었다.

특히 김일성 유일 노선만을 중시함으로써 일제 강점기 남한에서 실천했던 대중 기반의 사회주의적 독립 투쟁과 해방 후 반이승만 투쟁에 이르는 민족운동사의 맥락이 완전히 무시되거나 폄하되었다. 김일성의 항일운동 노선과 사회주의 건설 노선을 절대 추종하는 세력만이 주도 집단이 되었고 기타 세력은 변방으로 물러나거나 소위 '반동'으로 격하된 것이다. 여기에 관해서는 앞서 아버지가 실종된 이기홍을 찾아다니던 중 민애청에서 만난 정치국장과의 교시를 통해 소름 끼치도록 경험한 바 있었다.

그밖에도 국제정세 판단에 있어 미국의 서태평양 정책은 19세기말 이후 일관되게 진행되었고, 제2차 세계대전 이후 최강대국이 된 이후에는 더욱 한반도를 반미 세력에게 절대 내줄 수 없다는 미국의 강력한 의지를 간과했다는 점도 지적되었다. 이기홍과 가까운 동지들은 전쟁 초기 인민군이 미군을 퇴각시킬 수 있다고 보았으나, 아버지는 미국의 세계전략상 최소한 한반도 이남을 전진기지로 확보하는 것이 기본 정책이므로 반드시 반격하여 남조선을 확보할 것이라 보았다.

어쨌든 민족의 동란으로 시작되어 냉전체제의 첫 국제전으로 막을 내린 한국전쟁이 남긴 상처와 후유증은 깊었다. 20세기 우리 민족이 겪은 가장 비극적인 경험은 그 후 민족사 전체의 향방에도 커다란 분기점이 되었다. 그 여파는 전쟁 종료 70년이 지난 지금까지도 사회 각 분야에 드리워지고 있고 남겨진 숙제는 여전히 해결되지 않고 있다.

민족해방전쟁은 도리어 민족 분단의 고착화로 귀결되었고 그 결과로 남북은 상대에 대한 증오를 내뿜으며 독재에 기반한 체제 경쟁 상태로 들어섰다. 남한의 경우 친일 세력 청산은 반공 이데올로기에 묻힌 채 이승만과 박정희로 이어지는 독재 정권 아래서 민주화는 지체되었고 민족사의 왜곡이 강화되었다. 항일 독립운동사는 반쪽짜리로 축소되었다. 특히 일제강점기 남한에서 사회주의적인 독립운동에 투신한 인사들은 헌신에 대한 인정은커녕 '좌파'라는 지긋지긋한 꼬리표에 시달리며 그 후손들마저도 힘든 시간들을 보냈다.

과연 의로운 전쟁은 있는가. 이천 년 전 맹자는 "춘추에 의로운 전쟁은 없고, 이쪽이 저쪽보다 조금 선한 것이 있을 뿐(春秋無義戰, 彼善於此則有之矣)"이라는 냉정한 통찰을 남겼다.

서로가 절대선을 표방하는 명분을 내세우지만 실은 권력집단의 욕망이라는 전차 바퀴 아래 짓눌리는 민중들의 대량 희생으로 귀결되는 것이 전쟁이다. 언젠가는 하나가 되어야 하는 남과 북의 지상과제를 앞두고 우리가 6·25를 통해 반드시 잊지 말아야 할 대목일 것이다.

제4부

분단시대 극복을 위하여

무엇을 위해, 누구를 위해 일했던가

종전 후 찾아온 한 사람

1953년 7월 정전과 함께 한국전쟁의 막이 내렸다. 남북 어느 쪽도 승자는 없었다. 일제 식민지의 굴레를 벗고 독립국가로서 온전한 민족국가를 수립해야 하는 최대의 과제는 다시 미뤄졌다. 남북 양 진영은 각자 무엇을 주장하든 실질적으로는 모두가 패배자였다. 세계사적으로 볼 때 이후 전개되는 40년 동서 냉전의 최전방은 한반도가 되었고, 휴전선 이남과 이북의 민중들은 서로 증오심을 쏟아내는 확성기로 활용되었다. 다만 남북한 양측의 권력집단은 상대에 대한 적대적 프로파간다를 자양분 삼아 한층 단단한 권력기반을 다졌다. 그런 점에서 전쟁의 수혜자는 그들뿐이었다.

그래도 아무튼, 지긋지긋한 전쟁이 멈췄다는 것 자체는 살아남은 사람들에게 안도의 시간이었다. 무너진 일상들을 추스르고 상처를 꿰매야 했다. 또 누더기가 된 이 땅의 현실을 직시하며 어떤 전망을 가져야 할지 냉정하게 성찰할 시간도 필요했다. 이기홍 역시 이 나라의 장래를 진지하게 걱정하던 다른 사람들과 마찬가지였다.

전쟁 중이던 1951년 3월 태어난 삼녀(이경순)는 네 살이 되었다. 아버지를 따라다니며 철모른 채 방긋 웃는 셋째 딸은 기쁨이자 행복이었다. 1953년 7월에는 사남(이윤규)이 태어났다. 이기홍은 틈틈이 어린 일곱 아이들을 돌봐주며 그동안 무심했던 아내에 대한 고마움을 묵묵히 표시했다. 주위 지인들과 만나는 일도 최소로 줄였다. 늘 쫓기며 살던 긴장된 나날에서 오랜만에 누리는 평화로운 시간이었다.

그러던 1954년 3월경 과거에 당 활동을 같이 하던 후배 최충근이 찾아왔다. 긴히 할 얘기가 있다는 것이었다. 그는 광주사범을 졸업하고 초등학교 선생을 하다가 남로당 활동을 하였는데 이기홍과는 열댓 살 정도의 나이 차가 있었다. 그의 얘기인즉, 6·25 때 월북했던 노장환(盧章煥)이라는 사람이 북에서 내려와 있는데 선배님을 꼭 만나고 싶다는 내용이었다. 그간 일면식도 없었던 사람을 소개받아 만나자고 하니 본능적으로 경계심이 들 수밖에 없었다.

난감한 표정을 하는 이기홍에게 최충근이 설명했다. 노장환은 몇 년 전 국회 프락치 사건의 주역 중 한 명으로 세상을 떠들썩하게 했던 노일환(盧鎰煥)의 친동생이라는 것이었다. 노일환이 관련된 국회 프락치 사건은 제헌의회가 성립된 1948년, 국회 내에서 좌익 발언들을 하던 의원들을 프락치, 즉 간첩으로 몰아 제거한 사건이었다. 이 사건으로 이승만 집단은 반민특위 활동을 저지한 데 이어 중요한 정치적 승리를 거두고 해방공간의 판도를 우익으로 기울게 했다는 점에서 의미가 큰 사건 중의 하나였다.

노일환·노장환 형제는 전라북도 순창에서 대단한 부호로 소문난 집안의 자제들이었다. 그런 집안의 자식들이 사회주의 운동에 투신한 점에 대해서는 나름 긍정적으로 평가를 하고 있었다. 하지만 이기홍은 두 사람과 개인적인 친분이 전혀 없었기 때문에 각각에 대해 아무런 기준치가 없었다. 한마디로 잘 모르는 사람들이었던 것이다. 모르는 사람과 뭔지 모를 일을 도모하는 일이 내키지 않았던 이기홍은 긴 얘기 필요 없이 최충근을 그냥 돌려보냈다. 모처럼 찾아온 작은 행복을 깰지도 모를 일에 휘말리고 싶지도 않았을 것이다.

　그렇게 지나간 일이 된 줄 알았는데, 얼마 후 이번에는 이기홍의 윗 연배인 이호면이 찾아왔다. 일차 만남이 거절되자 다른 방법을 동원한 것이었다. 삼고초려는 아니더라도 자신을 존중하여 두 차례나 찾아오는 일을 쉽게 외면하기 어려운 법이다. 이기홍은 좀 더 자세한 얘기를 알고 싶었다. 윗선이 누구이고 목표하는 바가 무엇인지를 확인하고 싶었다. 그러자 이호면은 지금의 상황과 노장환에 대해 답했다.

　노장환은 북의 최고위층으로부터 남한 내에 구국투쟁동맹을 조직하라는 지시를 받고 내려온 2명 중의 하나로 전라남도 도 조직 책임을 맡고 있으며, 여기에서 실질적인 일을 담당할 이기홍 동지를 만나고 싶었다는 것이었다. 구국투쟁동맹이라? 처음 들어본 명칭이었다. 이에 대해 묻자 앞으로 남조선 내에서 '당'의 역할을 대신할 것이며, 통일이 되면 활동 여부를 심사평가하여 가입자는 모두 당원으로 인정해줄 것이라고 덧붙였다. 아울러 휴식은 과오가 아니냐고 물었다.

　고민이 시작되었다. 분단이 고착화된 현실은 공고해 보였지만 길게 보면 이는 어디까지나 잠정적이고 과도적인 상태일 뿐이었다. 언젠가는 통일이 되어야 하며 남이든 북이든 이 과제를 멈춰서는 안 된다는 게 그의 생각이었다. 그런 면에서 통일을 바라보는 남과 북 정부의 현재 입장과 자세를 떠올리지 않을 수 없었다.

　해방 이후 미군정기와 단정 수립, 그리고 이후의 숱한 사건에서 일관되게 보여준 이승만 정권의 진면목은 민족통일의 의지가 전혀 없는, 부활한 친일 집단에 불과했다. '북진통일'의 구호는 반공 세력을 한 데 묶어내기 위한 정치적 수사로 이용되었을 뿐이었다. 이기홍은 6·25 발발 이후 잠시 성립되었던 인민 정권에 대해서도 적잖이 실망했던 사람이다. 하지만 그의 정신세계는 여전히 사회주의 사상의 우월함을 굳건히 믿고 있었고, 그 밑바탕에는 진정으로 독립된 민족국가 수립의 열망이 확고히 자리 잡고 있었다. 때문에 민족 통일에 이바지하는 일이라면 참여하는 것이 옳다고 보았다.

이렇게 마음의 정리를 하고 이기홍은 1954년 4월 중순경 광주의 모처에서 노장환과 대면하였다. 두 사람의 첫 만남이었다. 그 만남이 얼마 후 어떤 결과로 귀결될 것인지 그때까지는 알지 못했다.

커지는 의구심과 다가오는 파국

이기홍은 매우 치밀하고 조심성이 많은 사람이었다. 구국투쟁동맹 전남지회의 조직 구성, 특히 조직원 하나하나를 만들어가는 일은 극도로 신중하게 접근할 일이었다. 조직 운영의 보안과 비밀성 유지는 일제 시대의 독립운동과 사회운동 이래 몸에 배인 습관이었다. 그래서 바깥 사회에서 좌익으로 낙인찍혀 노출된 인사들은 일단 배제하였다. 그 외의 적합한 인물들을 찾아 현 정세와 나라의 미래에 대해 얘기를 나누었다. 그렇게 상대의 의중을 헤아려보는 과정을 여러 차례 반복하며 확신을 갖게 된 뒤 조직원을 골랐다.

그런데 노장환과 만나 진전 상황을 보고하는 과정에서 생각지도 못한 문제점이 드러나기 시작했다. 노장환은 예비 멤버 각각을 직접 만나 신상을 확인한 후 조직 가입을 승인하는 것이었다. 이렇게 되면 위에서 아래까지 조직이 공개되는 셈이고, 누구 하나라도 잡혀 들어가면 모두가 발각될 수밖에 없는 구조가 되어버린다. 사람이란 자기가 모르는 일은 아니라고 버틸 수 있지만 알고서 함구하기란 어렵기 때문이다.

조직원은 점과 점으로만 만나는 게 조직 운영의 기본이 아니던가. 노장환이 이런 기본적인 원칙을 전혀 지키지 않는 것을 보며 이기홍은 의구심을 갖지 않을 수 없었다. 이후부터 이기홍은 구국투쟁동맹 가입자에 대해 보고하라고 해도 여기에 응하지 않았다. 당시 이기홍이 끌어들인 인물들은 전남 관재국에 다니던 장일동(張日東)과 가구점을 경영하던 이철훈(李鐵熏) 등 여러 명이었다. 이들과는 발각될 경우를 대비하여 서로 입을 맞추어 두었지만 불안감은 늘 있었다.

그러다가 이기홍과 노장환의 사이가 결정적으로 틀어지는 일이 생겼다. 노장환은 일의 진행을 북에 보고하고 지시를 받아왔다고 했는데 그 내용이 너무도 어처구니없는 일이었다. 구국투쟁동맹 조직이 결성되면 그것을 알리는 삐라를 각지에 뿌리라는 것이었다. 이기홍의 경험으로 볼 때 이런 지시는 경찰에 바로 잡혀가 죽으라는 말과 같았다. 비밀리에 움직여도 늘 조심해야 하는데 조직이 활동하고 있음을 만천하에 공개적으로 알리라니, 정신 나간 일이 아닌가. 잘못 엮인 것 같다는 생각을 지울 수 없었다. 이런 방식이면 도저히 가망이 없다고 판단한 이기홍은 구국투쟁동맹에서 탈퇴하겠다고 말하고, 그 후부터는 노장환과의 관계를 끊었다.

하지만 이것으로 모든 게 정리된 것이 아니었다. 노장환과 함께 북에서 내려왔던 다른 한 명이 서울에서 붙잡힌 일이 발생했다. 서울시 경찰국 분실 특수수사부에 끌려간 그는 결국 노장환의 존재를 실토하고 경찰과 함께 노장환 체포에 나섰다. 그는 노장환의 고향인 전라북도를 중심으로 수소문하다가 노장환의 딸이 광주의 전남여고에 다닌다는 정보를 알아냈다. 당시 노장환은 성을 오 씨로 바꾸고 변장하여 전남여고 뒤쪽에 살고 있었다. 이런 사실을 확인한 그는 경찰에 보고했고 곧바로 형사들이 광주에 내려왔다. 그때가 1954년 초였다.

노장환의 집 주변에 평소에 보지 못한 수상한 사람들이 있음을 발견한 동네 지인이 이 사실을 귀띔해줬다. 노장환은 변장한 덕분에 가까스로 집을 빠져나와 몸을 피할 수 있었지만 이럴 경우에 대비하여 마련한 대안이 없었다. 결국 이기홍에게 연락이 왔다. 노장환이 체포될 경우 관련자 모두가 위험했다. 어쨌든 노장환을 시급히 피신시켜야 했다.

이기홍은 함께 활동하던 서동열을 만나 상의한 뒤 최충근에게 5만 원을 빌리고 승용차를 대여하여 노장환을 일단 외곽 지역인 장성으로 이동시켰다. 노장환에게는 곧바로 광주를 벗어나 서울로 가라고 일러두고 서울 모처의 연락처를 서로 확인해두었다. 한편 노장환의 집을 급습한 뒤 허탕을 친 경찰은 노장환이 빠져나간 것을 알고는 검거령을 내리고 사진을 확대하여 사람들이 많이 왕래하는 주요 장소에 붙였다.

상경한 노장환은 당시 서울에서 서점을 운영하던 박종태의 집에 은거하였는데, 두어 주일이 지난 뒤 생활비가 떨어졌다며 이기홍에게 연락이 왔다. 이처럼 절박한 상황에서 그런 한가한 문제로 연락을 한다는 게 도무지 이해할 수 없었다.

1955년 2월 설 무렵 서울에 올라간 이기홍은 다방에서 노장환을 만나 매정하게 얘기했다. "엿장수를 하든 노동을 하든 무엇이든 일을 하면서 살아야지 이게 뭐냐?"고 나무랐다. 얼마 전까지 조직의 윗선에 있던 사람에 대한 불손한 항명이 아니라, 여섯 살 위의 인생 선배로서 답답한 심경을 전하는 충고였다.

다방을 나와 종로 거리를 걸으면서 이기홍의 머릿속은 울적하고 복잡했다. 노장환이 이념을 따르는 일에는 충직했을지 모르나, 부잣집 아들로 태어나 밑바닥의 삶을 겪어보지 못한 한계가 드러났다고 생각하니 이해가 가면서도 씁쓸했다. 무엇보다도 이번 일의 결말이 보이는 것 같아 불안하기만 했다.

한편 이 즈음 경찰은 북한과 관련되었다고 생각되는 이 사건의 중요성을 감안하여 많은 형사들을 풀어 탐문을 강화하고 있었다. 좌익 인사들이 종전에 즐겨 찾던 서점과 그 주변 인물들을 비롯하여 종로에서 서울역에 이르는 여관과 여인숙들 인근이 주요 대상이었다. 며칠 전부터는 노장환 역시 형사들의 레이다에 포착되어 일거수일투족이 감시되고 있었다. 그가 은밀히 만나는 사람을 파악하여 일거에 잡아들일 계획이었다.

다음날 아침 일찍 이기홍이 투숙한 여관에 형사들이 급습했다. 노장환은 이미 전날 체포되었다. 이기홍은 특수수사부 사무실로 잡혀갔는데 거기에는 ○○주식회사라는 간판이 걸려있었다. 심문을 마친 뒤에는 서울 중부경찰서로 이송되었다. 노장환과 이기홍은 각각 독방에 수감되었다. 유치장 앞에는 "이 자는 중대 사건에 관계되어 수사 중이니 경찰국 정보과장의 지시 없이는 누구도 면회할 수 없다"는 푯말이 붙어 있었다. 이기홍에게 또 다시 유폐의 시간이 시작되었다.

지워지지 않는 의문들

주요 인물들을 검거한 경찰은 사건을 곧바로 검찰에 넘겼다. 3월에는 사건 얼개가 신문 지상에 보도되어 세상에 알려졌다. 검찰은 신속하게 기소하였고, 그해 6월 20일 서울 지법에서 1심 판결이 열렸다. 9월 9일에는 고법 판결이, 이듬해인 1956년 3월 19일에는 최종심인 대법원 판결이 열렸다.

소위 구국투쟁동맹 전남지회 사건, 혹은 '노장환 사건'으로 불리는 이 사건으로 총 19명이 국가보안법 위반 혐의로 검거되어 그중 12명이 실형을 선고받았다. 노장환은 최종 10년 형을 받았고, 이기홍은 1심에서 10년 형을 선고받았다가 최종 3년 6월의 형을 받았다.

이기홍에 대한 대법원 판결문을 보면, "가입 권유에 즉시 승낙", "맹원 포섭과 공작자금 제공 등 맹활약", "동정의 여지가 없음" 등의 표현이 말해주듯 중형 선고는 당시의 극한적인 남북 대립과 국가보안법 시행 등의 상황에 미루어볼 때 피해갈 수 없는 귀결점이었다. 3년 6월의 형이 도리어 적다면 적은 것이었는데, 이는 국가 전복이나 사회 혼란 야기를 위한 구체적 행동 사실이 일체 없었던 때문이었다고 해석할 수 있겠다.

최종 판결 후 이기홍은 서대문형무소로 송치되었다. 감옥에 있는 동안 이기홍은 이 사건의 처음부터 끝까지의 과정을 수백, 수천 번 되돌아보았다. 석연치 않은 것들이 한둘이 아니었다. 의미 있는 일을 진행한 것이라고는 하나도 없었고, 주변의 선량한 후배들을 조직에 끌어들여 민폐만 끼쳤다는 자책감을 지울 수 없었다.

우선 구국투쟁동맹이라는 기구의 추진체가 북에 실제 하는지, 실제 하고 있더라도 체계적으로 일을 진행하고 있는지에 대해 이기홍은 재판 과정에서는 물론 나중까지도 확신을 갖고 있지 못한 것 같았다. 후일의 연구를 보면 구국투쟁동맹은 전쟁 중이던 1952년 3월 조선노동당이 남한의 대중을 광범위하게 포섭하기 위한 새로운 방법을 모색하는 과정에서 결성하기로 결정한 것이 사실이었다.[6] 다만 당시는 전쟁

---

6) "당초 구국투쟁동맹의 주요 포섭 대상은 남한에 잔존한 근로인민당, 조선인민공화당, 근로대중당, 한국독립당 등의 잠재 당원들로 설정되었다. 이들을 기간으로 조국통일민주주의전선 산하에 구국투쟁동맹위원회를 조직하여 노동당의 직접 지도하에 1952년 10월 이내로 남한의 각 시·군·읍·면에 이르기까지 각각 구국투쟁동맹 (지방 조직)

이 진행되던 상황이라 구체적인 진전이 되기는 어려웠다.

어쨌든 종전 직후 남북이 막힌 상황에서, 더욱이 시급한 전후 복구 작업에도 여력이 없는 북한이 그 시점에서 노동당 주도로 남한에 전국적인 규모의 조직을 결성하려고 시도한다는 것은 현실성이 떨어진다고 볼 수 있었다. 때문에 가능성은 희박하지만 노장환 개인 차원에서 벌인 일이 북한의 대남 공작이라는 대규모 조직 사건으로 비화된 것이 아니냐는 의심도 완전히 불식되지는 않았다.

또 앞서 언급했듯, 비밀이 생명인 활동 조직에서 하부의 선을 직접 확인한 뒤에야 가입을 승인함으로써 서로를 노출시켰다는 점, 동맹이 결성된 지역에서는 반드시 삐라를 뿌려 존재를 알리라고 한 점 등은 납득 불가였다. 그래서 조직 강화의 목적보다는 "북조선 정권을 지지하는 조직이 남한에서 활동하고 있음을 대외적으로 선전하려는 의도가 숨겨진 북의 공작이 아니었나" 하는 의혹을 끝내 지우기 어려웠다.

심지어 이기홍은 남로당의 반 박헌영계로 분류되던 "ML계를 최종적으로 쓸어버리기 위해 북측이 설치해놓은 함정과 같은" 사건이라는 생각도 했는데 이는 과도한 비약으로 여겨진다. 이미 그 시점에는 남한 좌익 세력의 상징이었던 박헌영이 숙청되어 김일성 체제가 공고해졌는데, 굳이 남쪽 좌익의 일부 잔여 세력을 말살하기 위해 힘을 쏟을 이유는 전혀 없기 때문이다.

이 사건은 이기홍 개인에게 마음으로 받아들이기 어려운 많은 상처를 남겨준 것 같다. 노년에 남긴 구술 기록에서 유독 이 일에 관련된 내용에 대해서는 감정적인 표현들이 곳곳에 보이는데, 그런 아쉬움과 후회 또는 억울함을 씻어내기 어려웠기 때문이었을 것이다. 무엇을

결성준비위원회를 조직완료할 것을 결정하였다."(「1950년대 북한의 통일노선과 통일정책연구」, 정창현, 『국사관논총』 제75집, p.239).

위해 누구를 위해 일하다가 감옥살이를 하고 있는지 스스로 용납이 안 되었던 것이다. 이기홍은 "형무소에서 목공 기술을 배우며 3년 6개월 동안 마음속의 울분을 삭이는 시간"을 보냈다. 그리고 1958년 가을에 만기 출소했다.

광주역에는 출소한 그를 맞이하기 위해 가족들이 나와 있었다. 그때의 기억을 셋째 딸 이경순은 "내 기억 속에 남아있는 아버님의 첫 모습은 서대문 형무소를 출감해서 광주역에 도착했을 때였다. 빡빡 깎인 머리와 비쩍 마른 모습은 어린 아이인 내가 곁에 가기에 저어되었고, 셋째 오빠를 보고는 작은 집 아무개냐고 물어보셔서 무척 서운했던 기억이 난다"고 회고하고 있다.

진보 정당 탄압과 4·19 전후

매카시즘의 시대

어느덧 1950년대도 후반으로 접어들었다. 그 사이 한국의 정치사회적 지형은 반공주의를 내세운 이승만 정권의 일방통행 속에서 극도로 편향되어갔다. '통일'이라는 단어만 사용해도 빨갱이 아니냐는 의심을 받을 정도로 반공의 편에 서지 않는 사람들은 숨 쉬기조차 힘겨웠다. 획일화된 구호만이 존재하고 다양한 의견이 설 자리는 사라졌다. 매카시즘의 광풍은 한국에서 유독 강했다.

당초 매카시즘은 냉전의 분위기를 타고 1950년대 초반부터 중반까지 미국에서 기세를 떨쳤지만 과도한 이분법에 질려 자국에서도 퇴조 국면으로 접어든 한물 간 유행이었다. 루스벨트 대통령도 케인즈도 사실은 공산주의였다는 선동에 일반인들은 반신반의했다. 자유로운 정신을 존중하는 문화예술계가 겪던 억압의 분위기는 질식할 상태였다. 찰리 채플린은 미국을 떠나 스위스로 이주했다. 그는 자본주의의 모순을 비판하는 동시에 히틀러와 같은 독재자나 전체주의에 대해 신랄한 조롱을 아끼지 않았던 사람이다. 그가 미국으로 다시 돌아온 것은 20여 년이 지난 1970년대였다.

그런 매카시즘이 한국에서 유독 생명력을 발휘했던 것은 한반도가 냉전의 최전선에 있던 지역이었기 때문이다. 세상의 다른 한 편과 전선을 마주하고 있는 상황에서 제거할 상대에게 악마의 딱지 하나 붙이면 모든 게 무사 통과였다. 한국 사회는 그렇게 자신들이 살고 있는 땅의 사람들이 얼마나 왜곡되고 있는지 모르는 채 권력의 독재화를 너그럽게 용인하는 길로 들어섰다. 과연 그러한 세상에서 소위 진보 세력이 작은 싹이나마 유지할 수 있었을까.

구국투쟁동맹 사건으로 이기홍이 수감되어 있던 마지막 해인 1958년 그해 초, 국내에서는 이러한 분위기를 여실히 일깨워주는 중대한 사건 하나가 터졌다. 소위 진보당 조봉암의 간첩 사건이었다. 이승만 정권은 두 번의 대통령 선거[7]에서 점차 위협적인 존재로 떠오른 조봉암을 정리할 때가 왔다고 보았다. 이를 위한 가장 손쉬운 수단은 그에게 공산주의자라는 낙인을 찍는 것이었다.

1958년 1월 조봉암을 비롯한 진보당 주요 간부들이 국가보안법 위반 혐의로 체포되었다. 그해 1,2심을 거쳐 이듬해인 1959년 2월에 열린 최종심에서 조봉암은 사형을 선고받았다. 진보당이 내세운 평화통일론은 국시에 위반되고, 강령이나 정책이 북한의 주장과 상통한다는 점, 그리고 그밖에도 북한 간첩과 접촉했다는 등등이 중형의 사유였다. 검찰이 주장한 논지와 각종 증거는 1,2심에서부터 이미 숱한 논란을 불러일으켰지만 모두 무시되었다. 조봉암은 재심을 청구했으나 기각되었고 재심 기각 다음날인 7월 31일 사형이 전격 집행되었다.

후일 사법 살인의 하나로 재평가되는 이 사건은 40여 년이 지나서야 후손들의 억울함이 풀리게 된다. 2011년 1월 이 사건의 재심을 받아들인 대법원은 무죄 판결을 내렸다. 조봉암에 대한 간첩죄는 조작

---

7) 전쟁 중이던 1952년 8월 5일의 제2대 대통령 선거에서 79만여 표를 얻은 조봉암은 1956년 5월의 제3대 대통령 선거에서 230여만 표를 얻었다. 직후인 1956년 11월 진보당이 결성되어 세력을 확장하기 시작했다. 1958년 5월에는 민의원 선거를 앞두고 있었다.

이고, 이승만 정부의 정권 연장을 위한 정치적 의도였다는 것이 주요 이유였다.

이승만 정권의 조봉암 제거는 정권에 위협이 되는 일체의 진보 정치세력에 대해 '죽임'으로 응징하겠다는 단호한 의지의 표현이었다. 아울러 평화통일론 등 모든 통일 논의도 원천적으로 봉쇄하겠다는 강력한 경고였다. 그러나 정권의 필요에 따라 경찰, 검찰, 사법부가 총동원되는 비정상적 상황은 민주주의의 막장이 왔음을 드러내는 최후의 조짐에 불과했다. 독재 권력과 그 주변 세력들은 영원을 믿었을지 모르지만 그 종말은 점점 다가오고 있었다. 국민들은 참을 수 있는 인내가 바닥나고 있었고 행동할 시간이 오고 있음을 직감하고 있었다.

아버지를 보내며

이기홍이 출소한 1958년 가을 이후 바깥에서 벌어지고 있는 상황은 세상이 미쳐가고 있다는 것을 확인해주는 일들뿐이었다. 감옥에 있었더라면 몰랐을 일들을 눈으로 귀로 접하는 것이 괴로웠다. 하지만 3년 6개월의 유폐에서 벗어나 집으로 돌아와 가족들과 함께 보내는 시간은 세상사를 잠시 잊게 해주었다. 처음 며칠 동안은 몇 년 만에 얼굴을 맞댄 제 애비를 낯선 사람 보듯 경계하던 아이들이 자연스레 품에 안기는 게 행복했다.

감옥에서 익혔던 목수 일도 요긴하게 활용되었다. 오랫동안 방치되어 손상된 삼성당 서점의 서가들도 꼼꼼히 보수하고 수리하였다. 팔리지도 않고 묵혀있는 책들이 풍기는 퀴퀴한 냄새가 반가우면서도 쓸쓸했다. 먼지를 털고 책장을 넘기니 갖은 상념이 스쳐갔다. 아버지께

갖다 드리려고 읽을 만한 책을 고르기 위해 서가를 뒤지던 일, 몇 권의 책을 들고 갔을 때 보였던 아버지의 환한 표정이 떠올랐다. 그런 아버지는 지금 많이 쇠약해져 있었다. 그가 감옥에 들어가 있는 동안 아버지의 상심은 컸고 눈에 띄게 기력을 잃었다.

이기홍이 집에 돌아온 몇 달 후인 1959년 1월 아버지 이사열은 세상을 떴다. 그에게는 스승이나 다름없는 분이셨다. 돌아보니 광주고보 퇴학 이래 이때까지 사회운동을 하는 내내 걱정거리가 되지 않은 시간들이 거의 없었다. 때로는 아버지와 노선 차이로 갈등을 빚은 적도 있었지만, 민족주의자로서 아버지의 판단은 늘 옳았고 자식을 걱정을 하던 사랑은 한결같았다. 국내외 정세를 읽는 눈도 탁월했다. 이제 아버지는 세상에 없다. 아버지는 나에게 어떤 존재였고, 나는 우리 아이들에게 어떤 존재일까 생각하니 가슴이 먹먹했다.

삼성당 서점의 안채에는 작은 뒤뜰이 있었다. 이기홍은 여기에 갖가지 화초들을 심어놓고 정성스레 가꿨다. 마음이 울적할 때마다 이

1959년경 삼성당 서점 안채 뒤뜰에서, 부인 오수덕, 이기홍, 넷째 아들 이윤규와 함께. 이기홍은 어느 셋방에 살더라도 작은 땅만 있으면 퇴비 주고 씨 뿌려 풍성한 화단 가꾸기를 좋아했다.

아이들을 보면 시름이 사라졌다. 어느 날 아침 얼굴을 내민 작은 꽃봉오리는 예기치 못한 기쁨이었고, 날로 색을 더해가는 푸른 잎사귀를 어루만지면 마음이 편안해졌다. 아버지는 젊을 때 고금도의 옛집에서 동네 사람들이 '세계 정원'이라 부를 만큼 멋진 정원을 만들어 가꾸셨다. 정원의 연못은 작은 물길을 따라 용지포로 이어졌다. 여기에 풀어놓은 잉어들은 용지포로 흘러들어가 마을 사람들이 함께 즐겼다. 자연과 수목을 사랑하던 취향이 이기홍에게도 유전적으로 내려왔던 것 같다.

아버지가 그토록 좋아했던 고향 고금도를 떠난 것은 이승만 치하의 박해 때문이었다. 지역에서 단정 수립을 반대하는 주요 인물로 찍혀 온갖 수모를 당하였고 가족들의 목숨까지 위태롭다 생각하자 광주로 이사하셨다. 하지만 이승만 반대자들이라면 쥐도 새도 모르게 제거하던 모진 시절을 피하지 못하고 둘째 아들과 사위를 잃었다. 아버지는 일제 36년 동안에도 겪어보지 못한 무도한 세상이 독립된 나라에서 벌어지고 있다며 분개하고 한탄하셨다. 평생의 한을 품은 채 아버지는 세상과 작별을 고하셨다.

준비 되지 못한 진보 세력

영원할 것만 같은 이승만 절대 권력의 시대가 금이 가고 있었다. 숨막히게 엄혹한 시대였지만 진보 세력의 인사들은 향후의 정국을 주시하며 진로를 고민했다. 각 지역별로 좌익 계열 인사들이 은밀히 모여 의견을 나누었다. 서울에서는 김정규 선생을 중심으로 한 20여 명, 전남에서는 강석봉 선생을 중심으로 이기홍 등, 그리고 전북 지역은 김철수 선생이, 그밖에 강원, 경북, 충남의 여러 인사들이 있었다.

그러나 민주역량을 발전시켜나가자는 원론에는 이의가 없었지만 사상적 견해를 통일시키는 데는 어려움이 있었다. 전체 역량을 지도할 중앙당 체제를 갖추느냐가 문제였다.

한편에서는 1949년 합당 이후 조선노동당은 여전히 남조선 민주운동의 지도부라는 입장이었다. 이들은 당연히 조선노동당 중앙부에서 내려와 지도를 하고 있을 것이라 추정했지만 말 그대로 추정일 뿐이었다. 실체도 없었고 가능성도 없었다. 다른 한편에서는 이승만 정권에 항거하여 투쟁할 시점인데 합당 당시 북쪽의 선언만 믿고 기다리는 것은 결과적으로 과업을 포기하는 것과 같다고 주장하였다. 남한 내에서 독자적인 중앙당 또는 지도부 체제를 갖춰야 한다는 뜻이었다.

당시의 정국을 볼 때 이러한 논의들이 적절한 현실성을 갖고 있었는지는 의문이다. 북의 직접 지시를 따르자는 것은 위험천만한 발상이었다. 또 좌익 세력의 공개적 정치 행위가 완전히 막혀있는 상황에서 전국적인 당 수준의 조직화 역시 어려운 일이었다.

의견이 분분했지만 곧 닥쳐올 소용돌이를 맞아 정국의 주도적 역할을 담당하는 것과는 거리가 먼 얘기들이었다. 이기홍은 후일 회고하기를 "이러한 탁상공론도 잠시였다. 4·19로 이승만 정권에 저항하는 전 국민적 저항이 퍼져나가고 있었기 때문이다"라고 하며 당시의 준비되지 않은 진보 세력의 현실을 진단했다.

정국이 급변한 계기는 1960년 3월 15일에 실시한 정·부통령 선거였다. 1948년 이래 12년 동안 정권을 이어온 자유당은 이번 선거가 매우 중요했다. 국민들의 내재된 불만을 잠재우고 장기 집권의 토대를 만들어야 할 중요한 길목이었다. 특히 야당의 대통령 후보였던 조병옥이 선거 유세 도중 급서하면서 이승만은 사실상 대통령으로 확정되었는데 문제는 부통령이었다. 당시 자유당의 부통령 후보는 이기붕, 야당인 민주당의 후보는 장면이었다.

노령의 이승만에게 임기 중 문제가 생기더라도 승계 1순위인 부통령까지 확보하고 있으면 자유당의 장기 집권 가도에는 문제가 없었다. 부통령 당선을 위해 선거 전부터 온갖 불법이 이루어졌다. 국민들의 저항이 시작되었다. 2월 말에 대구에서 시위가 있었고 선거 당일인 3월 15일에는 마산에서 거센 시위가 벌어졌다. 얼마 후 눈에 최루탄이 박힌 김주열의 시신이 마산 앞바다에서 발견되면서 전국이 들끓었다.

결국 자유당의 장기집권을 획책한 이 선거의 광범위한 불법과 부정이 드러나자 오래 억누르며 참았던 국민들의 분노가 폭발하였다. 정권 타도를 외치는 성난 군중 시위는 순식간에 전국으로 확대되었다. 합법적 정당 체제를 갖지 못한 진보 세력은 대오를 갖추지 못한 가운데 개별적으로 민주혁명의 격랑 속으로 휩쓸려 들어갔다.

그가 겪은 광주의 4 · 19

광주에서는 1960년 3월 중순 이후 산발적인 시위가 벌어진 뒤 4월 중순에 이르면서 학생들을 중심으로 투쟁 양상이 확대되었다. 이기홍은 임시로 구성된 지도부에 참여하여 2개 고등학교 학생 대표와 야간에 만나 시위 궐기에 대한 지도를 하였다. 이 중 한 학교는 학부형과 교사들의 강력한 반대를 맞아 시위가 좌절되었지만 다른 한 학교는 거의 전교생이 참여하는 대규모 시위를 전개하였다.

평화 시위를 신신당부했지만 흥분한 학생의 일부가 상점의 유리와 시설을 파괴하는 행위가 간혹 일어났다. "시민에 대한 피해는 시민과의 유대를 파기하는 결과를 가져오므로 폭력의 금지는 당시 시위 지도자들의 불문율적인 지침"이었다. 이기홍은 자칫 벌어질 수 있는 폭력 행동을 막기 위해 시위대 행렬의 앞뒤를 뛰어다니며 제지했다.

4월 19일 0시를 기해 전국 5개 도시에 계엄령이 선포되었다. 광주도 그중 하나였다. 계엄 선포 이유에 대해 "3·15 총선은 부정이 없는 공명한 선거였으나 공산당이 나라의 혼란을 목적으로 뒤에서 국민을 선동한 것이 시위의 원인"이라고 밝히고 진압 명령을 내렸다. 그 후에는 다 알다시피 경무대 앞에서 발포가 이루어지고 피의 진압이 시작되었다. 시민들의 분노는 극에 달했고 시위는 연일 더욱 격화되었다. 마침내 4월 26일 이승만은 하야하고 자유당은 무너졌다.

4·19에 관한 전국적 상황은 많이 알려진 일이므로 아래에서는 이기홍이 광주에서 직접 겪은 기록의 일부를 소개한다.

광주에서도 4월 19일 새벽 3시를 전후하여 주동자 일제 검거가 시작되었다. 나도 회의를 끝내고 새벽 4시경에 집에 돌아오자 기다리고 있던 경찰에 의해 체포되어 충장로 파출소로 연행되었다. 가서 보니 먼저 14~15명을 검거하여 꿇어 앉혀놓고 있었다. 우리를 감시하고 있는 경찰뿐만 아니라 그곳에 들른 경찰관마다 "이놈들은 대통령 지시에 따라 모조리 총살할 수 있으나 총알이 아까우니 살점 하나하나를 떼어서 죽여야 한다"고 했다. 경찰은 경무대 옆에서 학생을 사살한 경찰과 똑같이 시위 군중을 철저하게 적대하면서 사살을 해서라도 시위를 진압시키는 것이 대통령에 대한 경찰의 충성이라고 확신하며 살기가 등등했다. 파출소에 들른 놈마다 무조건 머리와 허리, 다리를 차고 짓밟기도 했다. "너희들에 대한 사살 결정

권은 우리 경찰관 마음에 달려있다. 이놈들 모조리 총살하고도 보
고서 한 장이면 그만"이라는 말을 퍼부으며 살기가 등등한 살벌한
분위기였다.

4월 19일의 밤을 경찰서에서 보내고 다음날 아침 8시경 무장한 트
럭이 와서 검거자들을 실어 광주 경찰서 2층 옥상에 모았다. 다른 파
출소에 잡혀 들어갔다가 끌려온 사람들까지 대략 80명 내외였다. 이
들은 평소 사찰이나 감시를 당하고 있던 좌익계 인사들이 대부분이었
고 야당인 민주당 인사들도 4~5명 포함되어 있었다.

이들에게는 아침과 점심도 주지 않고 물도 주지 않았다. 이를 항의
하는 동지에게는 "반역자를 기다리는 것은 밥이 아니라 총알뿐"이라
며 젊은 헌병이 따귀를 때렸다. 살기가 등등한 상황이었다. 평소 경찰
의 감시 대상인 좌익 인사들의 명부를 체크하며 속히 검거하라는 지
시를 내리는 장면도 목격할 수 있었다.

오후 5시경 이들은 트럭 2대에 분승하여 광주 교도소로 인계되었
다. 헌병의 지시에 따라 4열로 정렬하여 운동장에 앉자마자 번개가
번쩍이며 천둥소리가 요란하더니 소낙비가 퍼붓기 시작했다. 비를 피
하려 몇 사람이 일어나자 헌병들이 들이닥치더니 일어나는 놈은 총살
한다며 제지했다. 이기홍을 비롯한 5명이 이를 격하게 항의하자 헌병
들이 끌어내더니 물이 흠뻑 고인 진흙 위에 굴리며 짓밟았다. 온몸이
흙투성이가 되었다. 이 장면을 교도소장과 교도관들은 묵묵히 지켜보
고만 있었다.

시위 참가자들을 조서도 기소도 없이 교도소로 끌고 와서 범죄자
취급하는 것은 명백한 불법이고 인권유린이었다. 하지만 지금은 계엄령
상황이었다. 한동안의 소란이 끝난 뒤, 입소 수속을 했다. 교도소장은

평소의 일련번호 대신 가(假)번호를 붙이도록 했다. 수속 절차는 일반 입소자에 대해서와 같이 세밀했다. 이기홍이 받은 번호는 '가60번'이었다. 수속이 끝나자 10개 감방으로 나눠 수감되고 젖은 옷을 갈아입은 다음 저녁식사를 했다.

10시경에 교도소장이 찾아와 일일이 감방문을 열고 각별한 존칭어를 쓰면서 말했다. "여러분들은 여기에서 고생을 하는데 나는 집으로 돌아가게 되어 죄송합니다. 여기에 근무하는 교도관들 중 혹시 불순한 언행을 하는 사람이 있더라도 상대하지 말고 다음날 간부가 찾아올 것이니 그때 말하세요." 너무나 정중한 태도였다. 광주 교도소장은 앞으로의 정세의 변화를 미리 알고 있는 것이 분명했다.

그렇게 광주 교도소에서 며칠을 보낸 뒤 이승만 하야와 함께 시위 관련 수감자들은 모두 석방되었다. 독재자를 끌어내린 승리감으로 귀갓길의 발걸음은 가벼웠다.

4·19 평가에서 놓치고 있는 것들

석방 후 충장로의 삼성당서점에 돌아간 이기홍은 거리에서 기이한 광경을 목격하였다. 500~600명의 전남대생들이 "민주주의를 소생시킨 미국에 감사하자"는 플래카드를 들고 가두행진을 벌이고 있었다. 기가 막힌 일이라 눈을 의심하지 않을 수 없었다.

사태가 잘못되고 있음을 직감한 그는 시내의 중심가로 나갔다. 도청 앞에서는 학생 대표가 시민들 앞에서 미국에 감사한다는 내용의 결의문을 낭독하고 있었다. 이기홍은 학생들이 들고 있던 플래카드를 빼앗고 지금의 친미 시위가 잘못된 것이라는 점을 지적했다. 그리고 이번 일은 우리 민족의 투쟁으로 얻어낸 것으로 미국에 감사할 일이 아님을 설명했다. 하지만 그 학생들이 얼마나 납득하고 있는지는 의문이었다.

4·19를 경과하며 이기홍은 학생과 시민들이 이승만 '타도'라는 목표를 달성하고 그 결과에만 흥분하여 이 사건의 역사적 의미를 놓치고 있다는 점을 우려하였다. 이승만 정권의 붕괴를 미국에 감사해야 한다면 그간 벌인 학생과 시민들의 투쟁과 희생의 의미는 반감되고 말기 때문이다.

'친미' 구호는 피의 4월 19일이 지난 뒤 항쟁의 마지막 무렵 서울의 시위에서도 많이 등장하였다. 여기에는 배후에 있는 미국이 더 이상 이승만의 편에 서지 말아달라는 간절한 호소가 담겼으리라 이해된다. 그러나 잊지 말아야 할 사실이 있다. 미국이 이승만을 포기한다면 그것은 자유당 세력이 더 이상 미국의 이익에 부합하지 못하기 때문에 내리는 불가피한 결정일 뿐이라는 점이다. 따라서 미국의 선택은 우리의 주체적인 투쟁과는 비할 수 없는 부차적인 일이었다.

이기홍은 4·19의 의미를 "순수한 민족 자주정권 수립이라는 민족의식과 결합한 자주 민주운동"이자 "애국운동"으로 평가했다. 식민지를 벗어난 이후에도 완성하지 못한 자주적·민주적 국가를 이번 기회에 반드시 만들겠다는 국민적 염원과 결의가 담긴 투쟁으로, 이는 본질적으로 독립운동의 연장선에 있다고 보았다.

> 당시 전국적으로 궐기한 민중의 의식은 단순한 반독재 민주의식만이 아니었다. 8·15 해방 15년 후의 시점으로 친일세력의 독재정권 타도를 위한 운동이었으므로 순수한 민족 자주정권 수립이라는 민족의식과 결합한 자주 민주운동이었다. 친일 인사들과 그 지지 세

력이 중심이 된 친일 정권의 연장과 안전을 목적으로 한 부정선거에 항거하여 일어났으므로 민중의 의식 속에는 항일 독립운동에서부터 이어져 내려오는 민족자주 의식이 본능 형태로 마음속에 잠재해 내려왔다.

해방 이후에도 이루지 못한 진정한 '독립'의 여정에서 4·19는 중대한 이정표로 자리매김 되어야 하며, 그럴 때 비로소 민족사적 의의는 물론 참여자들의 투쟁과 희생이 빛을 잃지 않는다고 본 것이다.

한편 이기홍은 4·19에 대한 후일의 평가가 희생자에게만 초점이 맞춰진 결과, 운동의 저변에 흐르고 있던 민중운동의 측면이 간과되고 있다는 점도 지적하고 있다. 독재정권을 무너뜨린 것은 한 달 이상 전국 각지에서 학생은 물론 각계각층이 참여하여 치열하게 분노를 폭발시킨 성난 민중 시위가 뒷받침되어 이룬 결과이기 때문이다.

이승만 정권을 물러나게 한 결정적인 원동력은 민중의 봉기 역량이었다. 오늘날 이 운동이 희생자 중심으로만 평가되고 있는 현실은 민족적인 전체성을 반영하지 못한다. 희생자들에 대한 존경과 숭배와 국가 서훈적인 평가는 정당하고 당연한 것이지만 이것만으로는 국민에게 생활화된 교훈을 도출하지 못한다. 이 운동에 대한 정당한 평가는 민중봉기를 바탕으로 한 총체적이고 구체적인 것이 되어야 보편적인 민족사적 의의가 확대될 것이다.

이기홍은 한국의 근현대사를 온갖 역경과 희생 속에서도 민중의 끊임없는 저항으로 이를 극복해가는 도정으로 보고 있다. 4·19 역시 그 중요한 분기점의 하나였다. 그 과정에는 자기희생적인 숭고한 정신과 위대한 투쟁이 있었다. 다만 희생에만 초점을 맞춰 미화하는 역사는 회고적이거나 영웅주의적이거나 감성적인 몰입에 머무를 수 있다.

희생이라는 씨앗이 싹터 민중의 힘으로 우리 역사를 한 단계 전진시킨다는 긍정과 낙관의 관점을 놓치지 말기를 바라고 있는 것이다. 그럴 때 비로소 4·19에 참여한 사람들이 겪은 희생 안에 담긴 가치와 민족사적 의의가 제대로 조명될 수 있다고 보기 때문이었다.

혁신세력의 부상과 소멸, 그리고 5·16

열린 정치 공간과 사회대중당

대통령 이승만이 하야하고 부통령 이기붕이 물러나 국정 공백이 발생한 직후인 4월 27일 외무부장관인 허정이 권력을 승계하였다. 허정 과도 정부는 당장의 혼란 수습과 함께 4·19 혁명의 민심을 수렴하는 제도 개혁에 착수했다.

가장 큰 변경은 권력구조로서 대통령제의 권력 집중을 배제하기 위해 의원내각제를 도입하기로 했다. 1960년 6월 15일에 의원내각제(영국식 상하원 제도) 개정헌법이 임시국회에서 통과되었고, 민의원과 참의원 선거를 7월 29일에 실시하겠다고 공포하였다. 민주주의를 향한 새로운 시도가 시작되었다.

당시의 정치 지형을 보면, 자유당은 사실상 몰락했고 유일 야당은 민주당뿐이었다. 과거 한민당의 일부 세력에 뿌리를 두고 있는 민주당은 기본적으로 보수적인 정당이었다. 진보당이 제거된 이후 제도 정치권의 진보 세력은 전무한 상태였다. 이런 환경에서 소위 혁신 세력이 정치권에 등장할 환경이 마련되었다.

혁신 세력이란 4·19 이후에 새로 부상한 진보적 정치 세력을 총칭한다. 이 용어는 국민에게 각인된 '좌파'의 부정적 이미지를 불식하고 보다 넓은 정치세력의 연대를 통해 참신한 정치를 지향한다는 의도가 담겨 있었다. 그러나 여기에는 종래의 좌파적 인사들은 물론이고, 우익 중에서 자유당과 민주당을 반대하는 보수파 인물들까지 포함되어 있어 공통의 정치적 비전을 충분히 공유한 세력은 아니었다.

어쨌든, 진보세력으로서는 4·19혁명으로 드러난 민중의 여망을 담아내기 위해 합법적 활동이 가능한 정치 공간이 절대적으로 필요했다. 이전부터 관계를 맺고 있던 각 지역 혁신·진보 세력의 동지들이 급히 회동을 가졌다. 날짜와 참석자는 미상이나 급박한 정국을 감안하면 4월 말이나 5월 초였을 것으로 생각된다.

이기홍이 남긴 기록으로 미루어 볼 때 모임에서 치열한 이론 투쟁이 있었던 것으로 보이지만, 이승만 치하 12년 동안 극심한 탄압으로 붕괴되었던 진보 세력으로서는 합법적 정당 조직을 갖는 것이 필수적이자 앞으로의 정국에서 목소리를 낼 수 있는 유일한 방법이었다.

> 4·19를 지켜보았던 혁신 세력은 전 민족 세력을 하나로 묶어세우는 운동이 필요하다는 점에 공감했다. 그리고 이미 우리나라는 미국의 군사적 보호하에 친일 세력과 반민주 세력이 결탁한 식민지 상태에 있다고 규정했다. 예컨대 남조선의 기본 모순은 민족 모순에 있으므로 민족 내부의 계급적, 종교적 차이 또는 빈부격차 등의 기타 이해관계에서 발생하는 모순들을 일단 접어두고 외세에 의한 직간접의 영향에서 벗어나 자립구조를 형성시켜 나가야 한다는 것이 큰 현안이 되었다. 민중의 의사에 따라 우리 민족의 이익을 실현하는 정부가 서야 한다는 것이었다.

방향이 정해지자 곧바로 서울에서 유력 인사들을 중심으로 정당 창당 작업이 진행되었다. 마지막 혁신 세력 정당이었던 진보당 계열의 인사들은 물론 각 분파들이 최대한 참여하는 그림이 그려졌다. 5월 13일에는 '사회대중당'이라는 당명으로 창당 발기인 모임을 가졌고, 6월 17일에는 대표자대회를 열어 간부로 대표총무위원에 서상일(徐相日), 간사장에 윤길중(尹吉重)을 선출하였다. 여러 분파들이 선거 참여를 위해 결집한 임시적 성격이었지만 혁신 세력의 최대 조직으로서 중앙당의 얼개를 갖추고 지방 조직 구성에도 들어갔다.

전남 지역에서도 전남 도당 결성이 준비되었다. 구 진보당계의 임춘호, 조중환, 박세원 등과 조선공산당 간부였던 강석봉, 한길상, 조극한, 이기홍 등 반 박헌영계 인사들, 그리고 건준 전남도 부위원장을 지낸 국기열, 3·1운동을 주도했던 김철 등 70대 노인, 빨치산 출신인 김세원 등, 28명이 발기인이 되어 사회대중당 전남 도당 결성대회를 준비했다.

이때에도 일국 일당주의 원칙을 주장하며 참여를 꺼리는 동지들이 많았고 사회대중당에 개량주의자들이 많다는 비판도 있었지만, 합법 조직 없이 대중 사업은 할 수 없고 민중 봉기로 열린 정치공간을 방치하면 안 된다는 명분이 대세를 이루었다.

전남 도당의 위원장은 과거 노동당 가입 전력이 없는 원로 국기열 선생이 맡았고, 총무부장 조중환, 조직부장 박세원, 선전부장 임춘호가 선임되었다. 그 외 임원으로는 강석봉, 한길상, 이기홍, 서동렬, 김철중, 정균형, 김주섭, 임무창 등이었다.

이기홍은 도당 외에 군의 지방 조직을 결성하기 위해 동분서주했다. 시간도 촉박하고 자금도 부족하여 어려움이 많았지만 열심히 뛴 결과 나주와 고흥에 각각 군당을 조직했다. 당시까지만 해도 일제강점기 때부터 독립운동을 했던 지역의 인사들과 그 이후까지 생존하고 있던 뜻있는 분들이 있어 많은 도움을 받았다.

그러나 이렇게 바닥에서 묵묵히 조직 구축 작업을 진행하고 있던 중, 광주의 전남 도당 내에서는 공천과 관련하여 심각한 문제가 벌어지고 있었다. 결과적으로 사회대중당은 7·29 선거에서 전남 지역의 거의 전 지역에 후보를 냈으나 참의원이나 민의원에서 단 한 명의 당선자도 내지 못하는 최악의 결과를 맞았다.

내부 균열과 선거 참패

이기홍이 군(郡)의 당 조직을 만들기 위해 바삐 뛰던 때였다. 나주 군당 조직 작업을 진행하다 광주에 돌아온 6월 말경이었다. 제대로 밥도 사먹지 못하고 길거리에서 어렵게 요기만 하고 도청 부근에 있던 당사에 들렀다. 사무실에 간부들은 없고 심부름 하는 아이만 있어 다들 어디 갔냐고 물으니 본정파출소(현 충장로파출소) 뒤편의 식당에 가보라고 했다.

식당에 들어가자 뜻밖의 광경이 눈에 들어왔다. 간부와 당원들이 고급 음식을 시켜놓고 술판을 벌이고 있었다. 이기홍을 알아 본 그들은 들어와 함께 하자고 권했지만 마음이 내키지 않았다. 지방 조직에서 뛰는 당원들은 식사도 못하며 고군분투하고 있는데 도당 사람들은 이른 시간부터 술판을 벌이고 있는 것을 보니 울화가 치밀었다. 활동가들에는 푼돈을 지원할 여력도 안 되는데 무슨 돈으로 거창한 회식을 하는 건지 의구심이 들었다. 나중에 안 바로는 강진의 모씨가 공천을 받기 위해 당원을 미리 매수하려 베푸는 자리였다.

불편한 심기를 달래며 밖으로 나와 무등극장을 지나치는 길에 우연히 김주섭과 만났다. 그는 사회대중당 소속으로 광주에서 참의원 출마를 준비하고 있던 간부였다. 그는 이기홍을 보자마자 대뜸 화난 표정으로 "당을 팔아 먹은지 모릅니까?"라고 물었다. 그러면서 이번에 박홍규가 사회대중당을 등에 업고 출마 작업을 하고 있다는 얘기를 하는 것이었다. 박홍규라면 자유당으로 3,4대 국회의원을 지냈고 원내 부총무까지 지낸 인물인데, 자유당 간판으로는 나올 수 없으니 사회대중당을 활용한다는 것이었다. 도저히 있을 수 없는 일이었다.

이기홍은 그 얘기를 듣고 경악했지만 이를 반박할 근거가 없었다. 며칠 지켜보며 기다려 보기로 했다. 그런데 며칠 후 이번에는 구례 군당의 당원 2명이 도당에 찾아와 박철웅을 지지하기로 결정했다는 당무위원회의 공문을 보여주며 항의했다. 갈수록 태산이었다. 박철웅이라면 자유당 국회의원을 지내다가 그 역시 자유당으로 나올 수 없어 이번에는 무소속으로 출마한다고 알려져 있었다. 복마전이 따로 없는 상황이 도당 내부에서 벌어지고 있음을 개탄하지 않을 수 없었다.

더 이상 기다릴 수 없었다. 다음날 열린 당무회의에서 이기홍은 일련의 의혹들을 조사할 특별조사위원회를 구성하자고 제의하여 이기홍, 서동열 등 5명이 조사를 맡기로 했다. 김주섭이 증언한 내용들을 검증하기 위해 계좌를 확인한 결과, 박홍규와 박철웅이 거금을 당에 송금했다는 사실이 밝혀졌다. 도당의 존폐를 논해야 할 중대한 문제였다.

사회대중당의 공식적인 지침에 의하면 공천을 받은 자의 경우 30만 원을 기탁하여 그중 20만 원은 중앙당에 보내고 10만 원은 지방당에서 사용하기 되어 있었다. 그런데 그 기탁금도 대부분 유용한 사실도 드러났다. 때문에 공천 자금은 바닥났고 간사에게 지급할 월급은 물론 신문 구독료도 내지 못할 형편이 되었다.

더 치명적인 문제는 자유당으로 활동하던 자들이 사회대중당의 공천을 받기 위해 공작을 벌이고, 혹은 무소속으로 출마하면서 사회대중당의 조직적 지지를 받기로 약조하여 거금을 제공하고 당에서 이를 받아 간부들이 유용한 일이었다. 이는 당의 정체성을 완전히 부인하고 파괴하는 파렴치한 일이었다.

당시 전남 도당의 공천 심사는 주로 조직부장 박세원, 총무부장 조중환, 선전부장 임춘호가 맡았다. 이들은 모두 구 진보당계 인사들이었다. 이들 및 관련자들에게 징계를 내렸지만 이미 돌이킬 수 없는 상황이 되었다. 사회대중당 전남 도당의 선거운동은 총체적 난국에 빠져 회복하기 어려운 타격을 받았다. 목전의 선거를 앞두고 지리멸렬한 상태가 된 것이다.

그런데 이러한 난맥상은 전남에서뿐만 아니라 전국적으로 벌어진 일이었다. 당초 4·19 혁명 이후 달라진 정국에서 민주 선거가 공지되고 그동안 눌려있던 혁신세력이 정치권에 등장했을 때 국민들의 기대는 상당히 컸다. 7·29 총선을 앞둔 정국은 크게 민주당과 혁신계 정당, 그리고 무소속의 3자 대결로 압축된다는 분석이 많았다. 혁신 세력이 기대를 모았던 이유는 한민당이 뿌리인 보수적 민주당보다 4·19의 과제를 제대로 실현할 수 있다는 바람이 일정 부분 있었기 때문이었다.

그러나 장기간에 걸친 이승만의 우산 아래 지역에서 명망을 쌓은 자유당 정치인들이 무소속으로 대거 출마하면서 선거 판도는 거대한 혼돈 속으로 들어갔다. 전체 출마자의 65%가 무소속일 정도로 정당 정치의 의미가 퇴색해졌다. 이 과정에서 온갖 잡음이 생기고 신분 세탁을 위한 갖가지 편법이 동원되었다. 혁신 세력의 대표 정당이었던 사회대중당은 내부의 정돈된 체제를 갖추지도 못한 채 혼탁한 물결 속으로 빨려 들어간 것이다.

7월 29일 선거가 끝난 결과 사회대중당은 전국적으로 참의원 전체 53명 중 단 1명, 민의원 정원 136명 중 4명에 그치는 참패를 거두었다. 국민들이 피 흘려 얻어낸 기회의 공간에서 혁신 정당은 얻어낸 게 없었다. 다양한 원인 분석이 가능하고 역부족의 상황을 들 수 있지만 자업자득의 측면이 많았다. 진보 정치의 실험은 어설픈 과정을 거치면서 참담한 결과를 안겨주었을 뿐이었다.

혁신정당 분열 뒤 새로운 길, 사회당

사회대중당의 선거 참패라는 결과에는 다양한 원인들이 있었다. 오랫동안 친미 반공을 표방하는 세력 외에는 용인되지 않았던 사회 분위기, 허정 과도 정부와 민주당 보수언론이 혁신 세력을 좌익으로 매도하려는 선거 구도, 대중들의 낮은 정치의식, 자금 부족 등을 들 수 있다. 하지만 대중에게 희망을 줄 수 있는 공통의 비전을 체계적으로 공유하지 못했고 각 분파의 중구난방 연대로 정체성 확인도 어려웠으며, 기탁금을 둘러싼 부도덕한 행위 등은 모두 내부 문제들이었다.

선거 패배는 당연히 원인 분석과 더불어 필연적으로 책임 공방을 불러일으키기 마련이다. 선거 과정에서 드러난 문제와 비리를 폭로한 문서들이 각 도당에서 중앙당에 보내졌다. 주요한 타깃은 구 진보당계 인사들이었다. 이와 함께 각 계파들이 본래 안고 있던 이념적 차이들이 뇌관으로 자리 잡고 있었다. 8월에 들어서면서 사회대중당 중앙에서도 균열이 시작되었고 9월이 되자 결별이 현실화되었다.

9월 15일 비진보당계 인사들이 구 진보당계의 김달호(金達鎬)계와 결별을 선언하여 사회대중당은 진보당계와 비진보당계로 분열되었다. 그러나 이는 분열의 1차 단계였다. 결별한 비진보당계는 5개의 군소 혁신정당과 통합을 추진하여 10월에는 '독립사회당'이라는 별도의 당 건설을 추진하였다. 그렇지만 결별파 내에서도 분열이 진행되어 최근우·유병묵 등을 중심으로 민족자주노선에 입각한 민족통일을 표방하는 '사회당' 결성이 추진되었다.

11월이 되면서 혁신 세력 전체의 분열과 이합집산이 명확해졌다. 11월 24에는 김달호계만이 남아 사회대중당 결성대회가 열렸고, 11월 27일에는 최근우를 대표로 하는 '사회당'이 결성을 선언하였다. 진보당 계열에서 이탈한 윤길중계는 장건상을 내세워 '혁신당' 발족을 선언하였다. 사회대중당은 사분오열되고 있었다.

사회대중당이 와해되는 과정에서 이기홍은 끝까지 이를 막아보려 했던 것으로 보인다. 그가 남긴 구술에서는 일련의 상황에 대한 서술이 극히 제한되거나 생략되어 있는데, 그때의 세부 과정을 다시 회고하고 싶지 않을 정도로 개탄하는 심경이 반영된 것으로 해석된다.

> 서울에서는 최근우를 중심으로 사회당이 결성되었다는 소식을 들을 수 있었다. 사회대중당의 주축 인사들이 그렇게 제각각 분열되고 있었다. 우리는 이 소식을 듣고 서울로 올라가 사회대중당으로 복귀해야 한다고 주장했다. 어른들에게는 간부직을 맡게 하고 그 외는 평당원으로 남아 대중과 결합해 나가자고 제안했다. 이러한 내용의 호소문을 작성하여 각 도당에 보냄과 동시에 서울에서 사회대중당 단합대회를 개최하기도 했다. 그러나 이미 판은 기울어진 때였다.

다만 이렇게 분열이 현실로 되고 있던 상황에서 이기홍이 사회당 창당 작업에 깊이 간여했고 전남 도당의 조직 부문에서 실질적 책임을 맡았다는 점은 김세원의 기록을 볼 때 분명한 사실이다.

사회당 추진 세력들이 독자적인 노선을 걷기로 한 것은 소위 혁신 우파가 이들의 전력(前歷)이나 이념적 성향을 문제 삼아 공동 행동을 꺼린 것이 계기였다. 사회당 입장을 지지하는 인사들은 주로 1946년의 민전(민족주의 민주전선) 이래 동지 관계로 연결되어 있던 관계였다. 이들은 경상남북도와 전남의 근민당계, 조공, 남로당, 빨치산 출신들이 주류였다. 관념적·지식인적 진보가 아니라 일선 현장에서 대중과 더불어 반일·반미 운동을 치열하게 해온 인사들이었다. 이러한 태생적 차이에서 비롯된 지향점의 차이가 서로 함께 하기 어려운 결별로 귀결되었다.

사회당의 창당 작업을 실질적으로 주도한 것은 김정규 선생이었고, 창당 준비 회합에 앞서 김정규 선생은 언제나 최백근, 이기홍과 사전에 협의했다. 이기홍은 김세원과 함께 서울과 광주를 왕래하며 중앙에서 진행되는 과정을 광주의 원로들에게 설명했다. 사회당이라는 당명은 11월 중순 열린 발기 위원회의 토론에서 김세원의 제안이 만장일치로 통과되어 결정되었다. 김세원은 "가장 연소하고 시골에서 올라온 내가 제안한 당명이 노선배 동지들의 만장일치로 채택된 것에 기뻤다"며 그때의 자긍심을 토로하였다.

최백근, 김진한, 김세원이 작성한 당의 강령에는 "민족자주 원칙에 입각하여 민주 통일국가의 완성"을 기한다는 취지가 담겼다. 유병묵이 작성한 선언문은 "조국의 평화적 통일을 조속히 달성", "수탈과 억압이 없는 사회주의 사회의 건설"을 궁극적 이념으로 한다는 내용을 담았다.[8]

---

8) 김세원, 『비트』, 상권, p.342.
　〈강령〉
　1. 우리 당은 민족자결 원칙에 입각하여 민주통일국가의 완성을 기한다.
　2. 대기업을 국유화하고 중소기업의 자유발전을 꾀하며 빈부 차이를 극도로 축소시키는 경제조직의 혁신을 기한다.
　3. 언론, 출판, 집회, 결사, 시위, 파업, 신앙의 완전한 자유를 기한다.
　4. 민족 고유문화를 발전시키며 민주 우방국가들과 균등한 문화교류를 하여 고도의 민족문화 건설을 기한다.

1960년 11월 27일 사회당은 종로구 청진동의 임시사무소에서 창당 준비위원회를 결성했다. 위원장에는 3·1운동에서부터 지금까지 한 길을 지킨 최근우를 내세웠고, 조직위원장 김정규, 조직 부위원장 최백근, 선전위원장 유병묵, 당무위원장 문희중, 재정위원장 서동열, 부녀부장에 이현경(본명 이계덕)이 선임되었다.

전남도당 위원장은 독립운동 원로인 국기열, 당무위원장 이호면, 조직위원장 서동열, 선전위원장 김세원, 도당 부위원장 겸 재정위원장 강석봉, 부위원장 한길상, 도당 고문 김철, 선거대책위원장 임무창, 부녀부장 김주 등이었다. 이기홍은 전남 도당 내에서도 공식적으로 아무런 직책을 맡지 않았다. 스스로 고사했던 것으로 여겨지는데 서동열이 중앙당 재정위원장이었으므로 전남 도당의 조직은 실질적으로 이기홍이 담당하였다.

사회당 전남 도당의 핵심적인 조직 활동은 강석봉, 이기홍, 김세원이 지역을 분담하여 담당하였다. 이기홍은 전과 다름없이 지역 조직 작업에 들어갔다. 몇 달 전에 와서는 사회대중당이라고 하더니 이번에는 사회당이라고 하니 듣는 사람들도 의아하게 생각했다. 일일이 그 사정과 의미를 설명하는 일이 쉽지 않았다. 독립운동 시절부터 이어져온 인연이 있어 이기홍의 말을 전적으로 신뢰하며 수긍했기에 가능한 일이었다.

---

5. 민주 우방국가들과 호혜평등 외교를 긴급히 함으로써 항구적 세계평화의 확립을 기한다.

〈선언문〉
우리 당은 4월 혁명의 역사적 과업을 계승하여 일체의 반민족적 요소를 배격하고 광범한 민주혁명 세력을 총집결함으로써 일변도적인 국제적 고립주의와 배타주의를 배격하고 조국의 평화적 통일을 조속히 실현하고, 합리적이고 현실적인 혼합경제 체제를 기반으로 하는 자유경제를 확립하고 수탈과 억압이 없는 사회주의적 사회를 건설할 것을 궁극적 이념으로 한다.

전남 도당에 대해서는 사회당 중앙에서도 크게 의미를 두었다. 김정규 선생은 전남 도당을 제2의 중앙당으로 여긴다며 모든 결정을 사전에 협의를 하겠다고 약속했다. 한편 이기홍은 사회당의 조직 부위원장인 최백근에 대해 과거의 남파 공작원 전력을 들어 물러날 것을 요구했다. 이는 최백근 개인에 대한 배제가 아니라 사회당을 꺼리는 사람들에게 참여의 여지를 주고 후일에 있을지도 모를 공안 정국에서 빌미가 되지 않기 위해서였다.

한편 사회당이 별도의 지방 조직을 갖추며 독자적인 행보를 진행하고 있을 때, 그간 이합집산의 진통을 겪었던 혁신계의 자기반성과 함께 대통합 움직임이 다시 일었다. 그 결과 1961년 1월 21일 통일사회당이 만들어졌다. 윤길중 등 진보당계, 김성숙의 한국사회당, 정상구의 혁신동지총연맹, 고정훈의 사회혁신당 등이 참여하여 혁신계의 대표 세력을 거의 망라하였다. 7 · 29 선거로 당선된 혁신계 국회의원들도 모두 통일사회당에 소속되었다. 물론 사회당은 통일사회당에 참여하지 않았다.

4 · 19 이후 7 · 29 총선을 앞두고 사회대중당이 등장한 이래 불과 6개월 사이에 소위 혁신 세력은 이름도 기억하기 어려운 갖가지 정당들의 등장과 소멸의 시기를 거쳤다. 그리고 우여곡절 끝에 1961년 초에는 명망가 중심의 혁신 우파들이 통일사회당으로, 혁신 좌파는 사회당으로 정리되었다. 사회당은 국회의원 당선자 한 명도 보유하지 못한 정당이 되었다.

이것이 이념적 동질성을 갖는 정당으로 재편되는 불가피한 과정이라 하더라도 이 기간은 잃은 것이 많은 시간이었다. 이승만 정권이 무너진 절호의 기회에 진보 세력이 제도권 정당으로서 국민들 사이에 지지기반을 구축하는 데는 확실히 실패했다. 진보는 분열로 망한다는 자조 섞인 말이 나왔고, 진보의 저변은 확장될 수 없었다. 그리고 곧 닥쳐올 거대한 격변에 대항할 국민적 힘의 단위가 되지 못했다.

이러한 일련의 과정을 지켜보았던 이기홍은 이 시기에 대해 아주 간단한 소회만을 남기고 있고 사회당에 대해 언급도 하고 있지 않은 데, 이는 4·19 이후의 정국에서 진보 세력의 중앙정치 전반에 대해 부정적인 평가를 시사하는 것으로 이해된다. 최소한 정당정치 차원에서 이 시기의 혁신 정치는 실패였다고 보았던 것이다. 사회당은 한국 정당사에서 흔적도 보이지 않고 지금도 포탈의 검색에서조차 최소한의 정보도 얻을 수 없는 잊힌 정당이다.

그러나 사회당이 혁신 정당 내에서도 비주류로, 그리고 원내 의석 하나 없는 원외 정당으로 귀결되었지만 역사의 흐름에서 정당정치와는 다른 차원의 디딤돌을 놓고 있었다는 사실은 간과될 수 없다. 실패한 '혁신정치세력'의 자리에 '혁신운동세력'의 등장을 견인하고 있었기 때문이다. 사회당의 청년 외곽 조직인 '통일민주청년동맹'(약칭 통민청)은 향후 수십 년 이어질 민주화 운동권의 요람이 되었으며, 사회당은 민족자주통일협의회(약칭 민자통)를 이끌어가는 주축이 되었다.

시민적 통일운동의 기점, 민족자주통일협의회

4·19 혁명 이후 우리 사회에서 주목할 현상의 하나는 한국전쟁 종전 이래 처음으로 대중들 사이에서 그간 금기시되었던 통일에 대한 주장과 논의가 공개적으로 분출되었다는 점이다. '통일'이라는 단어만 입 밖에 내도 빨갱이로 몰리던 비정상의 시절에서 벗어났다는 안도감과 아울러 우리 민족이 하나가 되어야 한다는 당위성을 담은 내면적

목소리가 마침내 나오기 시작했다는 것이다.

이기홍에게 4·19의 의의는 단지 독재자를 끌어내리는 것이 전부가 아니라 우리 민족이 민족적 자주적 국가로서 진정한 독립을 향해 나아가는 과정, 즉 일제 식민지 이전의 하나 된 민족으로서 자주적 민주적 국가를 수립하는 도정의 하나라는 중대한 역사적 의미가 있었다. 따라서 민족 통일이라는 문제가 두루 제기된 것은 당연한 일이자 4·19의 시대정신이 국민들 사이에 공유된다는 반증이기도 하였다.

분단 문제의 극복은 남과 북을 막론하고 다시 대면하지 않으면 안 될 과제였다. 4월의 승리를 이끈 대학생들 사이에서도 분단을 넘어 통일로 가야 한다는 다양한 소리들이 나왔다. 그런 가운데 북한에서는 4월 21일과 27일 '남북조선 제정당·사회단체 연석회의' 개최를 제안하였고, 김일성은 8·15 연설에서 '남북연방제'를 포함한 통일 방안을 제의하였다. 남쪽의 대화 파트너가 불확실한 상태에서 주도권을 잡으려는 선전 선동적 성격이 강한 제안들이었다. 이외에도 나라 안팎에서 한반도의 영세중립화 발언들도 등장하여 주목을 끌었다.

4·19를 주도한 학생들 사이에서 처음 나온 통일 관련 주장은 총선을 준비하던 혁신 정당에서도 반영되며 갖가지 통일론이 나왔다. 그러나 혁신 정당들이 7·29 선거에 참패한 뒤 분열을 거듭하면서 정당 차원에서의 통일 논의는 뒤로 미뤄졌다. 집권 민주당의 보수적인 태도와 혁신 정당의 분열로 통일 논의가 지지부진한 가운데 정당, 사회단체, 개인을 포괄하는 협의체 구성이 힘을 받기 시작했다. 기존 정치권보다 폭을 넓힌 단위에서 통일 논의 구조를 가져가야 한다는 소리가 확산된 것이다.

7·29 총선 이후 집권한 민주당의 장면 정권은 통일 문제에서 기본적으로 보수적이었다. 대학생들의 통일 논의는 더욱 증폭하였고 "가

자 북으로! 오라 남으로!"를 구호로 외치며 연일 시위가 이어졌다. 정치권은 이를 수렴하여 정돈된 입장이나 정책을 내놓을 상황도 여건도 아니었다. 기존 정당이나 소수의 명망가를 넘어서 폭넓은 민중적 참여가 뒷받침되는 연대를 이끌어내는 범국민적 조직체가 필요했다. 그 중심적 역할을 하게 된 것이 민족자주통일협의회다.

당초 민족자주통일협의회는 1960년 4월 민족주의 계열의 모임인 민족건양회에서 출발하여 총선 정국을 거치며 혁신계 정당과 학계, 독립운동 단체 그리고 천도교 · 불교 · 기독교 · 유도회 등 종교계로까지 폭을 넓혔다. 9월에는 통일의 3대 원칙으로 '자주 · 평화 · 민주'를 제시하고 '즉각적인 남북협상'을 요구하였다.[9] 그러나 그 후 재정 문제와 지도부의 운영 문제 등이 결합되며 조직적 활동에 제동이 걸렸다.

이러한 상황에서 민족자주통일협의회(이하 '민자통'으로 혼용)의 진로에 조직적인 힘을 불어넣은 계기는 그해 11월 사회당의 창당이었다. 사회당은 국회의원 머릿수를 세력으로 생각하는 기성 정치권의 시각에서는 미미한 존재였다. 하지만 지역사회에서 민중과 밀접하게 결합되어 있었고 혁신계 정당으로서는 유일하게 지역당을 결성하여 운영하고 있는 조직적 집단이었다. 특히 사회당은 직계의 청년학생 조직으로 통일민주청년동맹(이하 '통민청'과 혼용)을 육성 가동하고 있는 정당이었다. 통민청은 영남 지역 중심으로 형성된 민민청과 더불어 대표적인 청년 혁신운동 조직이었다.

사회당 전남도당의 경우 창당과 함께 청년 · 학생 조직으로 통민청 전남위원회를 구성하였다. 사회당에 있던 기존의 청년부 멤버들인 기세문, 안병철, 오탁명, 최준섭, 전태홍, 안도섭과 연대하여 활동할 대

---

9) 민자통 설립과 그 이후의 과정은 김지형, 「4 · 19 직후 민족자주통일협의회 조직화 과정」을 참조하였다.

학생 인원들이 새롭게 포함되었다. 전남대생으로는 김시현, 박복규, 김수영이 중심이 되었고 조선대생으로는 이기홍으로부터 별도 지도를 받은 이문교가 유광원, 박명서 등과 함께 합류하였다. 이기홍은 이들 청년들에게 사회주의 사상 및 대중운동에 대한 이론 교육과 학습에 주력하였다.

김시현은 그때를 회고하면서 "그분들은 후배들에게 존경을 많이 받았다. 인격으로 봐서나 뭐로 봐서나 훌륭한 분들이었다. 왜정 시대부터 항일운동을 하신 분들이었고, 여기저기 여러 사람을 만나 봤지만 그분들의 그 철학이 제일 깊고 넓었다. 그래서 그분들의 지도도 직접 많이 받았다"고 기억했다. 이기홍과 김시현의 인연은 그후로도 오래 계속되었다.

청년·학생 조직은 항일 독립운동 또는 반미, 반이승만 운동을 거쳐 온 주도적 인사들이 연로해지는 가운데 이를 이어갈 젊은 세대라는 점에서 절대적으로 필요했다. 또 당장 전국적 이슈로 부각된 통일 논의를 열렬하게 이끌어갈 세대이기도 했다. 청년층이 보강된 사회당 세력은 민족자주통일협의회에서 점점 중요한 역할을 담당할 수밖에 없었다.

민자통은 각 지방의 지역협의회 결성에 일찍이 착수하여 1961년 초에는 경남북과 전남북 등 4개 지방 조직을 완료하였다. 지방 조직의 근간은 사회당과 민민청·통민청의 구성원들이 중심이 되었다.

민자통 전남협의회는 1961년 2월 19일 YWCA에서 사회당과 통민청의 후원 속에 약 200명이 참석한 가운데 결성대회를 개최하였다. 지도부로는 총무부장에 오지호(중앙회 의장 겸임), 선전부장에 김창선, 재정부장 박석진, 조직부장 길문, 학생부장에 김시현이 선임되었다.

오지호와 김창선은 평화통일 등을 강조하는 연설을 했고 전태홍은 통일선언문을 낭독하였다. 김세원도 연단에 올라 "이 땅에서 외세가 물러나고 민족자주적으로 통일될 때까지 우리 사회당은 모든 통일 역량의 전위로서 앞장서서 싸워 나갈 것을 맹세한다"고 외쳤다. 김세원은 이기홍이 자신의 연설 도중 여러 차례나 박수를 치며 특히 열렬한 응원을 보냈다고 기억하고 있었다. 이날 결성식에는 독립운동 이래 사회운동의 원로들이 참석하였고 3·1운동 이래 처음 느끼는 기쁨이라며 감격을 표했다.

한편 이처럼 각 지역의 민자통 결성이 진행되면서 1961년 2월 25일에는 서울의 천도교 대강당에서 민자통 중앙협의회 결성식이 열렸다. 민자통은 조직의 성격에 대해 "정당운동을 하자는 것이 아니고 다만 자주적으로 조국의 평화통일을 하자는 범국민운동단체"라고 밝혔다. 민자통 결성 당시 참석한 대의원 1,200여 명 가운데 사회당 당원들이 800여 명으로 절대 다수를 차지했다.

중앙 조직과 지방 조직의 구성이 완료되면서 민자통은 전국 각지에서 대중 집회를 활발히 열었다. 수천 명 또는 수만 명의 청중이 모일 정도로 열기가 뜨거웠다. 이는 자주적 평화적 통일에 대한 열망이 강렬하게 뒷받침되고 있다는 것을 의미했다. 전남 민자통 역시 3월 28일에는 조국통일촉진강연회를 열었고, 4월 1일 광주공원에서 6천여 명이 운집한 가운데 반민주 악법에 대한 성토대회를 가졌다.

4·19 이후 열린 새로운 정치공간에서 혁신정치세력이 실패한 자리를 대신하여 통일운동의 동력을 이어간 것은 민자통으로 대변되는 혁신운동세력이었다. 그리고 후일 민주화운동의 인적 산실이 되는 청년 세력이 형성된 것도 민자통의 활동에서 씨가 뿌려진 것이었다. 이처럼 혁신정치의 좌절 속에서도 민자통을 기반으로 새로운 전진의 발판은 마련되었다. 그러나 4월혁명 이후 격변의 1년이 지나가던 시간, 또 한 차례 역사를 회귀시키는 엄혹한 시대가 다가오고 있었다.

군사정권의 시대

통일운동의 막바지 열기와 불길한 조짐

1961년 5월이 되자 통일 운동의 열기는 절정으로 치달았다. 4·19 혁명이 일어난 지 만 1년, 민주당의 장면 정권이 들어선 지도 10개월여가 되어가고 있었다. 사회당이 창당된 지는 6개월, 그리고 민족자주통일협의회는 지방과 중앙의 조직을 완비한 그 해 2월 이래 통일 촉진 집회를 각지에서 이어가고 있었다.

광주에서는 5월 초 통민청 주최 사회당 후원으로 광주공원에서 대중집회가 열렸다. 연사로는 중앙당 선전위원장 유병묵 교수, 민족일보 조용수 사장, 전남 민자통의 김창선 선전위원장, 김세원 등이었다. 시내 곳곳에 붙은 선전벽보를 본 많은 시민들이 참석하였다. 다음날 이들 일행은 목포로 가서 같은 행사를 진행하였다.

4·19 혁명 1주년을 경과하면서 시민들의 억눌렸던 욕구들이 자유롭게 집단적으로 표출되는 풍경이 일상이 되는 시대를 맞았다. 우리 역사상 처음으로 맞는 민주주의의 초기 실험을 모든 시민들이 겪어내고 있었다. 노동자들은 물론 교원들의 노동조합 결성도 활성화되었을 뿐만 아니라 과거 독재정권 타도에 맞춰졌던 관심이 통일운동의 열기로 전환되었다. 5월 5일에는 전국의 대학생들이 서울에서 모여 5월 20일에 '남북학생회담'을 판문점에서 열기로 결정하였다.

그러나 그런 자유의 모습이 무질서이자 무책임이라 보는 사람들이 적지 않았다. 국민들의 상당수는 일제강점기부터 자유당에 이르기까지 익숙했던 통제되고 절제된 모습에서 벗어나는 걸 두려운 시선으로 바라보았다. 따라서 사회 한편에서는 자유의 발산, 특히 통일 논의의 확산을 용납할 수 없다고 생각하였다. 그런 집단이 꿈틀대기 시작했다. 대표적으로 군부 내의 일부 세력이었다. 이들이 소위 '혼란의 시대'를 끝내기 위해 나설 것이라는 조짐이 곳곳에서 감지되었다.

그해 4월 사회당의 김정규 조직위원장은 인편을 통해 전직 장성으로부터 은밀히 만나자는 제의를 받았다. 강문봉이라는 퇴역 중장이 보낸 사람이었는데 그를 통해 들은 얘기가 놀라운 것이었다. "군대가 쿠데타를 일으켜 장면 정권을 타도할 계획이 서 있으며 쿠데타 성공 후 사회당과 연대 협력관계를 맺고 싶은데 의견이 어떠냐?"고 하는 것이었다. 김정규는 곧바로 답할 문제가 아니라 후일 강문봉과 직접 만날 약속만 정하였다.

이것은 내용의 사실 여부에 관계없이 아주 중대한 문제여서 김정규는 최백근, 이기홍, 김세원 등과 협의하였다. 혁신계와 학생들의 통일 운동에 제대로 대처하지 못하고 있는 장면 정권에 대해 미국은 불신하고 있고, 한·미·일 삼각동맹으로 냉전 구도를 짜고 있던 미국의 동아시아 전략에도 차질을 빚고 있은 만큼 한국 군부에 모종의 신호를 보내고 있는 상황이 아니냐는 유추가 가능했다. 그러나 현 민주당 정권은 4·19의 민의를 통해 수립된 민주 정권인데 이를 전면 부인하고 군부파쇼 체제를 허용한다는 것은 도저히 용납할 수 없는 일이었다.

강문봉과의 만남은 약속 당일 취소되어 성사되지 못했지만 내부 파장은 적지 않았다. 군부 쿠데타가 미국의 용인 또는 지원 아래 진행되고 있을 가능성이 있다는 조짐은 가볍게 여길 문제가 아니었다. 군부 쿠데타가 실제로 발생한다면 엄청난 반동의 시대가 올 것이 불을 보듯 뻔하였다. 이에 대비하여 사회당 차원에서도 혁신 제정당 및 통민청·민민청의 통합 등으로 민중 역량의 강화를 기하는 한편, 유사시에 지하 조직으로 전환할 대책도 마련해야 한다는 문제가 조심스럽게 대두되었다.

이렇게 강문봉의 일을 두고 사회당 내부에서 소수만이 의견을 공유한 가운데 시간이 흘렀다. 민자통의 집회 등 예정된 일정들을 소화하는 가운데도 군부 쿠데타 가능성의 문제는 떨쳐지지 않는 고민거리였다. 당장의 통일 논의 열기가 한순간에 꺼질 것은 물론이고, 이승만의 시대보다 더한 엄혹한 시대를 맞을 수밖에 없었다. 당 차원에서 앞으로의 정세에 대처할 의견 수렴이 필요했다. 이를 위해 도당의 부장급 이상이 참석하는 간부회의를 열기로 결정하였다. 회의 날짜는 공교롭게도 5월 16일이었다.

군정의 시작, 혁신 세력의 궤멸

1961년 5월 15일 밤, 이기홍은 중앙당 간부회의 참석을 위해 이호면, 서동열, 김세원과 함께 서울행 야간열차에 올랐다. 5월 16일 새벽 라디오를 듣고 있던 누군가가 쿠데타가 일어났다고 알렸다. 일행은 잔뜩 긴장하여 서울역에 내렸다. 남대문 경찰서 앞에는 헌병들이 지키고 있었고 주변은 조용했다. 도로에는 장갑차 2대가 배치되어 있었다. 하룻밤 새 달라진 세상을 피부로 느낄 수 있었다. 화신백화점 앞의 게시판에는 "조선의 박정희 쿠데타를 지지한다"는 벽보가 붙어 있었다.

일행은 남대문 근처에 있는 사회당 중앙당사를 찾아갔는데 문이 굳게 닫혀 있었다. 복도에서 기다리자 우동읍, 김배영 등 다른 동지들이 찾아왔다. 일행은 자물쇠를 뜯고 들어갔다가 모임 장소 변경 연락을 받았다. 간부회의 참석차 상경한 동지들과 무궁화다방에 모여 예정에 없던 비상회의가 열렸다. 노쇠한 최근우 위원장이 딸의 부축을 받으며 나타났고 김정규 조직위원장, 민족일보의 조용수 사장 등이 함께 모여 사태에 대해 심각하게 논의했다. 혁신계 정당, 특히 사회당과 민자통, 민족일보 등에 대해 대대적인 탄압이 시작될 것을 모두 우려하고 있었다.

김정규 동지가 말했다. "중앙당에서는 최백근 동지와 내가 체포되면 안 되고 지방에서는 김세원, 이기홍, 서동열 동지가 잘 피신해야 할 것이오." 사회당과 민자통의 극비사항에 대해 알고 있었기 때문이었다. 최백근 동지는 일찍 피신했는지 모임에 나타나지 않았다.

당초 진지하게 향후 전략을 논의하려던 중앙당 간부회의는 긴급 피신과 그 후의 대처 방안이 주제가 되었다. 그 자리에 함께 있던 민족일보 조용수 사장은 회사와 운명을 같이 할 수밖에 없다며 피신하지 않겠다는 뜻을 밝혔다. 군사정권이 들어서면 일시적으로 도피할 문제가 아니라 몇 년의 장기 피신이 불가피하다는 사실에 모두가 난감했다. 사회당의 경우 앞으로 원로 선배들은 비합법 운동이 힘들므로 젊은 동지들이 주체가 되어 우동읍이 서울, 김배영이 영남(부산), 김세원이 호남(광주)을 맡아 유기적인 연대를 갖자는 방법이 토의되었다.

전남 도당의 이호면, 서동열, 이기홍은 서울에서 피신하는 걸로 방향이 정해졌다. 김세원에게도 서울에 있기를 권했지만, 그는 도당 사무실을 정리하고 강석봉, 한길상, 국기열 선배 등과 대책 협의가 필요하니 광주로 내려가겠다고 했다. 그 말을 들은 이기홍은 "앞으로 비합법 활동을 전개하려면 김 동지는 전남에서 활동하는 것이 좋겠다"고

동의했다. 김세원은 그날 밤 광주행 야간열차를 타고 내려갔다. 헤어지는 동지들은 도피 시에 사용할 비밀 이름과 연락 장소를 정하고 언제가 될지 모를 만남을 기약하며 서로의 무사를 기원하는 악수를 나누었다.

박정희가 주도한 반란군은 군사혁명위위회를 통해 계엄령을 선포하고 장면 정부를 무력화시키며 전권을 장악했다. 혁명위원회는 정당 사회단체를 모두 해산시키는 한편 주요 진보 진영의 인사들을 체포하여 혁명재판소에 넘겼다. 쿠데타 발발 후 일주일 동안 약 2천여 명이 체포될 정도로 준비된 리스트에 따라 무자비한 검거가 이루어졌다.

쿠데타 세력은 혁명 공약에서 '반공'을 국시로 내세웠고 동시에 '부패와 구악 일소'를 내세웠다. 초점은 일체의 '친공·용공 세력' 척결에 있었다. 6월 22일에는 3년 6개월 이전까지 소급 적용할 수 있는 특별법을 만들어 소위 진보 세력들을 반국가단체로 규정하여 모조리 잡아 넣을 수 있는 올가미를 만들었다. '구악 일소'의 차원에서 1960년 당시 부정선거 관련자들과 정치 깡패 등도 속속 잡아들였다. 하지만 이들은 이미 4·19 이후 매장되거나 도태된 자들이었다. 목표는 언제든 조직적으로 활동하여 세를 키워갈 수 있는 소위 좌익 세력이었다.

검거 선풍이 불면서 사회당, 통일사회당, 혁신당 등은 물론 민자통 등의 각종 사회단체와 교원 노조, 청년·학생 단체, 그리고 한국전쟁 당시의 피학살자 유족회 회원들까지 좌익 혐의로 잡아들였다. 특히 6·25 초기 이승만 정권에 의한 보도연맹 학살자나, 전쟁 중 군경에 의한 양민 학살 유족자들은 가족의 억울함을 소명할 단체를 구성했다는 이유만으로 또 다시 좌익 세력으로 검거되는 비운을 맞았다. 어처구니없는 일이었다. 이런저런 이유로 군사정권에 검거된 그 숫자는 1961년 말까지 3천 명을 넘었다.

사회당 관계자 중 최백근과 조용수는 사형을 선고받아 1961년 12월 형장의 이슬로 사라졌고, 최근우 위원장은 체포 후 옥사하였다. 이기홍과 구국투쟁동맹 사건으로 감옥살이를 했던 이호면 동지도 옥중에서 숨을 거두었다. 그밖에 체포된 혁신계와 사회단체 인사들이 모두 중형을 선고받았다. 그리고 많은 사람들이 검거를 피해 지하로 잠적했다. 혁신계의 정치인과 사회단체 활동가들은 예외 없이 '용공 분자'가 되어 이승만 시대에도 전례가 없을 정도로 전면적인 탄압을 받았다. 좌익의 뿌리를 송두리째 뽑아버리겠다는 군부의 의지는 강력했다. 이렇게 혁신 세력은 궤멸되었다.

아울러 1961년 6월에는 중앙정보부를 만들어 사찰과 공작의 제도적 틀을 갖추어 군부의 정치 참여 기반을 준비하였다. 국가재건최고회의 박정희 의장은 강압 통치에 대한 국내외 비판이 거세지자, 군이 내건 과업만 완수하면 본연의 임무로 돌아갈 것이고, 1963년 여름에는 정권을 민간에 이양하겠다고 발표했다. 하지만 수차례 반복했던 그 약속은 거짓이 되었다.

나아가 1962년 3월에는 '정치활동 정화법'을 만들어 기존 유력 정치인들의 정치활동을 규제하는 한편, 12월에는 강력한 '대통령 중심제'와 '국회 단원제'를 골자로 하는 개헌을 단행했다. 1963년 2월에는 민주공화당이 창당되었다. 이렇게 군부의 정치 연장을 위한 포석을 다진 뒤 민주공화당의 후보가 된 박정희는 1963년 10월 대통령 선거에서 민주당의 윤보선 후보를 10만여 표 차로 이기고 당선되었다. 민주적 선거에 의해 선출되었으니 형식적으로는 민정 이양이 완결된 것이었다. 그러나 실질적으로는 그 후 18년에 걸친 군사 정부의 시작이었다.

피신의 시간

서울에 남기로 한 이기홍은 믿을 만한 지인의 집을 찾아 며칠 묵으면서 상황을 지켜보고 다가올 험난한 길을 어떻게 버텨나갈지 고민했다. 집에 은밀히 연락해 도피 자금을 마련하도록 하였다. 집안 형편도 어려운데 언제가 될지 모를 장기 피신을 하게 되어 아내에게 미안하고 아이들 걱정도 많았다. 하지만 지금은 잡히지 않고 버티는 게 우선이었다.

이기홍은 셋방을 얻어 몇 달씩 머물면서 은신처를 옮겨 다녔다. 다른 동지들과는 아주 은밀하게 약속된 만남만을 가졌다. 집에만 박혀 있으면 안 되었기에 낮에는 일거리를 찾아 막노동을 하거나 잡역부로 일하였다. 서울이라는 큰 도시가 숨어 있기에는 수월했다. 보통은 연고지 중심으로 잠복 수사가 이루어지기 때문에 아무 연고 없는 곳이 오히려 안전했다. 집 주인과 이웃 사람들의 의심을 받지 않는 것이 가장 중요했다.

그해 내내 사람들이 많이 모이는 장소, 버스와 전차, 기차 등 모든 교통수단에는 용공분자를 색출하여 고발하는 것이 최고의 애국운동이라는 전단이 붙었다. 전단은 시내에도 자주 뿌려졌다. 경찰력이 총동원되었고 많은 사람들이 체포되었다. 모든 언론은 앞장서 대서특필로 선전을 계속하고 검거 상황을 매일 상세히 보도했다. 이런 상황은 이듬해까지도 이어졌다.

이기홍이 서울에서 은신하고 있는 동안 광주에 있는 동지들은 거의 체포되었다. 노년의 국기열, 강석봉 부위원장, 이호면 당무위원장 등은 일찌감치 검거되었고 민자통의 오지호 선생과 김창선 선생도 5·16 초기에 붙잡혀 들어가 재판에 회부되었다. 그밖에 혁신계와 연계되어 활동을 했던 인사들이 속속 잡혀갔다. 서동열, 한길상은 2년여 동안 체포를 피해 버렸다.

그 지역에서 유일하게 잡히지 않고 장기간 도피를 이어가고 있는 동지는 김세원뿐이었다. 김세원은 10대 후반부터 빨치산 활동을 했고, 나중에는 군에 입대해 장교로 전역한 뒤 사회대중당과 민자통 시절부터 통일운동을 함께 했는데, 폐결핵을 앓고 있는 몸이면서도 무척 강단이 있었다. 그는 산골에 있는 지인들의 집을 전전하면서도 신출귀몰하게 숨어 다녔고 때로는 산속에 비트를 파서 은닉도 하면서, 그에게 집중되었던 경찰 수사망을 피해나가 홍길동이라는 별명까지 얻을 정도였다.

이기홍은 서울에서 은거지를 전전하며 1년가량 경찰의 눈을 성공적으로 피해 다녔다. 그러던 중 1963년 초 설 무렵이 되었다. 겨울이라 바깥일을 하지도 못하고 집에 있었다. 이웃들에게 그는 가족 생계를 위해 상경하여 일하고 있는 중년 가장으로 알려져 있었다. 명절이 되면 다들 내려가는데 음력설이 되어서도 서울에 머물러 있으면 의심받기 십상이었다. 그 기간을 잠시 넘길 장소가 필요했다. 광주에 내려간다면 형사들이 잠복하여 기다릴 것은 불 보듯 뻔한 사실이었다.

좋은 방법이 없을까 고민하던 중 오랜 친분이 있었던 조광석 동지가 떠올랐다. 당 활동에서 두드러진 역할을 하지 않은 사람이라 지금의 국면에서도 주시 받지는 않는 인물이라 생각된 때문이었다. 그는 전남 영광 출신으로 서울에 올라와 영등포 구청에서 계장으로 근무하다 정년퇴직하고 당시에는 행정서사를 하고 있던 중이었다.

설 이틀 전 이기홍은 양복을 차려 입고 거주지를 나서 조광석 동지를 찾아갔다. 그는 이기홍을 만나자 무사한 모습으로 볼 수 있다는 것에 너무 기뻐하였다. 사정을 설명하자 이곳은 안전하니 마음껏 있으라고 쾌히 허락했다. 이기홍은 조광석의 집에서 일주일간 머물렀다. 여기에서 거처하는 동안 주변을 의식하지 않아도 되는 편안한 시간을 오랜만에 보냈다.

또 한 가지 유익했던 것은 조광석 동지가 성능 좋은 일제 트랜지스터 단파 라디오를 갖고 있었다는 점이었다. 채널을 돌려 보니 신세계였다. 가뜩이나 지적 호기심이 많은데다 오랫동안 깊이 있는 정보를 접하지 못했던 이기홍은 시간 가는 줄 모르고 라디오에 몰두했다. 그는 이때의 정황을 다음과 같이 회고하고 있다.

> 일본, 중국, 북한의 방송은 물론이고 런던, 미국, 호주 등 세계 각국의 방송이 이웃에서 말하는 것과 같이 선명히 들려왔다. 나는 참 다행이라고 생각하여 그 라디오를 애용했는데, 당시 세계사적 이슈가 되었던 중소 이념분쟁에 대한 양측의 이론들을 전부 들을 수 있었다. 북경과 모스크바에서는 하루에 아침과 저녁 2회씩 일본어와 우리말 방송을 했다. 내용인 전문만 정확히 60분을 방송했으므로 하루 4번을 들을 수가 있었다. 나는 3일간 방송을 듣다가 노트에 기록하기 시작했고, 그 뒤에는 하루 4번씩 방송하던 내용을 글자 하나 빼지 않고 정확하게 전문을 기록했다. 내가 이때 들었던 중소 이념분쟁 관련 내용들은 베트남을 둘러싸고 요동치는 세계정세에 대해 더욱 관심을 갖는 계기가 되었다.

이기홍은 이때의 경험으로 자신이 기존에 갖고 있던 이론적 기반 위에 최신의 세계정세를 비판적으로 점검할 수 있는 소중한 도구를 얻었다. 후일 체포된 뒤 출옥한 후에도 라디오는 일본 이와나미(岩波) 서적에서 발간하던 잡지 『세카이(世界)』와 더불어 최신 정보를 얻고 자신의 사상을 재정립하는 중요한 도구가 되었다. 특히 우리나라와 비교하여 "같은 경험, 다른 결과"라고 스스로 규정했던 베트남의 역사에 대해 깊은 스터디를 하게 되는 계기가 되었고, 소련 내부의 노선 갈등은 물론 경제 상황 및 몰락 과정을 이해하고 성찰하는 데 도움이 되는 주요한 원천이 되었다.[10]

조광석 동지의 집에서 유익한 일주일을 보낸 이기홍은 여느 귀경객과 다름없는 모습으로 돌아왔다. 서울 도피 생활이 어느덧 2년 가까이 지나가고 있었다. 그간 다른 동지들과 어떤 방식으로 소통했는지는 알려져 있지 않지만 그해 봄 무렵부터는 서울을 떠나 전국 각지를 돌아다니며 옛 동지들과 은밀히 접촉을 했던 것으로 보인다.

바깥을 나설 때 그는 일하러 가는 경우가 아니면 깔끔한 양복 차림을 지켰다. 길거리에서 불시에 마주칠지 모를 불심검문에서도 멀쩡한 차림의 신사들은 대체로 무사통과였기 때문이었다. 그 양복은 그가 사회당 중앙당 간부회의 참석을 위해 서울에 올라올 때 입었던 옷이었다. 전국 각지를 전전하던 중 남긴 해인사 앞에서 찍은 사진 한 장은 누가 보아도 장기 도피자의 초라한 행색은 아니었다. 그러나 도피가 영원히 지속될 수는 없었다.

이기홍은 3년여를 피해 다닌 끝에 1964년 여름 무렵 검거되어 광주

5·16 후 투옥되기 전 각지를 전전하던 중 방문한 해인사에서(1963)

---

10) 특히 베트남의 역사와 통일 과정에 대해서는 깊은 관심을 갖고 있었는데, 이에 대한 이기홍의 기록은 『역사의 교훈, 우리 민족의 미래』(선인, 2016)에 약 200쪽 분량으로 수록되어 있다. 소련에 관해서도 방대한 구술 기록을 남기고 있지만 아쉽게도 판별하기 어려운 관계로 출판되지는 않았다ㅡ필자.

고등군법회의에서 6년형을 선고받고 서울 서대문형무소에 투옥되어 1년 이상 독방 생활을 했다. 그 후 1년 2개월 만에 소급법이 폐기됨으로써 1965년에 면소 판정을 받고 석방되었다.

다시 모인 동지들, 헤어지는 동지들

이기홍이 투옥 중인 시기에도 밖에서는 많은 일들이 벌어지고 있었다. 1964년 3월에는 굴욕적인 한일회담 추진에 반대하는 학생과 시민들의 시위가 이어지자, 박정희 정권은 6월 3일 비상계엄령을 선포하고 시위를 진압하였다. 소위 6·3사태였다. 흉흉한 민심을 덮기 위해 그해 8월 중앙정보부는 북한의 지령을 받아 암약하는 '인민혁명당' 조직을 색출했다고 발표했다.

1차 인혁당 사건[11]으로 불리는 이 사건 이후에도 박정희 정권은 국내적 위기가 발생하거나 정권 차원의 고비가 찾아올 때마다 용공 조작 사건을 만들어냈다. 1974년의 민청학련 사건과 2차 인혁당 사건, 1979년의 남민전 사건 등이 모두 '용공'의 딱지를 붙여 민주화 세력을 무력화시키려던 시도였다.

1965년 여름이 되자 광주 도당의 국기열, 강석봉, 이기홍, 한길상, 서동열, 김세원 등 간부들이 거의 자유의 몸이 되었다. 전남 출신으로 최백근은 사형, 이호면 동지는 옥사했고 기세충 동지는 아직 옥중에 있었다. 민자통의 오지호 선생도 출옥하였다.

---

11) 김세원은 인혁당의 모체가 1962년 5월 우이동 계곡에서 이기홍, 우동읍, 도예종, 임창순 등에 의해 만들어진 인맥으로 형성된 것이라 보았다. 이 시기라면 이기홍이 도피생활을 하고 있던 때였다. 김세원, 앞의 책 하권, p.325 참조.

이기홍과 김세원은 매일 같이 강석봉 선생 집에서 만나 향후의 대책을 숙의했다. 정국은 여전히 긴장 국면이었지만, 그렇다고 무의미한 일로 빌미를 만드는 일은 없어야 했다. 경찰 정보기관의 눈은 하루도 쉬지 않고 있었기 때문이다. 당시 광주에는 사회당이나 민자통 등의 체계적인 활동가들 외에도 빨치산 출신 중 별도의 모임을 갖고 있는 소모임이 있었다. 이들은 산수동의 '입체양복점'을 중심으로 만났는데, 젊은 시절 각자의 치열한 경험들은 있었지만 사회를 보고 해석하는 이론적 기반은 매우 취약했다. 무엇보다 과격한 말을 꺼리지 않아 경계를 하지 않을 수 없었다.

특히 이기홍은 통일운동 사업에서 매우 중요한 역할을 하고 있는 것으로 믿고 기대하던 김세원이 이들과 자주 어울리는 것을 크게 우려하였다. 이기홍은 김세원에게 그들은 "혁명적 언사나 토하는 소아병적 분위기"를 갖고 있다고 지적하고, "미숙한 동지들과 어울리다가 조작 사건에 말려들지 말라"며 늘 충고하였다. 김세원도 이 지적을 고맙게 받아들였다.

한편, 한일 국교정상화가 되기까지 약 2년여에 걸쳐 대학생들이 거세게 반정부 시위를 진행하는 과정에서 학생운동 조직이 새로 활성화되었다. 광주에서는 1964년 6·3사태 때부터 전남대를 중심으로 이홍길, 홍갑기, 박석무, 정동년, 김동근, 전홍준 등이 시위를 주도하며 운동권 조직의 중추가 되었다. 이들은 후일 1970년대의 반유신 투쟁과 민주화 투쟁, 그리고 5·18 광주항쟁에 이르기까지 후배 운동 세력을 키우며 광주 사회운동의 중심적인 역할을 하게 된다.

박정희의 반민주적 통치가 강화될수록 민주·통일운동의 새로운 세대가 점점 부상하기 시작한 것이다. 이들 젊은 세대들은 이기홍과는 30년 이상의 나이차가 났지만 때로는 동지이자 선배로서, 때로는 사상과 이론을 전수하는 스승으로서 험난한 시대를 함께 걸어간다. 이기홍은 이들을 민족간부의 양성이라는 측면에서 매우 소중하게 여기며 자신의 모든 경험과 지식을 공유했다.

이런 과정에서 피 끓는 젊은이들의 격한 심장을 어른으로서 다독여주는 일도 필요했는데, 한 가지 일화가 있다. 전남대생 전홍준은 한일수교 반대, 월남전 파병 반대 투쟁으로 투옥되어 출감한 후인 1967년 돌연 일본으로 밀항을 결심했다. 당시만 해도 강력한 반정부·반미 투쟁을 전개하던 일본 '전공투(全學共鬪會議)'의 학생운동을 체험하고 배우기 위한 것이었는데, 밀항 직전 발각되어 1년 가까이 구속 수감되었다가 풀려났다.

소식을 전해들은 이기홍은 전홍준을 직접 찾아가 위로하면서도 충고를 아끼지 않았다. 요지는, 자네 같은 청년 지도자를 양성하려면 많은 시간과 노력이 필요한데 한순간의 모험주의적인 충동으로 경거망동하여 민족운동 전체의 힘을 약화시키는 우를 범하지 말라는 것이었다. 혈기왕성한 전홍준이 그때 어떻게 받아들였는지는 모르지만, 몇십 년이 지난 후까지도 이 방문을 인상 깊게 기억하고 있는 것은 어린 후배를 대하는 이기홍의 진정성 있는 모습을 보았기 때문이리라.

이렇게 새로운 청년들이 떠오른 가운데 원로인 강석봉 선생이 1966년 세상을 떴다. 1898년생인 강석봉 선생은 독립운동과 사회주의운동의 외길을 끝까지 걸어갔던 분이었다. 잦은 투옥으로 노쇠하여 병세가 악화된 가운데 이기홍과 김세원은 거의 매일 문병을 했는데, 어느 날 두 사람 앞에 유언을 남겼다.

"내가 죽으면 상여를 만들지 말고 관만 운구하고 조객 접대는 정성껏 하되 제단에는 일체의 제수를 차리지 말고 향로와 찻잔만 놓도록 하시오. 유물론자가 죽어서 제삿상 받는다는 조소를 받아서 되

겠소? 그리고 통일이 되거든 '조선공산당 중앙위원 강석봉'이라 새
긴 조그마한 묘비나 하나 세워주시오. 내 라디오는 이 동지에게 책
은 김 동지에게 물려주겠소."

며칠 후 강석봉 선생은 영면하였다. 이기홍과는 해방 후부터 ML당
(이정윤계)이라는 이유로 박헌영으로부터 소외받고, 6 · 25 때는 북의
인민정권으로부터 반당분자로 몰려 투옥되는 등 중요한 고비들마다
고난을 함께 했던 동지이자 선배였다. 장례가 끝난 뒤 이기홍은 유언
에 따르지 말고 "만장과 상여만이라도 갖춰야 했는데 잘못했다"며 몹
시 비통해 했다. 운구 행렬이 너무 쓸쓸해 보였기 때문이었다.

그간 여러 동지들이 자의든 타의든 그들이 원하던 세상을 보지 못
하고 세상을 떴다. 일부는 옥고를 치르거나 잠적했다. 그리고 다른 일
부는 탄압을 이기지 못하고 다른 길을 가기도 했다. 그런 와중에도 변
하지 않고 지속된 것은 박정희 정권의 탄압과 용공 조작 시도였다.

1967년에는 부정선거 규탄 시위가 격화된 이후, 동백림 사건과 민
비연(서울대 민족주의 비교연구회) 사건이 잇달아 터졌다. 3선개헌을
추진하던 1968년 8월에는 통혁당(통일혁명당) 사건이 발표되었다. 정
세의 고비마다 쉬지 않고 터져 나오는 '반국가 단체' 사건들은 반공주
의 아래서 국민을 둘로 나누었다.

특히 1968년 1월 북한의 게릴라들이 청와대 뒷산까지 습격한 소위
'1 · 21 사태'는 반공의 정당성은 물론 '반공' 정치세력의 장기 집권이
절대적으로 필요함을 국민들에게 선전하는 시의적절하고도 강력한
소재가 되었다. 북한의 김일성 정권은 박정희 정권과의 '적대적 공존'
에 필요한 땔감을 적절히 제공했던 것이다. 결과적으로 남한 내 '민족
통일' 지향 세력은 점점 설 자리를 잃었다. 사회운동권은 물론 학생운

동권의 조직은 크게 위축되었고 친북·용공의 낙인이 찍힐까 몸을 사리게 되었다. 4·19로 시작된 1960년대는 그렇게 저물어갔다.

내부의 사상투쟁 양상들

사회당과 민자통, 통민청 등은 외형적으로는 와해된 것으로 보였지만 주요 인사들 사이의 내밀한 만남은 꾸준히 이어졌다. 5·16 후 도피와 투옥 중에도 이기홍과 김세원은 전국의 동지들과 연결고리를 놓치지 않았다. 한 달에 한 번 정도 상경하여 만나던 자리는 안부를 묻는 짧은 시간이 끝나면 긴 토론들이 이어졌다. 이기홍은 여비 문제가 발목을 잡아 중요한 회합이 있는 시기에만 참석했다.

사회주의자들은 어떤 사안에 대해 대충 넘어가기보다는 끝까지 논리적·합리적 설명을 찾아내려 했다. 서로 다른 입장을 강변하는 것은 변증법적 발전 과정의 일환으로 보았기 때문에 치열한 토론은 일상적인 일이었다. 1960년대 중후반 당시 중요한 문제는 '중·소 이념 분쟁'과 '사회주의 혁명의 방법론과 노선'에 관한 것이었다.

사회주의 양대 종주국이 대립되는 상황에 처하자 동지들 사이에도 논쟁이 이루어졌다. 소련이든 중국이든 참조할 역사일 뿐 맹종할 것은 아니었지만 60년대 후반 두 나라의 극한적 대립은 심각한 수준이었다. 1969년 중국과 소련이 우수리 강을 사이에 두고 군사 충돌까지 벌어지자 누가 옳은 것인지 양자택일의 결정을 하지 않을 수 없었다. '이념 분쟁'을 넘어 '영토 분쟁'의 단계로 비약되었기 때문이다.

당초 중국과 소련의 '이념 분쟁'은 스탈린 사후 1956년 흐루쇼프가 권력을 승계하면서 당내 관료주의를 비판하고 민주적 의사결정을 지지하면서 시작되었다. 중국공산당은 이를 사회주의를 포기하고 자본주의를 지향하는 '수정주의'로 비난하였다. 그 후 양국의 갈등이 조금씩 커지면서 10여년 후에는 국경 분쟁까지 이른 것이었다.

서울에서 모이던 동지들 중 대부분은 마오(모택동)의 노선을 찬동하여 중국 공산당의 편을 들었다. 거의 영남 출신 동지들이었다. 반면 이기홍은 중국은 진정한 공산주의가 아니라 "모택동주의"일 뿐이라고 혹평했다. "필리핀의 혁명 운동을 망친 것이나 인도네시아 혁명 역량을 궤멸시킨 것은 모택동주의의 관념적 모험주의 혁명노선의 교사 때문"이라고 주장했다. 영남 동지들은 이기홍을 비판하며 6·25 때 적극 지원하고 참전한 것은 중국이며, 소련은 소극적이었다고 공박했다.

이에 대한 이기홍의 반박이 이어졌다. "6·25 당시 경제 면에서는 미국의 20분의 1, 군사력 면에서는 미국의 10분의 1에 불과하고, 핵무기조차 보유하지 못한 소련이 전면 개입하여 세계대전으로 확전되었다면 사회주의권 전체는 궤멸되거나 역사가 수십 년 후퇴되었을 것"이라고 반박했다.

이러한 논쟁들은 당연하고 생산적인 것이지만 그로 인한 분열이 발생하는 일만은 피해야 했다. 모임의 가장 막내에 속하던 김세원은 노선배들이 치열하게 펼치는 논쟁을 조바심을 내며 지켜보았다.

또 한 가지의 논쟁은 앞으로 가야 할 혁명 또는 사회주의 노선에 대한 것이었다. 논지들이 개인들마다 섞여 있어 가려내기는 쉽지 않지만 단순화시키자면, 하나는 민족운동 노선으로 선거를 통한 평화적 해결을 주장하는 측, 다른 하나는 민중봉기에 의한 급격한 변혁노선을 추구하는 측이었다. 아주 단순화시키자면 전자는 한반도에서는 빨치산 투쟁이 불가능하므로 선거혁명, 즉 평화적 이행에 방점이 찍혀 있었고, 후자는 조속히 민족민중 정권으로 이행을 위해 선거를 단지

혁명의 보조적 계기와 수단으로 간주하는 것이었다.

두 가지 논쟁은 외부의 상황과 주체적 역량에 따라 상호 침투하는 것이기에 정답을 당장 가리자는 대립은 아니었다. 변증법적 사고는 논쟁에서 상대의 의견을 배제하지 않는 것부터 시작되기 때문이다. 구성원 사이의 충분한 의견 개진과 토의 자체로 생산적인 조직 역량을 보여주는 것이다. 다만 비현실적인 공론에 그치면서 서로의 옳고 그름만을 나누는 것은 분열이자 의미 없는 행동일 뿐이다.

이기홍의 경우 전자에 더 가까운 입장이었다. 이기홍은 빨치산 투쟁에 대해서도 진즉부터 부정적이었고, 사회주의를 표방하는 권력의 장악이나 행사 이전에 민주주의적 과정과 지향이 중요하다고 보았다. 6·25 당시의 인민정권에 대해 비판적이었던 것도 관료적 권력 행사와 독재의 전조를 체감했기 때문이었다. 특히 우리 민족에게는 여타의 사소한 모순에 앞서 통일이라는 최대의 민족모순을 해결해야 하는 과제가 있었다. 그 방향을 한시도 놓치지 않고 다음 단계를 논하는 것이 공허한 관념론에 빠지지 않는 길이라는 생각에 변함이 없었다.

역사는 짧게 볼 때와 길게 볼 때에 따라 그 평가가 달라진다. 중소 분쟁 중 소련을 수정주의자라고 극렬 비난했던 중국은 불과 몇 년 후 사회주의의 최대 적국인 미국과 수교했다. 1979년에는 사회주의 형제 나라인 베트남을 침략했다. 그 이십 년 후 사회주의 국가의 원조인 소련은 몰락하고 분열되어 사회주의 세계는 사실상 붕괴되었다.

소련과 중국의 노선 중 누가 옳은가, 혁명의 방법론은 어떠해야 하는가는 등의 논쟁은 가치는 있지만 부질없는 안방 공론에 그칠 소지가 다분했다. 1970년대를 맞으면서 당면한 과제는 군부 독재체제를 어떻게 마주할 것인지의 문제였다. 5·16 후 피어린 투쟁과 수난을 겪었던 동지들이 다시 대면할 시대는 여전히 만만치 않았다.

71년 대선 직전 휘말린 조작 사건

1970년대가 시작될 무렵 이기홍은 광주의 사직공원 아래 사동 꼭대기에서 셋방을 얻어 살고 있었다. 안채가 딸려있던 충장로의 삼성당 서점은 10년 전쯤 팔아먹은 상태였다. 오랜 투옥 생활과 함께 평소 가정사를 돌보지 못한 결과였다. 이즈음 광주로 이사 와서 근처에서 여관을 운영하며 거주하던 김세원이 그의 아내를 통해 어려운 사정의 이기홍 집에 종종 식량을 가져다주곤 했다. 가장으로서의 무심함이 아내와 아이들에게는 큰 고통이었다. 하지만 바깥세상의 일이 주는 책무 또한 무거웠다. 이기홍은 어느덧 광주에서 활동하는 운동가 중 최고령급의 원로가 되어 있었다.

7대 대통령 선거의 해인 1971년이 되자 중요한 결정들이 필요한 시기가 되었다. 3선 개헌을 통과시킨 이후 실시되는 선거인만큼 이를 저지하느냐 못하느냐는 향후 정국의 중대 기로였다. 박정희도 사활을 걸고 전 행정력과 정보기관을 동원해 선거를 준비했다.

서울에서는 동지들이 여러 번 모여 이번 선거에 대한 입장을 정리했다. 내부 논란과 진통 끝에 혁신세력이 야당 후보를 지원하되 일정한 정책적 연합을 이뤄내자는 결론이 나왔다. 당시 야당인 신민당의 대통령 후보는 '40대 기수론'으로 선풍을 일으켜 후보에 선출된 김대중이었다. 윤보선은 신민당에서 탈당하여 장준하와 함께 국민당을 만들어 후보로 나올 준비를 하고 있었다. 따라서 윤보선을 중도 사퇴시키는 역할은 유한종 동지가 맡고, 김대중과의 정책연합에 관한 협상은 이기홍이 맡기로 했다.

정책연합이란 "김대중에게 범야 단일후보로서 혁신계가 요구하는 슬로건을 선거공약에 포함시킴으로써 혁신계가 김대중을 지원할 명분과 계기를 만들어 전국 혁신 세력이 범민족민주전선(반독재) 투쟁에 참여하게 하도록 한다"는 것이었다. 서울의 모임에서 결정된 이런 내용을 김세원이 내려와 이기홍에게 보고하였고, 이기홍은 결정사항이 타당한 결론이라 여겼다. 선거를 통해 일정한 기반을 확보하며 사회주의로 나아가는 '평화적 이행론'에 무게를 두고 있던 이기홍으로서는 보수 야당과의 선거연합 전략이 의미 있는 일이라 생각하였다.

그해 3월 날을 잡아 이기홍과 김세원이 서울에 가기로 하였다. 경찰과 기관원의 사찰을 피하기 위해 이기홍은 백마호 특급으로 김세원은 태극호를 타고 같은 날 따로 상경하기로 했다. 그런데 상경 당일 이기홍을 돕겠다며 굳이 동행하기로 한 박춘석이 있었다. 박춘석은 몇 달 전부터 김세원과 알기 시작한 사이였다. 그는 자신이 빨치산 활동을 했고 장기수로 17년 동안 감옥에 있다가 6개월 전 출소했다며 김세원이 운영하던 여관에 자주 들리면서 친밀해지려 한 사람이었다. 이기홍으로서는 김세원이 그를 충분히 검증했을 사람이라 여겼다. 그러나 이 동행은 엄청난 문제를 야기하게 된다.

일행은 밤에 서울역에 내려 종로 2가 YMCA 부근에서 여관을 잡았다. 이기홍과 김세원 박춘석이 서로 다른 여관을 잡았다. 여러 날 묵을 예정이었다. 다음날부터 작업에 들어갔다. 김대중 후보와의 접촉 문제는 극비 사항이라 김정규 선생에게만 알렸다. 보안이 생명인 사안이었다.

김대중 후보와의 연결은 신민당의 정성태 국회부의장이 맡아주기로 했다. 정성태는 광주 출신이었고 이기홍과는 사돈지간이었다. 김대중의 자택 앞에는 기관원들이 즐비하여 조심스러웠다. 이기홍은 부근 다방에서 요구 사항을 담은 서찰을 작성하여 정 부의장을 통해 전달하였다. 첫 번째의 직접 만남의 시도는 일단 무산되었다.

며칠 뒤 이기홍은 정성태 부의장의 차에 동승하여 김대중의 집을 방문하여 도청 문제에서 안전하다고 판단되는 식모 방에서 긴밀한 대화를 나눴다. 이기홍이 제시한 공약 슬로건 12개 항 중 미국과 일본에 관계된 5개항에 대해 김대중은 수용 불가 의사를 보였다. 이유는 자신이 대통령에 당선될 경우 박정희 군부가 선거 무효를 목적으로 한 군사적 행동을 하지 못하도록 미국과 일본이 견제해 줘야 하기 때문에 미·일을 자극할 반미, 반일 슬로건은 곤란하다는 것이었다.

나머지의 구체적인 사항은 기록된 것이 없지만 김대중 후보가 『대중경제론』을 통해 상당히 진보적인 주장을 하고 있었던 만큼, 경제와 사회문화에 대한 항목들이었을 것이다. 그 후 세 차례 더 만남이 있었지만 큰 진전이 있지는 않았다. 김대중으로서는 혁신 세력과 엮이는 일에 극도로 조심스러웠기 때문에 과감한 수용은 어려웠다. 혁신 세력으로서도 기대했던 소득을 얻지 못했고 진즉부터 선거 참여에 비판적이었던 내부의 일부 인사들은 불만스러워 했다.

그런데 문제는 김대중과의 이런 비공식적인 접촉에서 정보기관의 덫에 걸렸다는 의심스런 정황이 드러나기 시작했다는 점이다. 박춘석은 이기홍에게 김대중으로부터 돈을 받기로 약속했냐고 집요하게 물었고 자신이 직접 나서겠다고 말하기까지 하였다. 그가 간여할 문제가 전혀 아니었기에 의심이 들었다. 일을 마친 뒤 이기홍과 김세원은 아무래도 박춘석이 프락치일 것이라는 생각을 갖은 채 광주로 돌아왔다. 그리고 며칠이 지난 4월 초 두 사람은 중앙정보부 요원들에게 체포되어 서울로 압송되었다.

지나고 보니 서울에 있던 동안 의심스런 일이 또 있었다. 박춘석은 김세원에게 일본 사회과학 서적을 구할 수 있는 곳을 안내해 달라고 하여 사회주의 계통의 책 몇 권을 구입한 일이 있었다. 그런데 이 책들은 중정 요원들이 수사할 때 광주의 김세원이 운영하던 여관에서 발견되었다. 어느 날은 이기홍이 김세원에게 톨리아치의 『자본주의에서 사회주의로의 평화적 이행론』의 일부를 자필로 옮겨 양면에 쓴 편지지 두 장을 준 적이 있었다. 김세원이 이를 읽고 있던 중, 한 장이 바닥에 떨어지자 박춘석이 냉큼 주어 읽어보려 했는데, **빼앗기**가 뭐해서 잠시 화장실을 갔다 온 뒤에 회수를 한 일이 있었다. 나중에 중정에서 수사 받을 때 이 편지지는 사진이 찍혀 물증의 하나로 제시되었다. 박춘석은 중앙정보부가 심어 놓은 프락치였던 것이다.

이기홍과 김세원은 남산의 중앙정보부에 끌려가 약 두 주 동안 강도 높은 조사와 고문을 받았다. 그들이 원하던 자백이 나오지 않자 고문은 날로 심해졌다. 나중에는 여기서 살아 돌아가기는 어렵겠다고 자포자기의 심정이 되었다.

그들이 원하는 그림은 이기홍을 공산주의자로 만들어 북한과 연계된 통일전선 조직을 노린 간첩단 사건을 조작하려는 것이었고, 또 김대중과는 좌우합작을 도모했다는 연계 구도를 만들려는 것이었다. 김대중으로부터 자금을 받았느냐를 집요하게 확인하려 했던 것도 자금 수수 사실을 입증할 증언이 필요했기 때문이었다. 그간 숱하게 반복되었던 용공 조작 사건을 보았을 때 충분히 예상되는 시나리오였다.

더구나 대선을 앞둔 중대한 시기였다. 선거 승리를 위해 무슨 짓이라도 할 수 있는 집단이 아니던가. 김세원은 이에 대해 "이 사건은 선거와 함수관계가 있는, 즉 박정희가 불리할 때는 죽을 것이고 유리할 때는 풀려날 수도 있는 사건이지만, 사건 조작 과정에 고문으로 인한 저들의 잔학행위를 은폐하기 위해서는 우리를 처형해 버릴 수도 있다"고 추론했다.

반복된 진술서 작성, 끊임없는 자백 강요, 그리고 온몸이 피투성이가 될 정도로 가혹한 고문에 몇 번이나 정신을 잃을 정도의 지옥 같은 시간이 흘렀다. 그러던 어느 날 조사관이 두 사람 앞에 필기구를 주면서, "이곳 정보부에서 있은 일을 절대로 외부로 발설하지 않고 발설 시에는 어떤 처벌도 감수하겠다"는 비밀 보안 각서를 쓰라고 했다. 고위층에서 석방하라는 결정이 났다는 것이었다. 그날 밤 두 사람은 대동한 수사관들과 함께 광주행 특급 통일호 열차의 특실에 태워졌다.

두 주 동안이나 행방불명되었다가 가족에게 돌아온 이기홍에 대해 이경순은 "아버님의 피 묻은 셔츠를 보고 가족들은 모두 경악했지만 누구에게도 말 한마디 하소연 할 수 없었다"고 기억했다. 이때의 고문으로 인한 후유증은 이기홍의 말년까지 평생을 괴롭혔다.

유신 체제, 그 예정된 종말을 향하여

1971년 대선에서 김대중에 힘들게 승리한 박정희는 민주적인 직접 선거로는 정권 창출이 어렵다는 위기의식을 느끼고 새로운 집권 플랜을 진행시켰다. 박정희는 1972년 10월 비상계엄을 선포하여 모든 정치활동을 금지시키고 개헌을 추진하여 '유신헌법'을 11월 21일 실시된 국민투표에서 통과시켰다. 유신헌법의 주 내용은 대통령 간선제, 대통령의 연임·중임 조항 삭제 등 실질적인 영구 집권의 기도였다.

그러나 당시만 해도 국민들은 7·4 공동성명 이후 펼쳐진 남북의 평화 무드와, 민족의 염원인 평화적 통일을 위해 강력하고 안정된 통치체제가 절대적으로 필요하다는 정부의 선전에 적극 호응하여, 국민투표에서 91.5%라는 압도적 찬성으로 유신헌법에 지지를 보냈다.

이처럼 국민들이 박정희 정권에 비정상적인 지지를 보내는 가운데,

유신헌법이 영구 독재로 가는 길이라는 폭로가 전남대 학생들을 중심으로 나왔다. 국민투표 통과 직후이자 통일주체국민회의에 의한 대통령 간접선거를 목전에 둔 12월 9일 전남대에서는 이강, 김남주, 김정길, 이경순, 이황 등이 이러한 내용을 골자로 하는 지하신문 '함성'을 제작해 배포한다. 이기홍의 막내딸 이경순도 여기에 가담한 사실이 눈에 띈다. 소위 '함성'지 사건으로 불리는 이 폭로를 시작으로 유신체제에 대한 저항의 목소리가 각계에서 조금씩 터져 나오기 시작한다.

그러나 대통령에 당선된 박정희는 무소불위의 권력으로 정권의 위협이 되는 요소를 가차 없이 제거하거나, 각종 용공 사건을 조작하여 반대 세력 뿌리 뽑기에 총력을 기울인다. 1973년 8월 정적 제거를 위해 벌인 '김대중 납치 사건'은 본격적인 반유신 투쟁의 도화선이 되었다. 그해 2학기 개학과 함께 전국의 대학은 물론 고등학교에서도 시위가 이어졌고, 지식인과 종교계까지 반유신의 대열에 합류하였다.

유신 2년차를 맞은 1974년에는 학원가 및 재야 단체에서 더욱 거세진 반정부 시위와 개헌 서명 운동이 벌어지는 가운데, 정부는 1974년 4월 정부 전복과 공산정권 수립을 기도한 혐의로 180여 명을 구속·기소하는 소위 민청학련 사건을 발표했다. 광주의 운동권 청년들도 수십 명이 연루되었다. 이와 함께 민청학련의 배후 세력으로 북한의 지령을 받은 지하 조직 인민혁명당 조직을 발각했다고 발표했다. '인민혁명당 재건위 사건' 혹은 '2차인혁당 사건'으로 알려진 사건이다.

특히 후일 또 하나의 사법 살인으로 밝혀지게 되는 인혁당 사건의 관계자 8명은 1975년 4월 최종 판결에서 사형이 선고되었고, 판결 후 18시간 만인 다음날 새벽 기습적으로 사형이 집행되었다. 무엇이 그리 급했을까. 이들 중에는 도예종 등 이기홍이 60년대 초부터 같이 활동했던 후배 동지들도 포함되어 있었다. 유신체제에서 자행된 대표적

용공 조작 사건인 두 사건은 30년이 넘게 지나서야 재심 끝에 무죄를 인정받지만, 관련자들은 이미 이 세상 사람이 아니거나 긴 수감 생활을 하면서 청춘을 소진한 뒤였다.

민청학련 사건을 거치면서 광주의 사회운동권에는 새로운 세대가 전면 등장하였다. 60년대 한일 국교정상화 반대 투쟁 세대인 이홍길, 박석무, 김동근, 전홍준, 김은기 등이 윗세대를, 그리고 민청학련 세대인 이강, 김남주, 김정길, 김상윤, 이양현, 윤한봉, 최권행 등이 아랫세대를 형성하며 중심적인 역할을 하기 시작했다. 70년대 후반에는 소설가 황석영과 그의 부인 홍희윤이 해남에 낙향하여 김남주 등과 교류하면서 문화운동의 저변을 확대하는 기반을 만들었다. 광주에는 위의 젊은 인사들을 중심으로 현대사회연구소, 민중문화연구소, 그리고 민주화운동 여성단체인 송백회 등이 만들어져 전국적으로도 유신체제에 대항하는 가장 강력한 단위들이 형성되었다.

이기홍은 이미 연로한 원로의 위치에 있었기 때문에 서울에서 간간히 접촉하는 재야의 지도급 인사들과의 만남 이외에 광주의 사회운동 영역에서 실질적인 참여를 할 입장이 아니었다. 후배들의 민주화투쟁을 격려하는 것만으로도 존재 자체의 의미는 컸다. 다만 새로 등장한 세대들과 사상이나 정세에 대응하는 방법론에서 상당한 의견 차이가 있었던 것은 사실로 보인다.

이기홍은 마르크스 레닌주의의 기본인 과학적 사회주의를 존중하면서도 사회주의로 가기 위한 평화적 이행론과 선거에 의한 변혁이라는 신념을 여전히 간직하고 있었다. 중국의 마오 노선은 물론 민주주의가 없는 북한의 자주적 노선에 대해서는 신랄할 정도로 비판적이었다. 또 대중의 생활권과 유리된 소수 명망가 위주의 단체에 대해서도 우려하였고, 이런 방식으로 전국적인 규모의 지하 조직을 갖추는 것

1972년 함석헌 장준하 홍남순 계훈제 선생과 함께(아래쪽 가운데 함석헌, 우측 홍남순, 뒷줄 좌에서 두 번째 장준하, 뒷줄 오른쪽 끝 이기홍)

에 대해서도 부정적이었다. 이는 대중운동 지도자들이 가져야 할 진정성 문제와 아울러, 그간 이승만과 박정희 정권에 의해 조작 사건으로 당했던 쓰라린 경험들, 그리고 젊은 세대의 안위를 걱정하는 노파심 등이 결합된 것이었다고 생각된다.

당시 청년 운동권 내에서는 소위 민족해방(NL)과 민중민주주의(PD)에 관한 초기적인 논쟁들이 싹텄다. "남한은 미국의 식민지이기 때문에 민족해방이 먼저다"라고 생각하는 NL 쪽에서 보기에 이기홍의 사상은 북한 정권에 대해 가혹할 정도로 비판적이었고, PD 쪽에서 보기에는 '민족'과 '민족의식'을 강조하는 것이 한참 진부해보였다.

때문에 이기홍은 청년들에게 당장의 절박한 갈증을 해소할 사상적 인도자이기보다는 이론에 밝은 노혁명가의 온건하고 조심스러운 관념론자처럼 비쳤다. 유신 정권의 폭압 아래서 이글거리는 눈빛을 잃지 않던 젊은 혁명 세대들의 눈에 차지 않는 것이었다. 사실, 육십이 넘으면 일선에서 물러나는 것이 당연시되던 당시의 통념으로 볼 때 이기홍이 나서지 않는 것이 순리였다.

다만 후배들이 찾아와 자문을 구하고 다양한 분야에 관하여 토론을 나누는 시간은 이기홍에게 즐거움이자 의미가 컸다. 대화의 범위는 역사, 철학, 경제학, 인류학, 종교학에 이르기까지 방대했다. 현실의 문제를 맞아 후배들 개개인이 갖고 있는 사상적 · 전술적 차이들은 미래의 더 나은 사회와 나라를 만들기 위한 방법론의 상이함이었을 뿐이었다. 지금 당면하여 극복할 과제는 박정희 유신정권과의 싸움이었다. 이기홍은 후배들을 격려하는 것으로 투쟁의 후원을 대신했다.

이러는 가운데 박정희의 유신체제는 점점 종말을 향해 다가간다. 한국 사회는 70년대를 경과하는 동안 정치 영역에서 뿐만 아니라 경제사회의 모든 분야에서 민주주의를 향한 시민들의 욕구는 커졌지만, 박정희 정권의 시각은 획일화된 순종과 굴종만을 요구하는 독재체제에 갇혀 있었다. 결국 야당 총재인 김영삼의 제명으로 야기된 부마항쟁이 도화선이 되어 박정희는 측근인 김재규의 총에 암살되고 18년 철권통치의 막이 내리며 유신체제는 종말을 고한다. 국민이 그에게 준 권력을 이용해 도리어 국민을 향해 칼날을 마구 휘둘러 빚은 예정된 결과였다.

그래도 해야 할 일

기억하고 싶지 않은, 그러나 기억해야 할 광주

오늘날 5·18에 대해 물으면 전두환 신군부에 맞서 민주주의를 지키기 위해 싸운 광주 시민들의 의로운 항쟁으로 이해할 것이다. 맞는 말이지만 매우 건조한 교과서적인 정의다. 5·18을 직접 체험한 사람들은 사십 년이 되어가는 지금까지도 그때의 일을 잘 떠올리려 하지 않는다. 무장한 군인들의 살육이 주는 공포감, 빨갱이로 몰리던 분노, 지역주의 맹폭에 따른 좌절감, 일방적인 언론 보도에서 오는 소외감 등 어디에도 호소할 수 없었던 답답함과 억울함이 씻겨나지 않고 새록새록 떠오르기 때문이다.

이 책에서는 일반적인 얘기는 생략하고 5·18을 전후해서 이기홍과 그 주변 인물들이 남긴 몇 가지 그림들만 간단히 전하고자 한다. 1980년 4월 말경이었다. 서울에서는 '서울의 봄'을 얘기하며 해금된 정치인들이 활동을 재개하고 학원가에서는 민주화 일정을 밝히라는 시위들이 전국적으로 시작되고 있었다. 시국은 한치 앞을 예상할 수 없는 안개 속에 있었다.

이기홍은 가장 가까이 지내던 김세원과 하루에도 몇 번씩 시국을 걱정하며 얘기를 나누었다. 당시 김세원은 '남민전 사건'에 연루되어 재판 중에 있었고, 불구속 결정 후 통원 치료를 받고 있는 중이었다.

이기홍은 김세원이 경솔하게 움직여 조직 사건에 연루된 것을 개탄하면서도 시국에 대한 소회를 나누었다.

"아니 지금 정세가 4·19 때와 같이 선거에 의한 민간 정권이 설 수 있다고 김대중이랑 모두 생각하는 모양인데 김형(이 선생은 나를 항상 김형이라 부른다) 생각은 어떻소? 미국이 어디 그렇게 하겠습니까? 군부도 어디 그렇게 권력을 내놓겠어요? 그러니까 인제 보시오. 선거는 없어요. 도로 군사 파쇼정권이 나올 거요. 김대중의 연설장에 수십만 명이 운집하니까 대통령이 다 된 줄 아는데 보수 정당원들, 장꾼들, 비조직 군중이 백만이 모이면 뭡합니까? 공포 몇 발 쏘면 다 흩어져 버리고 포고령만 내리면 숨었다가 옷 갈아입고 나오는데 김대중이 선동 연설만 하고 다닐 것이 아니라 재야와 각 당이 하나로 뭉치는 조직사업이 선행되어야 하지 않소? 이런 때 김형의 역할이 긴요한데 어쩌다가 사건에 연루돼 가지고 제일 큰 과오를 저질러 조직을 파괴하고 동지를 희생시키는 거요? 남민전 사건이 아니었다면 지금 조직 활동에 얼마나 큰 도움이 되겠소?[12]

이기홍의 생각은 반은 맞고 반은 틀렸다. 선거는 없고 다시 군사 파쇼정권이 나올 거라는 예측은 확실히 맞았다. 그러나 공포탄 몇 발이면 다 흩어져 버릴 것이라는 예측은, 최소한 광주에서만큼은 아니었다. 계엄이 선포되고 군인들이 진주한 가운데도 시위를 벌이면서 맞섬으로써 광주항쟁이 시작되기 때문이다.

이기홍을 스승으로 생각하며 자주 찾던 전홍준의 회고는 5월 초 광주 사회운동 주축들이 가진 움직임의 단면을 보여준다. 당시 전홍준은 광주시 양림동에 집을 장만해서 1980년 5월 초 집들이를 했다. 이때 찾아온 사람들이 김시현 4·19동지회장을 비롯해 민자통과 민통련

---

12) 김세원, 앞의 책 하권, pp.307-308.

인물들, 6·3세대인 이홍길 교수와 박석무가 왔고 광주 운동권의 중심인 정동년, 윤한봉, 김상윤, 정상용, 박형선, 김영철, 윤상원, 박관현 등 20여 명이었다. 광주 운동권의 중추들이 거의 모인 셈이었다. 이 자리에서는 구체적으로 '광주가 어떠해야 하는가'와 앞으로의 과제에 대해 논의했다. 1980년 민주화의 봄, 즉 '서울의 봄'이 이대로 묵인되지 않을 것이다. 곧 폭압구조가 도래할 것인데 어떻게 대처해야 할 것인가. 특히 광주가 타깃이 될 수도 있다는 생각에 걱정을 많이 했다.

경찰의 진압에 굴하지 말고 끝까지 싸워야 한다는 것이 모두의 의견이었다. 다만 군대가 전면에 나서 적군을 진압하듯이 탱크와 헬기까지 동원한 무자비한 일이 벌어질 거라고는 누구도 상상하기 어려웠다. 전홍준은 그날의 모임이 결과적으로 5·18의 모태, 즉 항쟁지도부가 형성되는 최초의 자리였다고 회고했다.

서울에 있는 대학생들의 반정부 시위가 5월 15일 서울역에 모인 대규모 집회를 끝으로 해산한 뒤, 5월 17일 밤 계엄령이 선포되었고 전국이 침묵에 들어갔다. 유일하게 5월 18일 전남대생들의 시위가 벌어졌고 무자비한 탄압과 이에 분노한 시민들이 합세하면서 5·18의 비극적인 열흘이 시작되었다. 첫날부터 사망자가 나왔다.

5월 21일부터는 시민들이 자구책으로 경찰서에서 총기를 탈취하여 무장했고 5월 22일에는 시민군이 도청을 장악했다. 광주 기독병원 의사였던 전홍준은 부상자를 치료하고 시신을 검시하는 일을 직접 맡았다. 그는 머리가 날아가 버린 시신, 가슴이 없어진 여자의 시신도 결코 과장이 아니었다고 회고했다.

광주 시위에 대한 군부의 기본 전략은 북한의 사주를 받은 용공분자들이 일으킨 반정부 폭동이라는 프레임으로 가둬 놓고 이를 전 언론을 통해 국민에게 알려 진압의 명분을 확보하는 것이었다. 22일경

재야 운동가들이 대책을 마련하기 위해 모인 자리에 전홍준도 참석했지만, 곧바로 퇴장 당했다. 과거 국가보안법과 반공법 위반으로 처벌받은 사람이 참여하면 악용될 것이라는 이유에서였다.

이기홍은 이 기간 시내를 돌아보며 참혹한 살육의 현장에 눈물을 흘리며 비통해했다. 그런 가운데 유흥업소가 집중되어 있는 황금동과 불로동도 두 차례 둘러보았다. "여기에 종사하던 종업원들이 중심이 되어 쌀을 걷어 밥을 지어 김밥을 만들고 또 우유와 빵 등을 거두자 단 한 사람도 불평 없이 기꺼이 호응하였다. 이 사람들에게 무엇을 위해 이것을 하느냐고 물으니 군대의 침입을 막아 준 학생에게 보내기 위해서"라고 대답했다. 이 말은 어디에서나 공통된 말이었다. "모든 것은 계엄군을 막아 준 사람들에게로"라는 구호하에 물품 수집과 공급이 계속되었다.

또 백운동과 사동을 비롯한 3~4개 동네도 돌아보았다. 동네마다 반드시 몇 사람이 나서서 금품과 물품을 거두어 밥을 짓고 부식을 만드는 것을 보고 크게 감탄했다. 이와 같은 금품과 물품의 수집은 민주항쟁 단체에서 강요하거나 지시에 따른 것이 아니고 자발적이고 자진적인 행동임을 확인했다. 이 사실은 당시 광주 전 시민의 보편화된 의식적인 호응이었다.

5월 23일에는 후배인 최한영이 이기홍을 찾아와 수습대책위원으로 나와 달라는 부탁을 했다. 이기홍은 김세원과 이에 대해 상의했지만 선생님은 나가면 안 된다며 말렸다. 이기홍이나 김세원이라면 빨갱이의 덫을 씌워 배후세력으로 몰기에 최적의 그림이었다.

그 사이 도청에 마련된 항쟁 지도부는 결사항전의 태세를 갖췄다. 시민들은 군인들과 대치하고 있는 시민군에게 자발적으로 나서 주먹밥을 싸오고 헌혈을 하고 필요 물품들을 나눴다. 치안 공백의 상황에서도 약탈은 물론 생필품의 매점매석 등의 행위도 일체 없었다. 그리고 5월 27일 새벽 계엄군의 도청 진압 작전이 전개되었다. 윤상원을 비롯한 최후의 시민군은 주변의 만류에도 도청을 사수하며 끝내 최후를 맞았다. 그들은 죽었지만 죽지 않았다.

광주는 진압되었지만 광주 시민들의 마음까지 진압된 것은 아니었다. 시민들은 현장을 눈물로 수습하고 마음의 상처를 서로 어루만져주며 긴 시간 동안 외롭고 힘든 치유의 과정을 거쳤다. 잔인한 국가폭력에 당했지만 무릎 꿇지는 않았다는 작은 자부심을 가슴에 품으며, 이 나라 민주주의의 도정에서 뿌린 피가 헛되지 않기를 바랐다. 그리고 언젠가는 냉대와 비난의 시선을 벗고 국민들의 따뜻한 지지와 명예 회복의 날이 오기를 기도했다.

많은 시간이 흐른 뒤 이기홍은 광주항쟁에 대해 정리하면서, 식민지 치하 3·1운동과 광주학생독립운동, 해방 이후 4·19를 비롯한 친일 반역정권과의 투쟁에 이르기까지 면면히 이어온 민족운동사적 관점에서 보아야 한다는 점을 강조하였다. 때문에 4·19에 대해서와 마찬가지로 희생자 위주의 평가에 머물지 말고 민족사적 맥락을 중시해야 하며, 자주민주 조국의 수립과 민주 사회가 완성될 때까지 계속되어야 할 진행 과정이라는 사실을 잊지 말아야 한다고 기록했다.

특히 이름도 모를 수많은 시민들이 합심하여 만들어 낸 시민 역량이야말로 광주항쟁의 가장 중요한 동력이었다는 점을 지적하며, 소수에 대한 영웅주의적 접근 시도에 대해서도 경계를 하였다.

"놀라울 정도였던 시민 역량을 배제하는 것의 결과는, 폭풍으로 몰아닥친 산더미와 같은 해일의 무서운 파도를 하천의 급류로 바꾸어 표현하는 것이고, 호랑이를 고양이로 바꾸어 표현하는 것임을 알아야 한다. 광주 시민은 약 일주일 동안 지위와 빈부의 차이를 초월하여 하나가 되어 '생활을 모두 미루고 모든 것은 시민군에게로!'라는 눈부신 활동을 벌였으며 이것이 항쟁의 핵심이며 이 운동 정신 구성의 중심임을 알아야 한다."[13]

이와 아울러 뒤늦게 항쟁 당시 활동했던 숨겨진 의인들을 찾는 일에 대해서는 "오늘(1994년 시점임)에 와서 당시 열성적인 시민을 찾는다면 마치 모래밭에 자기가 뿌려놓은 모래를 다시 찾으려는 것"처럼 어려운 일이라는 만시지탄의 소회도 피력했다.

이기홍이 또 한 가지 주목했던 것은 항쟁 과정에서 보인 경찰의 희생적인 공헌이었다. 당시 안병하 전남 경찰국장은 계엄사령부의 발포 명령을 거부하였고, 청소년들을 마구잡이로 체포하라는 지침에 대해서도 협조하지 않았다. 일선 경찰서장들 역시 자신들이 지켜야 할 시민들을 이유도 없이 잡아들이라는 계엄사령부의 명령을 따르지 않았음은 물론, 계엄군의 발포에 몰린 시민들이 경찰서에 몰려와 무기를 요구했을 때 이를 적극 제지하지도 않았다. 만약 경찰들이 계엄사의 명령에 따라 군인과 합세하여 적극적으로 시민들을 탄압했다면 그 피해는 몇 십 배에 달했을 것이라고 이기홍은 회고했다.

선량한 시민들을 위협하는 범법자들을 잡아들이고 치안을 유지하는 게 경찰 본연의 임무라고 믿고 있었던 광주와 전남의 경찰은 전두환 반역 집단의 요구를 도저히 받아들일 수 없었던 것이다. 경찰도 역시 시민의 한 사람이었기 때문이다. 외국과의 전쟁 중이 아닌데, 시민들을 외적(外敵)으로 간주하여 무자비하게 진압하라는 군부의 명령을 맹목적으로 따른다면 이는 시민을 보호해야 하는 경찰의 법적 직무

---

13) 이 인용과 아래의 인용들은 이기홍 선집 작업 시 자료집에 없었던 또 다른 초기 구술 내용들이고, 날카로운 의미가 담긴 비유라 생각되어 여기에 옮겼다. 또 이하 경찰의 희생적 공헌에 대한 내용에 대해서도 상당히 긴 내용들이 서술되어 있었지만, 선집에서 누락된 내용이라 핵심 골자에 대해서만 간단히 다뤘다 - 필자.

범위를 넘어서는 일이었다. 하지만 그들이 지휘 체계를 외면하며 위험부담을 안고 결정한 선택은 당사자들에게 결코 쉽지 않은 결단이었다. 이들은 계엄사에 끌려가 고문을 당하고 모조리 파면당하는 또 하나의 희생을 겪었다.

그러나 이것이 우리나라의 경찰을 '민주 경찰'로 거듭 나게 되는 중대한 역사의 순간이었음을 기억해야 한다. 일제강점기 이래 우리 현대사의 주요 고비마다 경찰이 권력자인 정권의 편이 아니라 시민의 편에 섰던 사례는 단 한 차례도 없었다. 이때가 처음이었다. 아픈 역사의 경험들을 공유하면서 우리 사회에 뿌리박힌 일제와 독재의 잔재들이 각 영역에서 조금씩 허물어지면서 말 그대로의 민주사회로 나아가는 발판을 마련한 것이 광주의 항쟁과 희생이 주는 의미였다.

1980년 5월 비탄에 젖었던 광주의 슬픔은 시간이 흐르면서 조금씩 위로의 손길을 받는다. 광주의 희생은 민주주의를 간절히 소망하던 각계의 국민들을 일깨웠고 이들이 서로 힘겹게 나누던 고통스러운 공감이 집약되어 1987년의 6월항쟁으로 터져 나왔다. 그 후 광주항쟁은 '광주민주화운동'으로 재평가되었고 5·18은 국가기념일로 지정되었다. 광주항쟁은 87년 6월항쟁을 낳았고, 6월항쟁으로 이룩한 민주화는 광주항쟁의 의미를 복원하며 광주 시민의 명예를 회복시켰다.

이렇게 역사는 민주주의를 향해 한발씩 전진하는 것이다. 광주항쟁을 민족운동사의 거대한 흐름에서 보아야 한다는 이기홍의 뜻도 이런 맥락에 있었다. 백 년 전 일제에 의해 식민지가 되고 해방 이후에도 친일세력의 기사회생과 외세에 의해 분단된 나라를 원래대로 되찾아 민족·민주의 통일된 나라를 완수하는 것이 여전히 우리 민족사의 과제로 남아있는 것이다.

사회주의와의 결별, 사상의 대전환

이기홍은 75세가 되던 1986년까지도 마르크스·레닌주의(ML사상)를 진리로 확신하면서 살았다. ML사상만이 인류를 해방시키고 미래지향의 공평한 복지 생활을 담보해주는 유일하게 과학적이고 객관적인 진리라 믿고 이해와 각성의 차원을 넘어 절대 진리로 받아들였다.

그러다가 소련에서 고르바초프가 개혁을 표방한 1985년 이후 1990년에 대통령으로 선출되기까지의 과정에서 국민에 의해 소련 공산당이 폐기되고 여타 사회주의 국가들이 같은 과정을 밟는 것을 보면서 "지각변동과 같은 충격"을 받았다. 이때부터 약 2년 동안 ML사상을 객관화하여 사회과학자의 입장에서 분석, 검토한 끝에 사회주의를 폐기하는 것이 "역사발전 법칙에 따라 필연적으로 일어난 것"이고 "ML사상의 오류도 바로잡아야 한다"는 인식에 이르게 되었다.

인생의 말년에 되어서 평생 자신이 의지하고 의존했던 사상적 지주를 부정하는 결론과 대면해야 하는 소회를 이기홍은 이렇게 남겼다.

"그동안 ML사상을 영원불멸한 진리로 맹신했던 의식으로부터 마치 꿈에서 깨어난 것과 같이 눈을 뜨고 보니 그간 고집스럽게 유지하였던 나의 우매함에 놀라울 따름이었다. 지금까지 내가 확고하게 지켜온 역사관과 그것을 뒷받침해 준 ML사상에 대한 무비판적이고 무조건적인 맹신의 암흑에서 깨어나 지금 83세라는 뒤늦은 나이에나마 객관세계를 새로운 입장에서, 바로잡힌 의식으로 과거와 오늘 그리고 미래를 역사 자체의 법칙에 따라 객관적으로 제대로 보게 된 것을 다행으로 생각한다."

이기홍이 노년에 들어 새로 시작한 사상적 항해에는 간단치 않은 내용들이 담겨있는데, 이 책에서는 필자가 이해한 방식으로 네 가지

요인만을 아주 간단히 언급하고자 한다.

첫째는 생산력 발전의 문제였다. 소련을 비롯한 기존 사회주의 국가들이 생산력 발전에 실패했을 뿐만 아니라 이를 위한 최적의 사회 체제도 아니었다는 점이다. 볼셰비키 혁명 이래 제2차 세계대전 이후 20여 개의 사회주의 국가들이 등장하여 자본주의 세력을 대체할 체제로 주목받았다. 그러나 일정 기간이 지난 후 집단 생산의 이점이 사라진 뒤부터 생산력의 정체 내지는 후퇴를 경험하였다.

국민생활은 점점 춥고 배고파졌으며, 한때 미국과 양강 구도를 이루었던 소련도 마찬가지였다. 사회주의 체제가 생산력의 발전을 보장하기보다는 도리어 이를 억압한다는 사실이 수십 년의 역사 현실 속에서 검증된 것이다. 이는 생산력 발전을 가로막는 사회제도는 반드시 타도되어 생산력 발전을 뒷받침하는 새로운 제도로 바뀐다는 ML 사상의 기본 명제와도 배치되는 현실이었다. 이기홍은 생산력 발전을 담보하지 못하는 사회주의 체제에 미래가 없다고 보았다.

둘째는 독재 권력의 문제였다. 과거의 봉건적·전제적 권력을 타파하기 위한 과도적 단계로서 민중이 혁명 세력에게 부여하였던 권력이 점차 민중을 억압하는 권력으로 바뀌었다. 그들은 권력을 관리하는 것이 아니라 소수 혹은 일인이 이를 독점하였다. 소련, 중국, 북한은 물론 모든 사회주의 국가들에서 거의 예외 없이 나타난 사실이다. 선거라는 민주주의적 과정이 생략되면 독재의 문제는 피하기 어렵다. 이와 관련하여 이기홍이 남긴 소회 하나도 흥미롭기에 소개한다.

"나는 25세 때에 아버지께서 주신 병서인 '육도삼략' 중 석공명(石工英)이 저술한 육도 가운데 왕도, 무도, 용도, 호도, 표도, 견도 중 왕도의 편에서 '군왕의 현우(現愚)가 국민의 생존을 좌우한다'는 구절이 새삼 기억난다. 절대권력을 장악하고 전 국민이 한 목소리를 내게 하는 사회주의 국가의 1인 독재자의 권력에 비유되었기 때문이다."

셋째는 민족의 문제다. ML사상에 의하면 인간은 생산수단의 소유 여부에 따라 달라지는 계급의식이 모든 의식과 활동을 규정하고 규제하는 기본의식으로 본다. 따라서 계급의식은 민족의식이나 국가의식에 우선하는 것이다. 그러나 현실에서 민족의식은 계급의식보다 더 본질적인 의식인 것으로 드러났다. 소련 내에 있던 130여 개의 크고 작은 민족은 소련 형성 이후 소멸된 것처럼 보였지만, 시장경제 도입과 연방 해체의 과정에서 각 민족의 민족의식은 강렬하게 부활되어 본연의 민족국가로 분열, 독립되어 갔다.

특히 민족의식은 제국주의 세력이 약소민족을 식민지로 점령하는 과정에서 발생한다는 점에서, 피압박 민족의 민족의식은 계급의식에 우선한다. 이는 베트남 민족의 해방 과정에서 두드러지게 드러났다. 따라서 이기홍은 "민족의식은 민족국가를 이루는 인간이 사회적인 집단생활을 하면서 마지막으로 도달하는 최고 최대의 공동체 사회의식"이라는 인식을 갖게 되었다.

넷째는 종교의 문제다. ML사상에서 종교의 본질은 현실의 고통을 잊고 저세상을 바라는 허위의식이자, 대중의 혁명의식을 말살하는 아편이었다. 따라서 종교의 의식보다 더 본질적인 계급의식이 사라지는 세상, 즉 사회주의 사회에서 종교는 사라지는 것으로 보았다. 그러나 소련연방의 붕괴 과정에서, 일찍이 소멸된 것으로 보였던 종교는 누가 강요한 것이 아닌데도 맹렬하게 부활되었다.

특히 종교는 민족과 밀접한 관련이 있어 민족종교가 없는 민족은 분열 약화되어 소멸된다는 사례를 이기홍은 인류 역사상 여러 민족들의 사례를 연구하며 확인하였다. 민족적 신앙은 본능의식으로 잠재되었다가 어떤 역사적 계기를 통해 분출되는 본질적 의식이었다.

따라서 민족의식과 종교의식은 가장 강력한 민족역량의 원천이라는 인식에 도달하였다. 이기홍은 이와 관련하여 우리나라가 외세의 침입을 받던 수많은 역사적 사례에서 종교가 어떤 역할을 했는지에 대해 충분히 확인하고 검증하였다. 평생 ML주의적 종교관에 갇혀있던 이기홍은 종교에 대한 편견을 벗고, 앞으로 우리가 지향할 민족운동사의 과제 실천에서도 매우 중요하다는 사실을 받아들였다.

위에서 간략히 요약한 내용들은 수박 겉 핥기에 불과한 설명에 지나지 않는다. 중요한 것은 80세가 넘은 노년의 시기에 본인의 사상을 모조리 근본에서부터 점검하는 새로운 지적 탐구를 했다는 점이다. 이기홍은 자신이 그간 갖고 있던 사상을 백지 상태로 놓고 지금의 역사 현실을 냉철하게 바라보면서 ML주의가 과연 여전히 진리의 등불이 되는지 스스로에게 솔직하게 자문하였다. 그 결과 사회주의는 생산력의 한계라는 근본적인 문제로 붕괴되었음을 받아들였고, 또 그간 마르크스주의에서 간과하고 있던 인간의 정신과 마음의 세계에 대해 무지했음을 솔직하게 인정하였다.

노인의 고집 대신 열려있는 유연한 자세로 정직한 탐구의 결과를 수용하는 것은 결코 쉽지 않은 일이다. 이기홍은 평생 의존했던 자신의 사상적 지주가 무너지는 것을 한탄하는 대신 이제라도 새로운 깨달음을 얻은 것에 기뻐하고 감사하였다. 인간으로서든 사상가로서든 귀감이 되는 태도라 아니할 수 없다.

그렇다고 이기홍이 과거의 삶이나 사상을 완전히 부정하고 허무주의에 빠진 것은 전혀 아니었다. 오히려 새로운 각성을 통해, 더 깊어진 시각을 갖고 지나온 자신의 삶과 우리 현대사의 국면들을 돌아보았고, 우리 민족이 나아가야 할 방향을 탐구하며 후대에 남길 교훈을 찾아내기 위해 총력을 다했다. 그것이 말년에 들어 기록 작업에 매진하고 실명 상태에 이른 뒤에도 힘겨운 구술을 이어가면서 자신의 사명을 다하려 한 원천적인 힘이 되지 않았나 생각된다.

인간 사회는 늘 유토피아를 그려왔다. 유토피아란 지금 '존재 않는 세상'을 뜻하는 라틴어다. 식민지 조선인에게 유토피아는 일제가 없는 세상이었을 것이다. 이기홍이 젊은 시절 독립운동의 수단으로 받아들인 사회주의 사상도 그것을 향한 시도 중의 하나였다. 그런 점에서 이기홍이 말년에 감행한 사상적 전환, 혹은 회심(回心)은 교조적 사회주의자이기를 포기한 것이고 지금의 현실에 부적합한 사회주의를 던진 것이지, 사회주의에 내재된 정신까지 버린 것은 아니라고 생각된다. 마치 허물을 벗은 매미가 더 건강하게 성장하는 몸으로 거듭나는 것처럼 말이다. 이기홍은 죽는 날까지도 이 나라가 하나 된 민족으로 민주주의를 꽃피운 복지 사회가 되는 것을 바랐기 때문이다.

생애 마지막에 남겨진 일들

노년의 이기홍이 꼭 해야 할 일 중의 하나가 동지들의 독립운동 투쟁을 국가로부터 인정받도록 하는 일이었다. 당시 항일 독립투사의 유가족들은 대부분 극심한 생활고에 시달리며 이곳저곳으로 전전한 사람이 상상 이상으로 많았다. 이들 자녀들 중에는 자신의 부친이 항일투쟁한 사실은 알고 있었으나 배움이 부족하여 신청서를 작성할 줄도 모르거나, 제출해도 소용없다는 생각으로 아예 포기하는 사람들이 많았다.

사회주의 계열의 독립운동가들, 또는 국가보안법 위반으로 실형을 받은 인사들은 일찍부터 대상에서 제외되었다. 반면 약삭빠른 자들은

주위의 추천과 증언을 첨부하여 독립
운동가의 대열에 올라섰고, 그중에서
는 친일 행각이 명백한 자들도 여럿이
었다.

이기홍은 자신이 국가보안법 위반으
로 실형을 살았기 때문에 독립유공자
선정에 나서지 않았지만, 법적으로 하
자가 없는 옛 동지들의 공적을 인정받
기 위해 많은 힘을 쏟았다. 특히 자손
들이 이를 진행할 여건이나 상황이 안
될 경우 이를 대신하여 공적서 작업을
진행하였다. 이것은 이기홍이 옛 동지

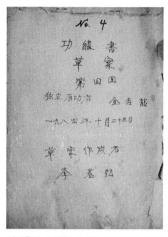

이기홍이 초안을 작성한 모 동지의 공적
서. 지금은 기록도 없고 아무도 증언해줄
수 없는 동지들의 공적서를 작성하면서
정부가 주도적으로 나서지 않는 독립유공
자 선정 방식에 대해 개탄했다.

들을 기릴 수 있는 마지막 예의이자 의무였다.

이들을 대신하여 이기홍은 일제강점기에 발간된 동아일보와 조선
일보의 신문 한 줄 한 줄을 찾아내서 동지들의 활동을 밝혔다. 부산의
국립문서보관소와 서울 국립문서보관고의 문서고도 샅샅이 뒤져 재
판문서를 찾아내 공적서의 근거로 활용하였다.

물론 이걸로 충분하지 않았다. 어느 나라든 해방된 나라에서는 국
가가 앞서 독립운동가를 찾아 행적을 확인하고 포상하는 것이 일반적
이다. 우리나라에서는 국가가 나서지 않았다. 증빙이 되는 문건이나
주위의 증언에 의존하여 심사하는 근본적 한계가 있었다. 더구나 사
회주의 계열의 독립운동 활동가라면 배제되니, 반쪽짜리에도 미치지
못하는 독립운동사였다. 이런 한계를 절감하면서도 옛 동지와 그 자
손의 명예에 도움이 되어야 한다는 생각에서 이기홍은 온갖 노력을
다 기울였다.

또 한 가지 말년의 이기홍에게 남겨진 숙제가 있었다. 그가 살아온 한국현대사의 고비마다 겪었던 수많은 일들이 있었고, 사상가로 성찰했던 많은 주제들이 있었지만 기록 한 장 남기지 못한 것이 늘 마음에 걸렸다. 사상범이라는 이유로 수시로 가택 수색을 당하기 일쑤였기 때문에 집에는 자필로 남긴 메모지 하나도 없을 정도였다. 또한 격동의 세월이 늘 진행형이던 상황에서 기록을 남겨야 할 적당한 동기나 계기도 없었다.

그런 생각이 바뀐 계기는 몇 가지 있었을 것으로 보인다. 하나는 광주항쟁의 피맺힌 기억이 국민들 사이에서 서서히 평가를 받고, 1987년의 민주항쟁을 통해 국민의 힘으로 최소한의 형식적 민주주의를 이뤄낸 것이 배경이 되었다. 소련 및 사회주의권의 붕괴로 역사의 전환점을 맞으면서 자신이 갖고 있던 사회주의 사상을 재점검하면서 민족의 과거와 미래를 재조명할 필요성도 제기되었다. 더 직접적으로는 자신 및 동지들의 독립운동가 서훈 등과 관련하여 사회주의 계열 독립운동가들이 인정받지 못하고 완전히 배제되는 우리 민족운동사의 왜곡된 현실을 절감하며 이제는 스스로 역사의 증언자가 되기로 작정하며 마음의 결심을 했다는 점이었다.

문제는 방대할 것으로 보이는 작업을 어떻게 진행하느냐는 것이었다. 그즈음 이기홍과 거의 매일 같이 다니던 김세원과 상의를 한 끝에 두 사람은 방법을 찾아냈다. 여기에서는 안종철과의 만남을 빼놓을 수 없다. 당시 안종철은 전남대 박사 과정에 있었는데, 송기숙 교수 등이 중심이 되어 광주항쟁의 진실을 기록하기 위해 1988년 설립한 한국현대사사료연구소에 근무하고 있었다. 안종철은 이기홍 선생과 처음 만나던 순간을 이렇게 기억한다.

1988년 광주광역시 월산동 한국현대사사료연구소에 백발이 성성한 노인 두 분이 방문하셨다. 그분은 이기홍 선생과 김세원 선생이었다. 두 분 다 한국현대사의 격동기를 관통하면서 살아오신 분들이었고 한국현대사사료연구소가 5·18 광주민중항쟁의 생생한 이야기를 채록하고 있다는 소식을 듣고 오셨다고 하면서 역사의 진면목을 정확하게 기록해줄 것을 주문하셨다. 내가 처음으로 이기홍 선생을 만난 순간이었다.

그 후 이기홍은 그간 모은 각종 신문과 재판자료 등을 중심으로 기록을 남기기 시작했는데, 초기에 중점을 둔 것은 광주학생독립운동 관련 자료들이었다. 신문과 재판자료 등을 방대하게 수집한 결과 전국의 학생들이 거대한 독립운동의 물결에 참여한 사실이 기록상으로도 확인되어 이를 일지 형식으로 정리하였다.

자료 수집 과정에서 모교인 광주고보(현 광주제일고)를 방문하였을 때 이기홍은 놀라운 얘기를 들었다. 1960년경 동문 출신인 K모 교사가 독립운동사 편찬에 나섰으나, 학교 측이 이를 못마땅하게 여기다가 전남도 문사국장이던 친일 교육자 출신인 정 모씨가 나서 작업을 중지시키고 원고와 사료들도 압수하여 학교에 보관시켜버렸다. 그리고 나중에 부임한 어떤 교장에 의해 "이런 것은 원인부터 없애버려야 한다"며 사료를 통째로 없앴기 때문에 현재 광주제일고에는 학생독립운동과 관련된 단 한가지의 사료도 남아있지 않게 되었다는 것이다.

"그때 없앤 사료 중에는 11월 3일의 대시위 때, 우리 여학생 수십 명이 경찰의 발길에 채이면서도 주전자와 대야에 물을 가지고 따라다니면서 남학생들에게 일일이 건네었던, 당시의 찌그러진 주전자, 물통, 컵과 살포한 삐라, 진정서, 머리띠, 기타 중요한 문건과 물건이 많았다. 다시는 구하지 못할 이러한 귀중한 사료가 어처구니없이 세상에서 영영 사라져 버린 것에 애석함을 넘어 분노를 느꼈다."

이기홍은 자료의 수집의 물론, 자신만이 증언할 수 있는 기록의 중요성에 대해 한층 자각하며 각 분야에 대한 생각들을 정리하여 노트에 적어나가기 시작했다. 우리 역사와 사회를 돌아보는 70대 후반 노인의 글쓰기는 엄숙한 책임감 속에서 진행되었다. 그러나 75세경부터 나빠진 시력이 작업을 방해했고, 급기야 80세 무렵에는 실명 수준에 이르렀다. 보통 사람이라면 여기에서 포기했을지 모르지만 이기홍은 이 작업이 생의 마지막까지 완수해야 할 과업으로 여겼다.

1990년경부터 구술 작업이 본격적으로 시작되었다. 대학을 졸업한 여러 명의 여학생들이 번갈아 들러 이기홍의 자택에서 작업을 진행하였다. 초기에는 구술된 내용이 기록된 노트를 희미하게나마 본인의 눈으로 확인할 수 있었지만 그 후부터는 오로지 구술된 내용을 받아쓴 노트를 읽어준 뒤 다시 확인하는 지루한 과정을 거쳐야 했다. 본인의 마음에 들지 않는 내용은 몇 차례고 다시 받아쓰게 하는 험난한 과정이 반복되자 기록된 노트는 덧대고 덧대어졌다.

이 과정을 매일 옆에서 지켜본 막내딸 이경순은 "아버님은 기억을 구술하는 것으로 하루하루를 연명해가던 『아라비안나이트』의 세헤라자데 같았다. 아버님의 글에는 지치지 않는 불굴의 정신이 있었고, 아무런 목소리를 갖지 못한 동지들을 대신하는 의식적이고 힘찬 이야기가 있었다"고 회고했다.

놀라운 것은 이기홍의 기억력이었다. 육, 칠십 년이 지난 일에 대해서도 지금 눈앞에서 벌어지듯 생생하고 세밀한 묘사를 하였고, 사상이나 경제, 역사, 종교 분야에 대해서도 논리는 빈틈없고 단단하였다. 이기홍의 기억력에 대해서는 그를 겪은 사람들은 누구나 느끼고 있었는데, 박석무는 "요즘 컴퓨터 100대가 있어도 그분의 기억력을 당하지 못한다. 당신이 한 일은 아무리 시간이 지나도 아주 정확했고, 숫자도 틀림이 없어 소수점까지도 빠뜨리지 않을 정도"였다고 회고했다.

이기홍이 구술 작업에 그토록 전력을 기울였던 것은 험난한 시대를 건너며 수십 년 함께 했던 선후배 동지들의 흔적을 조금이라도 남겨야 한다는 사명감과 책무 때문이었다. 한국 근대사 근 백 년의 역사를 거치는 동안 거의 유일하게 지금껏 살아있는 자신이 아니고서는 이를 증언할 사람이 없다는 절박한 책임감이었다.

"이 동지들은 직접, 간접적으로 또는 지지자로 민족 사명에 충실했으나, 오늘은 이름도 없이 민족사의 뒷전에 쌓여진 역사의 늪 속에 무명의 독립투사로 매몰되어 마치 진흙 속에 빠져 들어간 바늘과 같이 망각되어 그 이름조차 망실되고 있다. 그래서 아직 기억에 남아있는 몇몇 동지들을 여기에 기록하여 이름과 과업만이라도 남기려 한다."

이기홍의 간절한 바람대로 수년에 걸친 구술 작업의 큰 부분들이 마무리되었다. 생전에 졌던 어깨의 무거운 짐을 홀가분하게 내려놓을 수 있게 된 것이다. 그리고 얼마 뒤인 1996년 12월 7일 이기홍은 향년 85세를 일기로 고단했던 삶을 마감하고 영면에 들어갔다. 그의 유해는 민족민주운동, 통일운동의 제단에 몸 바친 영령들이 잠들어 있는 망월동 묘지 너머 일반 묘지에 묻혔다.

살아생전에 책이 나왔으면 좋았겠지만 여러 사정들 때문에 출간의 시기는 차일피일 미뤄졌고, 그렇게 이십 년의 세월이 흘렀다. 그를 기억하고 흠모하던 후배들도 이제는 백발이 성성한 칠십대 노인이 되어 있었다. 막대한 부채감과 죄책감을 갖고 있던 후배들이 더 이상 미뤄서는 역사의 복원은 사라지고 영영 묻혀버린다는 절박한 마음이 모아져 마침내 2016년 두 권의 이기홍 선집이 발간되었다.

구술 작업 초기부터 이기홍과 가장 많은 만남을 가지면서 자료를 파일로 만들어 준비했던 안종철과 유족 이경순은 너무 늦은 출간에 죄송했던 마음의 큰 짐을 덜었다. 안종철은 "이 유고집이 한국 현대사는 물론 광주·전남 지역의 현대사 중 상당 부분은 새로 쓰여야 할 대목이 많다는 점에서 한국 근현대사 연구자들에게는 매우 귀중하고 반가운 자료가 될 것이고, 민족의 올바른 미래를 위한 교육적 차원에서 일반인들에게도 가치 있는 가르침이 될 것"이라고 회고했다.

출판기념회가 열리던 날 이기홍의 후배이자 4·19동지회장을 지냈던 김시현의 소회는 젊은 시절 이기홍으로부터 받은 그들의 영향과 선생의 기록이 마침내 세상에 나왔다는 기쁨이 그대로 느껴지는데, 이 역시 이기홍과 험난한 시절을 같이 보낸 세대들이 남기는 역사의 한 자락이라 생각되어 소개한다.

> "선생님은 연령대로는 우리 부모님 세대였다. 우리는 자식 같은 입장이었다. 선생님을 처음 안 것은 중고등학교 때였다. 선생님이 운영하던 충장로의 서점에 들렀다가 몇 차례 뵈었지만 어린 우리들과 이야기를 나누거나 할 처지가 아니었다. 다만 주위에서 훌륭한 분이라는 얘기를 듣고 있어서 호기심이 있었다. 선생님과 본격적으로 만난 것은 4·19 직후인 1960년 대학교 때 통민청 활동을 하면서 직접 지도를 받을 때부터였다. 선생님은 살아 계실 때 소중한 유산을 우리에게 남겨주셨다. 그분의 학식과 인격은 감동이었고 지금도 그걸 잊을 수 없다. 선생님을 만난 이후 그때부터 내 인생의 길이 바뀌었다. 오늘의 출판기념회가 얼마나 반가운지 기쁨이 한이 없다."

이 책을 마무리하면서 이기홍 선집 작업을 하던 4년 전의 겨울과 봄의 기억이 새삼 떠오른다. 그때 울컥하며 몇 번이나 읽었던 선생의 구술 자료의 말년 기록 중 일부를 옮기며 평전을 마치고자 한다.

"오늘에 와서 기억을 더듬어 헤아려 보니 사건별로 내 팔목에 쇠고 랑이 15회 이상 채워졌고 1개월 이상 3년간의 검거 투옥이 있었고, 일 제 옥고까지 합하면 도합 12년 6개월의 감옥 생활을 했다는 계산이 나 온다. 검거 투옥이 공적이 될 수 없다는 것을 나는 잘 안다. 그것은 내가 갖고 있는 정직하고도 확고한 평가다. 그럼에도 여기에 나의 투 옥 기간을 기록한 것은 군사독재 정권의 항일투사에 대한 탄압의 구 체적 사례를 알리기 위함이다.

8·15 이후 과거 독립운동을 했던 수많은 항일투사들은 이후 반공 을 국시로 내세운 군사독재 정권 등장과 함께 용공분자로 규정되어 독립유공자의 포상에서 보류 처분되어 제외되었다. 속설에 '독립운동 을 하면 3대가 망한다'는 말과 같이 반독재 투쟁에 앞장섰던 항일투사 들은 다양한 형태의 정치, 사회, 경제적 제약으로 인해 생활고에서 벗 어나지 못하고 있다. 우리 현대사의 최대의 모순이 이러한 가치의 전 도(顚倒)다. 이것을 증명하기 위해 나와 생활의 사례를 들어보겠다.

8·15 해방 이후 계속된 투옥과 도피 생활은 내 가족과 내 삶의 뿌 리를 뽑아 파탄시켰다. 그 결과 나는 40년간 사글세 집을 전전하다가 81세인 1992년에 와서 나의 생활 양상을 보다 못한 동사무소에서 나 를 극빈자인 영세민으로 지정하여 정부의 복지주택 정책으로 지어진 광주시 우산동에 있는 주공 영구 임대 아파트 13평에 들어가게 되었 다. 작은 공간인 여기 한 칸에 들어오니 그나마 지금까지 되풀이되어 온 집세 인상으로 집 없는 생활의 낭떠러지 벼랑 위를 걷는 것과 같은 불안이 해소되어 안도의 숨을 내쉴 수 있게 되었다. 나는 그 이후 재 벌도 부럽지 않은 안정감을 갖고 살고 있으며 여기에서 안주하면서 여생의 종착역에 도착하여 저승으로 이어지는 마지막 버스를 탈 것 같다.

이것은 나뿐만 아니라 투철한 애국의식으로 독립투쟁을 하면서 해방 이후 반일 반독재 투쟁에 몸담았던 수많은 동지들이 인생의 말년이라도 자기 생의 보람을 느끼며 여생을 보냈으면 하는 바램에서 하는 회고다. 많은 동지들은 이미 세상을 떠났고 세상을 떠나지 못한 동지들 중에는 내가 누리는 말년의 안식도 취하지 못하고 있다는 지금의 현실이 여전히 마음에 아프다."

▌이기홍 요약 연표

1912	1912년 8월 31일(음력 7월 18일) 완도군 군외면 영풍리에서 아버지 이사열과 이대금의 장남으로 출생
1920	고금도 만세운동을 보면서 깊은 인상을 받음
1922	고금보통학교 입학
1926	고금보통학교 5학년 때 6·10만세운동 미수 사건에 참여
1928	광주고보 입학, 대맹휴 사건 이후 독서회 모임 참여
1929	광주고보 독서회에 정식 멤버로 가입, 광주학생운동에 참여
1930	백지동맹 주도로 광주고보에서 퇴학, 낙향 일본에서 귀국한 이현열의 지도로 청년 동지들과 농민운동 시작
1931	이현열 주도로 결성된 '용지포 이권옹호동맹'에서 별동대장을 맡아 용지포 농민투쟁에서 중심적인 역할을 함
1933	김홍배, 오문현, 황동윤과 함께 '전남운동협의회'를 결성. 사회주의를 기반으로 한 농민운동과 함께 다양한 농민계몽 활동을 전개.
1934	오수덕과 결혼 직후 전남운동협의회 조직이 발각되어 2년 6월 형을 받았으나 재판 지연으로 4년 넘게 옥살이를 함.
1936	전남운동협의회 재판 시작
1938	봄에 출소 직후 갑계 조직을 이유로 7개월 동안 유치장에 갇힘
1939	거주제한 명령으로 사상범 보호관찰소에 입소 장남 이순규 출생
1940	비밀 서클 형성. 최규창, 최석두, 황영구. 후일 장재성도 합류 광주에서 북동 야학 운영
1941	장녀 이금강 출생
1943	광주학생독립운동 당시의 동지 규합을 모색하나 대부분 일제에 협력중이라 포기 대화숙에 강제 가입
1945	대화숙의 서울 교육 중 비전향자 말살 계획을 알고 경악 해방 직후 건준에 참여하여 건준 광주시 노동부 책임자가 됨 미군정 실시와 함께 활동 중단
1946	삼남 이문규 출생 조공 광주시 충장로 세포책으로 활동

1947	하곡수집령 반대 투쟁. 검거를 피해 비아에서 은신
1948	차녀 이경란 출생 5·10 선거를 앞두고 아버지 이사열 심한 수모를 당함
1950	보도연맹에 강제 가입되어 화근이 됨 동생 및 매제 행방불명, 경찰에 살해된 것으로 추정 6·25 직후 인민정권하에서 반당분자로 몰려 투옥, 구사일생으로 처형 면함
1951	삼녀 이경순 출생
1953	사남 이윤규 출생
1955	구국투쟁동맹 사건에 연루되어 수감, 3년 6월형 선고
1956	오남 이은규 출생
1957	만기 출옥
1959	아버지 이사열 사망
1960	광주에서 4·19의 지도부로 참여 사회대중당 전남도당에 참여, 선거에서 참패로 당은 분열 사회당 전남도당에 참여, 실질적인 조직 운영
1961	사회당 산하 통민청의 청년들을 지도 5·16 후 검거를 피해 도피
1964	3년 피신 후 검거되어 6년형 선고받음
1965	소급법 폐기로 1년 2개월의 수형 생활 끝에 면소 판정으로 석방
1971	김대중 관련 용공 조작사건으로 중정에 끌려가 모진 고문을 받음
1973	삼녀 이경순, 유신 반대 '함성'지 사건으로 재판에 회부
1980	5·18의 참상을 목격. 장남 이순규 사망
1988	자신의 삶과 사상에 대한 기록을 남기기로 결심
1989	광주일보 등에 기고 및 대담으로 대외 활동 시작
1990	실명으로 구술에 의존하여 기록 작업 이어감
1996	향년 85세로 사망
1997	타계 후 『광주학생독립운동은 전국학생독립운동이었다』 발간
2016	두 권의 유고집 발간

민족민주통일운동가 이기홍 평전 간행위원회

간행위원회 위원장

김시현, 전남대학교 민주동우회 고문
이홍길, 전남대학교 명예교수
박석무, 다산연구소 이사장

간행위원회 집행위원장

안종철, 전) 국가인권위원회 본부장

간행위원

강삼석, 전) 광주학생독립운동기념사업회 이사장
강영의, 순천대학교 명예교수
강정채, 전) 전남대학교 총장
강태진. 광주학생독립운동동지회 부회장
고석길, 전) 고려고등학교
고용호, 광주학생독립운동기념 역사관장
고재득, 전) 서울특별시 성동구청장
기세문, 전) 6·15공동선언 광주전남 상임고문
김갑제, 광복회 광주전남지부장
김남표, 들불열사기념사업회 이사장
김대현, 전남대학교 교수
김동근, 공무원교육원 초빙교수
김병균, 목사, 평통사 공동의장
김병욱, 충남대학교 명예교수
김상윤, 윤상원기념사업회 고문
김상집, 사)광주전남6월항쟁 상임이사
김선호, 근로정신대할머니와 함께하는 시민모임 고문
김선흥, 외교부 전 대사
김 성, (사)광주학생독립운동기념사업회 이사장
김성종, (재)아시아인문재단 이사장
김성철, 서영대학교 교수
김수복, 도서출판 함께사는세상 대표
김순흥, 민족문제연구소 광주지부장
김승원. 광주민주화운동기념사업회 상임이사

김영집, (사)지역미래연구원 원장
김영태, 기독교방송 보도국 선임기자
김용대, 전) 전남대학교 교수
김용훈, (주) 토형이엔시 대표
김장영, 63동지회 총무
김재기, 전남대학교 교수
김정길, 6 · 15공동위 남측위원회 상임대표
김정례, 전남대학교 교수
김종술, 전남대학교 명예교수
김풍호, 완도문화원 부원장
김행자, 전남여중고 역사관 관장
김홍길, 학생독립운동연구소 연구위원
김환호, 사)광주학생독립운동기념사업회 상임이사
나간채, 전남대학교 명예교수
나백희, 전 금호고등학교 교사
나병남, 사)광주학생독립운동기념사업회 이사
나상기, 민청학련동지회 공동대표
남평오, 국무총리 정무수석비서관
노성태, 국제고등학교 수석교사
명　진, (사)항일여성운동기념사업회 광주전남지회장
문찬기, 경희한의원 원장
박대수, 전남대 민주동우회 운영위원장
박동기, 남녘현대사연구회 회장
박민서, 전) 전남도청 서기관
박시영, 광주전남민주화운동동지회 공동대표
박영규, 세무사
박오복, 순천대학교 명예교수
박용수, 고려인동행위원장
박종섭, 목포환경운동연합 회원
박주선, 국회의원
박찬승, 한양대학교 교수
박해현, 초당대학교 초빙교수
박현옥, 광주전남민주화운동동지회 공동대표
박현주, 조선대 민주동우회 회장
박화강, 불이학당 대표
배종렬, 전) 전국농민회 의장
서경원, 전) 국회의원
서동영, 6 · 3동지회 회장
서명원, 한국학호남진흥원 이사장
선현주, 선앤김 메디팜 대표

손예빈, 문예교류진흥협회 작가
송문제, 도원명품마을 운영위원장
송선태, 3·1독립운동 100주년기념관 건립추진위 조직위원장
송인동, 한국 YMCA부이사장
송정민, 전남대학교 명예교수
신경구, 전남대학교 명예교수
심한식, (사)동북아평화연구원 이사장
안 진, 전남대학교 법학전문대학원 교수
안병욱, 한국학중앙연구원 원장
안성례, 초대 오월어머니집 회장
안평환, 광주광역시도시재생공동체센타 대표이사
안현수, (주)도연이앤디 대표이사
양득승, 영명물류 대표이사
양철호, 동신대학교 교수
염민호, 전남대학교 교수
오수성, 전남대학교 명예교수
오종렬, 한국진보연대 총회의장
원순석, 광주민주화운동기념사업회 이사장
위인백, 사)한국인권교육원 원장
윤경원, 순천대학교 교수
윤목현, 광주광역시 민주인권평화국장
윤장현, 전) 광주광역시장
은우근, 광주대학교 교수
이 강, 광주전남민주화운동동지회 상임대표
이건상, 전남일보 총괄본부장, 이사
이경순, 전남대학교 명예교수
이국언, 근로정신대 할머니와 함께하는 시민모임 상임대표
이명한, 6·15공동선언 광주전남 상임고문
이문교, 사월혁명회 이사장
이윤정, 조선대학교 연구교수
이은규, ㈜ 메인개발 회장
이재의, 518기념재단 비상임연구원
이종범, 재)한국학호남진흥원장
이철우, 5·18기념재단 이사장
이춘희, 솔빛타운 소장
이학영, 국회의원
이향희, 전남여고역사관 기획실장
이현식, 완도 주민
임낙평, 들불기념사업회 이사장
임종수, 광주학생독립운동기념사업회 이사

임철우, 한신대학교 명예교수
임추섭, 광주교육희망네트워크 상임대표
임현모, 광주교육대학교 교수
장석웅, 전라남도 교육감
장우권, 전남대학교 교수
장휘국, 광주광역시 교육감
전만길, 언론인, 전) 대한매일 사장
전용호, 광주광역시청 상임인권옴부즈맨
전정호, 서양화가
전청배, 광주전남민주화운동동지회 공동대표
전홍준, 광주전남민주화운동동지회 고문
정구선, 한국가사문학관 명예관장
정규철, 아카데미 학여울 대표
정동년, 전) 광주광역시 남구청장
정상용, 전) 국회의원
정용화, 광주전남민주화운동동지회 상임고문
정찬용, 사) 인재육성아카데미 명예이사장
정해숙, 전) 전국교직원노동조합 위원장
조순자, 전) 성남 송현초등학교 교사
지 선, 민주화운동기념사업회 이사장
차명석, 사)시민문화회의 이사장
천정배, 국회의원
최 철, 전남대 민주동우회 부회장
최 협, 전남대학교 연구석좌교수
최권행, 서울대학교 명예교수
최기혁, 전) 들불기념사업회 이사
최연석, 목사, 늦봄학교 이사장
최영태, 전남대학교 교수
최정기, 전남대학교 교수
탁용석, 광주광역시 문화콘텐츠진흥원장
한홍구, 성공회대학교 교수
홍갑기, 전)고등학교 교장
홍경표, 의사, 민주평화통일자문회의 부의장
홍기춘, 사)광주민주화운동기념사업회 감사
홍영기, 사)노사학연구원장
홍영철, 향토사학자
홍인화, 사)고려인마을 상임이사
황의헌, 전)전남고등학교 교장